K. O. Schmidt, NEUE LEBENSSCHULE - II. Semester

K. O. Schmidt

NEUE LEBENSSCHULE

Ein Jahresplan der Lebens- und Erfolgsbemeisterung

27.—52. Wochenlektion

II. Semester

REICHL VERLAG
DER LEUCHTER
ST. GOAR

Die französische Ausgabe der „Neuen Lebensschule“ erschien unter dem Titel „*Un nouvel art de vivre*“ in 2 Bänden bzw. Semestern mit zusammen 840 Seiten in den Editions ASTRA in Paris 9e

ISO 9706

3. Auflage, 7. - 9. Tsd.

Druck: Druck- und Verlagsgesellschaft Bietigheim mbH
Gedruckt auf säurefreiem, alterungsbeständigem Papier

ISBN 3-87667-162-0 (Leinen)
ISBN 3-87667-172-8 (broschiert)

Der Jahresplan

II. SEMESTER:

LEBENSSCHULUNG

„Das Leben ist nur Unglück, Last und Pein,
Das tatlos kränkelnd sich nicht selbst bestimmt
Und, wie ein farbeloser Dämmerschein,
Im Zwielicht zwischen Traum und Wachen schwimmt.
Das Leben, das in Wahrheit so zu nennen,
Ist eine Arbeit, die Dir aufgegeben;
Als solche wag' es freudig zu erkennen,
Um Dich zum Meister würdig zu erheben." J. Hammer

Im ersten Halbjahr hatten wir es vor allem mit uns selbst zu tun und mit unseren Kräften. Im zweiten Halbjahr haben wir es mit der Welt um uns zu tun und mit dem rechten Verhalten zu ihr. Aus der Praxis weiser Selbstführung soll nun, wie die Frucht aus der Blüte, die Kunst überlegener Lebensführung erwachsen. Das bedeutet, daß wir *bewußt* des Lebens Führung übernehmen.

Auch im zweiten Halbjahr werden die erfolgverbürgenden Lehren der LS in einfachster Form vermittelt, damit jeder imstande ist, sie zu erfassen und, nach ihnen lebend, sein Schicksal von innen her zu bestimmen. Der Lebensschüler wird feststellen, daß es im zweiten Halbjahr reibungsloser vorangeht als im ersten. Nichtsdestoweniger muß er sich auch in Zukunft jede neue Erkenntnis gründlich zu eigen machen und jede Übung wiederholen, bis auch die Unterweisungen des zweiten Halbjahres ihm in Fleisch und Blut übergegangen sind und aus ihm ein Lebensmeister geworden ist.

Um die innere Wachheit und Feinfühligkeit zu fördern, lassen wir dem zweiten Semester der Lebensschule eine kurze Besinnung auf das Wesen des ‚Schicksals' in Frage und Antwort vorangehen:

– Was ist das Schicksal?

– Unter ‚Schicksal' verstehe ich die Lebensgestaltung, die von der inneren *Schickung* ihren Ausgang nimmt und sich je nach der

Schicklichkeit des Menschen zu seinem Heil oder Nachteil auswirkt.

— So wäre das Schicksal nicht ein Unentrinnbares, ein Verhängtes?

— Nein. Alles ‚Verhängnis' ist selbst-verhängt. Mit jedem Gedanken, jedem Wort, jeder Tat in Vergangenheit, Gegenwart und Zukunft schmieden Sie selbst Ihr Geschick.

— Dann wäre ich also nicht dazu bestimmt, der erfolgarme Mensch zu bleiben, der ich bisher war?

— Niemand zwingt Sie dazu. Manche hausen im Kellergeschoß ihres Lebens-Palastes und wähnen, dazu seien sie ‚bestimmt'. In Wirklichkeit hindert sie nichts als ihr Falsch- und Klein-Glaube, die schönsten Zimmer des Hauses zu beziehen — mit dem Blick auf den Garten der Fülle und auf das Meer der unendlichen Vervollkommnungsmöglichkeiten. Unser Schicksal ist selbstbestimmt.

— Das soll wohl heißen: der Einfluß des äußeren Geschehens auf uns hängt von unserem jeweiligen Seelenzustand ab, oder, wie ich im ersten Halbjahr der LS gelernt habe: Unsere Verhältnisse werden bestimmt durch unser Verhalten?

— Richtig. Sie lernten im ersten Semester der LS, das Verhalten Ihrer Seele neu zu bestimmen, indem Sie planmäßig positive Komplexe, Erfolgs-Gewohnheiten züchteten. Damit lernten Sie zugleich, auf Ihr Schicksal neubestimmend einzuwirken. Es liegt viel Wahrheit in dem Wort: Deine Gewohnheiten sind Dein Schicksal. Die meisten zwar sind Sklaven ihrer Gewohnheiten und insoweit auch Sklaven ihres Schicksals. Sowie sie aber lernen, hinter die Dinge zu sehen, fallen die Fesseln: sie beginnen, bewußt positive Gewohnheiten zu züchten, ihre Seele zu schmieden und damit ihr Schicksal neu zu bestimmen.

— Demnach beantworten Sie Meuniers Frage mit einem Ja: „Sind unsere Geschicke nicht die Blumen, die aus den Tiefen unseres Unbewußten erblühen?"

— Weitgehend. Die Art der ‚Blumen' richtet sich nach dem Boden: Sumpfblumen wachsen auf sumpfigem Boden; ein gesunder Boden gebiert heilsame Kräuter. Entscheidend ist die unbewußte Vorstellung, die wir von unserem Schicksal in uns tragen. Der griechische Tragiker Aeschylos spricht von ‚*Ate*', der Göttin der

Schuld, die „nur solche Menschen ins Verderben stürzt, die schon dazu von ihrem Willen getrieben wurden“. Até, die Göttin leidschwangerer Selbstverblendung, ist das Produkt der im unbeherrschten Unterbewußtsein entfesselten negativen Komplexe, die das ihnen gemäße Unglück herbeiziehen. Fast immer haben die ‚feindlichen Mächte‘, die uns im Leben begegnen, ihre Wurzeln in den unerhellten Tiefen unseres Unbewußten.

— Nach dem ‚Schicksalsurbild‘, das in mir lebt, werde ich also vom Guten oder Schädlichen angezogen oder ziehe Förderliches oder Unzuträgliches herbei?

— Wenn Sie ein ‚Aufstieg-Mensch‘ sind, wenn Ihr Seeleninnerstes von der Idee des ‚*Lebens, das immer höher führt*‘, beherrscht wird, führt Ihr Weg aufwärts. Glauben Sie dagegen im Grunde ihres Herzens oder fürchten Sie — was dasselbe ist —, daß Sie über eine bestimmte Grenze nicht hinauskommen, dann wirken alle inneren und äußeren Kräfte zusammen, um Ihnen an dieser selbstgeschaffenen Grenze Halt zu gebieten. Und je mehr Sie sich dann anstrengen, desto mehr Rückschläge erleben Sie.

— Jetzt begreife ich, wie aus gleichen äußeren Verhältnissen zwei Menschen ganz verschiedene Schicksale erwachsen können.

— Die Einstellung ihrer Seele ist es, die die Dinge und Bedingungen umstellt. Ein Beispiel mag es verdeutlichen: Zwei Glückssucher kamen ans Ende der Welt und gewahrten das kreisende Rad des Schicksals. Der eine brach bei diesem Anblick in entsetztes Jammern aus. Der andere fühlte seinen Mut wunderbar gekräftigt und ging sofort daran, sein Leben erfolgreicher zu gestalten.

— Und wie kam diese entgegengesetzte Reaktion zustande?

— Der eine blickte nach links, der andere nach rechts. So sah der eine nur den abwärtsschwingenden riesenhaften Teil des kreisenden Rades. Der andere aber gewahrte den aufwärts-schwingenden Teil des Schicksalsrades. Darum: wer in allem, was ihn trifft, die abwärtsrollende Seite des Schicksalsrades sieht und auf Leid und Unglück abgestimmt ist, der schwächt seine Kraft und zieht herbei, was er fürchtet und flieht. Wer aber den Blick mutig auf die andere Seite des Rades gerichtet hält, der gewahrt in allem das Gute und Aufwärtsweisende und fühlt und macht sich stark und fähig, immer höher zu steigen.

– Jetzt verstehe ich, worauf es ankommt! Nun vermag ich auch die praktische Nutzanwendung aus einem Dichterwort zu ziehen, das mir bisher nichts sagte: „Dem Tier der Wildnis gleich kommt das Geschick voll Tücke lauernd aus dem Hinterhalt gekrochen. Schau' fest und kühn ihm in das Angesicht, und siehe, seine Übermacht ist jäh gebrochen."

– So ist es. Es gilt zu der befreienden Erkenntnis zu erwachen: *der Mensch ist größer als sein Schicksal*. Er ist durch sich selbst gebunden und unfrei. Er kann und soll sich selbst entfesseln und befreien. Durch die Kraft in ihm, durch den Geist des Lebens, der in ihm wohnt, ist er alles Geschehens und aller Geschicke Herr. Er muß es nur erkennen, muß sich auf seine Innenkraft besinnen und sie kühn betätigen. ‚Nur der Starke wird das Schicksal zwingen, wo der Schwächling untersinkt.'

27. WOCHE:

MACHT DER PERSÖNLICHKEIT

„Nicht die Talente, nicht das Geschick zu diesem oder jenem machen eigentlich den Mann der Tat, – die Persönlichkeit ist's, von der alles abhängt."
Goethe

Wie wir unsere Selbstschulung mit einer grundlegenden Besinnung auf die Kraft im Zentrum unseres Wesens einleiteten, so beginnen wir unsere Schicksals-Schmiedung damit, daß wir uns bewußt als Mittelpunkt unseres Lebenserfolgs bejahen und uns magnetisch machen für alles Gute, das das Leben enthält und bringt.

Wo immer Menschen sich begegnen, wird Einfluß ausgeübt – positiv oder negativ. Manches Unternehmen ist schon im ersten Augenblick des Zusammentreffens zweier Menschen entschieden: durch den Eindruck, den der eine auf Bewußtsein und Unterbewußtsein des andern ausübt. Nicht selten ist der persönliche Einfluß bestimmender als Wissen und Können. Es gilt also, diesen Einfluß zu steigern, dynamischer und damit anziehender zu werden.

Unter ‚Selbst-Dynamisierung' verstehen wir die Kunst, ein *wirkstarkes persönliches Wesens-Kraftfeld* zu schaffen, innerhalb dessen sich jeder fremde Gegenwille sympathisch gleich-richtet. Der Lebensschüler beachte hier, was in der 7. Woche über die Wandlung der Gedankenkraftfelder gesagt ist. Es gilt, den ‚Zauber unserer Persönlichkeit', ihren ‚faszinierenden Reiz' zu entfalten, eine Führernatur mit starker seelischer Strahl- und Überzeugungskraft zu werden.

Jedem Menschen eignet ein mehr oder minder spürbares magnetisches Fluidum, das andere für oder gegen ihn einnimmt, sie bezaubert oder instinktiv abstößt. Dieser ‚Zauber' entspricht dem Duft der Blume; und oft ist er nicht nur Künder des Wesens, sondern zugleich Träger des Willens.

Diese Macht der Anziehung und Umstimmung kann bewußt erzeugt, gesteigert und ausgeübt werden. Sie ist etwas durchaus Greifbares; in ihr kommt die innere Kraft zur Offenbarung. Voll entfaltet, zieht sie, einem Riesenmagneten gleich, alles ihr Gemäße an: Menschen, Macht, Vermögen, Umstände, Schicksale.

Überall sehen wir Menschen, die andere durch den Zauber ihres Wesens für sich einnehmen, sie zu ihren Förderern machen. Die meisten allerdings haben nur ein geringes Anziehungsvermögen; sie werden infolgedessen zu Planeten und Trabanten anderer. Andere wirken auf die Umwelt abstoßend; noch andere ziehen alles Negative an und sind Zentren des Unheils.

Diese Anziehungs- und Abstoßungskraft eines Menschen wird bestimmt durch die Richtung und Dynamik seines Denkens und wird durch Änderung des Denkens gewandelt, gemehrt oder gemindert. Jeder kann seinen Einfluß auf die Umwelt erhöhen: er kann um sich eine positive Aura schaffen, die ihm hilft, das anzuziehen, was ihn fördert; er kann den Grad der Zuneigung anderer durch sein Denken weitgehend bestimmen, die Fülle herabziehen und Sorgen von sich fernhalten.

Je bewußter diese Kraft ausgestrahlt wird, desto stärker nimmt sie zu. Sie schwindet nur bei Mißbrauch. Denn jeder Mißbrauch einer Kraft weckt ihre Gegen-Kraft und macht den Menschen zum Kampfplatz widerstreitenden Strebungen statt zu einem einheitlichen Kraft- und Willens-Sender. Die rechte Anwendung der Anziehungskraft aber läßt sie wachsen. Ebenso wird sie stärker, wenn der Mensch sich gewöhnt, sich verständnisvoll und bejahend auf den, mit dem er zu tun hat, einzustellen. Die magnetische Verbindung führt bei innerer Übereinstimmung beider schließlich zur Seelen-Verbindung und Willens-Einung.

Den Zauber der Persönlichkeit, sagt der Stahlkönig Karl Schwab, kann man kultivieren: „Der Mann, der die anziehendste Persönlichkeit besitzt, ist derjenige, der gelernt hat, seine Mitmenschen bewußt zu leiten, der den Geist der Bruderliebe im Herzen trägt, der sich täglich bemüht, zum Glück anderer beizutragen, der stets heiter, hilfsbereit, selbstlos, menschlich und teilnahmsvoll ist. Ein gewinnendes persönliches Wesen zieht überall an; ein unsympathisches Wesen stößt ab. Natürlich muß eine solche Persönlichkeit echten Klang haben; sie darf nicht nur ein äußerer Firnis sein, darf nicht gekünstelt sein, nicht aus falschem Schein bestehen. Wer sein Herz am falschen Fleck hat, kann damit nie den Grundstein legen zu einer wirklichen Persönlichkeit. Persönlichkeit sein heißt echtes Gold sein, nicht nur danach aussehen."

STEIGERUNG DER PERSÖNLICHEN ANZIEHUNGSKRAFT

Erfolgsjäger bedienen sich in der Regel immer gleicher Kniffe und Tricks, um bei andern ‚Eindruck zu machen' und sie für sich zu gewinnen. Wenn wir diese Methoden analysieren, das Negative, Ichhafte beiseite lassen und den gesunden wirksamen Kern herausschälen, kommen wir auf die folgenden einfachen Lehren, deren sich der Lebensschüler mit Erfolg bedient.

Wir unterscheiden körperliche und geistige Hilfsmittel zur Steigerung unserer positiven Anziehungskraft. Wir beginnen mit den körperlichen.

Nicht nur seelisch, auch körperlich muß der Lebensschüler anderen sympathisch sein. Oft handelt es sich dabei um Unwägbarkeiten, die den Ausschlag geben. Vor allem wurzelt der Zauber einer Persönlichkeit in ihrer körperlichen und seelischen *Gesundheit*, in zweiter Linie in der Schönheit der Formen. Der Gesunde verfügt meist über jene magnetische Strahlkraft, die andere in ihren Bann zieht und gleichstimmt; der Kranke nur, wenn ihm ein außergewöhnlich entfalteter Wille eignet. Denn Krankheit bedeutet Herabsetzung des Lebensmagnetismus. Das wichtigste ist daher die rechte Gesundheitspflege.

Daneben ist die tägliche *Körperpflege* unerläßlich, um bei andern in ‚guten Geruch' zu kommen. Ein gepflegter Körper hat eine andere Ausstrahlung als ein ungepflegter oder ein kranker. Dazu gehört neben dem Waschen und Baden das rechte Atmen, das die Körperformen beseelen hilft, dann die Sorge für mäßiges Essen und Trinken und für körperliche Bewegung durch Arbeit, Gymnastik und Sport, die den Körper spannkräftig und jung erhalten.

Eine wichtige Rolle spielt hier die Nase: es ist nicht nur der seelische Duft eines Menschen, den das Unterbewußtsein der andern verspürt, sondern ebenso der damit korrespondierende körperliche

Geruch, der Sympathie oder Antipathie erregt. Auge, Instinkt, Ohr und Nase stehen in ständigem Erfahrungsaustausch; der unverbildete Mensch besitzt ebenso wie der *bewußt* lebende meist eine ‚feine Nase', einen guten ‚Riecher' für die Beschaffenheit seiner Mitmenschen.

„Ich mag ihn nicht riechen!" sagt man von einem Menschen, der einen unsympathisch berührt, wie man andrerseits nicht mit Unrecht von einem ‚Geruch der Heiligkeit' spricht: der Körper eines Gotterfüllten hat einen markanten sympathischen Geruch, wie Berichte aus allen Zeitaltern bekunden. Jeder Körper produziert und strömt ein ihm eigenes Aroma aus. Wohlgeruch kennzeichnet Gesundheit, während Kranke und Mißgesinnte schlecht riechen.

Der Mensch hat sich diesen Umstand frühzeitig gemacht, indem er dazu überging, sich durch Anwendung von Duftstoffen ‚in guten Geruch' zu bringen. Die Beeinflussung anderer durch Wohlgerüche spielt im täglichen Leben eine größere Rolle, als die meisten ahnen. Dieser Tatsache gilt es Rechnung zu tragen.

Zwischen Duft und Seele bestehen manche Beziehungen, ebenso zwischen Wohlgerüchen und Sinnenliebe. Durch Düfte können wir starke Stimmungen wachrufen, unsere Schaffenslust und Leistungsfähigkeit steigern, andere für uns stimmen und gewinnen. Die meisten entfalten hier keinen besonderen Geschmack: sie begießen sich mit ihrem Wesen oft widersprechenden ‚Parfüms', statt durch Verwendung einfacher Mittel den ihrer Natur gemäßen Duft zu steigern. Einen Erfahrenen können sie nicht ‚an der Nase herumführen'; er wittert mit feinem Instinkt, ob die Aufdringlichkeit eines Duftes, mit dem sich ein anderer umgibt, nicht dem üblen Geruch, in dem er steht, umgekehrt proportional ist.

Im allgemeinen gilt hier die Regel: Je feiner und edler der Duft, die leib-seelische Aura, desto stärker und nachhaltiger ist die sympathische Reaktion. Je aufdringlicher der Duft, desto geringer ist die sympathische, desto stärker die antipathische Auswirkung.

Diese Regel gilt zwar nicht durchweg; sie hat mancherlei durch die widerspruchsvolle Wesensart der Menschen bedingte Ausnahmen, auf die hier nicht eingegangen werden kann. Der Lebensschüler muß selbst den Instinkt für Art und Maß der von ihm verwandten Düfte wecken und schulen.

Und nun zu den

geistigen Hilfsmitteln der Sympathie-Erweckung.

Für die Steigerung unserer Anziehungskraft stehen uns *zehn Erfolgshelfer* zur Verfügung:

1. *Innere Harmonie verwirklichen!* Das innere Sein und der äußere Schein müssen übereinstimmen. Der Lebensschüler erziehe sich dazu, zuerst vor dem Spiegel, dann ohne Spiegel seinen Eindruck gewinnend zu machen, durch sein Äußeres jene innere Harmonie zu offenbaren, zu der er im ersten Halbjahr der LS den Grund legte. Seine Mienen und Gesten dürfen nur noch positiven Stimmungen Ausdruck geben. Weder Ärger noch Überraschung sollen sich in seinem Gesicht widerspiegeln; sein Antlitz sei Künder seines inneren Gleichgewichts wie seiner Überlegenheit. Je größer die innere Sammlung, desto weiter erstreckt sich das Erfolgskraftfeld des Lebensschülers.

2. *Für alles aufgeschlossen sein!* Der Erfolgreiche sieht alles, nimmt alles in sich auf, versteht und wertet alles als Bausteinchen des Erfolgs. Selbst die kleinsten Dinge führen den zu Großem, der seelisch wach und einsatzbereit ist. Bezaubernde Persönlichkeiten kennzeichnen sich zuerst durch das Interesse, das sie allem entgegenbringen. Mit der Zunahme dieser Einfühlungsfähigkeit wächst die Wachheit des inneren Glücks-Sinns und die Einflußnahme auf die Umwelt.

3. *Vorausschauend denken und handeln!* Der Kluge bedenkt vorher die Wirkung seines Denkens und Tuns auf die Umwelt. Er beachtet das Gesetz des Ausgleichs und gewöhnt sich, nicht zuerst auf den Verstand, sondern auf das Gefühl der Umwelt einzuwirken. Denn das Gefühl beherrscht Wollen und Tun der meisten. Und er handelt so, daß nur gute Auswirkungen zu ihm zurückkehren können. Er wird anziehende Menschen beobachten, um von ihnen zu lernen, um eigene schlechte Gewohnheiten durch sympathische Züge zu ersetzen, die, einige Zeit geübt, zu Neigungen, zu Charaktereigenschaften werden. Er schult sein natürliches Schönheitsgefühl und gibt ihm in seinem Benehmen und Tun Ausdruck.

4. *Zielstrebigkeit erhöhen!* Die Züchtung positiver Erfolgsgewohnheiten und die Steigerung des Lebensgefühls führt zur Er-

höhung der persönlichen Anziehungskraft, was der Lebensschüler bereits verspürt haben dürfte. Nicht minder wird die Durchsetzungskraft durch den Grad der Zielgerichtetheit des Denkens bestimmt; ein zielstrebiger Wille schaltet fremden Willen sich gleich.

5. *Alle Kräfte sammeln!* Der Lebensschüler gewöhne sich an stete Konzentration der Gedanken und des Willens und vermeide alle unbeherrschten Bewegungen. Verschwendung von Nervenkraft bedeutet Minderung der Anziehungskraft. Lernen wir von der Katze, dem Tier mit dem stärksten Magnetismus: gelassen liegt sie da, bis sie im nächsten Augenblick einen Satz macht, um etwas zu erhaschen. Ihre Bewegungen folgen dem Grundsatz kleinsten Kraftaufwands bei größtmöglicher Harmonie. Eine Lehre für uns: Kraft durch Ruhe zu gewinnen! Außerdem von Zeit zu Zeit die Einsamkeit aufzusuchen, um zu uns selbst zurückzukehren und wieder geistig wirkstark zu werden.

6. *Immer positiv sein!* Es mehrt unsere Anziehungskraft auf alles Erfolgfördernde, wenn wir uns gewöhnen, keine negativen Reaktionen in uns zuzulassen, uns zu andern jederzeit positiv, freundlich, bejahend einzustellen, uns mit einer positiven seelischen Atmosphäre zu umgeben. Halten wir uns von magnetismus-schwächenden Verstimmungen frei, behandeln wir Unannehmlichkeiten von oben herab, überlassen wir Mißlaunen andern, die sie sich leisten können, stimmen wir unseren Geist zum Gleichmut.

7. *Selbstvertrauen beweisen!* Wer sich selbst vertraut, gewinnt das Vertrauen anderer. Die Paarung von lebensbejahendem Mut und undurchdringlichem Willen, wie sie in der LS vor sich geht, bewirkt, daß unsere Entschlüsse und Taten für die Umwelt stets etwas Unerwartetes haben, daß sie überraschen, fesseln, anziehen, mitreißen.

8. *Wachstum der Anziehungskraft bejahen!* Wer seine Erfolgskraft bejaht, erhöht die Schwingungsfrequenz der Ausstrahlungen seines Seelensenders, also seinen Einfluß auf die Umwelt. Was er sich selbst zutraut, trauen ihm bald auch die anderen zu. Zugleich gilt es, dies Wachstum unserer Kraft durch unser Tun zu bezeugen und durch das *Tun als ob:* durch rechte Bestimmung unserer Gebärden und unseres Benehmens vermögen wir sympathische Reaktionen in andern zu erwecken. Weiter gilt es unseren positiven Ge-

halt zu erhöhen. Je größer der Inhalt eines Sterns, desto weiter reicht sein Anziehungsvermögen. Je reicher der Inhalt einer Seele, desto weiter reicht ihr anziehender Einfluß auf alles ihr Gemäße und Wesensverwandte.

9. *Das Unterbewußtsein zum Helfer machen!* Wir erziehen unser Unterbewußtsein zu sympathischen Ausstrahlungen auf die Umwelt durch rechte Selbstbefehle, durch Konzentration auf den gefühlsbetonten Gedanken, daß wir strahlende Kraft aussenden und alles Fördernde anziehen, daß wir eine Sonne sind, die alles erwärmt, was in ihren Bereich kommt. Wir werden uns oft vorstellen und sagen:

> *„Ich bin ein Magnet des Guten. Alle haben mich gern, jeder kommt mir entgegen, wie ich jedem entgegenkomme. Mein heiteres Wesen stimmt alles sympathisch und gewinnt mir Freunde und Helfer. Jeder wird von meiner positiven Kraft angezogen!"*

oder wir bejahen — je nach den Umständen:

> *„Die Menschen in diesem Raum — in dieser Gesellschaft — in diesem Betrieb sind mir sympathisch; sie finden auch mich anziehend und liebenswert!"*

Auf die Worte kommt es dabei nicht an, sondern auf die inneren Bilder dessen, was Wirklichkeit werden soll: sie müssen als lebendige Wahrheit gefühlt werden.

10. *Macht der Gedanken nutzen!* Als Letztes aber nicht Geringstes gilt es, uns mit dem Geist der Kameradschaft zu erfüllen und bewußt positive Gedanken der Liebe und Sympathie auszustrahlen. Das weckt in der Umwelt gleiche Zuneigung. Alle Wesen hängen im Seelen-Innersten zusammen und sind von hier — durch rechtes Denken — zum Guten zu gewinnen.

Die Sonnen-Übung

Der Steigerung unserer magnetischen Kraft kann noch ein weiteres Hilfsmittel dienen: die morgendliche Sonnenübung.

Bevor die Sonne aufgegangen ist, gehen wir hinaus in die Natur und suchen, wenn möglich, eine Anhöhe auf. Auf dem Wege dorthin erfüllen wir uns mit etwa folgenden Gedanken:

„Ich liebe das Gute und ziehe herbei, was ich liebe. Meine sonnenhafte Anziehungskraft auf alles Fördernde wird mit jedem Tage stärker. Ich bin eine Sonne des Glücks und gewinne die Zuneigung aller, mit denen ich in Berührung komme. Ich habe Erfolg in allem, was ich beginne!"

Auf der Anhöhe angelangt, stellen wir uns aufrecht, aber entspannt hin mit dem Gesicht nach Osten und entspannen uns, indem wir uns auf den Atem konzentrieren.

Sowie die ersten Sonnenstrahlen über den Horizont schießen und unser Auge treffen, schließen wir die Augen, strecken unsere Arme nach vorn, Handflächen und Fingerspitzen ohne Muskelspannung der Sonne zukehrend. Jetzt vertiefen wir den Atem:

Beim *Einatmen* richten wir unsere Gedanken auf das Gefühl, daß wir die belebende Sonnenkraft in uns aufnehmen. Die Muskeln werden sich dabei leicht spannen. Wir fühlen, wie unsere Kräfte wachsen.

Beim *Atemanhalten* fühlen wir, wie alle Zellen unseres Leibes sich mit Sonnenkraft aufladen.

Beim *Ausatmen* fühlen wir, wie wir, der Sonne gleich und mit ihrer Kraft geladen, selbst zu strahlen beginnen, und zwar mit jedem Atemzug mehr. Hierbei entspannen wir die Muskeln wieder.

Dieses Sonnenatmen setzen wir einige Minuten fort. Je bewußter wir es machen, desto stärker wird der Kraftstrom, der von innen her aufquillt. Wir spüren bald, wie wir durch die Finger und Hände gewissermaßen Sonnenkraft einsaugen.

Nach zehn- bis zwanzigmaliger Wiederholung der Atemübung lassen wir die Arme sinken, falten die Hände über dem Sonnengeflecht bzw. dem Nabel, die Handflächen nach innen, lassen die Hände eine Minute dort liegen. Danach werden wir die Augen öffnen und uns heimwärts wenden mit dem Gefühl, den heutigen Tag als Erfolgstag begonnen zu haben.

Die Sonnenübung weckt erfahrungsgemäß die magnetischen Kräfte des Menschen. Wir werden das Erwachen dieser sonnenhaften Innenkräfte täglich bejahen, uns lebendig bewußt sein, daß wir innerlich an einen unerschöpflichen kosmischen Kraftquell angeschlossen sind, und aus dieser Kraftbewußtheit heraus handeln und leben.

Wir werden dadurch mehr und mehr selbst zur Sonne in dem Kreis, in dem wir uns tagsüber bewegen, und zum Führer derer, mit denen wir zusammenwirken. Wir fördern diesen Vorgang dadurch, daß wir uns stets als die Sonne, als den Mittelpunkt des Kreises bejahen und fühlen, in dem wir wirken. Wir haben ein Recht auf diese Stellung durch unser machtvolles seelisches Kraftfeld.

Wir werden immer bewußter von innen nach außen, vom Mittelpunkt aus leben und wirken, unseren inneren Willen durch rechtes Denken zum Willen aller machen. Wir bejahen und erkennen, daß das Gesicht der Welt, die um uns kreist, von der Richtung unseres Denkens bestimmt wird.

Ein Gedanke, daß es anders sein könnte, kann nicht mehr in uns Platz greifen; er würde der Wirklichkeit widersprechen. Denn unser guter Einfluß auf andere ist stärker als alle von außen kommenden Gegenwirkungen.

Wenn wir einem Menschen begegnen, dessen starker Wille andere sich zu unterjochen gewohnt ist, werden wir uns auf die Kraft in uns besinnen und auf unsere Mittelpunkt-Stellung. Wenn wir Sonne sind, kann der andere nur Planet sein – oder vereinen wir uns mit ihm zur Doppel-Sonne, in der einer des andern Kraft vervielfacht.

Um uns dem Einfluß eines fremden Willens zu entziehen, werden wir den andern anblicken mit dem Bewußtsein: *„Ich bin ein Zentrum strahlender Kraft. Ich bin mir meiner selbst bewußt. Ich bin immer der Stärkere!"*

Jeder zu sich selbst erwachte Lebensschüler ist ein Mittelpunkt kosmischer Kraft; denn da der universale Ozean der Allkraft unendlich ist, ist sein Mittelpunkt in jedem, in dem die Allkraft ihrer selbst bewußt wird. Der Lebensschüler muß fühlen, wie das Kraftfeld seiner Seele sich allseitig ausdehnt und immer mehr Wesen sympathisch berührt. Er muß fühlen, wie seine Sonnenkraft selbst das Eis der Gemütskälte bei Enttäuschten, Verbitterten und Gehemmten zum Schmelzen bringt. Er muß fühlen:

> *„Ich bin das Zentrum eines Kreises, innerhalb dessen der Erfolg seine Heimat hat.*
> *Ich strahle Hoffnung, Kraft und Liebe aus. Jeder fühlt sich zu mir hingezogen.*

Ich bin stark – denn ich stehe unter dem Schutz der Allkraft des Geistes des Lebens.
Ich bin positiv – mein Wille ist zielsicher und stark und dem All-Willen verbündet.
Ich beherrsche mich selbst – und bestimme im gleichen Maße das Denken und Tun meiner Umwelt.
Ich habe jeden gern – und empfange im gleichen Maße die Liebe der andern.
Alle Kraft ist in mir – ich bin mir selber Stütze und Stab und andern Richtschnur und Führer!"

Je lebendiger diese Gedanken in uns werden, desto mehr Kraft wird in uns frei, wirkt durch uns auf die Umwelt umwandelnd ein und macht unser Leben zu einer Kette wachsender Erfolge.

GUTES AUSSEHEN

Der Eindruck, den der Lebensschüler in der Umwelt hervorruft, ist oft für den Erfolg ausschlaggebend. Ein wohlgefälliges Außen wirbt mehr als manches Wort. Es weckt Sympathie und Helferwillen.

Angenehmes Aussehen hat, wie schon gesagt, Gesundheit zur Voraussetzung, dann die Befolgung der Gebote der Sauberkeit und Hygiene. Schönheitsfehler sind nach Möglichkeit zu beseitigen; oft sind es Kleinigkeiten, die den Erfolg hintanhalten: eine ungepflegte Hand, ein schlechter Zahn, ein Zuviel an kosmetischer Nachhilfe.

Wichtiger aber als die äußerlichen Mittel der Schönheitspflege sind die geistigen: das *Schönheits-Denken* ist ein unentbehrlicher Teil der modernen Kalobiotik, das heißt der Kunst, in Schönheit zu leben.

Gewiß ist Ihnen schon aufgefallen, daß Angehörige des gleichen Berufs sich ähnlicher werden, daß, wenn einer aus einem Beruf in einen andern hinüberwechselt, mit der Änderung seines Denkens auch sein Aussehen sich wandelt, daß bei Eheleuten mit der Verähnlichung ihres Denkens oft eine auffällige Angleichung der Gesichter einhergeht.

Durch Änderung unseres Denkens und Fühlens können wir unser Aussehen wandeln, uns einen schöneren Leib erbauen. Das ist für den Lebenserfolg wichtig, denn wer am besten aussieht, hat meist die besten Aussichten, in der Welt voranzukommen.

Schönheit ist etwas Seelisches, sie kann sich auch an einem unvollkommenen Körper offenbaren und ihn von innen her verklären. Es ist der *Geist*, der die Züge eines Menschen schön oder häßlich erscheinen läßt. Um schöner auszusehen, gilt es edler zu denken.

Schönheitspflege ist Gesinnungspflege! Unser *Aussehen* hängt vor allem davon ab, wie wir in die Welt *hinaussehen*, welche Einstellung wir der Umwelt entgegenbringen, welche Vorstellungen wir über sie in uns nähren. „Jede gute Tat, jeder edle Gedanke prägt dem Gesicht und dem ganzen Menschen das Siegel der Schönheit auf", sagt Ruskin. Gewinnendes Denken verschönt jedes Gesicht, während Neid, Sorgsucht, Haß auch das ebenmäßige Antlitz zerstören.

Wir werden schöner, wenn wir schöner denken. *Unser Gesicht ist geprägte innere Sicht.*

Jedes Zeichen von Verfall in einem menschlichen Körper, „alles, was die persönliche Erscheinung eines Menschen für uns abstoßend macht, hat" – wie Mulford sagt – „seine Ursache in der vorherrschenden Stimmung seines Gemüts." Mutlos denken heißt unmutig statt anmutig aussehen. Die meisten verfallen und verblühen so rasch, weil ihre Glück-Erwartungen zu früh zerfallen.

Ebenso: wer seine Häßlichkeit beklagt oder an sie denkt, verstärkt sie. Griesgrämige Stimmung läßt früh alt erscheinen; aufbauendes Denken verjüngt. Wer ständig den Gedanken der Schönheit in seinem Herzen trägt, veredelt sein Aussehen. An Fotografien aus verschiedenen Zeiten von Menschen, die an der Erneuerung ihres Denkens arbeiten, kann man diese Wandlung zum Schönen im einzelnen verfolgen. Doch warum in die Ferne schweifen:

Sie können innerhalb weniger Monate ein lebendiger Beweis für die Nützlichkeit geistiger Schönheitsfehler sein, können Falten vertreiben, herabgesunkene Mundwinkel heben, leuchtende Augen bekommen, blasse Wangen in Anzeiger der Gesundheit und Lebensfreude verwandeln, Unansehnlichkeit mit dem zarten Hauch heimlicher Schönheit vergolden. Kurz: Sie können Ihre innere Schönheit – jede Seele ist vom Ursprung her schön und vollendet – mehr und mehr auch äußerlich offenbaren. Noch ehe Sie selbst die Wandlung verspüren, werden andere sie erkennen!

Und wie geschieht das?

Vor allem müssen wir das Idealbild unserer selbst, so wie wir sein wollen, innerlich beständig vor Augen haben. Wer solch ein Idealbild entwirft, sagt Mulford, „ein Gedankenbild voll Jugend, Kraft und Gesundheit, in das er sich rückhaltlos versenkt, hinter dem er sich verschanzt gegen die Legion Menschen, die immer wieder kommen und ihm sagen, er werde altern, er müsse altern, – wer sich mit diesem Gedankenbild restlos zu identifizieren vermag, der bleibt jung."

Bei solchen Schönheits-Übungen kann der Spiegel ein wertvoller Helfer sein: Setzen Sie sich vor den Spiegel, schließen Sie die Augen und malen Sie sich in Gedanken eine Freude aus, die Sie einem lieben Menschen machen wollen. Stellen Sie sich lebhaft vor, wie er Sie froh anblickt, Ihnen dankerfüllt die Hand drückt, Sie anstrahlt, so daß Sie selbst freudeerfüllt lächeln. Und nun öffnen Sie die Augen und blicken Sie Ihr Spiegelbild an: so, wie Sie in diesem Augenblick aussehen, vom Schimmer einer höheren Freude erfüllt, können Sie immer aussehen, und schöner noch.

Die Schönheit, von der der Lebenserfolg mit bestimmt wird, ist keineswegs die nichtssagende Regelmäßigkeit eines Puppengesichts. Einem durchfurchten Antlitz kann viel ausdrucks- und machtvollere Schönheit eignen. Entscheidend ist die *innere* Schönheit, die das Äußere durchlichtet und im Beschauer die Frage weckt, was eigentlich das wundersam Anziehende an diesem Gesicht sei.

So will es verstanden sein, wenn wir das Idealbild unserer selbst schaffen: wir müssen die Schönheit, die wir annehmen wollen, zuerst fühlen, müssen freundlich empfinden, um sympathisch auszusehen. Nur so stillen wir den Hunger nach Schönheit, der in jeder Menschenseele lebt. Jeder gute Gedanke ist ein Appell an unsere Zellen, das Ideal des Schönen lebendiger als bisher auch äußerlich zu bilden. Es ist durchaus nicht immer nötig, daß unser Mund lächelt, immer aber müssen unsere Augen freundlich lächeln.

Jeden Tag ein bißchen Schönheit in unser Leben hineinzutragen, macht den Alltag heller und unseren Leib lichter und schöner. Je mehr Schönes wir bejahen, desto harmonischer wird unser Inneres und zugleich unser Äußeres.

Obwohl die Schale nicht immer sichere Rückschlüsse auf den Kern zuläßt, obwohl Lumpen keineswegs immer in Lumpen stecken, bewerten die meisten Menschen einander nach der Kleidung. Folglich hat der Lebensschüler dafür zu sorgen, daß auch seine Kleidung seinem Inneren angepaßt ist.

Wer sich nachlässig kleidet, drückt dadurch Mißachtung der Umwelt aus, die sich dafür mit gleicher Mißachtung rächt. Es kennzeichnet zuweilen auch den unordentlichen Arbeiter und den unzuverlässigen Freund. Andererseits bleibt Sorgsamkeit in der Kleidung nicht ohne günstigen Einfluß auf das Selbstgefühl und den Charakter. Man sei auch zu Hause stets so gekleidet, als werde ein Gast erwartet.

Man vergesse ferner nicht, daß schlecht sitzende, schlotternde, unsaubere Kleidung das Selbstbewußtsein herabstimmt und leicht befangen macht.

Wie nun aussehen? Die Kleidung des Erfolgreichen ist gewählt, aber *unauffällig;* modern, ohne modegebunden zu sein der Gegenwart entsprechend und doch die ewigen Form- und Schönheitsgesetze beachtend; der Kleidung der andern gleichend und doch eigenen Geschmack kündend; ebenso individuell wie korrekt.

Indem wir uns gut kleiden, erreichen wir, daß andere uns achten, uns Erfolg zutrauen und dadurch zu-denken, also unsere Erfolgskraft mehren. Der Lebensschüler wird darum immer das beste Kleid wählen, und das ist zugleich das einfachste und gemäßeste, Ausdruck vornehmer Einfachheit.

Immer wird er sein Wesen, das Starke und Positive seiner Persönlichkeit, seinen Stil durch seine Kleidung wesentlich und doch unauffällig verstärken und jede Übertreibung meiden. Denn auffälliges Aussehen führt leicht zu abfälliger Wertung durch die Umwelt. Der Beschauer soll die persönliche Note spüren, ohne angeben zu können, worin das Besondere liegt.

Der Lebensschüler läßt sich nicht diesen oder jenen Stoff oder Anzug aufreden, sondern wählt selbst, mit wachem Instinkt, das ihm Gemäßeste. Der Geschmack kann ebenso ausgebildet werden wie der Verstand. Am besten dient der Umgang mit Frauen von gutem

Geschmack der Schulung seines ästhetischen Empfindens für das seinem Wesen Entsprechende. Er erkennt dann bald:

Jedem Kleid haftet eine ihm eigene Stimmung an. Mit jedem Gewand kehrt der Mensch eine bestimmte Seite seines Innern nach außen. Und wer ist ganz frei von dem selbstgefühlssteigernden Einfluß eines neuen Anzuges, eines neuen Kleides, wer fühlt nicht den niederziehenden Einfluß alter Kleider?

Der Lebensschüler kann es sich nicht leisten, alte, unansehnliche Kleider zu tragen, die seine Füße leicht zur Mittelmäßigkeit lenken statt zum Erfolg. Treffend weist *Mulford* darauf hin, daß die Natur keine alten Kleider trägt und daß der Mensch ihrem Beispiel folgen sollte — aus einem wichtigen Grunde:

„Ein Teil unserer Gedankenausstrahlung wird von den Kleidern absorbiert, bis diese schließlich mit solchen Elementen förmlich gesättigt sind. Wenn nun das neue Ich immer wieder die alten Kleider trägt, beschwert es sich mit den Resten alter Sorgen und Ärgernisse, die es aus den alten Kleidern anwehen. Neue Kleider aber befreien, machen den Geist leicht; sie sind die frische äußerste Haut über die Epidermis hinaus, unbeschwert von den geistigen Emanationen vergangener Tage.

Es ist Kraftvergeudung, alte Kleider zu tragen! Die Natur empfängt in jedem Frühjahr aus der unendlichen Fülle der Gottheit ein neues und schöneres Kleid. Und der Mensch sollte von diesem Reichtum ausgeschlossen sein? Vertrauen wir darauf, daß die neuen Kleider kommen, und sie werden kommen."

Dem letzten Satz liegt eine eigenartige Erfahrung zugrunde: Wer an alten Kleidern hängt, der hat selten Geld, sich neue zu kaufen. Wer sich hier aber richtig einstellt und vorwärts blickt, der findet auch die Mittel zu neuen Kleidern. Unsere neuen Kleider sind nichts als Wirklichkeit gewordene vorwärtsstrebende Wunschgedanken.

Der beste Weg, sich erfolgreich auf neue Kleider einzustellen und sie zu erlangen, ist oft der, die alten Kleider zu verschenken mit der Gesinnung, daß sie andere beglücken. Wir werden oft staunend erleben, wie rasch wir empfangen, wo wir freudig geben. —

*

Ein Wort noch zur Frage des Zusammenhangs zwischen

Farbe und Erfolg:

Es wirkt auf unser Inneres belebend, wenn wir uns mit reinen Farben umgeben. Je mannigfaltiger und lichter die Farben unserer Kleidung, unserer Möbel, unserer Wohnung, desto angeregter ist unser Geist. Es gilt, die belebende und oft heilsame Wirkung der Farben im Alltag in unseren Dienst zu stellen.

Ein sonniger Mensch wird lichte Farben lieben; ein Pessimist kann sich durch das bewußte Vorziehen heller Farben seelisch höher stimmen. Dunkle, unreine Farben wecken leicht negative Stimmungen, Unlustgefühle. Jeder Farbe entspricht ein bestimmter seelischer Zustand:

Schwarz und grau sind Ausdruck des Ernstes, der Erdgebundenheit, der Entsagung, ja des Todes.

Gelb wirkt auf Nerven und Hirn belebend, stimmt sonnig und harmonisch. Nervenschwache, Schwermütige, Pessimisten, Grübler sollten die gelbe Farbe zu ihrer Belebung nutzen.

Rot wirkt lebenssteigernd, kraftweckend, anregend, gefühlerregend, wärmend, belebend. Rote Stoffe, Gardinen, Tapeten sind ebenso wie rotes Licht von Vorteil bei Müdigkeit, Melancholie, Arbeitsunlust, Körperschwäche.

Blau dämpft die Lebenstätigkeit herab, wirkt auf gereizte Nerven beruhigend, kühlend, hemmend. Aufgeregte, an Schlaflosigkeit Leidende, Überreizte, Nervöse werden die blaue Farbe in ihren Dienst stellen.

Orange hat eine Mittelwirkung zwischen gelb und rot und wirkt besonders bei Mattigkeit belebend.

Grün wirkt gleichmütig stimmend und hält die Arbeitslust gleichmäßig wach.

Braun hat eine mittlere Wirkung von rot und schwarz, je nach der Farbtönung mehr nach der Wirkung der roten oder schwarzen Farbe hingehend.

Diese umstimmende Wirkung der Farben können wir bei der Kleidung ebenso wie bei unseren Möbeln, den Decken, Fußböden, Teppichen und Tapeten unserer Zimmer, den Gardinen und Decken auswerten, wir können unser Wohnzimmer in bunten, lebendigen, frühlinghaften Farben halten, unsere Schlafzimmer in blauen, schlaffördernden Tönen, unser Arbeitszimmer in einer Mischung aus grün und unserer Lieblingsfarbe.

28. WOCHE:

SICHERES AUFTRETEN

„Jeder Mensch gilt in der Welt soviel, als wozu er sich selbst macht.“
Knigge

In jedem Kreise gibt es Menschen, die wie von selbst zum Mittelpunkt der Gesellschaft werden, die Zuneigung der meisten gewinnen, neue Kräfte auch aus ihrer Umgebung schöpfen.

Was unterscheidet diese Menschen von anderen? Ist es ihre Stellung, ihre Schönheit, ihr Äußeres, ihr Auftreten? Sie wirken vor allem durch das *Selbstvertrauen,* das in der Art ihres Auftretens zum Ausdruck kommt, durch die starke *Selbstachtung,* die sie auf das Unterbewußtsein der Menschen um sie übertragen. Sie betrachten ihre Umwelt als den würdigen Rahmen ihres eigenen Wesens, fühlen sich daher nirgends fremd, sondern überall Herr der Lage. –

Den meisten Menschen fehlt dieses innere Freisein: sie leiden unter gesellschaftlichen Hemmungen, unter Selbstvorwürfen mangelnder Kinderstube, unter der quälenden Furcht, sich Blößen zu geben, dies oder jenes falsch zu machen und dadurch das Ansehen zu verlieren, in diese oder jene Gesellschaft nicht hineinzupassen.

Es ist falsch, solchen negativen Gefühlen nachzugeben. Der Lebensschüler wird das Gefühl der Schüchternheit und Zaghaftigkeit mit den Wurzeln ausrotten, sich mit den Voraussetzungen erfolgbringenden Benehmens vertraut machen und bewirken, daß die Aufmerksamkeit der Umwelt – deren Verhalten zu ihm vor allem durch das bestimmt wird, was ihr an ihm Sympathisches oder Antipathisches auffällt – auf Züge an ihm gerichtet wird, die sie zu positiven Reaktionen veranlassen. Er wird solche Züge planmäßig züchten.

Was einer heute als ‚Lücken‘ empfindet, braucht ihn morgen schon nicht mehr zu bedrücken. Wie wenig Menschen waren in der Lage, die Sicherheit im Umgang mit andern schon in der Jugend sich anzueignen. Sie haben sie erst später errungen. Eine Not bleibt nur so lange, als der Mensch sie festhält.

Wichtiger als die Kenntnis dieser oder jener gesellschaftlichen Gepflogenheiten ist die innere Sicherheit und Selbständigkeit. Sie läßt uns erkennen, daß wir meist erst dadurch, daß wir durch dies oder jenes aufzufallen fürchten, und durch das daraus erwachsende unsichere, nervös-linkische Gebaren die Aufmerksamkeit der Umwelt darauf ziehen. An einen Mangel nicht denken heißt ihn weitgehend unsichtbar machen. Zuerst für innere Haltung sorgen, die rechte äußere Haltung ergibt sich dann von selbst.

In zweiter Linie ist die Schulung des Instinkts für das jeweils Schickliche notwendig, die Weckung des natürlichen Taktgefühls und edlen Geschmacks, die uns instinktiv das Rechte tun lassen. Die Erweckung dieses Schicklichkeitssinnes geht in der LS von selbst vor sich. Inzwischen wird der Lebensschüler die nachgenannten sechs Regeln rechten Auftretens zu befolgen suchen:

1. *Rechte Haltung:* Jeder wird so behandelt, wie er sich benimmt. Wer die gebeugte Haltung eines Bittstellers einnimmt, wird von der Umwelt entsprechend behandelt. Wer Überlegenheit zeigt, sich wie ein Sieger verhält, aufgerichtet und doch bescheiden, der wird als Großmacht behandelt. Der Erfolgreiche steht innerlich über dem Konventionellen, ohne es doch zu verletzen. Seine Haltung und sein Benehmen sind Ausdruck inneren Herrschertums und machen ihn zum Mittelpunkt jedes Kreises, in den er sich begibt. Diese Stellung ist ihm und schließlich auch den andern als etwas Selbstverständliches bewußt.

2. *Rechter Blick:* Das Auge des Lebensschülers soll die Lichtwärtsgerichtetheit seiner Hoffnungen wie seine freundliche Haltung zur Umwelt offenbaren. Die nötigen Anleitungen dazu gibt die 30. LW.

3. *Rechte Gesten.* Jede Geste ist eine Selbstanzeige: so ist mein Charakter, so mein geistiger Zustand, so meine Erziehung. Gesten, die andere abstoßen, können durch Selbsterziehung in solche, die die Umwelt sympathisch stimmen, verwandelt werden. Übertriebene Gesten, die Schwächen verraten, sind zu meiden. Hände, die gern Knöpfe abdrehen oder sonst Unnützes treiben, werden beim Sitzen

gefaltet, beim Stehen und Gehen häufig auf den Rücken gelegt: Ausdruck der Ruhe und besonnenen Sicherheit.

4. *Rechtes Auftreten:* Wie ein Mensch auftritt, so tritt er wieder ab. Das Auftreten darf nie Bluff sein, nie Überfall; denn diesen folgen negative, erfolghindernde Reaktionen. Es muß ebenso überlegen wie zurückhaltend sein, geheimer Anzeiger Eines, der weiß, was er will, und der weiß, daß er das, was er will, auch erreicht.

5. *Rechter Gang.* Auch beim Gehen kommt es auf das Auftreten an: der sichere gleichmäßige Gang kündet den Überlegenen, Selbstbewußten an, das Leisetreten den Ängstlichen oder Versteckten, der elastische Gang die Anpassungsfähigkeit, der zierliche Gang den Leichtlebigen, der rasche Gang den Lebhaften, der schleichende Gang den Mißtrauischen oder Berechnenden. Man schwenke beim Gehen nicht den Oberkörper hin und her, weil das Unsicherheit verrät, und vermeide Äußerungen der Hast oder Unruhe, da diese sich leicht auf andere übertragen.

6. *Rechter Händedruck:* Die Hände seien warm, fest, geschmeidig und magnetisch. Das eine wird durch Pflege erreicht, das letztere durch die Sonnen-Übung der letzten Woche. Unser persönlicher Magnetismus kann beim Händedruck auf andere übertragen werden: es gilt, beim Händedruck lebendig zu fühlen, wie unsere Gedanken durch die Telegraphendrähte der Nerven vom Hirn bis in die Fingerspitzen getragen und von dort gewissermaßen auf den anderen übertragen werden, wobei der Kreis durch den Blick geschlossen wird. Im Blick wie im Händedruck komme der Gedanke zum Ausdruck: *„Du hast mich gern!“* Dabei wird die Hand des andern möglichst ganz umschlossen, nur eine Sekunde fest gedrückt. Man vermeide den schlaffen, nichtssagenden Händedruck ebenso wie den übertriebenen Boxer-Händedruck.

Nicht nur der Künstler braucht einen ‚Manager‘, — jedem, der im Leben vorwärts kommen will, können Menschen, die sein Ansehen steigern und ihm überall Eingang verschaffen, nützen: einflußreiche Freunde oder Gönner. Ein Teil ihrer Autorität geht auf ihn über.

Wer einen Begleiter von Ansehen hat, steigert den eigenen Wert in den Augen der Umwelt. Zudem kennzeichnet Freundschaft mit Erfolgreichen einen guten Geschmack.

Weiter gilt es, wenn man unter andere Menschen geht, den Alltag abzustreifen, Mißstimmungen und Sorgen draußen zu lassen. Vor dem Zusammentreffen mit andern gehe man gegebenenfalls einen Augenblick in die Stille und erfülle sich mit etwa folgenden Gedanken:

„Alle Menschen, mit denen ich jetzt zusammenkomme, haben mich gern. Jeder bringt mir Sympathie entgegen und hat den Wunsch, mir zu dienen. Ich werde in diesem Kreise der Mittelpunkt, die lebenweckende und -spendende Sonne sein. Ich strahle Kraft und Freude aus, Harmonie und Wohlgefühl, und erwecke das Gute und Edle in allen, die ich anblicke.“

Man achte darauf, daß man in jedem Kreise von Menschen möglichst die Mitte einnimmt, beiderseits etwa gleich viele Zuhörer hat und möglichst keinem der Anwesenden den Rücken zukehrt.

Noch ein Wort zur Frage der erfolgbringenden Unterhaltung:

Rechtes Auftreten heißt keineswegs, daß man nach drei Minuten bereits den Ton angibt. Vornehme Zurückhaltung gibt in der Regel mehr Einfluß als aufdringliches Sich-Herausstellen. „Nicht aufzufallen ist das erste Gebot des guten Tones“, sagt Langbehn.

Sich andern aufdrängen heißt seinen eigenen Wert herabsetzen. Was Wert hat, ist oder macht sich selten. Gern gesehen ist, wer nur kommt, wenn er ersehnt wird. Insbesondere wer in der Nähe leicht verliert, wird durch die Entfernung gewinnen.

Das Benehmen sei sympathischer Ausdruck der inneren Harmonie: immer gleich freundlich und froh, immer sich selber gleich. Dann wird auch der Empfindsamste nicht verletzt, sondern angezogen.

Das oberste Gebot jeder Unterhaltung heißt: verständnisvolle Rücksichtnahme. Immer den andern zuerst reden lassen, Voreiligkeiten vermeiden, sich erst später einschalten und dann unmerklich die Führung übernehmen. Bei aller Zuneigung und freundlichen Gesinnung aber im Letzten zurückhalten und insgesamt so wenig wie möglich von sich selbst reden.

Zuweilen mag das rechte Auftreten im Nicht-Auftreten liegen. Immer dabei zu sein, ist nicht in jedem Falle ein Ruhm. Man kann auch durch Abwesenheit gewinnen.

ÜBERWINDUNG DER SCHÜCHTERNHEIT

Zu den einem erfolgreichen Auftreten entgegenstehenden inneren Hemmungen gehört die Schüchternheit: sie läßt den Menschen sich kleiner fühlen und kleiner aussehen, als er ist; sie engt sein Bewußtsein ein und damit das Reich seiner Herrschaft. Sie macht seinen Atem stockend und unentschlossen, sein Denken eng und kraus, und spinnt ihn schließlich in Mißgefühle der Weltfremdheit und Menschenfeindschaft ein.

Der Schüchterne fragt nicht, wieso die Meinung der ‚Leute' wichtiger sein soll als seine eigene Meinung. Er sieht nicht, daß ihn niemand erniedrigt als er selbst und daß niemand ihn von seiner Kleinsucht befreien kann als er selbst – indem er sich auf seine innere Kraft besinnt und sich auf seine eigenen Füße stellt.

Denn: Niemand kommt schüchtern auf die Welt. *Alle Befangenheit ist anerzogen und kann aberzogen werden* – durch rechtes Denken, rechte Blickrichtung und sympathische Einstellung zur Umwelt.

Der Schüchterne ist so groß wie der, der vor ihm steht, oft größer, denn Zurückhaltung der Seele kann Zeichen eines aristokratischen Geistes sein, Anzeichen einer „Natur edlerer Art“, wie *Schopenhauer* sagt. Da aber dieses Anzeichen leicht mißdeutet wird, ist es weiser, seine edle Natur auf andere Art zu offenbaren und nicht durch Schüchternheit sich selbst zu schaden. Besonders Gröberen gegenüber ist es unklug, zaghaft zu sein, einen Wert durch einen Unwert erdrücken zu lassen.

Nehmen wir uns auch *Mulfords* Mahnung zu Herzen: „Nie sich beugen, nie sich erniedrigt fühlen in irgend eines Menschen Gegenwart! Wer es tut, leitet den Gedankenstrom sklavischer Abhängigkeit in sein Gemüt. Wir dürfen bewundern, das Talent eines andern ehren, aber wie von König zu König, mit dem reinen tiefen Wunsch, Gleiches möge in uns geweckt und geboren werden, ein Talent, unserem Wesen so eigen wie jenem das seine.“

Im übrigen gilt es, nicht gegen Schüchternheit anzukämpfen, sondern sie durch *Bejahung unserer inneren Sicherheit, Ruhe und Überlegenheit* zum Aussterben zu bringen. Nicht unsere Aufmerksamkeit auf Unsicherheiten im Auftreten oder einen Anflug von

Lampenfieber oder Menschenscheu richten und dadurch das Übel verstärken, sondern unseren Gleichmut bejahen, unsere Sympathie zur Umwelt, unseren Erfolg. Dem, der auf den Schatten sieht, kommt leicht alles dunkel vor; dem, der ins Licht schaut, wird alles hell. Verschwinden die Schatten der Schüchternheit aber aus unserem geistigen Sehkreis, weichen sie auch aus unserem Leben.

Auch nicht denken: „Dieser Mensch macht mich befangen!“ Denn solche Konzentration auf einen andern bedeutet Selbstschwächung. Sondern uns selbst als strahlende Sonne sehen, als Kraftspender und Magnet alles Guten.

Im übrigen werden wir folgende

10 Hilfsmittel gegen Schüchternheit

in unseren Dienst stellen:

1. *Sich richtig einstellen!* Wir geben uns frei und wahr, so wie wir sind, kümmern uns nicht mehr um die Meinung der ‚Leute‘ und überschätzen nicht mehr deren Interesse an uns. Wir achten uns selbst, wissend, daß im gleichen Maße auch die Umwelt uns achtet. Denn die Meinung der ‚Leute‘ ist nur Widerspiegelung unserer eigenen Meinung über uns selbst.

Statt zu fragen: Wie werden wir von andern bewertet?, fragen wir uns: Wie haben *wir* die andern zu bewerten? Wir durchschauen dann bald die täuschenden Hüllen so mancher Schwächen, erkennen die hochnäsige Unhöflichkeit des andern als Äußerung seiner Ängstlichkeit, Rauheit als Umhang der Milde, freche Forschheit als Tarnkappe der Mutlosigkeit, Spottsucht als Offenbarung innerer Verlegenheit, Brutalität als Ausdruck niedriger Feigheit. Wir gewahren, daß fast immer der *andere* der Schüchternere ist.

Und wir erkennen weiter, daß die Achtung der andern uns in dem Maße zuteil wird, als wir sie von ihnen als selbstverständlich erwarten. Schüchternheit ist Sünde, Selbstgeringschätzung ist Mißachtung der Vollkommenheit des göttlichen Funkens in unserem Innern.

Auch *körperliche Mängel* sollen uns nicht zu Verzagtheit verleiten, sondern zu gesteigerten Leistungen anspornen. Was uns am Körper abgeht, können wir durch größeren Verstand, Fleiß, überragende Leistung ausgleichen. Körperliche Kleinheit ist kein Grund, sich klein zu fühlen. In der Regel sind kleine Menschen beweglicher als große; vielen genialen Männern eignete ein kleiner Körper: Napoleon, Friedrich dem Großen, Cromwell, Alexander dem Großen, Mozart, Beethoven, Wagner, Kant, Fichte, Schopenhauer, Leibniz und anderen. Machen Sie sich, wenn Sie körperlich klein sind, die Einstellung Napoleons zu eigen: als dieser sich einmal bemühte, von einem hohen Regal ein Buch herunterzulangen, sprang einer seiner Generäle hinzu und holte das Buch mit der Bemerkung herunter „Erlauben Majestät; ich bin größer." – „Sie meinen wohl: ‚länger'!" versetzte Napoleon lächelnd. Obwohl nicht lang, hatte er keineswegs das Gefühl der Unzulänglichkeit.

2. *Sich recht entspannen!* Man setze niemals den Willen gegen die Schüchternheit. Denn Schüchternheit ist Gedanken-Verkrampfung, Anspannung. Der Wille, der ebenfalls Spannung ist, kann hier nicht helfen. Hier tut vielmehr Entspannung not. Mit dem inneren ‚Sich-gehen-Lassen' weicht der einengende Druck; wir werden fähig, klar zu sehen, richtig zu wollen, das Rechte zu tun. Und wenn wir uns des weiteren hüten, uns selbst ängstlich zu belauern, bleiben wir von Verzagtheiten und deren Folgen – ungeschicktes Auftreten, Reden und Benehmen – frei.

3. *Verzagtheiten wegatmen!* Überfällt uns ein Gefühl hilfloser Schwäche, wenn wir einem andern oder einer Mehrheit von Menschen gegenübertreten, tun wir folgendes: Wir atmen zunächst ganz tief aus, in Gedanken alle Schwäche hinausstoßend. Dann atmen wir 3–4 Mal langsam und ruhig tief und bewußt ein und aus – unter Konzentration der Gedanken auf den gleichmäßigen kraftweckenden Atem. Dadurch wird das aufgeregte Herz beruhigt, der Kopf kühl, die Schüchternheit getötet, die Fassung wiederhergestellt.

4. *Sich selbst befehlen!* Wird ein Zaghafter von der Gewalt der Ereignisse überfallen, dann wird er die vorstehenden Anweisungen zweckmäßig mit dem Gedanken begleiten: *„Ich stehe unter dem Schutz des Höchsten!"* Bietet sich Zeit und Gelegenheit, wird er mit etwa folgender Bejahung in die Stille gehen:

> *„Ich bin stark und frei. Alle guten Kräfte der Welt sind bereit, mir zu helfen und mich an mein Ziel zu tragen. Alles, was an mich herantritt, ist bestimmt, mir zu dienen. Ich habe Erfolg in allem, was ich beginne!"*

5. *Das Überlegenheitsgefühl steigern!* Ihre *Stellung* in der Welt hängt von Ihrer *Einstellung* ab, Ihr Verhältnis zu andern von Ihrer inneren Haltung. Nehmen Sie eine untergeordnete Stellung, die Sie zur Zeit noch inne haben, nie zum Anlaß, sich auch innerlich beengt und klein zu fühlen. Hier kommt es erst recht darauf an, daß Sie sich innerlich groß, überlegen und einflußreich fühlen – in Erkenntnis der Tatsache, daß die innere Umstellung schließlich die Umstellung der äußeren Verhältnisse zum Bessern mit sich bringt. Übersehen wird nur, wer sich selbst klein sieht!

Fühlen Sie sich von der Persönlichkeit eines andern brutal erdrückt, lösen Sie den inneren Druck, indem Sie sich den andern in einer komischen Situation vorstellen; der Bann fällt dann von Ihnen ab wie Staub von einem Anzug, den man bürstet.

6. *Besonnen reden lernen!* Schüchternheit verrät sich oft zuerst in der Sprache. Der Lebensschüler lernt darum, ruhig und klar zu sprechen. Der ruhige Klang der Stimme hebt die eigene Stimmung und die der andern. Es ist ratsam, den Weg zum freien Sprechen und damit zum Freisprechen des gefesselten Innern in Etappen zu zerlegen: zunächst spricht man für sich allein, dann im Kreise guter Freunde, als ob man unter Fremden wäre, und endlich im Kreise von Fremden, als ob man unter Freunden sei.

7. *Sich innerlich wappnen!* Einen Teil unserer Sorgen beseitigen wir durch Vorsorge. Die beste Vorsorge ist die geistige: die innere Vorbereitung auf jene Augenblicke, da uns die Schüchternheit anspringen und verkrampfen könnte. Wir können im voraus die geistige Atmosphäre des Kreises, in den wir eintreten, bestimmen und dadurch Gefühle des Gehemmtseins beim Zusammentreffen mit andern von vornherein ausschalten. Eine Situation, mit der wir uns im Geiste bereits auseinandergesetzt haben, auf die wir bereits positiv eingestellt und eingestimmt sind, verliert ihre Ungewißheit. Über die Praxis solcher geistigen Erfolgsvorbereitung wird in späteren LW gesprochen.

8. *Tun als ob ...!* Der Erfolgreiche betritt eine Gesellschaft ihm unbekannter Menschen, *als ob* ihm alle bekannt seien, als ob er ihnen allen überlegen sei. Statt sich von der Gesellschaft fernzuhalten, nimmt er jede Gelegenheit wahr, sich als Freudenbringer zu bewähren. Statt die Rolle des Mauerblümchens zu spielen, tritt er

in die Mitte. Statt sich von andern ängstlich abzuschließen, benimmt er sich, als ob ihn alle gern hätten und froh seien, seine Freunde zu sein. Statt auf Schwierigkeiten zu sehen, richtet er sein Denken auf das Ziel und strebt ihm zu, als ob er von Anfang an bestimmt sei, dies Ziel zu erreichen.

9. *Die innere Kraft bejahen!* Der Lebensschüler tut gut, sich immer wieder seiner schrankenlosen inneren Freiheit und Macht bewußt zu werden. Dadurch tötet er jede Befangenheit und lernt von selbst, die Haltung der Kraft einzunehmen. Indem er sich seines inneren Werts und seiner Kraft bewußt wird, steigt er in der Achtung der Umwelt. Je stärker er wird, desto anziehender wird er.

10. *Entschlossen handeln!* Zweifel, die ängstlich und verzagt stimmen, tötet man durch die Tat. Die letzte Schüchternheit überwindet ein rascher Entschluß, das, was als gut und recht erkannt ist, sofort zu tun. Man lasse sich nie von andern zu Entscheidungen treiben, sein Tun nicht von fremdem Willen leiten. Man sei nie aus Verlegenheit nachgiebig, sondern nehme den Kampf, wenn unvermeidlich, hartnäckig auf, wolle *selbst,* entscheide selbst und handle selbst – seiner Überlegenheit bewußt.

Errötensfurcht und Angstschweiß

Zwei mit der Schüchternheit verschwägerte Übel wollen wir noch überwinden lernen: das als störend empfundene Erröten und den nervösen Angstschweiß.

Erröten ist Folge falschen Denkens. Die mit der Weitung der Blutgefäße einhergehende Blutfüllung eines Hautbezirks wird von seelisch-nervösen Einflüssen bestimmt. Angst, Zorn, Scham, Ärger, Freude, Erwartung, überhaupt jede Spannung kann uns erröten oder erblassen lassen, ebenso Schuldgefühle, Lob und Tadel, Befangenheit, das Gefühl, etwas falsch gemacht oder gesagt zu haben.

Erröten kann Schuldbekenntnis sein, ebenso aber Zeichen seelischer Feinheit. Ein harmloses Erlebnis, das in unserem Innern eine Kindheitserinnerung an eine unverdiente Zurücksetzung wachruft, kann uns erröten lassen, ebenso der Gedanke, mißverstanden oder verdächtigt zu werden, oder die Taktlosigkeit eines andern uns oder Dritten gegenüber. Man kann erröten schon aus Furcht, sich durch Erröten lächerlich zu machen.

Je robuster ein Mensch innerlich ist, desto weniger errötet er. Fein besaitete, wertvolle, feinsinnige Menschen erröten besonders leicht: infolge ihres tieferen Wissens neigen sie leicht dazu, ihren Wert und ihr Können zu unterschätzen, obwohl gerade sie am wenigsten Grund dazu haben.

Wie beseitigen wir das Erröten, soweit es uns lästig ist?

Durch den Willen überwinden wir das Übel nicht, vielmehr errötet erst recht, wer nicht erröten will. Die Furcht, zu erröten, ist eine Anspannung. Diese Spannung kann der Wille, der selbst Spannung ist, nicht lösen, sondern wird sie nur mehren, die Errötensbereitschaft steigern. Dagegen wird die seelische Fehlschaltung durch Entspannung beseitigt:

Wir atmen im Augenblick des Bewußtwerdens innerer Unsicherheit alle Angst hinaus, entspannen uns und richten den Blick auf die innere Kraft. Wir machen uns gleichgültig gegenüber dem Erröten oder Nichtrotwerden.

Wenn der Errötens-Automatismus bereits eingeschaltet ist, halten wir den Atem eine Sekunde zurück und atmen dann tief aus, uns dabei lebendig vorstellend und fühlend, wie das Blut zu den Füßen hinabströmt, so daß diese warm werden und förmlich anschwellen.

Eine andere Nebenerscheinung übermäßiger Befangenheit sind *Schweißausbrüche:* Der bekannte ‚Angstschweiß', der am ganzen Körper oder an einzelnen Körperteilen ausbricht, ist weniger lästig als der bei seelischen Erregungen auftretende Handschweiß, der den an ihm Leidenden sich schließlich scheuen läßt, andern die Hand zu reichen, aus Angst, unangenehm aufzufallen. Indem er sich aber in dieser Weise auf die Feuchtigkeit der Hand konzentriert, ruft er den Schweiß erst recht hervor.

Hier wie überall im Körper erfährt ein negativer Gedanke meist spontan seine Verwirklichung. Sowie aber dem an Handschweiß Leidenden der Zusammenhang zwischen gefühlsbetontem falschem Denken und Schweißausbruch erst einmal klar geworden ist, hat er bereits den Weg zur Beseitigung des Übels beschritten, der darin besteht, daß er 1. jede gedankliche oder gefühlsmäßige Einstellung auf die Möglichkeit des Schwitzens vermeidet, indem er seine Gedanken immer wieder auf gefühlsbetontere positive Gegenvorstellungen konzentriert, 2. jede falsche Willens-Anstrengung unterläßt,

3. sich gegen das Übel gleichgültig stimmt, es nicht mehr beachtet, 4. sich zu anderen liebend einstellt, 5. sein Selbstbewußtsein hebt. Dann verschwindet das Übel bald von selbst.

ERFOLGBRINGENDES BENEHMEN

Außer von den bisher dargelegten Umständen hängt der Erfolg weiter vom Benehmen ab, wobei das erfolgverbürgende Benehmen keineswegs in der buchstäblichen Beachtung der Anweisungen eines ‚Handbuches des guten Tons' besteht. Die natürliche ‚Höflichkeit des Herzens' umfaßt das lebendig, was in den zeitgebundenen Formeln der Konvention nur zu oft erstarrt und eingefroren ist. Entscheidender als die Schalen äußerer Höflichkeit ist die Herausschälung der rechten Gesinnung, die wahre Herzensbildung anzeigt.

Von drei sonst gleichen Menschen wird der ohne Manieren zuletzt, der mit guten Umgangsformen an zweiter Stelle und der mit Herzensbildung und Taktgefühl zuerst bevorzugt. Die Welt hat ein feines Gefühl dafür, ob ein gewandtes Benehmen nur Maske der Ichsucht ist oder Ausdruck lebenspendender Du-Sucht. Die formvollendetsten Manieren stoßen den gesund empfindenden Menschen ab, wenn sie kalter Berechnung entspringen oder mit innerer Gleichgültigkeit einhergehen.

Der echte Takt ist Ausdruck edelster Gesinntheit. Unter ‚tactus' begreifen wir den *seelischen Tastsinn,* das Organ für die Eigenart fremder seelischer Kraftfelder. Taktvoll sein heißt, gleichwie in der Musik der Takt das Tonmaß anzeigt, in unseren Handlungen so maßvoll sein, daß rechter Einklang, Zusammenklang und Gleichklang mit den Seelen anderer entsteht. Wir können das Taktgefühl darum auch das Gleichklang-Organ, den musikalischen Sinn des Herzens nennen. Ist dieser Sinn stumpf, dann ist zumeist auch der mit ihm zusammengeschaltete Schicksals-Sinn entsprechend abgestumpft und damit wieder das Vermögen, die Menschen richtig zu erkennen, zu behandeln und zu gewinnen und den Erfolg an sich zu binden.

Und wie wird dieser Sinn geweckt? Durch liebende Einstellung auf die Wünsche und Neigungen der Menschen um uns, durch die

Entfaltung gleichmäßig rücksichtsvoller Freundlichkeit gegen andere — einerlei, ob Arbeiter oder Minister —, durch die Erkenntnis, daß jeder Mensch ein heimlicher König ist und darum eine königliche Behandlung erwarten darf.

Der Schlüssel zur Weckung des Taktsinns heißt: *Rücksichtnahme.* Zarte *Rücksicht,* die sich hütet, andere zu verletzen, die dem Grundsatz folgt: „Ein bißchen Liebe von Mensch zu Mensch ist mehr wert als alle Menschheitsliebe", und der Weisheit, daß glücklich machen glücklich macht — sie ist es, die die Herzen anderer gewinnt.

Wer auf die Interessen und Bedürfnisse, Schwächen und Wünsche anderer Rücksicht nimmt, wer ebenso diskret wie hilfsbereit, ebenso entgegenkommend wie zuverlässig ist, wer stets berücksichtigt, daß wir alle aufeinander angewiesen sind, der hat keinen langen Weg zum Erfolg.

Rücksichtsvolle Freundlichkeit ist immer positiv und produktiv: sie schafft lustbetonte Stimmungen, die dem Erfolg die Bahn frei machen. Der Unterschied zwischen einem mürrischen und einem freundlichen Verkäufer kann abends an den Rechnungsblocks auf den Pfennig genau festgestellt werden: wo ein Mürrischer für eine Mark verkauft, verkauft der Freundliche für zwei, fünf und zehn Mark.

Sei immer freundlich! Alle Widerstände werden kleiner, wenn wir sie anlächeln. Freundlichkeit macht uns Unfreundlichen und Gleichgültigen überlegen und hilft Hindernisse rascher überwinden. Wer keinen Menschen entläßt, ohne ihm etwas Liebes gesagt oder erwiesen zu haben, der wandelt die Umwelt zum Quellbrunnen wachsenden Glücks. Dem Freundlichen wird jeder zum Freunde und zum willigen Helfer.

29. WOCHE:

DIE UMWELT BEOBACHTEN

„Wer etwas Großes leisten will, muß tief eindringen, scharf unterscheiden, vielseitig verbinden und standhaft beharren.“ Schiller

Viele Menschen haben nur geringen Erfolg, weil sie mit offenen Augen so gut wie nichts sehen, infolgedessen nicht richtig schließen, sich nicht richtig entschließen und nicht richtig handeln. *Sehen* heißt nämlich in die Dinge *hineinsehen.* Aus Hineinsehen erwächst *Einsicht* und diese wieder führt zum rechten Schluß und Entschluß und damit zum Erfolg. Weil sie nicht sehen, weil sie nicht *denken beim Sehen,* darum gehen – nach einem Wort Gracians – „alle Dummköpfe zugrunde; sie sehen an den Dingen nie auch nur die Hälfte von dem, was da ist. Der Kluge denkt über alles nach, er vertieft sich da, wo er Grund und Widerstand findet.“

Diese Kunst der Beobachtung nun kann entwickelt und gesteigert werden. Wir können lernen, richtig zu sehen. Was heißt das?

1. *Richtig sehen* heißt *bewußt sehen.* Je bewußter wir sehen, desto nachhaltiger prägt sich das Gesehene unserem Unterbewußtsein ein und um so gründlicher wird es verarbeitet. Wenn wir einen Menschen ansehen, müssen wir seinen Gesichtsausdruck, die hervorstechenden Merkmale darin, seine Haltung, die Art der Kleidung, des Aussehens, des Auftretens mit einem Blick umfassen und erfassen. Wenn wir ein Haus ansehen, müssen wir mit geschlossenen Augen die Hauptmerkmale, durch die es sich von andern unterscheidet, plastisch vor uns sehen. Wenn wir eine Maschine sehen, müssen wir, auch ohne Fachmann zu sein, die Arbeitsweise der Maschine erfassen und uns später anschaulich vergegenwärtigen können.

2. Richtig sehen heißt *denkend sehen.* Es heißt Tatsachen Rechnung tragen und zugleich die Möglichkeit des ‚Unmöglichen‘ erwägen, im Geiste Versuche anstellen, praktisch denken. Es heißt deutlich sehen: was man deutlich ansieht, tritt aus dem ungewissen Nebel der Umwelt näher heran, wird klarer erkennbar, wird aus Vermutung zur Gewißheit.

3. Richtig sehen heißt *natürlich sehen.* Es heißt wie ein Kind sehen, mit offenen Augen, Kleinstes wie Größtes wichtig nehmend. Vielleicht ist gerade die Aufgabe, mit der wir uns befassen, Ausgangspunkt umwälzender neuer Erkenntnisse oder Entdeckungen. 99 Menschen gehen gedankenlos an einer Sache vorüber, bis der 100. genauer hinsieht, ihren Wert erkennt, sich zunutze macht und damit ein Vermögen erwirbt. Die Welt ist voll Möglichkeiten, nutzbringender Ideen, ungeborener Erfindungen und unausgenutzter Aufstiegsmöglichkeiten. Sie fallen denen zu, die die Augen offen halten und zugreifen. Jeder kann etwas besseres finden oder schaffen, etwas ungewöhnliches erreichen. Er muß richtig sehen, tiefer eindringen, klarer urteilen, plastischer denken, entschlossener handeln.

4. Richtig sehen heißt *konzentriert sehen.* Die meisten träumen beim Sehen: ihr Blick ist zerstreut, nie scharf auf einen Beobachtungsgegenstand eingestellt. Infolgedessen ist ihr Gedächtnis schlecht; denn nur was man genau sieht, dringt bis zum inneren Auge und bleibt als Erinnerung haften. Sich über das, was man sieht, Rechenschaft abzulegen, erzieht zum Beobachten.

5. Richtig sehen heißt *mit Interesse sehen.* Der Erfolgreiche überdenkt bei allem, was er sieht, ob es sich in seinem Beruf, seinem Arbeitsfeld erfolgbringend verwenden läßt. Interesse führt zum raschen Erfassen des Wesens eines Dinges. Der Mann, der eine fremde Frau gegrüßt hat, ist selten imstande, ihr Kleid zu beschreiben; seine Frau dagegen hat im Augenblick alles gesehen. Warum? Ihr Interesse ließ sie das Zehnfache gewahren. Es gilt die Phantasie zu gebrauchen, die große Wegbahnerin der Zivilisation. Ohne Phantasie kann man nichts Neues finden, nicht zum Erfolg kommen. Wir müssen die Dinge anschauen, als sähen wir sie zum ersten Male.

6. Richtig sehen heißt *überlegend sehen.* Es heißt, sich höchste Aufmerksamkeit zur Gewohnheit zu machen. Ohne Aufmerksamkeit kein Wahrnehmen, ohne Wahrnehmung keine Erkenntnis, ohne Erkenntnis keine Schaffung neuer Möglichkeiten. Es gilt allem mit Fragen zu begegnen: Wieso, warum, wozu?, alles zur Informationsquelle zu machen, die Dinge selbst antworten zu lassen, notfalls Fachleute zu befragen, und bei allem, was man sieht, nachzudenken. Denn überlegen macht überlegen.

7. Richtig sehen heißt *selbständig sehen.* Wer anderen nachbetet, verrät, daß er Schlaueren leicht zum Opfer fällt. Das Sehen der meisten ist hörig und erstarrt. Der Lebensschüler gewöhnt sich, nichts als selbstverständlich anzusehen, nichts kritiklos als gegeben hinzunehmen, keinen Meinungen oder Seh-Voreingenommenheiten zum Opfer zu fallen, sondern allen Dingen mit gesundem Menschenverstand und wissenschaftlicher Gründlichkeit nachzuspüren. Richtig sehen heißt: Tatsachen neu sehen oder neue Tatsachen sehen.

8. Richtig sehen heißt *Zusammenhänge sehen.* Und das heißt: nicht nur mit den Augen, sondern mit dem Geist sehen, das Gesehene im Herzen bewegen, durch den Wust von Gemeinplätzen des Sehens und Denkens hindurchdringen und von bloßen *Ansichten* unbelastet zur *Einsicht* und zur *Übersicht* gelangen, zu rechter Wertung, Bewertung und Nutzung. Es heißt das Unerwartete scharfäugig voraussehen und ihm zuvorkommen, *vor-sichtig* sehen: vorher richtig sehen, statt sich nachher den Schaden zu besehen. Es heißt: alle Umstände *berücksichtigen,* nicht nur die Vorderfront, sondern auch den Rücken der Dinge besichtigen.

9. Richtig sehen heißt *nichts übersehen.* Es gilt auch das unwichtig Erscheinende anzusehen, als ob es wichtig sei, und nichts als gering zu verachten. Die Augen müssen Fernrohr und Mikroskop unserer Wißbegierde sein. Wie wollte ein Dichter die Kleinmalerei, die wir an seinen Werken bewundern, fertig bringen ohne das Vermögen, dort etwas zu sehen, wo andere nichts sehen oder das Ungewöhnliche gewöhnlich sehen. „Der geniale Mensch ist der, der Augen hat für das, was ihm vor den Füßen liegt." Er sieht in allem noch ungelöste, nach Lösung schreiende Probleme.

10. Richtig sehen heißt *schöpferisch sehen.* Es gilt, den inneren Spürsinn, wie er bei Kriminalisten oft bemerkenswert entfaltet ist, ebenso zu betätigen wie den inneren Bau-Sinn, der Situationen blitzartig erfaßt und neu faßt, die Dinge in Gedanken umstellt, um Schwierigkeiten zu lösen und neue Werte zu schaffen. Es gilt, Dinge, Menschen und Umstände mit Verständnis anzusehen und, statt von ihnen beherrscht zu werden, sie mit der Seele zu bemeistern, günstige Gelegenheiten als solche zu erkennen und zu nutzen, oder sie zu schaffen.

11. Richtig sehen heißt *wertend sehen.* Es heißt den Dingen, die

man erblickt, ihren rechten Wert, ihren Preis geben. Es ist von Nutzen, wenn man weiß, was eine Sache kostet – an Geld wie an Mühe. Wertend sehen heißt zugleich: Mängel sehen und Möglichkeiten ihrer Abstellung, Bedürfnisse erkennen, gewahr werden, woran es fehlt und wodurch andern genützt werden kann. Diese Bedürfnisse befriedigen heißt oft neue Berufe und Einnahmequellen schaffen. Es heißt weiter: Leerlaufarbeit, Kraftvergeudung, Materialverschwendung erkennen und abzustellen wissen, Zeit Kraft und Geld sparen helfen. Arbeitsgänge vereinfachen oder die Dinge verbessern heißt aber sich selbst wertvoller machen, durch Leisten leiten, durch Dienen verdienen.

12. Richtig sehen heißt *Reichtum sehen und schaffen.* Schon mancher wurde reich dadurch, daß er genauer hinsah als andere. Im Wort ‚Erfinden' liegt das ‚Finden'. Um zu finden, muß man die Augen aufmachen. Da gewahrte einer die Unzweckmäßigkeit des Flaschenkorkens, überlegte, fand und erfand den Bierflaschenverschluß – ein bißchen Draht, Porzellan und Gummi – und wurde Millionär. Tausend ähnliche Erfindungen haben ihren Schöpfern oder denen, die die Erfindung auswerteten, große Vermögen gebracht. *Ihre* Aussichten sind keineswegs geringer; tausend kleine und große Erfindungen, die dem Menschen das Leben erleichtern und verschönern, harren noch des Meisters, der seinen Sehsinn schulte.

13. Richtig sehen heißt *wirtschaftlich sehen.* Es heißt praktisch und zweckmäßig sehen und denken. Richtig sehen bringt Gewinn: es ermöglicht uns, schneller als andere zu denken und zu handeln, geistig Trägen zuvorzukommen, aus Fehlern anderer zu lernen, besser aufzupassen, Täuschungen zu meiden und Enttäuschungen zu entgehen, den Erfolgssinn immer lebendiger zu betätigen. Oft heißt es, in etwas Alltäglichem etwas Besonderes zu sehen und daraus zu machen.

14. Richtig sehen heißt *Einsicht erlangen.* Es heißt – als Letztes und Höchstes – ins Innere der Natur schauen, den Geist des Lebens in und hinter allem wirken sehen. Die geistige Schläfrigkeit und Blindheit ist es, die die meisten unfrei macht und verzweifeln läßt. Sie leben nicht, sie erleiden das Leben und leiden am Leben. Darum müssen wir sehen lernen! Dann gewahren wir: es gibt unendlich viel Glück in der Welt. In jeder Sekunde brandet die Flutwelle des

Glücks tausendmal um den Erdball. Nur wer schlecht sieht, erblickt überall Weh, weil er den Sinn nicht sieht. Wer aber richtig sieht, erkennt den Glücks-Sinn und die hohe Bestimmung alles Seins, erkennt, daß die Welt so ist, wie er sie ansieht.

So viele Lebensblinde – so viele Unglückliche. Alle äußeren Nöte haben ihre Wurzeln im Innern – im inneren Blindsein oder im falschen Sehen und Denken.

„Das Licht der Welt schaut jeder, der sieht. Die Welt des Lichts aber sieht nur, wer schaut."

Schulung des Seh-Sinnes

Wer durch die Straßen der Stadt geht, ist sich seiner selbst meist nur am Anfang und Ende des Wegs bewußt; vom Weg selbst hat er meist keine fortlaufende, durch das unterwegs Gesehene zusammengehaltene Erinnerung. Wenn Sie aber denselben Weg von Anfang bis zum Ende *bewußt* machen, kostet selbst das nicht mehr Zeit, bringt aber wachsenden Gewinn. Ihr Gedächtnis wächst, ihr Kombinationsvermögen nimmt zu, ebenso Ihre Erfahrung, Einsicht und Lebenstüchtigkeit.

Mit dem Üben bewußten Sehens kann man nicht früh genug anfangen. Glücklich der, den die Not schon in der Jugend zwang, erfinderisch nach Möglichkeiten der Selbsthilfe Ausschau zu halten. Er wird im Leben keine Not leiden. Alle anderen müssen sich gewöhnen, von jetzt ab von früh bis spät alles *bewußt* anzusehen und dadurch ihr Leben reicher und erfolgreicher zu machen. *Sehschulung ist Erfolgsschulung.*

Gewöhnung an rechtes Sehen führt zur Bildung lebendiger Begriffe. Im Anfang wird es uns schwer erscheinen, einen gesehenen Gegenstand mit allen Einzelheiten und Feinheiten innerlich nachzubilden. Aber bald wird es leichter, unser Vorstellungsvermögen wird beweglicher, bis wir schließlich immer mehr Dinge, die wir früher gar nicht sahen, mit einem Blick erfassen. Wir werden aber nicht nur hellsichtiger für die Schönheiten der Welt, sondern auch für die Möglichkeiten rascheren Vorwärtskommens.

Unnötig zu sagen, daß wir unser Sehvermögen nicht an Dingen schulen, die praktisch ohne Bedeutung sind, etwa an Tapetenmustern und dergleichen, sondern wir üben sie an Dingen, die unserem Berufs- und Arbeitskreis zugehören. Haben wir unser Sehvermögen an einzelnen Gegenständen geschult, gehen wir zu größeren Einheiten über, zu Maschinen, Bildern, Landschaften, Schaufensterauslagen, Straßenvorgängen. Hier gilt es, nach erfolgtem Anblick der Dinge oder Vorgänge uns bei geschlossenen Augen zuerst die Gruppierung der Einzelheiten, ihre Stellung zueinander zu vergegenwärtigen, dann das Aussehen der Details. Wir spüren bald, wie die Seh-Freudigkeit der Augen zunimmt und wie unser Beobachtungsvermögen wächst.

Wir ergänzen das innere Vergegenwärtigen durch das schriftliche und womöglich durch das zeichnerische Festhalten des Geschehenen. Gute Zeichner sind meist gute Beobachter. Auf die Schönheit der Zeichnung kommt es hier nicht an, sondern auf die Richtigkeit.

Eine weitere Übung: machen Sie mit geschulten Sinnen einen Rundgang durch den Betrieb oder das Geschäft, in dem Sie mitschaffen, und sehen Sie alles an, als ob Sie es zum ersten Male sähen. Überlegen Sie bei allem das Warum und Wozu und die Möglichkeiten des Bessermachens. Wie vieles ist überflüssig, wie vieles kann vereinfacht oder verbessert werden? Wenn Sie bei einem solchen Rundgang 10 nützliche Feststellungen machen, haben Sie sich selbst den Beweis der Fähigkeit rechten Sehens erbracht. Treiben Sie Beobachtungssport!

Wir gehen einen Schritt weiter: Nehmen Sie die Zeitung vor und darin die Rubrik mit den Kurznachrichten aus aller Welt. Lesen Sie einen dieser Berichte ein- oder zweimal, schließen Sie dann die Augen, lassen Sie das Gelesene wie einen Film in Ihrem Geiste abrollen. Schreiben Sie dann das innerlich Gesehene nieder. Vergleichen Sie es mit der gelesenen Notiz. Stellen Sie die Abweichungen fest; die Fehler zeigen Neigungen zu Denkfehlern an.

Gehen Sie dann zu längeren Berichten über, nur daß Sie hier das Gelesene und innerlich Vergegenwärtigte nachher in die Form eines Kurzberichtes im Telegrammstil bringen. Hier gilt es, das *Wesentliche* herauszuschälen. Sie lernen dadurch, eine Situation rasch zu erfassen, eine Lage sofort zu überblicken, schnell Entschlüsse zu fassen, sich zweckmäßig zu verhalten.

Ergänzende Übungen: Lesen Sie von einem Bericht nur die zweite Hälfte und versuchen Sie, den ersten Teil selbst zu rekonstruieren.

In dieser Lage befinden wir uns praktisch in jedem Augenblick im Leben; wir sind selten bei jeder Sache von Anfang an dabei, werden oft erst am Ende hineingezogen und sind dann genötigt, aus dem Gegenwärtigen auf den Anfang zu schließen.

Schließlich üben wir uns, die Menschen, mit denen wir zusammenkommen, genauer anzusehen, um immer mehr Einzelheiten im umfangreichen Archiv unseres Unterbewußtseins zu sammeln, Stoff zur Urteilsbildung heranzutragen. Wir achten nicht nur darauf, *was* einer sagt, sondern *wie* er es sagt, mit welchen Gebärden und Gesten, in welcher Haltung. Wir achten auf sein Auftreten und Benehmen, auf Widersprüche zwischen seinen Worten und Bewegungen, auf sein Verhalten zu Kindern und Tieren, zu jungen und alten Leuten, in lächerlichen Situationen, in schwierigen Lagen, in Gefahren.

Nicht nur unser Auffassungsvermögen und unsere Menschenkenntnis wird auf diese Weise bereichert, und nicht nur unsere Geistesgegenwart nimmt bei dieser Sehschulung zu, auch unser Gedächtnis erfährt dadurch eine fortgesetzte Erhöhung seiner Leistungsfähigkeit, und die inneren Bilder erlangen nach und nach die Schärfe von Photographien.

Schulung der anderen Sinne

Auch die anderen Sinne sind verfeinerungsfähig und können durch entsprechende Übungen zu immer höheren Leistungen erzogen werden.

Der Lebensschüler lerne, nicht nur bewußt zu sehen, sondern auch *bewußt zu hören*. Hier wird jeder am besten selbst die für ihn in Frage kommenden Übungen aufstellen. Ganz allgemein wird das Gehör geübt, wenn man bei geschlossenen Augen die Geräusche, die jederzeit von überallher auf einen eindringen, zu bestimmen versucht. Die Zahl der bestimmbaren Geräusche nimmt dann bald zu.

Beim Anhören von Musik übe man sich darin, die einzelnen Instrumente herauszuhören und zugleich den harmonischen Zusammenklang der einzelnen Tonreihen zu verfolgen.

Beim Hören von Vorträgen oder Reden achte man auf die unterschiedlichen Tonlagen, um daraus die Seelenstimmung des Sprechers herauszuspüren. Ein gutes Gehör findet hundert verschiedene Arten heraus, wie ein Mensch in den verschiedenen Lagen Ja! oder Nein!

sagt. Man lernt auf diese Weise, nicht nur zu vernehmen, was einer *sagt*, sondern was er *meint*, und schließlich, was er *ist*.

Mit der Schulung des *Geschmackssinns* haben wir uns schon in der 3. Woche befaßt – bei der Erziehung zum bewußten Essen. Auch hier kommt uns, wie der Lebensschüler bereits wahrgenommen haben wird, eine wachsende Fülle von Geschmacksabstufungen zum Bewußtsein.

Auch der *Tastsinn* kann entsprechend geschult werden. Versuchen Sie, mit geschlossenen Augen die verschiedensten Gegenstände durch Betasten zu erkennen – zuerst im eigenen Heim, dann im Freien. Alles in allem gilt es, mit wachen und vollen Sinnen durch das Leben zu gehen, um die bunte und reiche Fülle des Daseins immer lebendiger in sich aufzunehmen und in den Dienst der Lebenserhöhung zu stellen.

RICHTIG SCHLIESSEN

Praktischen Nutzen bringt das richtige Sehen erst, wenn ihm die rechten Schlüsse folgen, wenn wir Gesehenes mit bereits Bekanntem in Beziehung setzen, vergleichen, die wirkenden Gesetzmäßigkeiten erkennen und zutreffende Folgerungen ziehen.

Richtig schließen setzt die Fähigkeit voraus, richtig zu denken. Wer richtig denkt, vermag aus zwei oder mehr Tatsachen oder Urteilen ein neues Urteil abzuleiten, aus beobachteten Wirkungen auf deren Ursachen zu schließen, vom Allgemeinen zum Besonderen oder vom Besonderen zum Allgemeinen weiterzuschreiten, vom Bekannten zum noch Unbekannten, vom Sicheren zum Möglichen; er vermag, sich die Grundfragen bei jedem Ding zu beantworten: Was ist es? Woraus besteht es? Welches sind seine Teile? Woher kommt es? Wozu dient es? Wer braucht es? Ist es nützlich oder schädlich? Wie kommen seine Wirkungen zustande? Was kann ich mit ihm anfangen?

Richtig schließen heißt *richtig kombinieren*. Hierzu dient das Gedächtnis einerseits, die Phantasie andererseits. Beide arbeiten, wie der Maurer mit Ziegelsteinen und Mörtel, mit den inneren Sehbildern oder Begriffen und den äußeren Tatsachen. Beide arbeiten nach den Grundsätzen der praktischen Logik, bedienen sich, bewußt oder unbewußt, der Gesetze des Schließens.

Ein *Schluß* ist die Ableitung eines End-Urteils aus einem oder mehreren anderen in Zusammenhang stehenden Ausgangsurteilen, wodurch neues Wissen aus schon vorhandenem Wissen gewonnen wird. Die Urteile, von denen man ausgeht, nennt man ‚Prämissen'; diese zerfallen in ‚Obersatz' und ‚Untersatz'. Das Endergebnis heißt ‚Schlußsatz'. In Form einer Gleichung:

A = B (Obersatz)
C = A (Untersatz)
folglich C = B (Schlußsatz)

Beispiel: Alle Menschen sind sterblich
Ich bin ein Mensch.
Also bin ich sterblich.

Um hier keine Fehler zu machen, müssen wir die Grundregeln rechten Schließens beachten. Sie lassen sich in 7 Forderungen zusammenfassen:

1. Die Begriffe, mit denen wir beim Schließen arbeiten, müssen klar und eindeutig sein. Denn sowie mehrdeutige Begriffe im Obersatz oder Untersatz enthalten sind, können wir zu falschen Schlußsätzen kommen. Der Verwendung mehrsinniger Begriffe in den Prämissen bedienten sich im Altertum die Sophisten, in unserer Zeit die Bauernfänger. Hier gilt es vorsichtig zu sein, um nicht Wortverdrehern zum Opfer zu fallen.

2. Aus verneinenden Prämissen kann nichts geschlossen werden. Ein Beispiel für das sonst entstehende Durcheinander:

Keine Katze hat zwei Schwänze.
Jede Katze hat einen Schwanz mehr als keine Katze.
Folglich hat jede Katze drei Schwänze.

3. Eine der Prämissen muß eine allgemeingültige Feststellung enthalten. In der Regel drückt der Obersatz eine absolut feststehende Tatsache aus. Je gesicherter die Prämissen sind, je mehr sie bewiesenen Tatsachen oder Gewißheiten Ausdruck geben, desto zuverlässiger ist der Schlußsatz.

4. Die Prämissen müssen Tatsachen, Erfahrungen oder Wahrheiten ausdrücken. Ist eine der Prämissen problematisch, dann ist auch der Schlußsatz ungewiß. Sophisten schieben gern mit biederem

Augenaufschlag das erst zu Beweisende in die Prämissen, wenden den sogenannten ‚Zirkelschuß' an, das heißt, sie versuchen den Beweis durch das, was doch erst bewiesen werden soll, zu erbringen. Viele Sektenlehren lassen sich auf solche Zirkelschlüsse zurückführen, die den armen Gläubigen die Köpfe verwirren. Auch in der Politik wird oft mit unbewiesenen Prämissen gearbeitet. Hier gilt es, den Schlußfolgerungen anderer nicht unbesehen zuzustimmen, sondern die Prämissen zu prüfen, die dem Schlußsatz zugrundeliegen.

5. Die Prämissen dürfen keine Verallgemeinerungen von Einzeltatsachen enthalten. Im einzelnen Richtiges darf nicht im Obersatz als allgemeine Wahrheit untergeschoben werden, da sonst der Schlußsatz notwendig eine irreführende Verallgemeinerung enthält, zuweilen auch den Obersatz aufhebt. Ein Beispiel dafür: Zeller aus Zettstadt behauptet: alle Zettstädter sind Lügner. Wenn alle Zettstädter Lügner sind, ist auch Zeller einer. Wenn aber Zeller lügt, ist seine Behauptung unwahr. Wenn seine Behauptung unwahr ist, sind die Zettstädter keine Lügner. Da Zeller Zettstädter ist, ist dann aber auch er kein Lügner. Dann aber ist seine Behauptung wahr. Wenn aber seine Behauptung wahr ist, dann sind alle Zettstädter Lügner. Wenn aber alle Zettstätter Lügner sind, ist auch Zeller einer ... Und so weiter.

Der Denkfehler liegt im ersten Wort *‚alle'*, in der unzulässigen Verallgemeinerung. Zeller hätte sagen müssen: ‚Manche Zettstätter sind Lügner'. Damit würden die weiteren Schlußfolgerungen von selbst entfallen. – Solche Denkfehler werden oft gemacht; wieviele schließen nicht so: gestern habe ich beim Kaufmann X schlechte Ware bekommen. Also ist alles, was X verkauft, schlecht. Der Lebensschüler wird, wo er verallgemeinerungssüchtig gern ‚alle' oder ‚jeder' oder ‚das Ganze' sagen möchte, sich auf Ausdrücke wie ‚manche', ‚einige', ‚gewisse', ‚einzelne', ‚wenige' oder ‚viele' beschränken. Denn was von einigen gilt, braucht nicht von allen zu gelten.

6. Der Schlußsatz darf keine Elemente enthalten, die in den Prämissen nicht gegeben sind. Wir werden also stets prüfen, ob eine Behauptung, die uns an den Kopf geworfen wird, auch wirklich aus dem Vorhergesagten folgt. Sowie man merkt, daß ein anderer unscharf denkt oder Tricks anwendet, um zu einem für ihn günstigen

Schluß zu kommen, zwinge man ihn, den Gesetzen der Logik zu folgen und Sophismen zu unterlassen, zu sagen, woher er etwas weiß und womit er es beweisen kann.

7. Schlußsätze, denen nicht Urteile, sondern Vorurteile vorausgehen, führen irre. Ein Beispiel: Ein Mann mit auffallend großer Nase und kleinen zusammenstehenden Augen hat uns früher einmal gekränkt. Nun hat Maier eine große Nase und kleine zusammenstehende Augen. Folglich ist Maier ein unsympathischer Mensch.

Manche gefühlsmäßigen Urteile haben ähnlich kindlichen Charakter und sind gleich unvernünftig.

Vorsicht vor Vorurteilen! Was zum Reich der Vernunft gehört, darf nicht in den Bereich der Gefühle gezogen werden; Schlüsse dürfen nicht von Wünschen und Hoffnungen gefärbt, von Ab- oder Zuneigungen verbogen werden. – Manchem leuchtet dieselbe Behauptung, von einem ihm sympathischen Menschen aufgestellt, ein, die er als abwegig verwirft, wenn etwa ein Feind für sie eintritt. Es gilt, die zu beurteilenden Tatsachen so zu sehen, wie sie sind, nicht, wie wir sie möchten.

Im übrigen kann die Kunst rechten Schließens durch Übung auf eine erstaunliche Höhe gebracht und zur Quelle wachsender Einsicht und neuer Erkenntnisse werden. Wir erreichen dadurch, daß wir in Zukunft immer bewußter schließen. Es ist nützlich, wenn wir uns über die einzelnen Glieder unserer Folgerungen Rechenschaft ablegen und so Fehler vermeiden lernen. Wir erzielen dadurch das, was Schopenhauer fordert: „ein Gehirn von wunderbarer Elastizität". Wir lernen, klarer zu denken, werden nicht mehr so leicht von Gedankenschiebern übers Ohr gehauen, und lernen zugleich – last not least – das, was wir andern beibringen wollen, leichter und zwingender zu beweisen.

RECHTE MENSCHENERKENNTNIS

Für den, der seinen Blick geschult hat, beginnen die Menschen allmählich so auszusehen, wie es in ihnen aussieht. Im allgemeinen gilt, daß, wer sich kennt, auch andere kennt. Zwei Hilfsmittel stehen uns hier zur Verfügung: Die Lehren der Gesichts- und Körperausdruckkunde einerseits und unser Instinkt andererseits. Sehen wir zu, was diese beiden uns lehren.

Zwischen Aussehen und Seelenanlage besteht weitgehende Übereinstimmung. Besonders das Gesicht ist ein Anzeiger der Gesinnungen. „Der ganze Mensch steckt im Kopf und Gesicht“, sagt Plato. Weber nennt das Gesicht das „Protokoll des Charakters“, während Schopenhauer die Einschränkung einfügt, daß „die Entzifferung des Gesichts eine große und schwere Kunst ist. Keiner lernt hier aus, selbst der Geübteste ertappt sich immer noch auf Irrtümern“. Und wie viel mehr erst täuscht sich der Ungeübte. Darum muß man lernen, ins Innere der Menschen zu schauen.

Aus allem vermag der gute Beobachter Schlüsse zu ziehen; es gibt keinen sichtbaren Teil des menschlichen Körpers, in dem nicht Züge des Charakters ihren Ausdruck finden. Und „hab' ich des Menschen Kern erst untersucht, so weiß ich auch sein Wollen und sein Handeln“, wie Schiller sagt.

Die Menschen kennen und erkennen zu lernen, ist das beste Mittel gegen jede Angst vor Menschen. „Die Menschen fürchtet nur, wer sie nicht kennt.“ Angst quillt aus Ungewißheit.

Und wieviele Enttäuschungen und Verluste erspart sich, wer die Grundwesenheit eines Menschen zu erfassen vermag, seine Zuverlässigkeit, Ausdauer, Ehrlichkeit, Treue. Dem, der das nicht kann, ergeht es leicht wie jenem Kaufmann, der sich einen tüchtigen, allzu tüchtigen Gesellschafter nahm: erst hatte der Gesellschafter die Erfahrung und er das Geld. Aber bald hatte der Gesellschafter das Geld und er – die Erfahrung. –

Wenn nachfolgend einige physiognomische Erkenntnisse vermittelt werden, dann nur solche, die jeder leicht zu finden und an deren Hand er sich einige Aufschlüsse über das Wesen anderer zu verschaffen vermag. Einzelheiten und Feinheiten mußten hier naturgemäß fortgelassen werden, manche Verallgemeinerung war unvermeidlich. Gründliche Kenntnisse vermitteln hier die charakterologischen Fachwerke.

Diese Einschränkungen müssen vorausgesandt werden, damit der Lebensschüler nicht den Fehler begeht, aus einigen wenigen Merkmalen endgültige Schlüsse hinsichtlich des Wesens eines andern zu ziehen. Es gibt hier nur Annäherungswerte. *Ein* Merkmal, und würde es auch durch andere bestätigt, ist noch kein zureichender Hinweis auf das Vorhandensein eines bestimmten Charakterzuges; es muß immer im Rahmen des Gesamtbildes seine Bestätigung finden.

Die einzelnen Wertungen müssen mit großem Feingefühl miteinander kombiniert werden, wobei billige Analogieschlüsse zu meiden sind, also Schlüsse aus der Ähnlichkeit oder Übereinstimmung einiger oder vieler Merkmale zweier Dinge auf die Ähnlichkeit oder Gleichheit ihrer Eigenschaften oder ihres Wesens. Wenn A einen kurzen Daumen, zurückziehendes Kinn, verkniffene kleine Augen und eine niedere Stirn hat und erweislich nachgiebig und beschränkt ist, und B die gleichen physiognomischen Merkmale aufweist, ist damit noch nicht erwiesen, daß auch B nachgiebig und beschränkt ist. Neben den Augen gilt es den *Instinkt* mit urteilen und entscheiden zu lassen. Man lasse die Besonderheit des Andern in entspanntem Zustand auf sich wirken; hier gilt mehr als anderswo: „wenn ihr's nicht fühlt, ihr werdet's nicht erjagen."

Desweiteren müssen wir bei Beurteilung anderer von Gemütsbewegungen frei sein: ruhig, ganz Auge und Instinkt, ganz Aufmerksamkeit. Wir müssen von uns absehen und darauf achten, daß unsere Wertungen nicht durch Meinungen Dritter gefärbt oder gefälscht werden. Wir müssen uns weiter vor Vor-Urteilen hüten, dürfen nicht in andere etwas hinein-sehen, für dessen Vorhandensein keine zuverlässigen Anzeichen vorliegen. Jeder Mensch ist etwas Einzigartiges und kann immer nur teilweise mit andern verglichen werden.

Wir dürfen auch nicht nach dem ersten Eindruck allein urteilen. Die Schlüsse, zu denen wir kamen, bedürfen der Prüfung, ob sie jeder Kritik standhalten, keine Selbsttäuschungen enthalten, durch die Tatsachen bestätigt werden, und wenn nicht, warum nicht. Jede neue Erkenntnis, die wir über einen anderen gewinnen, kann ein Stück eines Netzes sein, dessen Herausziehen eine Fülle weiterer Aufschlüsse mit zum Vorschein bringt. Wir wollen darum unsere Urteile nie für abgeschlossen halten, sondern stets bereit sind, Neues hinzuzulernen.

CHARAKTER-MERKZEICHEN

Augen: – feurig: Inspiration, Sinnlichkeit, oft Stimmungsmensch.

– glänzend: Lebhaftigkeit, Gesundheit, Kraft.

– groß und lebhaft: Begeisterung, Sprachtalent (Rednergabe), Zielstrebigkeit.

– klein: Vorsicht, Zurückhaltung, leichte Unentschiedenheit, geringes Durchsetzungsvermögen, leicht beeinflußbar.

– matt: mangelnde Energie, schwache Gesundheit.

– rund: gutes Beobachtungsvermögen.

– schrägstehend: Zurückhaltung.

– tiefliegend: schwache Lebenskraft.

– verkniffen: Zaghaftigkeit, List, auch Humor.

– verschieden hoch: vielseitige Interessen.

– weit auseinanderstehend: Realismus, Lebenspraktiker mit geringem Idealismus.

Augenbrauen – buschig und dicht: starke Lebenskraft, Temperament.

– eckig, gebrochen: Tätigkeitsdrang, oft abweisendes Wesen.

– eng zusammen: Verstecktheit.

– gesenkt, dicht über den Augen: Ernst, Konzentrationsvermögen.

– kräftig gebogen: Geistesgegenwart, guter Situationssinn.

– lang, schön geformt: heiteres Wesen.

– nach außen hoch gezogen: Beobachtungsvermögen.

– nach der Nase zu hoch gezogen: Neigung zu Schwermütigkeit.

– struppig: Leidenschaftlichkeit.

– unregelmäßig: leichte Reizbarkeit.

– weit auseinander: Gutmütigkeit, zuweilen Vertrauensseligkeit.

– zusammengewachsen: Undurchsichtigkeit, Grübelsucht, Ernst.

Blick – ausdruckslos umherschweifend: Zerstreutheit.

– fest und durchdringend: Konzentration, Zielsicherheit.

– fest und lebhaft: Mut, Entschiedenheit.

– fest und versteckt: Argwohn, Ichsucht, Kälte.

– kalt und lauernd: Härte, Fanatismus, Brutalität.

– lebhaft und offen: Neugier, geistige Beweglichkeit.

– lebhaft umherschweifend: leichte Reizbarkeit.

– matt: Trägheit.

– starr und kühl: wichtigtuende Zurückhaltung, Kritiksucht.

– unstät: Schüchternheit, Befangenheit.

– unstät und versteckt: Mißtrauen, Schuldbewußtsein.

Daumen – breit auslaufendes Nagelglied: Reizbarkeit, Rücksichtslosigkeit.

– klein: geringe Durchsetzungskraft, leicht beeinflußbar.

– groß: Willens- und Tatkraft.

– kurz: Nachgiebigkeit, Selbstsucht, leicht beeinflußbar.

– lang: Selbstvertrauen, Durchsetzungskraft, schwer beeinflußbar.

Finger – kurz und dick: materielle Interessen.

– lang: geistige Regsamkeit.

Gesicht – birnenförmig: Klugheit, aber geringe Widerstandskraft, leicht beeinflußbar.

– breit: Lebenspraktiker mit vorwiegend materiellen Interessen.

– länglich: gute geistige Qualitäten, Selbstvertrauen.

– rundlich: praktische Veranlagung, Zufriedenheit, Bequemlichkeit.

– schmal und lang: guter geistiger Arbeiter.

– übertrieben lang: geistige Beweglichkeit bei geringem Durchsetzungsvermögen.

– unsymmetrisch, Gesichtshälften verschieden stark entwickelt: starke Intelligenz.

Hals – kurz: Energie, Rücksichtslosigkeit.

– kurz und dick: starke Lebenskraft, Draufgänger.

– lang: Gutmütigkeit, Ruhe.

– lang und schlank: Sensibilität.

Hände – bei Druck elastisch: Anpassungsfähigkeit, Zähigkeit.

– bei Druck fest: Durchsetzungskraft, Ausdauer, Ordnungssinn.

– bei Druck schwammig, nachgiebig: Wankelmut, leicht beeinflußbar.

– dick: Sinnenhaftigkeit, Ichsucht.

– eckig und fest: zähe Ausdauer.
– groß: Realismus, Fleiß, Umgänglichkeit, Sorgsamkeit.
– groß und schlank: Selbstbewußtheit, Witz.
– hart: Tatkraft.
– klein: Phantasie, leichte Erregbarkeit, leicht beeinflußbar.
– klein und breit mit knotigen Fingern: Rechthaberei.
– klein und schlank: Stolz, Feinfühligkeit, Fähigkeit zur Zusammenfassung.
– knöchern, dürr: Gefühlsarmut (außer bei Krankheit und Alter).
– lang: Überlegung, Takt.
– mittelgroß, fest, leicht rötlich: Großmut, Selbstachtung.
– mittelgroß, feucht, leicht weißlich: Phlegma.
– mittelgroß, leicht bläulich: Gutmütigkeit.
– zart, zugespitzt: Phantasie, Kunstsinn.

Händedruck – flüchtig: Zurückhaltung, Mißtrauen, Schwäche.
– kurz, drucklos, kalt: Ichsucht, oft Neid, schwer beeinflußbar.
– kurz und fest: Offenheit, Zugänglichkeit.
– langsam, zögernd, nur mit den Fingern: Berechnung, Geiz, Hinterhältigkeit, zuweilen auch Hochmut.
– mit Handrücken nach oben: Herrschsucht.
– nachlässig, schwammig-kalt: Egoismus.
– sanft: Sensibilität, Sinnlichkeit.
– sehr kräftig: Offenherzigkeit, oft vorgetäuschte.
– umfassend und fest: Selbstbewußtsein, Willenskraft.
– zu lang: Herrschsucht.

Kinn – breit: Körperkraft.
– derb: Zähigkeit.
– eckig: Wille, Zielstrebigkeit, Gewandtheit, schwer beeinflußbar.
– flach und klein: Schwäche, Anlehnungsbedürfnis.
– kantig hervortretend: Zielstrebigkeit und Härte.
– lang: Ausdauer.
– lang und breit: Härte, Festigkeit.
– lang und scharf: Rücksichtslosigkeit.
– oval: Schönheitssinn.
– rund: Gutmütigkeit, Sinnenliebe, leicht beeinflußbar.
– schmal: geringe Körperkraft.
– spitz: List, oft Geiz, zuweilen Streitsucht und boshafter Witz.
– spitz und lang: Verschlagenheit, Hartnäckigkeit.
– vorspringend: Festigkeit, Sparsamkeit.
– vortretend, mit Grübchen: Wohlwollen, Schönheitssinn.
– viereckig: Offenheit, Exaktheit.
– zurückweichend: Ruhe, geringe Widerstandskraft, leicht beeinflußbar.

Lippen – dick: Genußsucht, Sinnenhaftigkeit.
– fadenförmig, verbissen: Hartnäckigkeit, Hinterhältigkeit, Gefühlskälte, schwer beeinflußbar.
– schmal: Selbstbeherrschung, Verschwiegenheit.
– schmal und verbissen: Gefühlshärte, Eigensinn, Ichsucht.
– sanft geschwungen: Harmonie- und Schönheitssinn.
– voll: reiches Gefühlsleben, Sinnlichkeit.
– vorgeschoben: Genußsucht, Sinnenliebe, Anpassungsfähigkeit.
– Oberlippe vortretend: Anschmiegsamkeit aus Nächstenliebe.
– Unterlippe vortretend: Anpassung aus Selbstsucht.

Mund – gespitzt: Selbstgefälligkeit.
– groß: starke Vitalität, Genußliebe, leicht beeinflußbar.
– groß und breit: Tatenlust, Mut.
– klein: Zurückhaltung, Genügsamkeit, schwer beeinflußbar.
– klein und zart: Klugheit.
– offen: Schüchternheit, schwache Widerstandskraft, leicht beeinflußbar.
– verbissen: Eifer, Eigensinn, Trotz, Ausdauer.

Mundwinkel – aufsteigend: Optimismus, Selbstbewußtsein, Humor, Ironie.
– herabhängend: Pessimismus, aus Lebensunsicherheit entspringender Hochmut, Mißlaune, Neid.

Nägel – bläulich: schlechte Blutzirkulation, zuweilen Herzleiden.
– breit: Ruhe, Gemütsruhe.
– hochrot: Reizbarkeit, schwer beeinflußbar.

– rosa: Gesundheit.
– stark gewölbt: Leidenschaftlichkeit, Unbeständigkeit.
– weißlich: geringe Widerstandskraft.

Nase – aufgestülpt (Stupsnase): Witz, Eitelkeit, oft Frechheit.
– breit: starke Lebenskraft, Zugänglichkeit.
– dick (Kartoffelnase): Sinnenhaftigkeit, Genußsucht.
– eingedrückt (Sattelnase): Stimmungsmensch, Energie, leicht beeinflußbar.
– gebogen (römische oder Adlernase): Verstandesmensch, Tatkraft, Hartnäckigkeit, Entschiedenheit, Erfolgstrebigkeit.
– gebogen, aber an der Spitze leicht eingedrückt (deutsche Nase): klares Urteil, Fleiß, Ausdauer, reiches Empfindungsleben.
– gerade, harmonisch (griechische Nase): Formensinn, Schönheitssinn, Geselligkeit, gutes Gleichgewicht zwischen Gefühl und Verstand.
– groß: Arbeitsamkeit, Stetigkeit.
– groß, schmalrückig: Intelligenz, aber geringe Ausdauer.
– klein: Lebhaftigkeit, leicht beeinflußbar.
– lang abfallend: Wißbegierde.
– lang und spitz: Neugier, Ichsucht.
– schmal: Sensibilität, oft Unverträglichkeit.
– spitz: Neugier; wenn Kinn auch spitz: Ichsucht.
– Spitze aufwärts gerichtet: Strebsamkeit, Leichtsinn, Keckheit.
– Spitze herabhängend: Spottsucht, Nörgelsucht.
– Spitze stark absinkend: Bosheit.
– stark gebogen (jüdisch-arabische Nase): Geschäftssinn, Überlegung, Erwerbssinn, Sinnlichkeit.
– stark hervortretend bei fliehender Stirn: rasches Auffassungsvermögen, Entschiedenheit, doch leicht beeinflußbar.
– stumpf: Sorglosigkeit.

Ohren – abstehend: Selbstgefühl, Widerspruchsgeist.
– anliegend: Gutmütigkeit, Geduld.
– aufrecht: Tatkraft, Mut.
– dick, fleischig: Genußsucht.
– flach anliegend: geringe Durchsetzungskraft.
– groß: Unternehmungslust, leicht ablenkbar.
– klein: geistige Interessen, Ausdauer, Gewandtheit.
– oben weit abstehend: Streitlust.
– spitz: Widerspruchsgeist.
– sehr klein: Empfindsamkeit.
– übermäßig groß und fleischig: Schwerfälligkeit, Trägheit.

Stimme – bestimmt: Tatkraft.
– gedehnt: Phlegma.
– heiser, schwach: zuweilen Mangel an Lebenskraft.
– leise: Zurückhaltung, Hemmungen, mangelndes Selbstvertrauen.
– leise und lispelnd: Vorsicht, oft Hinterhältigkeit.
– leise, scharf, langsam: Berechnung, Ichsucht, Geiz.
– quäckend: geringe Willenskraft.
– spitz, bohrend: Neugier, Mißtrauen.
– unregelmäßig, abgehackt: Unzuverlässigkeit.
– unrein: Unzufriedenheit, Zwiespältigkeit.
– verbissen, durch die Zähne: Trotz, Energie, Durchsetzungskraft.
– voll, kräftig: Lebhaftigkeit, Zuverlässigkeit.

Stirn – eckig, knochig: starke geistige Regsamkeit, Temperament, Energie.
– gerade, mit Einbuchtung in der unteren Hälfte: hohe Intelligenz.
– gewölbt: Gefühl überwiegt Verstand.
– kurz: Sinnenhaftigkeit, Zähigkeit.
– lang, schmal: gut entwickelte Geisteskräfte, geringes Durchsetzungsvermögen.
– mit starken Stirnknoten: Arbeitsamkeit, Energie.
– oben gewölbt: gutes Schlußvermögen.
– sehr glatt: Gleichgültigkeit, Egoismus.
– steil, lang: kühle Beobachtung, Ichsucht, die bis zur Rücksichtslosigkeit gehen kann.
– stark vorstehend, ebenso weit wie das Kinn: Gleichmut, Verläßlichkeit.
– übermäßig hoch: Lebensunsicherheit, mangelnde Kraft, leicht beeinflußbar.
– viereckig: Geradheit, Pflichtbewußtsein.
– zurückweichend: Eitelkeit.

WECKUNG DES INSTINKTS

Die zuverlässigste Menschenerkenntnis ist die instinktive, die den Charakter eines andern unmittelbar erspürt und erfaßt. Diese Fähigkeit einfühlender Wesenserkenntnis schlummert in jedem Menschen.

Instinkt heißt wörtlich Anregung, Anreiz, Antrieb, ‚Eingebung'. Wir verstehen darunter das Vermögen, richtig zu reagieren und zu handeln, einen „von der Verstandestätigkeit unabhängigen Trieb, für die Erhaltung des Individuums förderliche Handlungen auszuführen" und richtig zu antworten. Er ist *Einfühlung*, die am sichersten aus dem *Sich-Einsfühlen* erwächst. Er erspürt den Kern der Dinge und Menschen und läßt uns richtig handeln. Er ist die Stimme des Lebens. Wohl dem, der auf sie hört.

Der Instinkt läßt sich nicht beirren: ein liebenswürdiger Mensch mit tadellosen Umgangsformen und bezauberndem Wesen erregt das Mißgefühl des Instinkts, läßt ihn uns warnen. Warum? Die Höflichkeit war Maske, die Gesinnung ungut. Eines Tages sehen wir ein, daß wir recht taten, dem Instinkt zu folgen: der Liebenswürdige entpuppte sich als ‚Leichengänger', der auf Kosten des Glücks anderer seinem Vorteil nachjagte. Der Instinkt sieht weiter als der Verstand; er erfaßt das Unbewußte des andern und besitzt ein inneres Vorherwissen, das Dinge schon spürt, wenn sie im andern erst keimen.

Der Instinkt kann uns überall nur nützen: wer ihm in kaufmännischen Dingen folgt, kommt oft überraschend schnell voran; wer ihn bei der Menschenbehandlung mitsprechen läßt, kommt besser mit andern aus; wer ihn in der Diplomatie anwendet, erreicht dauernde Erfolge. Auf allen Gebieten wirkt sich die Mitarbeit des Instinkts vorteilbringend aus.

Die *Weckung* des Instinkts erfolgt vor allem durch vertrauensvolle Bejahung. Es gilt, dem Instinkt mit der gleichen Einstellung gegenüberzutreten wie dem Unterbewußten, wenn wir ihn uns zum Freund und Helfer machen wollen. Hier ist das am Schluß der 22. LW Gesagte zu beachten.

Wir müssen die Gegenwart, das Wirken des Instinkts gläubig bejahen und tun, als ob er bereits wach sei. Das ruft ihn am schnellsten auf den Plan. Er fordert unser Vertrauen, will als etwas Selbstverständliches angesehen werden, zugleich aber unsere Dankbarkeit für seine Hilfe fühlen. Umso mehr leistet er. Mit dem ersten sichtbaren Erfolg wächst unser Vertrauen zu ihm von selbst und damit wieder unsere Erfolgssicherheit und Instinktklarheit. Es gilt also die beständige Bejahung:

„Ich kann mich auf meinen Instinkt verlassen. Er ist stets wach, berät mich jederzeit sicher und hilft mir immer!“

Auch die *Stille* ist ein Mittel zur Weckung des Instinkts: wir ziehen uns in die Stille zurück, schließen die Augen, stellen, nachdem alles in uns zum Schweigen gebracht ist, das Bild eines Bekannten in den Mittelpunkt des Bewußtseins und überlassen dieses Bild der Wertung durch unseren Instinkt. Unser Feingefühl für die Wesenheit des Bekannten beginnt zu wachsen, und schließlich fühlen wir seine Gedankenwellen der Zuneigung oder des Neides, der Liebe oder des Hasses, der Freundschaft oder Berechnung, der Ehrlichkeit oder Verstecktheit.

Den Kontakt mit der Seele eines andern festigen wir dadurch, daß wir ihm einen Augenblick länger in die Augen sehen als gewöhnlich, wobei wir uns vorstellen, daß seine Seele sich uns erschließt. Wir setzen dadurch den feingestimmten Seelenabtaster und Charakterfühler unseres Instinkts in Tätigkeit, der den Charakter des andern erspürt, mißt, wägt und wertet, blitzschnell die einzelnen Mosaiksteinchen kombiniert, ordnet, zusammenfügt und uns im gleichen Moment das Seelenbild des andern in Form eines sicheren inneren Gefühls übermittelt.

Dies Bild ist umso zuverlässiger, je unvoreingenommener wir den anderen anblicken, je freier wir uns von Vorurteilen halten.

Bei Abwesenden genügt die Konzentration auf ein Bild des Betreffenden oder, wenn keins zur Hand ist, auf das innere Bild, das wir von ihm machen. Auch hier konzentrieren wir unseren Instinkt auf die Frage: „Was für einen Charakter hat dieser Mensch?“, halten das Bild beharrlich fest und überlassen alles übrige dem Unterbewußtsein. Die Antwort kommt dann von selbst, zuweilen erst, wenn wir sie brauchen, immer aber zur rechten Zeit.

Man kann diese Übung auch abends vor dem Einschlafen vornehmen und seinem Unterbewußtsein den Auftrag erteilen, das Ergebnis morgens beim Aufwachen ins Bewußtsein springen zu lassen. Alles weitere ist Sache der Übung:

Schulung des Instinkts ist nichts als fortgesetzte Übung der Instinktweckung. Sie erfolgt darüber hinaus durch die Schulung im rechten Sehen. Durch Übung kommen wir endlich dahin, daß wir auf einen Blick die Art des Gesichtsausdrucks eines andern, seines Blicks, seines Auftretens, seiner Haltung, Stimmung und Einstellung erfühlen. Der Fortschritt zeigt sich an der zunehmenden Bestimmtheit, mit der unser Gefühl andere Menschen wertet.

Wie zwischen Eheleuten eine fortlaufende Gedankenübertragung statthat, ein gegenseitiges Erfühlen der Gedanken des andern, so können wir unseren Instinkt für das Denken und Wollen anderer durch Einfühlung und Übung ständig schärfen und uns dadurch dem Instinktlosen überlegen machen. Wir werden dann immer sicherer das Rechte empfinden und wollen, die zweckmäßigsten Entscheidungen treffen, die vorteilhaftesten Maßnahmen durchführen.

Aber hier bedarf es wiederum einer Einschränkung: Nie soll der Instinkt uns allein leiten. Immer muß das, was er rät, vor der Ausführung die Kontrolle der Vernunft passieren. Denn wir dürfen nicht vergessen, daß die Regungen unseres Instinkts uns selten ungefärbt zum Bewußtsein kommen, sondern oft durch die Kanäle der Leidenschaft, Voreingenommenheit, des Vorurteils, der Selbsttäuschung und des Falschdenkens hindurchgehen und dann leicht zu Schiefheiten führen können.

Instinkt und Erkenntnis müssen zusammenstimmen und zusammenwirken, Oberbewußtsein und Unterbewußtsein einander ergänzen.

30. WOCHE:

RECHTE MENSCHENBEHANDLUNG

> „Man soll keinen Mitmenschen verächtlich betrachten, sondern jeden nach seiner Art behandeln. Um unter Menschen leben zu können, müssen wir Jeden mit seiner gegebenen Individualität, wie immer sie auch ausgefallen sein mag, bestehen und gelten lassen, und dürfen bloß darauf bedacht sein, sie so, wie es ihre Art und Beschaffenheit zuläßt, zu benutzen." Schopenhauer

Wenn wir die Fähigkeit rechter Menschenkenntnis geschult und den natürlichen Instinkt erweckt haben, sind wir bereits fähig geworden, Menschen richtig zu behandeln und zu gewinnen. Dazu seien hier weitere Grundregeln gegeben, deren Beachtung den Lebenserfolg zusätzlich sichert. Vorweg einige praktische Anregungen:

1. Eine Methode erfolgreicher Menschenbehandlung ist die, die Menschen im Geiste *so zu bejahen, wie wir sie wünschen.* Das Idealbild, das wir uns bewußt von einem andern Menschen machen, wirkt auf diesen allmählich umbildend ein. Wir wecken in den Tiefen der andern Seele durch unsere Bild-Konzentration die Neigung, mehr und mehr so zu *werden,* wie wir ihn *werten* und bejahen. Diese Wandlung erfolgt um so rascher, wenn wir den andern zugleich auch so *behandeln, als ob* er bereits so sei, wie wir ihn uns im Geiste vorstellen. Mit dem rechten Vorstellen muß das ‚Tun als ob' einhergehen.

2. Hand in Hand hiermit geht die Schaffung der Grundeinstellung *innerer Überlegenheit* gegenüber allem, was an uns herantritt. Das heißt nicht, daß man die Menschen als Diener oder gar als Gegenstände ansieht, denn diese Einstellung weckt den instinktiven Widerstand der andern. Die seelische Grundhaltung muß eine sympathische sein, die Überlegenheit, die man fühlt, sei die der lebensspendenden Sonne gegenüber den nichtstrahlenden Planeten. Das Bewußtsein, kraftvermittelnde Sonne zu sein, ruft in andern Seelen das Gefühl der Achtung wach.

3. Ebenso wichtig ist die Erkenntnis, daß die Beeinflußbarkeit der meisten Menschen nicht leicht überschätzt werden kann. Die meisten sind durchaus bereit, ihren Willen einem stärkeren anzugleichen, wenn ihr Gefühl der Gleichberechtigung nicht geschmälert

wird. Dies Gefühl wird durch sympathisches Denken und Handeln genährt, das die instinktive Zuneigung zum Stärkeren wachruft. Der Antrieb sei jedoch nicht zu heftig, sonst wird das ‚Gesetz der das Gegenteil bewirkenden Anstrengung' ausgelöst und statt freiwilligen Mitgehens stellt sich Widerstand ein.

4. Notwendig ist weiter die stete Bejahung der Willigkeit und Folgebereitschaft der Andern. Dadurch wird die innere Führungskraft gemehrt und das Verantwortungsbewußtsein geschärft, andererseits der gute Wille in den andern geweckt und wachgehalten. Der Gewißheit dieser Willigkeit entspreche unser kameradschaftliches Verhalten.

5. Weiter gilt es, den Menschen mit dem Bewußtsein, *Kraft- und Freudespender zu sein,* gegenüberzutreten. Dadurch wird in ihnen das Gefühl einer vorteilhaften Verbindung wach und der Wunsch, Freude, Lebensgenuß und Gewinn von uns zu erlangen.

6. Endlich gilt es, den Menschen bei seinen *Gewohnheiten* zu packen, diese auf geschickte Weise umzubilden und dadurch den Menschen selbst zu wandeln. Die meisten Eigenarten der Menschen um uns sind durch Gewöhnung geschaffen und können durch Lustbetontmachung neuer Gepflogenheiten beseitigt oder höherentwickelt werden. Durch Gewalt gewinnt man die Menschen nicht, auch nicht durch suggestive oder hypnotische Tricks, bezwingend wirkt auf die Dauer nur liebend-sympathisches, dynamisch-bejahendes Denken und Handeln.

Um mit Menschen erfolgreich umzugehen, müssen wir sie verstehen. Rechtes Verstehen erfließt aus Erkenntnis und Rücksicht und führt zu rechter Behandlung und Gewinnung der Menschen. Die Grundeinstellung zu andern sei darum die der ‚*Goldenen Regel*', die, auf den Umgang mit der Umwelt bezogen, lautet: „Behandle jeden Menschen so, wie Du selbst von ihm behandelt werden möchtest!"

Aus dieser Grundeinstellung erwächst ein zwiefaches: freundliche Rücksichtnahme einerseits und gleichbleibende Höflichkeit andererseits. Wer diese beiden Eigenschaften pflegt, sprengt Tore auf, die andern verschlossen bleiben. Wer sonst keine Fähigkeiten besitzt, kann durch diese beiden aus der Mittelmäßigkeit zum Erfolg aufsteigen. Denn Rücksichtnahme und Höflichkeit überwinden Widerstände schon im Keim!

Der Lebensschüler kommt Niedriggestellten, Untergebenen mit der gleichen Freundlichkeit, dem gleichen Wohlwollen entgegen wie Höhergestellten. Wer dies *Wohlwollen* – diesen Gleichstimmer der Seele – im Herzen trägt, vermag sich auf jeden Menschentypus sympathisch einzustellen und sich jeden zu verpflichten, jeden zu seinem Freund und Förderer zu machen. Er erfährt immer wieder, daß die Sympathie und Hilfe, die er anderen erweist, vervielfacht zu ihm selbst zurückkehrt.

*

Ihre herrlichsten Blüten entfaltet die Höflichkeit des Herzens in der Unterhaltung mit andern – sei diese nun gesellschaftlicher, privater, wissenschaftlicher oder wirtschaftlicher Natur.

Wenn wir mit einem Menschen sprechen, stellen wir uns voll auf ihn ein, öffnen uns ihm mit dem Gedanken: *„Du hast mich gern!"* Wir sprechen mit dem Herzen und sprechen damit zum Herzen. Durch den gefühlsbetonten Gedanken: „Du hast mich gern!" brechen wir den Bann der Fremdheit und sind schon zu Beginn der Unterhaltung dort, wo andere erst nach einer Stunde sind: in sympathischem Kontakt.

Wir werden stets ruhig und deutlich sprechen, nicht zu laut, nicht zu leise, überlegend und überlegen, werden uns bildhaft ausdrücken, werden das, was zu sagen ist, innerlich sehen, damit auch in den Zuhörern lebendige Begriffe erwachen. Wir werden stets Mensch sein, dem nichts Menschliches fremd ist.

Wir werden ferner bedenken, daß wir leicht zu viel, nie zu wenig sagen. Wir haben zwei Ohren, aber nur einen Mund, sollten also nur halb so viel reden wie wir hören. Wir unterhalten andere am besten, indem wir ihnen *gut zuhören* und uns denen, die mit uns sprechen, sympathisch verbunden fühlen. Wir unterbrechen einen Sprechenden nur, wenn es nottut. Wir werden, wenn wir etwas nicht verstanden oder überhörten, nicht durch ein „Wie bitte?" zur Wiederholung des Gesagten nötigen, sondern etwa durch ein interessiertes „Wie meinen Sie das?" das Nichtverstandenhaben verdecken und den Andern zu größerer Ausführlichkeit veranlassen.

Wir werden von uns und unseren Gedanken und Wünschen nicht mehr reden, als unbedingt erforderlich ist, dagegen die Interessen des anderen in den Mittelpunkt stellen und ihnen neue Gesichtspunkte abgewinnen.

Wir werden nicht mit Rechthabern streiten, sondern sie uns durch Verbindlichkeit verbünden. Sind Entgegnungen unvermeidlich, widerspreche man nicht direkt, sondern indirekt, so daß es nicht verletzt, sondern den andern sympathisch berührt und ihn anregt, zur Klärung der Frage beizutragen und seinen Standpunkt selbst zu revidieren. Das erreicht nur, wer nicht die eigene Meinung ‚um jeden Preis' durchzudrücken sucht, sondern die Standpunkte herausschält, dabei dem andern die Verantwortung der Entscheidung überläßt und in ihm das Gefühl aufkeimen läßt: Besser wissen und das Bessere wissen ist zweierlei.

Statt sich zu sorgen, was man erwidern könnte, versetze man sich in die Lage des andern; dann findet man den gewinnenden Ton und die Worte, die den andern fühlen lassen, daß die Überbrückung entgegengesetzter Denkwelten erfolgt ist, daß er verstanden wurde.

*

Eine weitere Erfolgsregel: *vermeide Verneinungen!*

Müssen wir etwas abschlagen, werden wir je nach den Umständen unsere Verneinung in die Form eines ungelösten Problems kleiden, über das zu entscheiden wir uns nicht berufen erklären, oder einem unumgänglichen Nein eine sympathische Form geben, so daß es nicht kränkt, ohne doch an Entschiedenheit einzubüßen.

Also nicht etwa Ja! sagen, wenn man Nein! meint. „Ein vergoldetes Nein befriedigt mehr als ein zögerndes Ja." Und man sage nicht Nein, wenn man Ja meint. Die einfache Regel, die der Lebensschüler hier befolgt, heißt: *Sage es positiv!*

Wer einem Angehörigen, Angestellten oder Freunde sagt: „Du kannst eben nichts! Sieh mal den an, der macht es richtig! Wenn Du nur auch so tüchtig wärst!" – der bejaht die Untüchtigkeit des Angestellten oder Freundes, ruft sie dadurch hervor oder verstärkt sie.

Der Verständige wird sagen: „Deine bisherigen Leistungen sind sehr vielversprechend; zweifellos wirst Du *noch mehr* leisten, wenn Du folgendes beachtest" oder: „Versuch mal dies; ich glaube, es wird Dir liegen und Dir gut gelingen." Er sagt damit genau dasselbe, aber er sagt es positiv und ruft dadurch nicht Mikos, sondern Leistungen wach! *Ein Mensch wird nichts leichter als das, wofür er sich gehalten fühlt!*

Wenn wir die Menschen so sehen, wie sie sind, als eine Mischung von Gut und Böse, zugleich aber die Übermacht des Guten in ihnen bejahen und sie so behandeln, als wäre das Gute in ihnen bereits das allein Herrschende, dann rufen wir das Gute, Göttliche, Edle in ihnen zur Wirkung. Der göttliche Ja-Sager in uns ruft das ihm Verwandte ins Leben. Der Edle weckt den edlen Geist in andern.

Was werden und wachsen soll, braucht *Bejahung*. Der Angestellte, dem vom Betriebsführer beharrlich vorgehalten wird, daß er nichts kann und taugt, wird bald nichts mehr können – teils infolge fortschreitender Selbstentmutigung, teils infolge unbewußter Rachsucht: er bestraft seinen Vorgesetzten, indem er so wird, wie dieser ihn hinstellt – ein wandelnder Vorwurf gegen dessen erzieherische Unfähigkeit! –

Wer Vertrauen fordert, muß zuerst selbst Vertrauen schenken. Wir rufen bei der Umwelt immer das am leichtesten wach, was wir ihr selbst entgegenbringen. Der Erfolgsmensch offenbart sich schon in der Wahl seines Umgangs: er wird vornehmlich den Umgang mit Positiven, Vorwärtsstrebenden und Weisen pflegen. Hier gilt als Richtschnur:

> „Wer nichts weiß und nicht weiß, daß er nichts weiß, ist ein Narr: Meide ihn!
>
> Wer nichts weiß und weiß, daß er nichts weiß, ist ein Ignorant: Belehre ihn!
>
> Wer weiß und nicht weiß, daß er weiß, ist ein Träumer: Wecke ihn!
>
> Wer aber weiß und weiß, daß er weiß, ist ein Führer: Folge ihm!"

Es macht uns stärker, mit solchen Führernaturen statt mit Narren und Träumern zusammenzuwirken. Erfolghemmend dagegen ist der Umgang mit Neidischen, Boshaften, Launischen, Furchtsamen und Mißmutigen. Man stimme sie um oder lasse sie auf sich beruhen; nie aber lasse man sich mit ihnen in unfruchtbare Debatten ein.

„Aber wenn dieses Mittel nicht hilft oder wenn das ‚Auf-sichberuhen-lassen‘ meinem Rufe, meiner Sache oder meinem Unternehmen schadet? Was dann?“

Auch in solchen Fällen gilt es, positiv zu reagieren:

Vor allem wird der Lebensschüler sich durch Neider und Feinde zu größeren Leistungen anspornen lassen, um so mehr, je heftiger der Widerstand aus Unverstand ist. Wer etwas leistet, braucht keine Neider zu fürchten; je Größeres er schafft, desto sicherer triumphiert er über das Mittelmäßige und Gemeine.

Auf die Dauer haben Gehässigkeiten und Gemeinheiten noch keinem genützt. Immer entpuppt sich Mißgunst als Krebsgeschwür der Seele, das den damit Behafteten früher oder später zugrunderichtet. Es lohnt sich nicht, gemein zu sein, denn die Reaktion ist unvermeidlich: das Gesetz des Ausgleichs wirkt entweder vom eigenen Gewissen des Übeltäters her umwandelnd, gegenkraftauslösend ein, oder vom Gewissen eines andern her, diesen zum Widerstand aufrufend. Denn durch die tieferen Schichten seiner Seele ist jeder mit den Seelen seiner Mitmenschen verbunden; was ihn im Innersten bewegt, schwingt als Fernruf zu den Seelen anderer und weckt, wenn ungut, in ihnen Widerwillen und Widerstand.

Erfolg hat der, von dem die Umwelt instinktiv fühlt: er denkt und handelt ritterlich, fair, sportlich, anständig; er übervorteilt nicht andere durch unethische Mittel, sondern folgt der Goldenen Regel, anderen nur zuzufügen, was er von ihnen zu erfahren wünscht.

Casson’s Regeln für den guten Sportler gelten auch für das Zusammenleben der Menschen: „Der gute Sportler renommiert nicht. Er gibt nicht auf. Er sucht beim Mißerfolg nicht nach Ausreden. Er spielt fair. Er spielt, so gut er kann. Er genießt das Vergnügen des Risikos. Er läßt seinem Gegner in zweifelhaften Fällen den Vorteil. Er schätzt das Spiel höher als das Ergebnis.“

Der Anständige ist immer der letztlich Überlegene.

DER SYMPATHISCHE BLICK

Manche Menschen haben, meist ohne es zu wissen, einen starren, abweisenden Blick, andere lassen ihre Augen beim Gespräch ruhelos umherschweifen; nur wenige sehen ihrem Gegenüber in die Augen; und nur Vereinzelte tun das *bewußt.*

Es ist keineswegs gleichgültig, wie man andere anblickt. Jeder Blick wirkt in dem Maße, als er von gefühlsbetonten zielbewußten Vorstellungen begleitet ist, auf das Unterbewußtsein anderer Sympathie oder Antipathie erweckend ein. Das Auge ist ein wertvolles Mittel seelischer Gleich- und Umstimmung. Wir wollen auch dieses Werkzeug erfolgreich gebrauchen lernen. Zweierlei haben wir dabei zu beachten: 1. Art und Richtung des Blicks, 2. die Einstellung beim Anblicken anderer.

Über die *rechte Richtung und Art des Blicks* merken wir uns folgendes:

Der Blick wird nicht vom Auge allein bestimmt, sondern auch vom Mienenspiel, das ihn begleitet und umrahmt, vom Gefühl, das ihm zugrundeliegt, und vom Gedanken, der ihm Leben gibt.

Zuerst gilt es, den Einfluß zu berücksichtigen, den die Richtung unseres Blicks auf andere ausübt: blicken wir auf den Gegenstand eines Gesprächs, etwa ein Schriftstück, so wird der Blick des andern unwillkürlich auch dorthin gelenkt. Blicken wir einem andern auf den Anzug oder die Krawatte, machen wir ihn unsicher, nervös, rufen negative Reaktionen wach. Blicken wir einem andern starr in die Augen, lösen wir in ihm unangenehme Gefühle aus, vor allem das unserer Ungezogenheit.

Der rechte Blick ist auf die Nasenwurzel zwischen den Augen des andern gerichtet, ist nicht starr, sondern freundlich, nicht krampfhaft, sondern wie zufällig, spielend, etwa so, als ob wir durch den andern hindurch in die Ferne sähen.

Wir können diesen *Fernblick* üben, indem wir die Augen auf einen weit entfernten Gegenstand richten, dann unsere Hand in einiger Entfernung vor die Augen schieben, ohne den Blick dadurch verändern zu lassen, als wäre unsere Hand durchsichtig. Wir haben es richtig gemacht, wenn wir, unsere Hand wieder fortziehend, keine Korrektur der Entfernungseinstellung vorzunehmen brauchen.

Der Mensch, den wir anblicken, als ob wir durch ihn hindurchsähen oder, als ob sein Gesicht weit weg sei, empfindet unseren Blick als stark, einflußreich, sympathisch. Die Kraft dieses Blicks kann durch Übung gesteigert werden: Man blickt sich selbst – vor dem Spiegel – auf die Nasenwurzel unter Bejahung des Gefühls:

„Mein Blick ist magnetisch und sympathisch; und gleichermaßen mein Wille!“

Bei solchen Spiegelübungen können Sie eine interessante Beobachtung machen, nämlich die, daß die oberen Augenlider bis an den Rand der Pupillen herabsinken, wenn Sie ruhig und gleichmütig gestimmt sind, aber bis zum oberen Rand der Iris hinaufsteigen, wenn Sie von etwas interessiert oder bewegt sind, noch höher steigen, so daß das Weiße oberhalb der Iris zu sehen ist, wenn Sie sehr stark bewegt, und noch mehr, wenn Sie erregt sind.

Diese Bewegungen des Augenlides können willentlich bestimmt werden, wodurch bei andern der Eindruck des Gleichmuts, großen Interesses, starker Bewegung oder gar der Erregung erweckt und entsprechende Gefühlsregungen bei andern bewirkt werden können.

Wer das übt, vermeide jede Anspannung, jede Anstrengung des Auges, die zu häßlichem Blick führt. Der Blick sei ungezwungen, ruhig, sicher, freundlich, harmonisch, dadurch das Gefühl der Sicherheit und Harmonie bei andern wachrufend. Der Blick sei nicht betont, sondern taktvoll. Jede übermäßige Bewußtheit und Betontheit im Blick führt zu antipathischen Reaktionen.

Der Blick sei heiter, Ausdruck froher Seelenstimmung. Bei Sonnenschein geht jeder gern aus. Bei seelischem Sonnenschein geht jeder gern aus sich heraus.

Der Erfolgreiche blickt, wenn er angesprochen wird, vor sich hin. Nur zuweilen schaut er den andern an, seiner inneren Kraft bewußt. Oder er blickt auf den Mund des andern und konzentriert sich auf dessen Herz. Wenn er selbst spricht, blickt er den andern sympathisch an, beugt den Oberkörper ein klein wenig vor und erfüllt sein Bewußtsein mit der selbstverständlichen Erwartung der Zustimmung des andern. Sein Blick ist nie anmaßend oder spöttisch, sondern verstehend und gebietend zugleich. In ihm kommt die Gewißheit zum Ausdruck: „Ich entscheide, denn ich bin der Stärkere!“

*

Wichtiger noch als die Beachtung der Äußerlichkeiten beim Blick ist die *rechte geistige Einstellung*, mit der wir andere ansehen. Auch hier gilt es, der ‚Goldenen Regel‘ zu folgen: Blicke einen andern mit der Gesinnung an, mit der Du Dich von ihm angeblickt wünschest!

Der Lebensschüler muß beim Anblick anderer außer vom Bewußtsein seiner Kraft erfüllt sein von dem Gefühl: *„Du hast mich gern!"* Er muß seiner selbst gewiß sein, sich selbst vertrauen, um das Vertrauen der andern zu gewinnen. Unser Blick verrät es, wenn wir an uns zweifeln; das Unterbewußtsein des andern spürt unsere Unsicherheit und verschließt sich unserem Einfluß. Der sich überlegen Fühlende aber vermag selbst ein wildes Tier durch den Blick zu zwingen, in dem das Bewußtsein des Stärkerseins machtvoll zum Ausdruck kommt.

Durch den Gedanken: „Du hast mich gern!" machen wir unseren Blick magnetisch. Die seelische Hinneigung beim Anblicken ruft beim andern Zuneigung wach.

Auch beim Blick auf eine Mehrheit von Menschen gilt diese Regel. Wie unsere Einstellung, so ist der seelische Widerhall. Wir werden Einzelne aus der Menge einen Augenblick ansehen, im übrigen aber unseren Blick auf einen Punkt richten, der etwa im Zentrum des Zuhörerkreises liegt und doch Meilen dahinter. Wir werden gewissermaßen in die Ferne blicken, um in die Ferne zu wirken.

Wir bewirken durch den sympathischen Blick folgendes: erstens kommen wir mit andern in engeren seelischen Kontakt, zweitens erreichen wir, daß dieser Kontakt harmonischer, sympathischer Natur ist, drittens üben wir auf andere einen günstigen Einfluß aus, viertens schützen wir uns gegen negative gedankliche Einflüsse von anderer Seite, fünftens fördern wir die andern, indem wir ihnen Gedanken der Liebe und Kraft zusenden.

31. WOCHE:

WIE MAN FREUNDE GEWINNT

„Gesell' Dich einem Bessern zu, daß mit ihm Deine Kräfte ringen;
Wer selbst nicht besser ist als Du, der kann Dich auch nicht weiter bringen."
Rückert

Der Lebensschüler ist sich bewußt, daß er mit jedem Blick, jeder Miene, jedem Wort, durch die Art, wie er seine Gedanken entwikkelt oder Anweisungen erteilt, auf die Umwelt einwirkt, in ihrem Bewußtsein bestimmte Bilder seiner Person und seines Einflusses wachruft. Nicht minder legt er durch den Ton seiner Worte und durch seine Gesten, seine begleitenden Gebärden den Grund zum Erfolg seiner Worte.

Zuerst ist hier darauf zu achten, daß zwischen dem Inhalt der Worte, ihrem Ton und den Gebärden und Gesten, die sie umrahmen, Übereinstimmung herbeigeführt wird.

„Sprich, damit ich Dich sehe!“ sagte man schon im Altertum und meinte damit: Rede, damit ich aus dem Unterton Deiner Worte Deine Gesinnung erkenne. Es ist also wichtig, auf den *Ton* der Worte zu achten. Jemand sagt Ihnen freundlich-schmeichelhafte Worte. Trotzdem macht der Unterton Sie stutzig, ebenso der kalte Blick des andern. Beides steht im Widerspruch zu seinen Worten. Sie werden mit Recht mißtrauisch.

Es sind weniger die Worte, die einer wählt, es ist der Ton seiner Worte, der andere Menschen für oder gegen ihn stimmt. Der Ton gibt den Worten ein eigenes Leben und macht sie zu Helfern oder Hindernissen des Willens. Wenn wir um eine Gehaltserhöhung bitten, dabei aber, statt unseren Worten den ruhigen Ton selbstverständlicher Erfolgsgewißheit zu geben, den Vorgesetzten aus dem Stimmklang unserer Worte herausfühlen lassen, daß wir eine Absage fürchten, dann rufen wir eben diese innerlich erwartete Absage hervor. Hier wirkt Seeleninneres durch den Ton auf Seeleninneres.

Wer als Leiter einen Befehl mit besorgtem Unterton – „wird man mir auch gehorchen?“ – ausspricht, der kann nicht erwarten, daß man seinem Befehl nachkommt. Nicht einmal ein Hund gehorcht, wenn er den Widerspruch zwischen Befehlsworten und Befehlston wittert.

Wenn wir eine Bitte erfüllt sehen, Sympathie erwecken wollen, dann geben wir unseren Worten den Ton des ‚Du hast mich gern! oder sprechen, als ob wir zu einem Kinde sprächen: väterlich-mütterlich-kameradschaftlich, teilnehmend-freundlich-gewinnend.

Um einen starken Gegenwillen unserem Willen gleichzurichten, geben wir unseren in diesem Falle kurzen, knappen Worten den tiefen und gelassenen Ton innerer Überlegenheit. Der eigentliche Widerstand wird nicht in den Worten liegen, sondern im Ton;

dadurch machen wir die Opposition des andern, die sich nur gegen unsere Worte richten könnte, unmöglich. Wir fühlen uns dabei in Gedanken als den Tonangebenden.

Der Ton darf aber nie als ‚betont' erscheinen, sondern soll angemessen sein. Übertreibung wird als Widerspruch empfunden und löst Widerstand aus. –

Ebenso wichtig sind die unsere Worte begleitenden Gebärden, Gesten und *Handlungen.* Wie der Ton die Worte unterstreicht und verstärkt, so unterstützen und unterbauen Gebärden und Handlungen wieder den Ton.

Unsichere, schlaffe Haltung beim Reden bringt inneren Zwiespalt zum Ausdruck. Wer mit solcher Haltung von Kraft und Macht spricht, wirkt lächerlich.

Wenn ein Bewerber sich um eine Stellung bemüht, von seiner Ausdauer, seinem Fleiß, seiner Zähigkeit spricht, dabei aber mit herabhängenden Armen, gesenktem Kopf und krummem Rücken dasteht, spürt jeder den Widerspruch zwischen Wort und Haltung und fühlt, daß der Mann irgendwie die Unwahrheit sagt. Unsichere Körperhaltung drückt zumindest Furcht aus, mißverstanden oder durchschaut zu werden, erfolglos zu sein. Was die Haltung ausdrückt, drängt sich andern auf und bestimmt deren Entscheidungen.

Wer einen Befehl erteilt, dabei aber durch seine Gebärden Pessimismus und Schwäche ausdrückt, findet nur halbes Gehorchen. Wer dagegen nur wenig Worte macht, die schon im Ton Macht atmen und von Überlegenheit ausdrückenden Gebärden und Gesten begleitet sind, der darf gewiß sein, daß ihm gehorcht wird. Schon die Art, wie er dasteht, sein sicherer Gang gibt seiner inneren Stabilität und Zielhaftigkeit Ausdruck, erweckt den Eindruck eines starken Halts, dem sich jeder gern zuneigt. Die Hinneigung der Schwächeren zum Stärkeren ist ein psychologisches Grundgesetz. Wohl dem, der das beachtet!

Mancher wird vielleicht im Anfang so tun, als ob ... Wenn er sich dabei der Gegenwart der inneren Kraft lebendig bewußt ist, wird aus dem ‚Tun als ob' bald Wirklichkeit. Er wird den Kopf im Gefühl innerer Freiheit hochtragen, den Hals nicht verkrampfen, sondern das Haupt leicht und graziös auf dem Hals balancieren: Zeichen allseitiger Selbstsicherheit und Sympathie-Bewußtheit.

Steife oder schiefe Hals- oder Kopfhaltung dagegen verrät Befangensein, Schüchternheit. Es gilt, mit der Miene und Haltung eines Königs durch die Menge zu schreiten: seine Gebärden und Handlungen bestimmen andere, ihren Willen dem seinen freiwillig gleichzustimmen.

*

Die Menschengewinnung entspricht der Gewinnung einer fahrenden Straßenbahn: man darf ihr nicht entgegenlaufen, sonst wird man beim Hinaufspringen umgestoßen, sondern muß ihr parallellaufen.

Wenn wir einen Menschen gewinnen wollen, muß unser Denken dem seinen parallellaufen: wir müssen uns auf ihn einstellen, uns in seine Lage versetzen, um sein Wollen mit unserem Wollen in Übereinstimmung zu bringen, um seine Zuneigung zu erlangen.

Wir bringen dem, den wir gewinnen wollen, die Gefühle eines Vaters, einer Mutter, eines Kameraden entgegen. Diese innere Einstellung, die im Ton unserer Worte, in unseren Gebärden, Gesten und Handlungen zum Ausdruck kommt, ruft in der Seele des andern positive Reaktionen hervor. Wir erreichen, daß er mit uns einig geht und schließlich mit uns geht, unser Verbündeter, unser Freund, unser Helfer wird.

Die gleiche Anleitung gab Christus, als er seinen Jüngern, die bisher Fischer waren, gebot, Menschen zu fischen, sie für die Idee des inneren Himmelreichs zu gewinnen. Er zeigte, daß der Mensch Einfluß auf andere dadurch gewinnt, daß er ihr Interesse erweckt und durch rechtes Denken, Reden und Verhalten ein positives Echo in ihrem Herzen wachruft. Er zeigte, daß schon durch die Art und Weise, wie man eine Frage stellt, der Erfolg vorausbestimmt werden kann, daß es gilt, nicht mit der Tür ins Haus zu fallen, sondern vom Nichtwollen des andern zum freudigen Wollen eine positive Brücke zu bauen.

Eine solche positive Brücke bauen wir zum Beispiel dadurch, daß wir dem andern den Weg zum Ja-Sagen angenehm machen, indem wir der entscheidenden Frage, auf die wir ein Ja! erwarten und wünschen, einige neutrale Fragen voraussenden, auf die ein Ja! selbstverständlich ist.

Indem wir beispielsweise beim Anbieten einer Ware der entscheidenden, der Wandlung der Kauflust zum Kaufentschluß dienenden Hauptfrage eine Reihe die persönlichen oder beruflichen Interessen des andern berührende neutrale Fragen voraussenden, auf die nur ein Ja! zu erwarten ist, richten wir einerseits den Blick des andern auf sich selbst und seine Bedürfnisse und zeigen ihm schließlich einen positiven Weg zur Befriedigung dieser Bedürfnisse, andererseits legen wir durch die vorausgegangenen Ja den sicheren Grund zum entscheidenden letzten Ja! Wir verbauen dadurch einem Nein! den Weg. Ist der andere einmal im Ja-Kurs, wird ihn schon der Beharrungstrieb zu einem weiteren Ja geneigter machen als zu einem seinem bisherigen Verhalten entgegengesetzten Nein.

Hierbei ist noch zu beachten, daß die entscheidende letzte ebenso wie die vorangegangenen Fragen schon durch ihre Form eine Verneinung ausschließen. Statt „Möchten Sie nicht . . .“ oder „Dürfte ich Ihnen nicht . . .“ – das ‚nicht‘ in diesen Fragen verführt leicht zu einem Nein – wählt man eine positive, zum Ja! ermunternde Frageform.

GEWINNUNG VON BEZIEHUNGEN

Von manchem Beneideten heißt es: er hat eben ‚gute Beziehungen‘. Wer so empfindet, wer andern gute Beziehungen zudenkt und sich selber keine, der macht sich selbst weniger anziehend, beziehungsärmer.

‚Beziehung‘ kommt von ‚ziehen‘, von anziehen. Das Wort besagt, daß alles auf uns selbst ankommt: daß wir uns magnetisch stimmen müssen für die Dinge, die wir herbeiwünschen. Die großen Erfolgreichen verfügten zu Beginn ihrer Laufbahn in den wenigsten Fällen über das, was man ‚gute Beziehungen‘ nennt; sie haben sich alles erst schaffen müssen – durch rechtes Denken, Handeln und Auftreten.

Auch hier gilt die ‚Goldene Regel‘, nach der wir nur dort gewinnen, wo wir andern nützen, nicht wo wir sie auszunutzen dachten. Die beste Empfehlung ist die Dienstleistung, in zweiter Linie entscheidet das Selbstvertrauen, das uns den Mut gibt, uns solchen Menschen zu nähern, deren Freundschaft wir wünschen.

Über allem steht die gewinnende, sympathische Einstellung zum andern: es gilt, sich in Gedanken zu vergegenwärtigen, wie ein immer stärkerer Austausch sympathischer Gedanken mit dem, den man gewinnen will, statthat, wie den anderen allmählich Wohlwollen ergreift, dann Zutrauen und schließlich Zuneigung. Es gilt zu fühlen, wie der andere einen immer freundlicher anblickt, vom Bewußtsein der inneren Einheit ergriffen wird. Es gilt diesen Gleichklang der Seelen lebendig zu bejahen, zu empfinden wie ein Wille in zwei Körpern. Wer Herzen sät, erntet Herzen.

Daneben sind folgende Regeln zu beachten:

Man gehe möglichst wenig Verpflichtungen ein, verpflichte aber stets sich selbst zu Höchstem und erfülle diese Selbstverpflichtung getreulich. Man halte die Hoffnungen und Erwartungen der Umwelt wach; Erwartungen binden mehr als Versprechungen und Gewährungen. Der noch zu genießende Apfel wird geschätzt, nicht der schon genossene.

Wer mit Worten wenig verspricht, aber durch vielversprechendes Handeln zeigt, daß er das, was er zusagt, unter allen Umständen hält, der vermehrt sein Vermögen, Beziehungen zu gewinnen. Man sorge, daß die Leistungen die Erwartungen der Umwelt übertreffen. Jede neue Leistung sei zugleich Verkünder größerer Leistungen. Dazu ist nötig, daß man mit seinen Kräften haushält, sie ständig schult und steigert.

Desweiteren halte man sich Negativitäten fern. Jeder Augenblick verlangt positive Auswertung. Der Erfolgreiche hat keine Zeit, Negatives zu denken oder zu tun! Er sagt sich gleich den Bewohnern des ‚Landes der blauen Blume‘ in dem entzückenden Märchen von Burnett:

„Wir haben keine Zeit, das Häßliche im Leben zu betrachten, es sei denn, um es zu ändern! Wir haben keine Zeit für düstere Gedanken. Wir haben so viel Gutes und Aufbauendes zu tun! Wir haben keine Zeit zum Grübeln. Es gibt so viel Segensreiches zu wirken. Die Erde ist voller Reichtümer. Die meisten wissen nur nichts davon, weil sie ihre Zeit an ungute Dinge vergeuden.“

Auch hier gilt die Goldene Regel: Wer will, daß die Menschen ihn gern haben, der muß sie zuvor gern haben! Um andere zu gewinnen, müssen wir selbst gewinnend sein, ein Quell der Freude und des Gewinns für die Umwelt. Was wir andern freudig-freiwillig geben, empfangen wir vervielfacht zurück. Wer vom Geist der Kameradschaft erfüllt ist, wird immer Kameraden finden, die ihm vorwärtshelfen.

*

Was gibt es Schöneres als echte *Freundschaft und Kameradschaft.* „Nicht geringer fürwahr als selbst ein leiblicher Bruder ist ein treuer Freund, verständig und edler Gesinnung", heißt es schon bei Homer. Ein guter Freund ist Echo und Mehrer unseres Selbstbewußtseins und Selbstvertrauens.

Hier darf nichts dem Zufall überlassen bleiben. Erst nachdem Herz und Verstand den andern geprüft und erprobt haben, dürfen Neigung und Einsicht ihn uns zum Freunde bestimmen. Denn es gibt mehr unechte als echte Freundschaften. Der Weise ist darum vorsichtig in der Wahl seiner Freunde, denn „mit *einem* verständigen Mann befreundet sein ist besser als mit allen Toren zusammen." (Demokrit). Jedermanns Freund ist in Wahrheit meist ohne Freund.

Dabei ist das Gewinnen von Freunden nicht schwer. Denn im Grunde hat jeder Verlangen nach echter Freundschaft; es muß nur durch rechtes Denken und Handeln Weckung und Ermutigung finden. Und wie das? Abermals durch Befolgung der ‚Goldenen Regel': „Sei andern ein wahrer Freund, und Du wirst wahre Freunde haben!"

Wohlwollen erwirbt man durch Wohltun. Man muß sich selbst seelisch öffnen, wenn man will, daß andere sich einem erschließen, muß freundliche Gedanken ausstrahlen. „Denkst Du freundschaftlich, hell, klar, zuversichtlich und vertrauend" – sagt Mulford –, „dann wirst Du ähnliche Gedanken in andern erwecken. Die Menschen werden sich immer freuen, Dich zu sehen. Du bringst ihnen Freude und Kraft; Du stärkst sie auch körperlich, und empfängst die gleichen Kräfte zurück. Du bist für andere ein Brunnen der Gesundheit und Erquickung, entwaffnest die sauerste Laune und Deine finstersten Gegner, und machst Deinen Feind zum Freund. Denn der Gedanke des Guten ist immer stärker als der des Bösen, das ist ein Gesetz der Natur."

Ebenso wichtig wie die Gewinnung von Freundschaften ist ihre Erhaltung. Denn gewesene Freunde sind in der Regel die schlimmsten Feinde; es gilt also nicht nur in der Wahl, sondern auch in der Behandlung seiner Freunde weise zu sein.

Vor allem halte man Maß in Vertraulichkeiten. Ebenso sei man von Überempfindlichkeiten frei. Wir sind andern dankbar, wenn sie uns so nehmen, wie wir sind; darum laßt uns ein Gleiches tun.

Man halte heilig, was dem Freund gehört, und halte ihm die Treue, auch wenn man sich mit ihm entzweit hat. Nur ein Lump bricht das Vertrauen, das ihm einmal geschenkt ward. Er erntet, was er säte: er erlebt den Mißbrauch eines Vertrauens durch die, denen wiederum er Vertrauen gab.

Man sei zurückhaltend im Fordern und Annehmen von Freundschaftsdiensten und klage seinen Freunden nie sein Leid, außer wo man der Hilfe des Freundes bedarf und ihrer im Voraus gewiß ist. Man vergesse nie, daß der Einzug der Ichsucht der Auszug und Tod der Freundschaft ist.

Und man sei andern ein Freund auch in der Not. Nur Freundschaft, die lächelnd Opfer zu bringen weiß, hat ein Recht, diesen Namen zu tragen.

*

Was vom Gewinnen und Erhalten der Freundschaft gilt, gilt gleichermaßen von der *Gewinnung von Mitarbeitern und Helfern.*

Wer selbst etwas kann, zieht Könner an, manchmal auch Drohnen und in Einzelfällen Schädlinge. Auch in der Auswahl von Mitarbeitern heißt es darum Klugheit beweisen; denn man wählt in ihnen die Mitschöpfer und Träger seines Rufes und Ruhmes.

Ein Fachmann erkennt den Diamanten, auch wenn Staub und Schmutz das innere Licht verbergen. So wurde manches Genie von erfahrenen Menschenkennern aus seiner unbedeutenden Umgebung hervorgeholt und in neuer Umgebung zu erstaunlicher Selbst-Entfaltung gebracht.

Der Lebensschüler muß bei andern spüren, was in ihnen steckt. Und wieviel Großes steckt nicht in den Menschen! Man muß es nur wecken und dann an geeigneten Aufgaben sich frei entfalten lassen.

Wer danach Ausschau hält, entdeckt schlummernde Fähigkeiten in andern und sorgt für die nötigen Entwicklungs-Reize, die die verborgenen Kräfte hervorlocken.

Darüber hinaus erziehe man sich zu kameradschaftlicher Behandlung seiner Mitarbeiter und bejahe die guten Kräfte in ihnen, um immer das Beste aus ihnen zur Offenbarung zu bringen – ihnen selbst zur Freude und dem Ganzen zum Segen.

Man sorge für die Pflege des Kameradschaftsgeistes. Der vom Gemeinschaftsgedanken Erfüllte überträgt auf die, mit denen er zusammenwirkt, den gleichen Geist der Zusammenarbeit und gegenseitigen Hilfe. Man suche andern zu dienen; denn nur durch Dienen herrschen wir!

Man zeige, daß man wie von sich auch von andern stets das Höchste erwartet. Wenn die andern fühlen, daß man an sie glaubt, bekommen ihre besten Kräfte Mut, sich zu betätigen. Wer so denkt, erweckt in andern nicht das Bewußtsein des Sollens, sondern des freudigen Wollens.

Die meisten Menschen neigen sich instinktiv dem zu, von dem sie spüren, daß er innerlich stark und gefestigt ist. Da der Lebensschüler sich der inneren Kraft verbunden weiß und das im Ton seiner Worte, in seinen Gebärden und Handlungen unbewußt zum Ausdruck bringt, wird er von selbst zum Mittelpunkt eines wachsenden Kreises von Menschen, die sich nach ihm richten.

Diese Mittelpunktstellung muß er täglich bejahen. Dieser Wille, Kraft- und Willens-Zentrum Vieler zu sein, macht ihn zur alles Gute anziehenden und mehrenden Sonne seines Lebenskreises.

32. WOCHE:

ERFOLG IM BERUF

„Sieh, da entbrennen in feurigem Kampf die eifernden Kräfte!
Großes wirket ihr Streit; Größeres wirket ihr Bund.'

Schiller

Immer bewußter beginnen wir, das bislang Gelernte in unserem Berufs- und Privatleben praktisch anzuwenden. Vom Verhalten im Geschäft, vom Verkehr zwischen Geschäfts- oder Betriebsleitern und Mitarbeitern und zwischen den Arbeitskameraden untereinander wie zwischen Verkäufern und Kunden gilt allgemein, was in den letzten LW über rechte Menschenbehandlung und -gewinnung gesagt ward. Darüber hinaus eignen wir uns die folgenden Erkenntnisse an.

Kaufmännische Selbstverständlichkeiten, die jedem modernen Geschäftshandbuch entnommen werden können, werden hier nicht wiederholt; in der LS gilt es, zusätzliches psycho-dynamisches Wissen zu vermitteln, das das Erfolgsvermögen des Kaufmanns mehrt und auch für den Nichtkaufmann wissenswert ist.

Auch hier ist die segensreiche Richtschnur erfolgbringenden Verhaltens die ‚Goldene Regel'.

„Verhalte Dich andern gegenüber so, wie Du wünschest, daß sie sich Dir gegenüber verhalten!"

Dieser Regel gilt es nicht nur Freunden und Mitarbeitern gegenüber zu folgen, in Büro und Werkstatt und hinter dem Ladentisch, sondern auch Fremden, Kunden und Konkurrenten gegenüber. Der Lebensschüler betrachtet seine Arbeitskameraden, gleich, ob sie über oder unter ihm stehen, bewußt als Glieder der gleichen Erfolgsgemeinschaft, als Zellen im gleichen Organismus und darum als ebenso notwendig wie er selbst.

Er wird jeden Mitarbeiter individuell behandeln, seine Eigenart erkennen, auf sie eingehen und von ihr ausgehen. Denn um von andern verstanden zu werden, muß er zuerst sie verstehen, muß in ihrer Sprache zu ihnen reden, muß bedenken, daß die seelischen Reifestufen der Menschen oft weit auseinander liegen und daß jede Verständigung das Eingehen auf die Verstehens-Stufe des andern voraussetzt.

Er wird sich oft des Humors als Mittel der Menschengewinnung bedienen, oft auch durch schweigende Zurückhaltung auf andere umstimmend wirken, in seltenen Fällen durch kameradschaftliche Aussprache erzieherisch oder entgiftend wirken.

Wo unerfreuliche Verhältnisse vorliegen, gilt es sie zu bessern, um sie entweder zu beherrschen oder aus ihnen ein Sprungbrett zu besseren Verhältnissen zu machen. Jeder Zustand kann als Durchgangspunkt zu höheren angesehen und ausgewertet werden; es gilt nur, nicht in ihm unterzugehen, sondern das Bestmögliche aus ihm zu machen, mit Freuden zu schaffen und dadurch Verhältnisse und Menschen anzuziehen, die zu größeren Erfolgen helfen können.

Hier wie überall gilt es, den neuen Geist des Füreinanderdenkens zu betätigen und allen Mitgliedern des Unternehmens kameradschaftlicher Vor-Arbeiter zu sein, der bei jeder Disharmonie oder Unzufriedenheit als *Harmonisator*, zu deutsch: als *Ausgleicher* oder *Schlichter* wirkt.

Gerade der Lebensschüler bringt durch seine bisherige Selbstschulung eine besondere Befähigung zu solchem Schlichtertum und Seelenarzttum mit. Und wenn er mit Lust und Liebe an diese Aufgabe geht, findet er eine solche Fülle von Hilfsmitteln, daß er mehr und mehr zur wärmenden Sonne, zum Harmoniespender und Erfolgsförderer des Betriebes wird.

Im Einzelnen lassen sich die Aufgaben solchen ‚Schlichtertums' wie folgt umreißen:

1. Als Schlichter wird der Lebensschüler vor allem *schlichten:* er sorgt dafür, daß Auseinandersetzungen von Mitarbeitern sachlich erfolgen und das Wohl des Ganzen oberstes Gesetz bleibt. Er wird durch Autorität und Unterredung Streitende erst auseinander- und dann zusammenführen. Er wird ein feines Ohr für Konflikte haben und rechtzeitig mit der Entgiftung einsetzen, gegenteilige Standpunkte von höherer Warte aus prüfen und dann den Mittelweg, die bestmögliche Lösung zeigen, die beider Parteien Selbstgefühl nicht schmälert, überschüssige Kräfte in aufbauende Bahnen lenkt und den Blick der Mitarbeiter auf das Wesentliche richtet: den kürzesten Erfolgsweg zum gemeinsamen Besten. Er erreicht dadurch, daß die in einem größeren Kreis leicht möglichen Konflikte auf ein Kleinstmaß zurückgehen und reibungsloser Zusammenarbeit aller Glieder des Unternehmens Platz machen.

2. Er ist vom *Geist der Ganzheit* erfüllt und vom Willen gemeinsamen Aufstiegs. Er hilft, daß einerseits die Leitung des Betriebes den Bedürfnissen des Einzelnen gerecht wird und dieser andererseits wachsendes Verständnis für die Notwendigkeiten des Unternehmens gewinnt. Er sorgt, daß nicht durch ungeeignete Vorgesetzte die Schaffenslust der Mitarbeiter gemindert wird, sondern daß sich alle freundschaftlich aufeinander einstellen und bedenken, wie dem andern an seinem Platz zumute ist. Er sorgt für einen sympathi-

schen Verkehrston und für die bejahende Einstellung aller auf den Betriebszweck und auf die kameradschaftliche Schicksalsgemeinschaft aller Mitarbeiter.

3. Der Lebensschüler kümmert sich um die Bedürfnisse der Einzelnen und bemüht sich, für die oft widerstreitenden Strebungen aller den *Generalnenner* zu finden, auf den hin sich alle zum gemeinsamen Besten zu orientieren haben. Er wird jedem Mitarbeiter zeigen, daß man sich für ihn interessiert, ihm hilfsbereit gegenübersteht und für sein aufopferndes Mitschaffen dankbar ist. Der einzelne soll fühlen, daß seine Interessen und die des Unternehmens identisch sind. Er wird darum desweiteren die *Organisation der gegenseitigen Hilfe im Betrieb* ausbauen und jeden zu praktischer Kameradschaft erziehen – aus der Einsicht, daß die Übervorteilung anderer im letzten zur Benachteilung der eigenen Interessen führt, während die Sorge für das gemeinsame Wohl zugleich dem eigenen Besten dient.

4. Er wird weiter im einzelnen Mitarbeiter das *Bewußtsein freien Menschentums* erwecken und heben, Unterwürfigkeiten und Kriechereien ausmerzen und jeden an offene Meinungsäußerung, soweit sie positiv und produktiv ist, gewöhnen. Beim Befehlen und Gehorchen geht es nicht um Rechthaben und sklavische Unterordnung, sondern um verständnisvolle Zusammenarbeit zum Wohle des Ganzen. Es gilt darum, daß neue Maßnahmen von jedem Einzelnen als für ihn förderlich erkannt und bejaht werden, bei ihm also keine Unlustgefühle, sondern seine Arbeitsfreude steigernde positive Reaktionen auslösen.

5. Der Lebensschüler wird im Einzelnen das Bewußtsein seiner *Verantwortlichkeit für das Wohl des Ganzen* lebendig erhalten. Auch der Letzte soll erkennen, daß seine Verantwortung nicht nur 10, 5 oder 1 Prozent beträgt, sondern hundert Prozent. Das ist die Gesinnung der großen Erfolgsmenschen. Diese Gesinnung wird der Lebensschüler, gleich, ob er Arbeiter, Angestellter oder Geschäftsinhaber ist, vor allem durch sein eigenes Vorbild wecken; denn das Beispiel ist der beste Lehrmeister und Richtunggeber.

6. Er sorgt weiter für die Ausmerzung überflüssiger Arbeitsgänge und -verrichtungen. Leerlaufarbeit beseitigen heißt das Leistungsvermögen erhöhen. Er sorgt nicht nur für Betriebs-, sondern mehr

noch für *Menschen-Ökonomie* – denn der Betrieb ist um des Menschen willen da, nicht umgekehrt –, indem er darüber wacht, daß überall der rechte Mann am rechten Platz steht. Jeder Mitarbeiter kann der sein, der den Umsatz des Unternehmens vervielfacht; es gilt also, schlummernde Leistungen zu entdecken und zu wecken. Wer klagt, das „Personal sei heute schlechter als früher", der beweist damit nur mangelnde Führerfähigkeit. Denn jeder Betrieb hat die Mitarbeiter, die er verdient. Anders gesagt: Ist die *Leitung* schlecht, ist auch die *Leistung* der Mitarbeiter schlecht!

7. Der Lebensschüler wird in seinem ganzen Denken und Handeln stets *positiv und aufbauend* sein. Er rückt nicht das in den Vordergrund, was nicht getan werden sollte, sondern das, was im gemeinsamen Interesse zu tun ist. Indem er das Gute weckt, mindert er das Schlechte. Fehlerquellen wird er mit den Mitarbeitern gemeinsam suchen, die andern selbst auf den Fehler stoßen und erkennen lassen, wie er am besten abgestellt wird. Er sorgt, daß Fehler nie vor andern gerügt werden und daß nie von oben herab belehrt wird, wodurch nur Mikos und Haßgefühle entstehen, sondern daß alle Unterweisung produktiv und höherweisend ist, positiv und anspornend.

8. Er sorgt für eine *gute Betriebsstimmung,* bei der jeder bei gleichem Kraftaufwand immer mehr leistet, für Humor, der die einzelnen einander näherbringt, für Humor als Kennzeichen des Tüchtigen, der sich bewußt ist, von seiner Kraft und seinem Mute abgeben zu können, ohne an Würde zu verlieren.

9. Er wird weiter seine Mitarbeiter zum Denken bei der Arbeit anleiten, zu *wirtschaftlichem Mit-Denken,* zum Erkennen etwaiger Mängel und zum Nachdenken über die Möglichkeiten ihrer Abstellung. Er zeigt den Mitarbeitern, daß ihre Verbesserungs- und Ersparnis-Vorschläge, wenn durchführbar, gern gesehen, anerkannt und belohnt werden. Sind sie nicht durchführbar, ist trotzdem der gute Wille zu loben und auf neue Ziele zu richten. Manche Unternehmen verdanken die Steigerung ihrer Leistung aufs Doppelte der Aufmerksamkeit von Arbeitern und Angestellten, die beim Schaffen nachdachten und Verlustquellen, Vereinfachungs- oder Verbesserungsmöglichkeiten entdeckten.

10. Er wird endlich jedem einzelnen Wege zu ständiger Selbst-

bildung zeigen. Jeder soll die *Möglichkeit des Aufstiegs* vor Augen haben, soll erkennen, daß ihm die Mittel dazu geboten werden und daß sein Wille, Größeres zu leisten, anerkannt und belohnt wird. So wird der Grund gelegt zu überragenden Leistungen jedes Einzelnen; aus Durchschnittsarbeitern werden Spezialkräfte, die das Unternehmen leistungsfähiger und erfolgreicher machen. Auf solche Weise kann man bei allen Mitarbeitern zu Erfolgs-Gewohnheiten den Grund legen! Statt zu erzählen, wie etwas gemacht wird, zeige man es, mache es vor. Ein gutes Beispiel wirkt mehr als hundert schöne Lehren. Denn es wirkt neigung-bildend, ruft den Nachahmungstrieb der andern wach, hilft neue gute Gewohnheiten züchten.

In der 25. LW lernten wir, Erfolgsgewohnheiten zu ‚züchten'. Die gleichen Regeln wenden wir auch bei *andern* mit Erfolg an, darauf achtend, daß die neuen Gewohnheiten lust- und erfolgbetont sind, aufbauenden Charakter haben und so mit den Bedürfnissen der Mitarbeiter verbunden werden, daß es ihnen angenehmer und leichter erscheint, das Neue zu tun oder nachzuahmen, als das Alte fortzusetzen. Keiner darf bei der Hinlenkung zu neuen Gewohnheiten das Gefühl haben: „Wozu mich anstrengen, es wird ja doch nicht anerkannt!", sondern jeder soll erkennen: *„Je mehr ich leiste, desto rascher komme ich voran!"*

Es gilt also, die zu züchtenden neuen Gewohnheiten mit dem erwachenden Selbstbewußtsein und Selbstvertrauen zu verknüpfen. Wie Napoleon es verstand, jedem seiner Soldaten das Bewußtsein einzuimpfen, daß er in seinem Tornister den Marschallstab trage, daß Höchstes von ihm erwartet, ihm aber andererseits die Möglichkeit geboten werde, Höchstes zu erringen, so wird der Lebensschüler bei seinen Mitarbeitern mit Geduld und Ausdauer den Grund legen zur Bildung positiver Gewohnheiten. Im gleichen Maße blüht das Unternehmen auf: die Arbeitsleistungen aller wachsen, damit der Arbeitserfolg, der Umsatz, der Gewinn des Unternehmens und damit wieder der Gewinn des einzelnen.

DER NEUE MENSCH HINTER DEM LADENTISCH

Ein guter Verkäufer ist die Seele eines erfolgreichen Geschäfts: er vermag schon durch den ersten Eindruck, den er einem Kunden, der das Geschäft betritt, vermittelt, positive, sympathische Reaktionen auszulösen: durch sein Äußeres, sein Auftreten, seinen Blick, seine verbindlichen Gebärden und Gesten, durch den entgegenkommenden Ton seiner Stimme, die seine positive innere Stimmung verrät und die Kaufstimmung des Kunden entsprechend beeinflußt.

Die innere Einstellung des Verkäufers entscheidet über den Erfolg: wer negativ denkt, gibt seinen Worten einen Unterton des Unwillens, der den Kunden antipathisch berührt und den Mißerfolg sichert. Es ist darum nicht gleichgültig, wer hinter dem Ladentisch steht: ein griesgrämiger, wortkarger, uninteressierter, geistig abwesender Mensch, oder ein freundlich zuvorkommender, auf alles verständnisvoll eingehender, Sachkenntnis und Sympathie bekundender Verkäufer. Mißstimmung steckt an: der Kaufwunsch des Kunden rollt sich wie ein Igel zusammen und bleibt unnahbar.

Entscheidend ist der erste Eindruck, den ein Kunde vom Geschäft und dem Verkäufer, der ihn bedient, empfängt. Und dieser erste Eindruck hängt von den Gedanken des Verkäufers ab und von dem Blick, mit dem der Verkäufer den Kunden begrüßt und der sagen sollte: „Welche Freude, Sie bei uns zu sehen; ich bin glücklich, gerade Sie bedienen zu dürfen, und weiß, daß Sie zufrieden sein werden!“ Dazu kann ein freundliches Wort kommen, das aufmerksame Rücksicht bekundet. Erfahrungsgemäß bleiben die meisten Kunden, die ein einmal besuchtes Geschäft meiden, wegen Gleichgültigkeit der Verkäufer weg: sie fühlen sich nicht genügend berücksichtigt, unhöflich oder falsch behandelt.

Um einen Kunden richtig zu behandeln, muß der Verkäufer Seelenkenner sei. Er muß ihm beim Eintritt ansehen: er weiß, was er will, oder er weiß es nicht. Im ersten Falle wird er ihn zu sich herankommen lassen, im zweiten ihm entgegenkommen. Die Kunden-Psychologie ist der Kinder-Psychologie verwandt: beim Eintritt in ein Geschäft kommt bei den meisten – beim Manne mehr noch als bei der Frau – das Kind im Menschen zum Vorschein. Wer sich blitzschnell in die Eigenart und die Wünsche des Käufers hineinzusetzen vermag, wird am besten verkaufen.

Als erstes hat der Verkäufer herauszufinden, was der Kunde wünscht, was ihm vorschwebt, um ihm das seinen Bedürfnissen Entsprechendste anbieten zu können. Das Geheimnis des Erfolgs liegt in der zarten Rücksichtnahme, die zu nichts drängt.

Als zweites hat er unbestimmte, unscharfe Wünsche in die Richtung des größten Vorteils des Käufers zu lenken und dabei zugleich die vorhandenen Waren zu überdenken. Der tüchtige Verkäufer fängt oft da an, wo der untüchtige den Kunden bedauernd hinausweist: „Das haben wir leider nicht vorrätig." Er wird Verneinungen meiden und das Interesse von Nichtvorhandenem auf den Käufer vielleicht mehr befriedigende Artikel lenken, ohne den freien Willen des Kunden irgendwie zu bedrängen.

Wo keine Erfolgsmöglichkeiten sind, weiß er sie zu schaffen. Er weiß den unbestimmten Wunsch des Käufers durch Zeigen geeigneter Waren zu bestimmen, die Verkaufsgelegenheit herbeizuziehen, wo sein untüchtiger Kollege gedankenlos wartet, bis der Erfolg zu ihm kommt – oder auch nicht.

Ein Verkäufer, der leicht nervös wird und die Überlegenheit gegenüber schwierigen Kunden verliert, wird sich auf den Verkaufs-Erfolg vorbereiten, indem er sich abends vor dem Einschlafen in Gedanken hinter den Ladentisch stellt und die ihm bisher unangenehmen Situationen im Geiste in positiver Weise sich abwickeln läßt: er sieht einen ‚unangenehmen' Käufer den Laden betreten, stellt sich vor, wie er seine Sympathie gewinnt, ihn ruhig und sicher bedient und die Zufriedenheit des Kunden erlangt. Er durchlebt und bejaht im Geiste alle kritischen Augenblicke als erfolgreich. Er fördert dadurch seine innere Sicherheit und Überlegenheit und bewirkt, daß die Wirklichkeit sich von Mal zu Mal mehr dem Vorgestellten angleicht.

Wer sich so auf Erfolg einstimmt, wird Einwände des Käufers geschickt verwenden, um den Wert einer Ware noch deutlicher zu machen. Einwände sind Anzeiger der Wünsche des Kunden und Gelegenheiten, zu erfahren, welche Ware ihm am meisten zusagen wird. Darum widerspricht der Verkäufer nicht, sondern mehrt die Zahl der dem Kunden gezeigten Waren oder klärt auf, ohne durch

Besserwissen zu verletzen, so daß der Kunde die Ware von neuen, vorteilhaften Seiten zu sehen beginnt.

*

Die Kunst des Verkaufens besteht darin, eine Ware so zu zeigen und so von ihr zu zeugen, daß der Kunde vom Wert der Ware überzeugt wird und sie zu haben wünscht. Es gilt, lustbetonte Besitzvorstellungen im Bewußtsein des Käufers zu erwecken, die ihn die Anschaffung der Ware als Gewinn empfinden lassen.

Der erfolgreiche Verkäufer weckt und steigert das Bedürfnis und bringt dem Kunden gleichzeitig zum Bewußtsein, daß sein Bedürfnis hier die vollkommenste Befriedigung findet. Es gilt, aus den menschlichen Bedürfnissen im allgemeinen und den besonderen des Kunden, die in seinen Wünschen und Einwänden zum Ausdruck kommen, die der Erregung der Kauflust dienenden Argumente abzuleiten – sei es aus dem Bedürfnis, gesund zu bleiben, angenehmer zu leben, etwas Gutes zu essen oder zu besitzen, Geld zu sparen, andern zu helfen, rascher vorwärts zu kommen, andern zu gefallen usw.

Jede Vorstellung, die der Verkäufer im Kunden erweckt, muß *positiv* sein, muß das Gefühl eines Vorteils, der mit dem Kauf verbunden ist, auslösen. Durch das Verkaufsgespräch muß erreicht werden, daß Besitzlust und Kaufwille des Kunden größer werden als der Wunsch, sein Geld zu behalten, oder als das mit dem Geldausgeben verbundene Unlustgefühl.

Es gilt, durch Bewußtmachung der Vorzüge und Vorteile einer Ware die Lusterwartung des Käufers zu steigern, den Genuß des Besitzes zu verlebendigen, also die Summe der lustbetonten Vorstellungen zu vergrößern. Um so sicherer entscheidet sich der Käufer für die Erwerbung der Ware.

Man denke nicht daran, die Ware spreche für sich selbst. Die meisten Waren brauchen einen Werber, der ihren Wert erläutert und ihre Erwerbung lustbetont macht. Das setzt zuverlässige und umfassende Warenkenntnis voraus. Das Gefühl, fachmännisch beraten zu sein, erweckt Vertrauen und wirkt kauflusterhöhend. Je mehr der Verkäufer von seiner Ware weiß, desto schmackhafter und begehrenswerter kann er sie dem Kunden machen, desto mehr

Lustgefühle kann er wecken, Einwände widerlegen, Kaufunlustgefühle beseitigen.

Er wird beim fachmännischen Erläutern jedoch jeden belehrenden Ton vermeiden, vielmehr den Kunden selbst die Vorteile der Waren finden, seine Entdeckerfreude betätigen lassen. Der Kunde muß sich bewegen, sich betätigen. Man steigere dabei durch die liebevolle Sorgfalt, mit der man die Ware behandelt, im Kunden das Gefühl ihres Wertes und damit die Kauflust. Man stelle alles Denken und Fühlen auf die Vorstellung ein: *„Diese Ware gefällt Dir. Du wirst sie kaufen!"* und drücke durch Gebärde und Geste den Gedanken aus: *„Gerade dies ist es, was Du suchtest! Du wirst es kaufen!"* Man halte die Sinne des Käufers in Tätigkeit, denn Spannung und Bewegung wirken kauflusterhöhend.

Man vermeide dabei jedes Abschweifen von der im Mittelpunkt des Interesses stehenden Ware. Ablenkungen wirken kauflustmindernd. Das Interesse muß mit wachsender Spannung auf die Vorzüge der Ware konzentriert werden; dazu ist unerläßlich, daß der Verkäufer selbst auf die Ware konzentriert ist. Der Konzentriertere ist dem weniger Gesammelten überlegen.

Man schweige auch über Waren der Konkurrenz, mögen diese besser oder schlechter sein; denn jede Herabsetzung fremder Ware setzt im Unterbewußtsein des Kunden automatisch den Wert der Ware, die ihm empfohlen wird, mit herab. –

Hat die Kauflust des Kunden ihren Höhepunkt erreicht, ist sein Kaufwunsch genügend stark geworden, dann gilt es, den psychologisch richtigen Augenblick zur Auslösung des Kaufentschlusses, zur Herbeiführung des Kaufabschlusses positiv zu nutzen. Der Kunde muß entschluß-freudig sein. Nicht das Geld, das er ausgeben soll, darf im Vordergrund stehen, sondern der Gewinn, den er nach Hause trägt.

In der Regel treten während eines Verkaufsgesprächs mehrere solcher Augenblicke auf. Für den tüchtigen Verkäufer ist der erste dieser Augenblicke, den sein teilnehmendes Feingefühl ihm kündet, das Signal, nun seine stärksten Argumente anzuführen, um die Spannung zu erhöhen und die Brücke vom Bedürfnis des Kunden zum Kaufentschluß noch fester zu schlagen. Von diesem Augenblick an beginnt er, den Käufer zu klarer Zielsetzung zu führen und sich voll auf den Gedanken zu konzentrieren: *„Sie werden diese Ware kaufen und Sie werden sich über ihren Besitz freuen!“*

Der auf diese Weise ausgelöste Kaufentschluß wird ein Höchstmaß an Lustbetontheit aufweisen. Der Kaufwille wird so positiv, daß er weiterer Betätigung zugeneigt bleibt. Der tüchtige Verkäufer fühlt das und fügt der Entscheidung des Kunden über den Kauf einer Ware gegebenenfalls Ergänzungsvorschläge an, die mit den schon geweckten Lustgefühlen verknüpft werden.

Der Kunde ist bereit, seiner entfesselten Kauflust zu frönen; diese Lust *bleibt,* wenn der Verkäufer ihr im Interesse des Kunden wie des Geschäfts taktvoll entgegenkommt, ohne sie auszunützen. Hier gilt es, noch weniger zu drängen, noch mehr den Kunden selbst entdecken zu lassen, was er wünscht. Wenn der Kunde mit dem Gefühl hinausgeht, nicht zum Kauf getrieben zu sein, wird er wiederkommen, im andern Falle bleibt er fern.

Die positive Stimmung muß bis zum letzten Augenblick erhalten bleiben. Auch bei der Aushändigung der Ware und beim Hinausbegleiten des Käufers erweckt man durch ein freundliches Gesicht und durch ein Wort des Dankes in ihm die Lust des Wiederkommens. Er geht mit dem Gefühl, daß man ihn gern sieht, ihm nützen will und ihn gut bedient; was Wunder, daß er wiederkommt, daß er zum Dauer-Kunden wird.

Jetzt muß er erst recht gut behandelt werden. Denn der Wert eines Geschäfts liegt nicht in der Zahl der Käufer, sondern in der wachsenden Zahl seiner Dauerkunden. Zudem ist ein zufriedener Kunde der beste Werber des Geschäfts; seine Empfehlungen sind mehr wert als kostspielige Anpreisungen. Die Dauerkundschaft ist die goldene Basis des erfolgreichen Geschäfts.

33. WOCHE:

HARMONIE IN DER EHE

> „Der ist am glücklichsten, er sei ein König oder ein Geringerer, dem in seinem Hause Wohl bereitet ist.“ Goethe

Die wichtigste Geburtsstätte erfolgträchtiger Gedanken und Pläne ist das *Heim.* Der Lebensschüler wird darum sorgen, daß in seinem

Heim Harmonie und Liebe herrschen. Denn rechtes Verhalten im Geschäft bringt nur halben Erfolg, wenn dem Erfolgswillen das lebendig-frohe Echo aus dem eigenen Heim fehlt. Unser Heim ist die Kraftquelle unseres Arbeits- und Geschäftslebens, eine Stätte der Aussprache, Harmonisierung und Muterneuerung, die der schaffende Mensch braucht, wenn er den Hemmungen, Sorgen und Notwendigkeiten, die der Arbeitstag mit sich bringt, dauernd gewachsen sein will, ein Hort und ein Schutz vor negativen Einflüssen der Umwelt und, bei rechter Einstellung, das Einfallstor des Himmels auf Erden.

Glücklich der, der ein harmonisches Heim sein eigen nennt. Der Alleinstehende gewinnt an Kraft, wenn er sich einem harmonischen Familienkreis anschließt. Bei rechter Einstellung wird der sympathische Kontakt bald geschlossen und damit die Grundlage zu wachsenden Arbeitserfolgen gelegt. Niemand sollte allein durchs Leben gehen, sondern sich wenigstens einem Menschen verbinden, für den zu schaffen ihm Freude macht.

Die Beseelung und Durchsonnung des Heims beginnt mit der Besinnung auf die ‚*Goldene Regel*', die hier wie folgt lautet:

„Verhalte Dich Deinen Angehörigen, Verwandten und Bekannten gegenüber so, wie Du wünschest, daß sie sich Dir gegenüber verhalten!"

Sehen wir zu, was das für den Lebensschüler im einzelnen bedeutet.

Oberster Grundsatz der Harmonisierung des Heims: nur für das *Positive* Zeit haben, nur Dinge denken, aussprechen und tun, die zu Freude und Glück hinleiten; alles meiden, was Unlustgefühle weckt und mehrt oder zu Streit führt; nur Dinge bejahen, deren Verwirklichung man wünscht; keine Klagen über schlechte Zeiten, Arbeitslosigkeit, Geldmangel, Einschränkung dulden, weil solch Reden und Denken die Quellen der Fülle verstopft und den Zustrom neuer Kraft und Fülle unterbindet!

Der Lebensschüler wird die kleinen Reibereien, die ein Heim verhäßlichen, bewußt vermeiden lernen. Er wird nachgeben, wo er sich damit nichts vergibt, und dafür seinen Willen dort durchsetzen, wo er fürs gemeinsame Beste nötig ist. Selbst das Zusammenleben mit ungeliebten Menschen kann durch rechte Einstellung, durch

Diplomatie und Beachtung der Regeln rechter Menschenbehandlung von Ärger und Haß entgiftet, erträglich und ertragreich gemacht werden. Schelten und Streiten nützt nie, Schimpfen wird als Brustton mangelnder Überzeugung empfunden, während Schweigen Kraft gebiert.

Es gilt weiter, schlechte Stimmungen nicht von der Arbeitsstätte mit nach Hause zu bringen und gar an Angehörigen auszulassen, sondern sie vor der Türe abzutreten, abzuschütteln. Gelingt es nicht, Verstimmungen draußen zu lassen, suche man sie durch Aussprache zu entwurzeln, sich im Bewußtsein verständnisvollen Mitfühlens eines geliebten Wesens zu entspannen, zu befreien und positiv zu stimmen.

Man lasse sich andererseits nicht durch schlechte Stimmung von Angehörigen mit niederziehen, weiche vermeidbaren Widerständen aus oder breche ihnen durch ein freundliches Wort des Verstehens die Spitze ab, so mit geringstem Kraftaufwand zunehmende Harmonie schaffend. Schweigen stimmt meist rascher um als Gegenrede, Gleichmut besänftigt auch des andern Gemüt, liebende Einstellung wirkt seelenumwandelnd und -aufrichtend, noch mehr ein liebendes Wort, noch mehr die liebende Tat.

Wer sich gewöhnt, seinen Angehörigen täglich eine kleine Freude zu bereiten, der trägt den Geist der Harmonie in sein Heim. Seinen Lieben Freuden bereiten heißt die eigene Erfolgskraft erhöhen. In der Tat ist der Altruismus vom lebensgesetzmäßigen Standpunkt aus die einzig erfolgbringende Form des Egoismus. Um es nochmals zu sagen: *glücklich machen macht glücklich!*

Ein viel zu wenig benutztes Mittel, den Geist der Freude und Fülle in sein Heim hineinzutragen, ist, einem verlassenen *Tier* in seinem Heim eine Heimat zu geben. Die Dankbarkeit, die das Tier empfindet, macht das Heim auch für die Menschen in ihm zu einer sonnigen Heimat. Und oft baut die froh-dankbare Liebe des Tieres eine neue, festere Brücke zwischen Herzen, die sich fremd geworden.

Wie viel reicher wäre mancher, der bei den Tieren lernte, sich wieder wahrhaft des Lebens zu freuen und ganz er selbst zu sein! Er muß nur sein Herz den Tieren öffnen, dann erkennt er ihre stumme Sprache der Liebe als tausendmal beredter denn die schönsten Worte der Menschen. Ihr heiteres Spiel verjagt seine unfrohtrüben Gedanken und ruft lichtes Wollen wach; und ihr liebeheischendes Schmeicheln, ihr dankbar zugeneigter Blick weckt seine schlummernde Fähigkeit selbstverleugnender Hingabe an das Gute, läßt ihn im Tier den jüngeren Bruder seiner eigenen göttlichen Seele erleben und mehrt sein Vermögen, Glück zu empfinden und herbeizuziehen.

Wieviele Einsame, dem Leben Entfremdete haben Frieden gefunden bei den Tieren! Das hingebende Vertrauen des Tieres lehrte sie, die Seele der Tiere und auch die zerrissenen Menschenseelen zu verstehen und von neuem zu lieben. Der Blick in die Augen der Tiere gebar in ihnen den Geist des Verzeihens. Indem sie das namenlose Leiden der Tierwelt zu ihrem Teile linderten und einem schutzlosen Geschöpf in ihrem Heim und Herzen eine Heimat gaben, erleichterten sie zugleich ihr eigenes Los und erfuhren die Wahrheit des alten Buddha-Wortes: *„Wer gegen Tiere barmherzig ist, den wird der Himmel beschirmen!"*

*

Ein Wort an dieser Stelle zur Lebensschülerin als *Hausfrau* über die Möglichkeiten ihrer Entlastung:

Hausfrauenarbeit ist eine Willens- und Charakterschule, für deren Bedeutung den meisten Männern das Verständnis abgeht. Auch die Hausfrau soll aus dem, was in der 11. LW über rechte Zielsetzung und Organisation gesagt ist, in Küche und Haushalt Nutzen ziehen, um bei immer geringerem Kraft- und Zeitaufwand immer größere Ordnung, Sauberkeit und Gemütlichkeit im Heim zu schaffen.

Manche Hausfrau verbraucht 50–60 Prozent ihrer Kraft mit der immer neuen Ordnung der Dinge. (Bei manchen Männern ist der Prozentsatz noch höher.) Anders die Lebensschülerin: sie hat ihre Küche so organisiert, daß jedes Ding seinen immer gleichen Platz hat und, wenn nicht im Gebrauch, an seinem Platz ist, und zwar so, daß das meist Gebrauchte dem Küchentisch oder Arbeitsplatz am nächsten ist. Nur die Dinge, die keine Heimstatt haben, machen der Hausfrau Mühe. Was sie in der Küche nicht braucht, hat dort auch nichts verloren.

„In einem aufgeräumten Zimmer ist auch die Seele aufgeräumt", sagt Feuchtersleben. Je größer die Ordnung der Dinge desto freier ist das Bewußtsein von unnötigen Belastungen. Und je klarer der Tagesplan der Hausfrau, desto leichter und freudenreicher wird ihre Arbeit und desto mehr Zeit bleibt ihr für die Dinge, die das Leben verschönen. Außerdem macht gute Haushaltung kleine Einkommen groß, wie es in einem Sprichwort heißt.

Die Hausarbeit wird erleichtert, wenn lange Arbeiten in Etappen zerlegt, durch andere Dinge unterbrochen werden. Sie wird ferner leichter, wenn sie rhythmisiert wird, außerdem durch Abwechslung oder Musik, die die Gedanken entspannt, die Ermüdbarkeit herabsetzt und die Arbeit nach einigen Augenblicken wieder reizvoll macht.

Wenn das Gefühl der Vergänglichkeit und Flüchtigkeit aller Küchenarbeit die Hausfrau müde macht, dann bedenke sie, daß jede Arbeit zwei Seiten hat: eine äußere und eine innere, eine sichtbare und eine unsichtbare. Mögen die Früchte der sichtbaren Arbeit – das bereitete Mahl, die mit Mühe geschaffene Sauberkeit – rasch vergehen, die der unsichtbaren bleiben.

Weiter lerne die Hausfrau, die Dinge anzulächeln, statt sich über sie zu ärgern. So macht sie die Dinge zu Spiegeln ihrer eigenen Sonnigkeit. In jeder Arbeit steckt ein verborgener Segen, der durch *rechtes Denken und Danken* allen Dingen des Heims und des Lebens mitgeteilt werden kann, so daß das Schaffen an guten Tagen leicht wird und an weniger guten immer noch erträglicher als früher an guten. Aus der abstumpfenden Wiederkehr des Gleichen im Haushalt wird durch solches Denken allmählich ein frohmachender Aufgabenkreis, der zum Mittel der Selbstentfaltung und Daseins-Durchsonnung wird.

Endlich braucht die Hausfrau ebenso wie der Mann Feierstunden der Seele, und zwar nicht nur, wenn der Tag sich neigt und die Hände müde in den Schoß sinken. Wie der im Beruf stehende Mann seinen Urlaub hat, so braucht die Frau *Küchenferien,* soll sie nicht im Haushalt untergehen. Ein verständiger Mann wird das bedenken und der Hausfrau wenigstens an einem Tage in der Woche einen Haushalts-Urlaub ermöglichen. Das ist möglich durch Einführung von Frischkosttagen, durch gemeinsames Auswärtsessen und auf viele andere Weisen. Für die Frau ist das eine Erleichterung, für den Mann eine Abwechslung, die ihn oft die häuslichen Mahlzeiten wieder mehr schätzen lehrt.

Bei rechter Einstellung zu den Dingen des Alltags vermag die Hausfrau das Gesicht der Dinge allmählich zu wandeln, bis sie aus allen Dingen das Ewige hinter dem Zeitlichen anblickt. Indem sie die Dinge segnet, schafft sie sich unzählige willige Diener, entwächst der Sklaverei des Alltags, erlebt ihr Schaffen als sichtbar gemachte Liebe und nährt ihre Seele, während die Hände arbeiten.

DER NEUE MENSCH IN DER EHE

Ein Himmel und eine Hölle kann die Ehe sein, – den Schlüssel zu beiden hat jeder selbst in der Hand. Es ist nicht notwendig, daß so viele Ehen unglücklich sind; der Lebensschüler vermag auch hier durch rechtes Denken und Verhalten das Wunder der Wandlung zu erwirken und zu erreichen, *daß die Ehe im Himmel, nicht aber der Himmel in der Ehe geschlossen wird.*

Die Ursache der meisten Ehenöte ist eine falsche Einstellung zu den Fragen der Ehe und Liebe. Wir verstehen unter ‚*Ehe*' die im Gefühl innerster Verwandtschaft geschlossene Gemeinschaft, einen Ring zweier füreinander bestimmter Seelen, die erst zusammen ein Ganzes bilden. Nur Genies und Heilige bedürfen dieser gesunden Basis harmonischer Lebensführung nicht, weil in ihnen das Männlich-Weibliche gleich stark lebendig ist. In jedem anderen Falle aber ist die Ehe die beste Schule der Selbstzucht, Rücksichtnahme und kameradschaftlichen Lebensmeisterung. *Die* Ehe bedarf keiner Erneuerung, in der jedem bewußt ist, daß in seinem Ehepartner Gott neben ihm durch die Unendlichkeit pilgert.

Die rechte Ehe ist keine Unterwerfung des Einen unter den Andern, sondern ein Bund gegenseitiger Höherführung und Erlösung. Der Mann soll ganz Mann und Geist, die Frau ganz Frau und Seele sein; der Mann im Erwerbsleben führen, die Frau raten; im Hause aber soll die Frau bestimmen, der Mann fördern – nicht in Hochmut einerseits und Demut andererseits, sondern in gegenseitiger Achtung.

Nicht Macht-Befriedigung bildet das Wesen der Ehe, sondern die gegenseitige Stützung und Hilfe. Nicht Lust-, sondern Erlösungsgemeinschaft ist die Ehe. Die Frucht der einen ist Triebbeherrschtheit und Brutalität, das Merkmal der andern ist Liebe und Rücksicht. Die eine muß erbetteln oder rauben, was ihr vorenthalten oder verweigert wird, die andere schenkt und empfängt in Freiheit und Erlöstheit. Die eine erstickt in der Sinnlichkeit, die andere erlebt den Sinn des Zweiseins. Ehe ist Seelengemeinschaft vor der Körpergemeinschaft; dann gibt der Mann der Frau die Freiheit des Geistes, die Frau dem Mann die Reinheit der Seele, und beide finden sich in der Einheit des Leibes und in dem „Willen zu zweien, das Eine zu schaffen, das mehr ist, als die es schufen."

Nur wo solche Gesinnung keimt, bleibt der Mensch kein triebgejagter Zaungast der Liebe, sondern ein Priester und Meister des Liebesglücks. So entscheidet die Gesinnung, nicht die äußere Form. So kommt es, daß Freundschaft mehr sein kann als ‚Ehe', und Ehe mehr als ‚Freundschaft'.

Eine gute Ehe, sagt Montaigne, „strebt nach dem Bilde der Freundschaft", nach Geist-Gemeinschaft. Die gemeinsame Weltanschauung und Herzrichtung bildet die beste Grundlage der zu jeder glücklichen Ehe nötigen Seelenharmonie. Wo dieser Geist lebendig ist, bleibt die Ehe ein ewiger Brautstand, und immer neu ist das glückvolle Erkennen des ‚Du bist ich und ich bin du!', der Syzygie, der Seelenverschmolzenheit, die Gewißheit unzertrennlicher Einheit. –

So viele Menschen sind naturfern, unecht, verkrampft und unaufrichtig gegen sich selbst und die Umwelt. Eine Folge dieser weltweiten Seelennot sind die zahlreichen *Ehe-Krankheiten*, die in falscher Erziehung, Unwissenheit und Denk- und Gefühlsunbeherrschtheit ihren Ursprung haben und am Ende zum Ehe-Unvermögen führen. Aber alles läßt sich wandeln und zum Bessern wenden – auch die unglücklichste Ehe.

Mit den Augen des Lebensschülers gesehen, tragen selbst ungute Ehen, wie *Lhotzky* sagt, in sich „den verborgenen Keim wahren Glücks. Es gibt keine größere Seligkeit auf Erden als eine Ehe mit erkämpftem Glück. Es gibt kein Glück und keine Seligkeit, die nicht dem Leid abgerungen wurden." Es gilt nur die Augen für die Glückskräfte der Liebe und Rücksicht zu öffnen, dann ist die Schaffung einer neuen Ehe-Atmosphäre gegenseitigen Vertrauens und Verstehens nicht mehr schwer.

Im Grunde strebt jedes Wesen nach Harmonie und Verstehen. Wer das beachtet, findet bald den Punkt, wo es einzusetzen gilt, um die Verständigung herbeizuführen. Zuerst gilt es hier, das *eigene* Denken, Fühlen und Wollen zu harmonisieren. Aus der Harmonie der Gedanken erblüht unmerklich die Harmonie der Seelen, und daraus wieder erwachsen Zuneigung, Freundschaft, Kameradschaft, Glück und Erfolg.

Dem Lebensschüler wird die Liebe zum Kraftsammler. Er macht entweder seinen Ehepartner zum Teilhaber seiner Arbeiten und Ideale oder organisiert er die gemeinsame Freizeit neu, schafft Stunden der Seelenangleichung, sorgt für gesunden Wechsel von Spannung und Entspannung, sucht Widerstände durch Nichtwiderstehen zu lösen und wirkt auch sonst darauf hin, *daß die Ehe nicht ein Sturm im Hafen, sondern ein Hafen im Sturm sei.*

Er wird immer rücksichtsvolle Anteilnahme zeigen, nie Neugier. Vor allem wird er die Langeweile aus seiner Ehe verbannen, sein Familienleben täglich reicher und bedeutungsvoller gestalten, alles meiden, was überdrüssig oder gleichgültig macht und die Liebe tötet – durch freiwillige Enthaltsamkeit, die die Anziehungskraft steigert, durch Hinwendung auf gemeinsame neue Interessen, durch die Sorge für ein stets ansprechendes Äußeres auch zu Hause – nichts ist gefährlicher als häusliche Schlamperei in der Kleidung! –, um nie zu negativen Betrachtungen Anlaß zu geben, dann durch ständige Weiterbildung, durch Humor und durch zeitweise Trennung, die die Freude des Wiedersehens umso größer macht.

Eheferien sind oft ein treffliches Mittel zur Ehe-Erneuerung und zur Erhaltung und Erhöhung des Reizes ewiger Neuheit: jeder geht für eine Weile seinen eigenen Weg. Bald spürt er, wie ihm alles schal vorkommt ohne die gewohnte Mitfreude des andern. So kommt man sich näher, indem man sich zeitweilig von einander entfernt.

Den kürzesten Ausweg aus mancher Ehenot zeigt im übrigen die *Goldene Regel:*

> *Was du wünschest, daß Dein Ehepartner Dir tue, das tue Du ihm zuvor.*

Um geliebt zu werden, muß man zuerst selbst lieben, sich liebenswert machen – durch zarte Rücksichtnahme, gegenseitige Güte, verständnisvolle Hilfsbereitschaft: die *Frau* wird beim Manne berücksichtigen, daß sein Werk sein Denken erfüllt, sie wird ihm Zuflucht sein, wenn er von seiner Arbeit ausruht, wird ihn lieben wie einen großen Jungen, dem man sein Spiel lassen muß, bis er selbst müde wird. Und der *Mann* wird in der Gefährtin die Schwester, Kameradin und Mutter lieben und sie um so mehr zu seiner Beraterin in den verschiedensten Dingen des Lebens machen, als ihm selbst die dem Weibe eigene Instinktsicherheit abgeht.

Besonders in Dingen der Liebe wird er größte Rücksicht walten lassen. Rücksichtslose Ichsucht und Gier hat mehr Ehen zerrüttet als jedes andere Übel. Man vermeide, was nach Fesselung aussieht, wie eine Bindung wirkt. *Je mehr Freiheit, desto mehr Einheit.*

Eifersucht wirkt trennend; denn sie ist eine Konzentration auf den Gedanken der Untreue und ruft in der Seele des andern schließlich ein entsprechendes Echo wach, ja vermag diesen, wenn er nicht seelenstark ist, zur Untreue zu treiben. Das beste Mittel gegen Untreue ist – Vertrauen. Wo Vorwürfe zwecklos sind, wirkt Vertrauen beschämend und bindend.

Man vermeide Erörterungen strittiger Dinge und wirke auch hier von innen nach außen – durch Gedanken der Harmonie, die man dem Ehepartner zustrahlt, durch lebendige innere Vergegenwärtigung der Übereinstimmung, durch Gedanken der Liebe. Bald spürt die Seele des andern die neue geistige Haltung, paßt sich ihr an und macht sie schließlich zur eigenen.

Jeder kann auf diese Weise das Denken des Ehepartners von innen her umwandeln: er schaffe einige Zeit hindurch in der Stille ein lebendiges Idealbild des Ehepartners, wie er ihn wünscht, und fühle dabei lebendig, wie der andere von Tag zu Tag dem Idealbild ähnlicher und endlich gleich wird.

Es gilt zu fühlen, wie das Idealbild mehr und mehr Leben gewinnt und wie von ihm aus unsichtbare Ströme der Liebe und Kraft zu seinem Urbild, zum Ehepartner selbst, hinfluten und die Harmonie der Seele verwirklichen helfen. Der Grundgedanke sei etwa dieser:

„Ich bin mit Dir in Harmonie. Ich liebe Dich und Du liebst

mich. Wir verstehen uns immer besser und werden immer mit- und füreinander sein. Jeder tut das, was den andern erfreut und seinem Besten dient. Wir sind eins."

Notwendig ist aber, daß er sich vorher über die eigene Stellung Klarheit verschafft, sich dann in den Ehepartner versetzt, um die Lage auch von dessen Standpunkt zu sehen und den eigenen Standpunkt in Gedanken so weit zu revidieren, als es das *gemeinsame Beste* erfordert. Damit entfällt sein eigener, meist unbewußter Widerstand gegen den Ehepartner, und im gleichen Maße wird der Widerstand des andern schwächer. Beide lernen sich verstehen, und das heißt: sich verzeihen, sich gewinnen und die Harmonie wiederherzustellen.

Es braucht kein Wort über diese Wandlung gesprochen zu werden. Beide finden sich wie von selbst in der goldenen Mitte.

Ein weiteres Hilfsmittel seelischer Gleichstimmung ist das *gemeinsame In-die-Stille-Gehen* und Schweigen. Probieren Sie es aus; Sie werden froh sein über die starke Gleichschwingung des Denkens.

*

Der Kluge läßt sich auch in geschäftlichen Dingen gern vom meist feineren Instinkt der *Frau* beraten. Sie kann ihm aus ihrer innigeren Verbundenheit mit tieferen Seelenschichten, mit dem Gemeinsamen Unbewußten, oft wertvollere Winke geben als sein eigener Verstand.

Aber auch eine Quelle neuen Mutes und neuer Kraft kann die Frau sein. Hat sie einen leicht entmutigten Mann, wird sie nicht mitleiden und mitjammern, sondern ihn zu tapferer Blickwendung anspornen, ihm Kraft zudenken und Mut zusprechen:

„Deine Verzagtheit ist nur eine augenblickliche Stimmung, die vorübergeht. In Wirklichkeit bist Du stärker als das Hindernis; ich weiß es. Ich habe unbegrenztes Vertrauen zu Deinen starken inneren Kräften. Du wirst es auch diesmal meistern. Ich weiß, daß es nichts gibt, was Du nicht könntest. Also laß Dir nicht den Blick verdüstern; denn Du wirst es schaffen!"

Diese Bejahung wird sie so lange und in immer neuer Form fortsetzen, bis der schlummernde Mut wie ein bisher verborgener Quell aufbricht, das Herz des Mannes kraftspendend erfüllt und zur Tat ruft.

In gleicher Weise wird der Mann seiner verzagten Frau Mut und Freude zudenken, sie seelisch mitreißen und mit neuem Lebensglauben erfüllen.

Die Frau, die an ihren Mann glaubt und ihn das fühlen läßt, hebt seinen Mut, verdoppelt seine Widerstandskraft, erhöht sein Leistungs- und Erfolgsvermögen und hilft ihm, den Sieg zu erringen. Ebenso wird eine Frau, die sich von den Gedanken des Mannes umsorgt und umhegt fühlt, dem Leben gefestigter und froher gegenüberstehen. Und was einer allein sich nicht zutraut, das wird dem gemeinsamen Willen ein Spiel. Aus diesem Zusammendenken wiederum erblüht neues Eheglück.

Beide können auch miteinander bestimmte Stunden vereinbaren, in denen einer dem anderen *Kraft zudenkt und zusendet*. So kann einer dem andern über schwere Augenblicke hinweghelfen, ihm bei schwierigen Aufgaben neuen Mut und Selbstvertrauen geben und die Hilfe von oben auf ihn herabrufen. Allmählich lernt dann der Schwächere, sich seiner eigenen Macht bewußt zu werden, Vertrauen zu sich selbst zu gewinnen und sich aus eigener Kraft zu erheben.

Wo zwei Menschen in dieser Weise zusammenwirken, wird einer des andern Verstärker und Förderer. Strebt der eine einem Ideal zu, wird der andere zum Brennspiegel seiner Strahlkraft, und das Ergebnis ist nicht bloße Addition, sondern *Multiplikation der Kräfte.*

Ob beide dabei in einem Raum zusammen oder weit voneinander entfernt sind, immer schwingen ihre Gedanken in dem mutwerkkenden Bewußtsein:

> *„Wir zwei sind eins; was jeder von uns will und wirkt, dient dem Glück des andern. Darum haben wir Erfolg in allem, was wir unternehmen!“*

Hier sind Mann und Frau eins: sie bilden ein einziges wirkstarkes Erfolgskraftfeld von wachsendem Einfluß auf die Umwelt. Aus der Gleichgestimmtheit der Seelen erwächst aber nicht nur der Lebenserfolg, sondern auch die gemeinsame Harmonie mit dem Unendlichen, und das Wort aus der ‚Zauberflöte‘ wird lebendige Wahrheit: „Mann und Weib und Weib und Mann grenzen an die Gottheit an.“

SPANNUNGEN ALS SPRUNGBRETT ZU LEISTUNGEN

„Das ist alles schön und gut für Ehen, die einigermaßen erträglich sind. Aber was tun, wenn man zerheiratet oder unglücklich verheiratet ist, mit einem ungeliebten Menschen zusammenleben muß?" mag ein Skeptiker einwenden.

Nur in den Fällen, wo Unwissenheit zwei Menschen zusammenkoppelte, die so unvereinbar sind wie Wasser und Natrium, würde es dem Gesetz der Harmonie entsprechen, daß man auseinander geht, um beiderseits ein verfehltes Leben zu beenden und ein neues zu beginnen.

Im allgemeinen aber ist es möglich, auch Ehen, in denen an Scheidung gedacht wird, auf eine neue, bessere Grundlage zu stellen, sei es durch Nichtwiderstehen oder liebevolles Denken, durch überlegenes Wollen oder entschiedenes Handeln – je nach der Wesensart der Ehepartner.

Vor allem gilt es hier für beide, sich von eigensüchtiger Ichbezogenheit zu lösen und sich oft in den Standpunkt und die Gefühle des andern zu versetzen, um ihm besser gerecht zu werden. Es ist eine der Segnungen der Ehe, daß sie den Menschen dazu erzieht, nicht nur den Standpunkt seines Ichs, sondern auch den des Du zu berücksichtigen. Die Ehe schleift manche Ecken ab, die sonst das Schicksal mit rauher Hand abgeschliffen hätte.

Weiter gilt es, sich nicht über sich selbst zu täuschen und zu meinen, daß man das ‚wirkliche Glück', das die jetzige Ehe einem versagte, in einer neuen Ehe oder im Alleinsein leichter finden werde. Glück ist ein innerer Zustand und kann nur von innen her verwirklicht werden. Wer das nicht in seiner gegenwärtigen Ehe erkannte, hat wenig Aussicht, in einer anderen Ehe mehr Glück zu finden!

In einigen Fällen können *Spannungen* in der Ehe als Anreiz zu wachsenden Leistungen dienen. Man muß nur den Willen haben, aus allem das Bestmögliche zu machen. Streitsucht oder heimliche Gegnerschaft können Auslöser überragender Talente sein, wenn wir solche Spannungen bewußt in den Dienst unserer Erfolgsmehrung stellen.

Wie sich in einem Stau-Becken die Kräfte sammeln, des Augenblicks harrend, da ihnen die Möglichkeit gegeben wird, sich zu entfalten und Arbeit zu verrichten, so wird der Lebensschüler, wenn kein anderes Mittel hilft, den Widerstand als Leistungswecker nützen. Manche erstaunliche Leistungen großer Menschen waren die Folge solcher Kraftstauungen. Es gibt sogar Menschen, die in unglücklicher Ehe leben und sich täglich aneinander reiben, ohne sich doch aufzureiben, weil sie dieser täglichen Spannungen und Ladungen bedürfen, um sich auf ihrem Arbeitsfeld um so besser entladen und entwickeln zu können.

Ohne die Denk- und Lebensweise dieser Menschen gutzuheißen, können wir doch von ihnen lernen, wie man sich am Widerstand stählt, die auf der einen Seite gehemmten Kräfte auf anderen Gebieten zu um so höheren Leistungen führt. Oft beobachten wir, wie die so zu besonderen Leistungen Getriebenen eben dadurch wieder die Achtung oder Liebe derer errangen, die den Anstoß zu ihrem Aufstieg bildeten. So führte zuweilen auch der entgegengesetzte Weg zu jener Harmonie, ohne die der Mensch nicht zu leben vermag.

Auch aus dem *Opfer* quillt oft höchste Kraft, die den Entsagenden reicher macht statt ärmer um das, was er verlor oder aufgab. Mancher entdeckte sich selbst und sein Können erst, als eine unerwiderte Liebe die Spannungen in seiner Seele zur Explosion trieb.

Das gilt keineswegs nur von Spannungen in der Ehe, sondern auch von sonstigen Spannungen und Widerständen, die bei rechtem Denken zum Ausgangspunkt größerer Leistungen werden. Jede Spannung weckt Leistung, jeder Widerstand ruft Kräfte wach. Wie manche Leistung ist die Antwort auf einen Mangel. Hier herrscht eine innere Gesetzmäßigkeit. Der hier wirkende Kompensations- oder Ausgleichstrieb offenbart sich nicht nur bei Organminderwertigkeiten, sondern auch bei Seelenschwächen. Die Natur fordert Vollkommenheit und gibt uns immer die Möglichkeit, aus Mängeln die Vollendung, aus der Not die Tugend, aus dem Widerstand die größere Leistung wachsen zu lassen.

Gedenken wir des Beispiels der Perlmuschel: ein Sandkörnchen drang in sie ein und reizte ihre zarte Schleimhaut. Um das Übel zu überwinden, hüllt sie es ein, umgibt es mit einer glatten und harten Schale: aus dem Sandkörnchen wird eine wertvolle Perle.

Genau so wollen wir lernen, schmerzhafte Erlebnisse durch positives Reagieren in Kräfte und Schätze zu wandeln, die unsere Seele und unser Leben bereichern; wir wollen Schwächen als Wecker, Ansporner, Erreger und Anstachler der ihnen entgegengesetzten Kräfte und Fähigkeiten nutzen; wir wollen in Überwindung der Not zu überragenden Leistungen emporschreiten; wir wollen jedes Ärgernis, jeden Streit in ein positives Flußbett leiten, damit sie die Mühlen unseres Geistes treiben und unsere Gedanken-Schiffe dem Ozean des Lebenserfolgs zuführen, also immer aus allem das Beste machen!

Ja, wir wollen, wenn unser Leben allzu träge dahingleitet, Widerstände aufsuchen, um an ihnen und über sie hinaus zu wachsen. Das sind die eigentlichen Herren des Lebens, die den Kampf mit Hindernissen als Sport betrachten und sich von der gespannten Sehne des Widerstands wie ein Pfeil zu höheren Zielen schnellen lassen!

34. WOCHE

RECHTE GESINNUNG

> „Man beachte, wie die meisten hasten und sich mühen und doch nur in vergessenen Gräbern enden, während hier und da eine wahrhaft große Seele sich selbst vergißt und durch ihre Selbstlosigkeit unsterblich wird.“ Emerson

Es kommt oft vor, richtiger: es kommt einem oft so vor, daß unrechte, ichsüchtige Gesinnung zum Erfolg führt. Manche ‚Erfolgreichen' gingen über Leichen. Aber wurden sie glücklich? Fanden sie Erfüllung ihres wirklichen Sehnens? Nein. Was sie an Geld und Besitz gewannen, verloren sie an Familienglück oder an Gesundheit, an Liebe oder an Seelenruhe. In den Tiefen ihrer Seele ertönt in stillen Stunden das Wort des inneren Richters: *Hüte Dich vor den Tränen der Schwachen!*

Wenn wir alle uns bekannten Fälle überblicken, gewahren wir, daß die Aussichten, durch Gewalt und Unrecht zu dauernden Erfolgen zu kommen, gering sind gegenüber den Wegen rechter Gesinnung. Denn jede Gewalt ruft ihre Gegen-Macht wach, die ihr das

Errungene wieder abjagt oder es fragwürdig macht. Dieses Wirken der Gegen-Macht kann zwar auf einige Zeit hintanhalten, wer sich einer Vielheit verbündet, doch niemals kann er dauernd verhindern, daß sein Denken und Tun vom Gesetz des Ausgleichs gerichtet wird.

Wer ein Ziel mit unguter Gesinnung anstrebt und erreicht, erlebt am Ende das Schicksal des Asen-Geschlechts in ‚Rheingold'. Was nützte der Bau von Asgard, wenn unreine Mittel zur Vollendung dienen mußten. Sie wähnten sich stärker denn je, und standen doch schon vor dem Ende. Uns Menschen ergeht es nicht anders.

Wenn wir die *rechte Gesinnung*, die allein dauernden Erfolg verbürgt, mit einem Wort umfassen wollen, ist es *Liebe*. Liebe nicht als Sinnenliebe verstanden, sondern als Wohlwollen auf ihrer untersten Stufe, als Gesinnung kameradschaftlicher Hilfsbereitschaft bis in den Tod auf ihrer höchsten.

Die Liebe ist das, was uns über die Kälte des Alltags hinaushebt und hinaufträgt in die glutende Ewigkeit des Allebens, sie läßt uns den andern als Teil unserer selbst erleben. Liebe ist das Wesen der Kraft in uns, das Wirken Gottes in uns, die Voraussetzung alles Glücks. „Nur der ist etwas, der etwas liebt. Nichts sein und nichts lieben ist identisch."

Wer haßt, erfährt, daß er sich selbst beraubt, sein Glücksvermögen schmälert. „Ein liebeloses Menschenleben ist wie ein Quell, versiegt im Sand, weil er den Weg zum Meer nicht fand, wohin die Quellen alle streben." Die Güte aber verstärkt sich selber, wie Albert *Schweitzer* sagt, „indem sie Güte hervorruft. Darum ist sie die zweckmäßigste und intensivste Kraft. Was ein Mensch an Gütigkeit in die Welt hinaussendet, arbeitet an den Herzen und dem Denken der Menschen. Unser großes Versäumnis ist, daß wir mit der Gütigkeit nicht Ernst zu machen wagen. Wir wollen die große Last wälzen, ohne uns des die Kraft verhundertfachenden Hebels zu bedienen."

Dabei ist es so einfach, die Liebe und Hilfe der Umwelt zu gewinnen. *Seneca* faßt die Goldene Regel, die hier gilt, in den Satz: *„Willst Du geliebt werden, so liebe!"*

Liebe ist das Fundament des Wohlergehens und der Kern aller Religion. Wahre Religion, heißt es schon in den Sprüchen des Königs Asoka, „kommt darin zum Ausdruck, daß man so wenig wie möglich Leid verursacht, Gutes in Fülle hervorbringt und im Leben Liebe, Barmherzigkeit, Wahrheit und Reinheit pflegt." Immer noch bildet das Hohelied der Liebe, wie es von Anbeginn des Christentums an erklingt, die edelste Richtschnur des Lebens:

„Wenn ich mit Menschen- und mit Engelszungen redete, ... wenn ich weissagen könnte und wüßte alle Geheimnisse und alle Erkenntnisse und hätte allen Glauben, also daß ich Berge versetzte, und hätte der *Liebe* nicht, so wäre ich nichts. Und wenn ich meine Habe den Armen gäbe und ließe meinen Leib brennen, und hätte der Liebe nicht, so wäre mir's nichts nütze ..."

„Große Seelen macht die Liebe größer", und die kleinen vergrößert sie in dem Maße, als sie einander beglücken, und läßt sie erleben, daß jeder das wird, was er liebt, und das empfängt, was seine Liebe umfängt.

Der Sonne gleich ist die Liebe: sie leuchtet nach allen Seiten, und von ihr aus gesehen gibt es nirgends Schatten. Der Liebende empfängt von überall her den Widerschein seiner Liebe, wird für die Fülle des Lebens anziehend und ruft Glück und Erfolg aus dem Reich des Unsichtbaren ins Sichtbare.

Die Liebe macht uns magnetisch für das, was wir lieben. Sie rief uns ins Leben, ließ unsere Körper werden und wachsen; gleichermaßen läßt sie die sichtbaren Körper der Dinge werden und wachsen, die wir liebend herbeiwünschen.

*

Mit der Liebe ist ein anderes verknüpft, was der Lebensschüler als gleich wichtige Erfolgsgrundlage erkennen muß: *die Dankbarkeit.*

Freundliche Dankbarkeit weckt oft die besten Kräfte in den Seelen anderer, während mürrisches Wesen den guten Willen erstickt. Der Weise ist dankbar selbst für den kleinsten Freundschaftsbeweis; denn er gewahrt, wie ihn aus jeder guten Tat Gott anlächelt. Daß einer den anderen tröstet, ihn stützt, ihm hilft, rührt den Weisen, weil ihn in solchen Handlungen das Göttliche im Menschen berührt.

Die Gewohnheit, für alles, was zu uns kommt, zu danken, ist der sicherste Weg, uns dem Einstrom der Fülle der Kraft und des Lebens noch mehr zu erschließen. Es genügt, wenn wir einen Augenblick die Augen schließen und das eine Wort *„Dank!"* nach innen sprechen. Mögen es die kleinsten Dinge sein; unser Gedanke sei: „Dank!" Bald erfahren wir dann die Wahrheit des Wortes:

Indem wir danken, machen wir das größer, wofür wir danken!

Der Weise gewöhnt sich, auch für die Dinge im voraus zu danken, die er von seinem ‚inneren Helfer' erbittet und für deren Erlangung er mit Herz, Hirn und Händen wirkt. Indem wir für etwas im vorhinein danken, erfüllen wir unser Bewußtsein mit wertbetonten Vorstellungen dessen, wofür wir danken, lenken die Kraft in uns darauf und fördern damit die Verwirklichung des Ersehnten.

Indem wir dafür danken, als ob es bereits unser sei, machen wir uns reif für den Empfang des Gewünschten. Indem wir danken, erneuern wir unseren Glauben an die Fülle des Lebens, und das wirkt wie ein fruchtbarer Regen, der die Saat des Guten zu raschem Wachsen bringt.

Ihre höchsten Wirkungen entfaltet die Dankbarkeit, wenn sie sich der Liebe verbündet, sich in Taten der Güte äußert. Liebe ist der Wille, andere glücklich zu machen. Es ist zugleich der einzige Weg, selbst glücklich zu sein. Jeder Gedanke dankbarer Liebe, den wir auf andere ausstrahlen, kehrt als Zuneigung und Dienstwilligkeit zu uns zurück. Gegendenken und Gegenreden vermag zu ersticken, wer im Geiste schon im Voraus für erwartete Freundlichkeit liebend dankt. Es gibt keine Erdenmacht, die der Kraft der Liebe auf die Dauer widerstehen könnte.

Liebe gebietet, keinem Wesen Leid zu bringen; denn das kränkt den Gott, den wir im Herzen tragen. Sie sorgt, daß stets allen nützt, was wir denken und tun; denn uns dient dauernd nur, was allen dient. Sie zeigt uns, daß der Liebende ohne Suchen findet, was der Ichsüchtige sucht, ohne es zu finden.

„Durch nichts nähern sich die Menschen den Göttern mehr als durch die Beglückung von Menschen", sagt Cicero, ein Wort, das Jack London unterstreicht: „Wenn es Dir möglich ist, einer einzigen im Dunkel irrenden Seele ein Licht zu entzünden, einem Betrübten die sonnige Seite des Lebens zu zeigen, einem andern eine höhere und edlere Lebensanschauung zu geben, einem Mitmenschen zu helfen, daß er ein besserer Mensch werde, einem Mühsamen und Beladenen die Lasten zu erleichtern, mit auch nur einem kleinen Funken der Liebe die Welt zu bereichern, dann hast Du nicht vergebens gelebt."

Liebendes Denken ist ein wirkstarkes Denken: es weckt mehr Seelenkräfte und Fähigkeiten als irgend ein anderes Mittel. Es bringt uns in lebendige Verbindung mit dem Göttlichen in unseren Nächsten und macht uns fähig, ihre Sorgen zu mindern, ihre Fragen zu lösen, ihnen zum Erfolg zu verhelfen.

Das Kraftfeld der Liebe ist das mächtigste aller Kraftfelder, einflußreicher als das des Denkens, des Wünschens oder des Willens. Denn die Liebe ist der höchste Aspekt der Kraft in uns.

DIE GOLDENE REGEL

In allen Zeitaltern wurde die Forderung rechter Gesinnung von den Weisesten der Weisen in Form einer ‚Goldenen Regel' verkündet. Bei den Indern finden wir die Goldene Regel in dieser Fassung: „Tue niemals einem andern, was Du nicht willst, daß es Dir selber widerfahre. Dies ist der Grund aller Gerechtigkeit. Das übrige bleibt der Neigung überlassen."

Der größte Weltweise des Ostens, der chinesische Philosoph Kung-fu-tse, gab auf die Bitte um die Nennung der besten Richtlinien für das ganze Leben die folgende Formel: „Wende den Grundsatz der Gegenseitigkeit an: füge niemand das zu, was Du nicht gern von ihm empfangen möchtest. Dies Gesetz ist die Grundlage aller übrigen."

Thales von Milet, einer der sieben Weisen Griechenlands, gab der goldenen Regel diese Form: „Vermeide das, was Du bei andern tadeln würdest", wovon sich das griechische Sprichwort herleitet: „Tue einem Nachbarn nicht, was Du an Üblem nicht von ihm erfahren möchtest."

Im Islam heißt die gleiche Regel: „Laß keinen seinen Bruder in einer Weise behandeln, in der er nicht auch von diesem behandelt werden möchte." *Jesus* gab der ‚Goldenen Regel' bewußt eine positive Form:

„Alles nun, was Ihr wollt, daß Euch die Menschen tun sollen, das tuet ihnen zuvor in gleicher Weise!“

Er gebot nicht das Unterlassen des Bösen, sondern das Denken und Tun des Guten – in Erkenntnis der Wahrheit, daß das Negative durch Bejahung des Positiven überwunden wird. Jesus war ein Prediger absoluter Bejahung; er war stets aktiv, schöpferisch, aufbauend, werteschaffend. Seine ‚Goldene Regel‘ wurde und blieb der Kerngedanke des Christentums. Aber bisher haben immer nur wenige die Lehren Christi in die Tat umgesetzt. Für die meisten war und ist das Christentum eine Bekenntnisfrage, nicht Lebensgrundlage, also eigentlich etwas Passives und Negatives. Die ‚Goldene Regel‘ dagegen atmet den Geist des tätigen Christentums, das in der Nachfolge Christi besteht und seiner Verheißung gewiß ist: „Größere Dinge denn ich werdet ihr tun!“

Die Goldene Regel in der Praxis

Überall im häuslichen, sozialen und wirtschaftlichen Leben gewahren wir, wie Christen gegenüber andern so handeln, wie sie von andern nicht behandelt werden möchten. Was kann daraus anderes entstehen als wachsende Not, Streit und Krieg ...

Die meisten halten sich für klug, wenn es ihrer Gerissenheit gelingt, einem Konkurrenten einen Vorteil abzujagen, andere übers Ohr zu hauen, die Unwissenheit oder Schwäche anderer auszubeuten. Ihr vom Materialismus vergiftetes Gemüt läßt sie lächeln über die Möglichkeit, durch Anwendung der Goldenen Regel *mehr* zu verdienen. Dennoch ist es so, daß alles, was nicht der Gesinnung der Goldenen Regel entspricht, am Ende wieder zu Nichts wird, weil es niemandem diente. Das ist keine billige Morallehre, sondern eine uralte lebenspraktische Erfahrung des Menschengeschlechts.

Es ist das *Gesetz des Ausgleichs*, das dafür sorgt, daß immer die Gegenleistung unserer Leistung entspricht. Wohl können wir andere Menschen über die Qualität unserer Arbeit oder unserer Waren täuschen, nicht aber das Gesetz des Ausgleichs, das uns nach unserer Gesinnung richtet. Bald erkennen wir, daß das, was wir gegen andere unternahmen, gegen uns selbst gerichtet war und nun uns richtet. Jeder Gedanke, der ungute wie der gute, kehrt einem Bumerang gleich wieder zu seinem Absender zurück — mit Segen oder Fluch beladen.

Die ‚Geschäft-ist-Geschäft'-Leute erfahren am Ende, daß jede Übervorteilung anderer sie selbst irgendwann und irgendwie um das ärmer machte, was sie andern raubten. Der Volksmund drückt diese Erkenntnis durch das Wahrwort aus, daß „unrecht Gut nicht gedeihe". Der Lügner wird von andern belogen, der Dieb wird bald beklagen, daß es noch Unehrlichere gibt als er selbst, und der Betrüger wird von Schlaueren hereingelegt. Jedem wird mit dem Maß gemessen, mit dem er vorher andern zugemessen hat. Am härtesten straft das Gesetz des Ausgleichs die, die es unrecht Gut nicht wieder verlieren läßt: es trifft sie an Punkten geringeren Widerstands — an ihrem Leibe, in ihren Lieben oder in ihrem geheimsten Hoffen.

Wer sich die Lehre des Marquis von Keith zu eigen macht: „Je ausgiebiger Sie Ihre Mitmenschen übervorteilen, desto gewissenhafter müssen Sie darauf achten, daß Sie das Gesetz auf Ihrer Seite haben!" der geht schließlich an diesem Grundsatz zu Grunde. Auch der Gewissenlose belastet sich selbst und macht sich schutzloser gegen Verluste und Leiden. Er kann anfangen, was er will, es bleibt dabei: *Ohne anständige Gesinntheit keine wirtschaftliche Gesundheit!*

Was nützen Erfolgs-Wucherungen, wenn sie krankhaft sind — Zeichen krebsiger Entartung! Niemand versündigt sich ungestraft an seinem Körper: er wird krank. Niemand versündigt sich ungestraft an seiner Gesinnung: er wird erfolgskrank. Eine Zeit lang mag es den Anschein erhöhter Vitalität erwecken; aber für den Seelenarzt ist dies Erfolgsfieber schon ein Zeichen nahenden Untergangs. Das sind Lebenslehren — Gold für die, die es zu münzen wissen!

Und noch eins: die Goldene Regel gilt nicht zuerst ‚für die andern', sie gilt *für uns!* Indem *wir* sie befolgen, bewirken wir, daß auch die andern sich umstellen. Indem *wir* andern dienen, machen wir sie zu unsern Helfern. Nochmals: der Schlüssel zum Erfolg heißt Dienstleistung: Leistung, die zugleich Dienst ist, andern Gutes bringt. Der größte Diener aller ist der größte von allen!

Aus vielen Beispielen dafür, zu welchen wirtschaftlichen Erfolgen die Befolgung der Goldenen Regel führt, wählen wir das des amerikanischen Kaufmanns Arthur Nash, weil es infolge seiner tatchristlichen Konsequenzen am lehrreichsten ist: Er gründete 1916 in Cincinnati ein kleines Kleidergeschäft, das anfang 1919 vor dem Konkurs stand. Damals hatte er 29 Arbeiter; sein Verhältnis zu ihnen war das damals in der Bekleidungsindustrie übliche, wo Streiks wegen schlechter Entlohnung an der Tagesordnung waren. In dieser Zeit erkannt Nash, welche Heuchelei und Lieblosigkeit die ganze Christenheit durchsetzt hatte, die sich sonntags von 10–11 zu Gott und in der übrigen Zeit zum Profit bekannte.

Damals war es, daß er mit neugeistigen Gedankengängen in Berührung kam und sich entschloß, in seinem Geschäft das Christentum in Tat umzusetzen. Er rief seine Arbeiter zusammen und erklärte ihnen, er habe sich entschlossen, die Goldene Regel in seinem Unternehmen einzuführen. Es wird, so sagte er, „von jetzt ab mein Grundsatz sein, jedem von Ihnen jederzeit zur Verfügung zu stehen, und jedem gegenüber so zu handeln, wie ich wünsche, daß er sich mir gegenüber verhält. Ich bitte Sie, auch Ihrerseits von heute ab diese Regel in Ihrem Denken und Tun walten zu lassen. Ich bin überzeugt, daß damit nicht nur ein neuer Geist in unseren Betrieb einzieht, sondern auch ein neuer Aufschwung, der es uns möglich macht, den drohenden Zusammenbruch abzuwenden."

„Die Goldene Regel", sagte Nash weiter, „erscheint mir als das einzig brauchbare, wirtschaftlich gesunde Gesetz, nach dem man erfolgbringend handeln kann. Praktisch wird sie sich so auswirken: was verdient wird, gehört von jetzt ab nicht mehr *mir* als dem ‚Unternehmer', sondern *allen,* die zum Gewinn beigetragen haben."

Er rechnete dann seinen Arbeitern vor, wieviel Prozent vom Umsatz bisher als Gewinn gelten konnten und wieviel mehr bei steigendem Gewinn auf jeden einzelnen Arbeiter entfallen würde. Er sagte: „Bisher habt Ihr Euren Lohn bekommen; den werdet Ihr auch weiterhin erhalten. Von nun ab aber bekommt jeder ein Zweites hinzu: den auf ihn entfallenden Anteil am Gewinn des Unternehmens. Je mehr jeder an der Steigerung des Gesamtumsatzes mithilft, desto größer wird sein Anteil."

Nicht nur Geschäftsfreunde, auch Verwandte und Freunde bestürmten Nash, diesen ‚Unfug' zu lassen. Andere sagten ihm voraus, wann er Konkurs machen würde. Als ‚hoffnungslosen Fall' gar erklärten sie ihn, als sie erfuhren, daß er die Goldene Regel auch seinen Kunden gegenüber anzuwenden gedachte. Um so größer war ihr Staunen, als ihre Prophezeiungen nicht eintrafen, sondern das Werk Nash's einen raschen Aufschwung nahm und es sich zeigte, daß es zum Erfolg führt, für andere zu denken und zu wirken. Nach kurzer Zeit gab es in seinem Werk keine Arbeiterschwierigkeiten, keinen Streit und keine Streiks mehr. Die Arbeitsfreude stieg und damit die Arbeitsleistung hinsichtlich der Quantität wie der Qualität. Jeder fing an, mehr und mehr so zu handeln, als ob alle Verantwortung für das Aufblühen des Betriebes bei ihm liege, und begann seine Arbeit so gut zu machen, wie er konnte, nämlich so, wie er wünschte, sie von andern zu bekommen.

Zugleich wurden die Kleider so verkauft, wie die Verkäufer selbst wünschten, sie von andern zu kaufen. Die Folge war wachsende Zufriedenheit und Zunahme der Aufträge. Das *Gesetz des Gebens und Empfangens* trat in Aktion.

Schon nach sechs Monaten konnten Neueinstellungen von Arbeitern vorgenommen werden, zugleich mußten größere Räume bezogen werden. Auch die Einstellung neuer Arbeiter entschied Nash nicht mehr allein. Denn seine Mitarbeiter hatten ja nun selbst das Interesse, nur Kameraden hereinzubekommen, denen das Wohl des Ganzen so wie ihnen am Herzen lag. So kam es, daß jeder, der neu hinzukam, vom Geist der Goldenen Regel erfaßt wurde.

Bald konnten die ersten Gewinnanteile als Zusatz zum Arbeitslohn ausbezahlt werden. Trotz der Kosten des Umzuges des Unternehmens in ein größeres Fabrikgebäude und vieler Neuanschaffungen konnten im ersten Jahr der ‚Goldenen Regel' mehrmals Lohnerhöhungen erfolgen, außerdem die Preise der Waren trotz besserer Qualität gesenkt und die Werbung erweitert werden. Am Ende des ersten Jahres war eine weitere Lohnerhöhung um 20 Prozent möglich, weil das Jahr 1919, das Jahr der Streiks und blutigen Unruhen in der Bekleidungsindustrie, dem Werk Nash's keine Rückschläge brachte, ebensowenig das nächste Jahr, als die ganze Branche ins Stocken geriet, viele Unternehmen zusammenbrachen und zahllose Arbeiter brotlos wurden.

Die folgenden Ziffern veranschaulichen das Wachstum des Unternehmens. Zunächst die Anzahl der eingelaufenen Aufträge im ersten Halbjahr 1918: 4314, im ersten Halbjahr 1919: 17417, im ersten Halbjahr 1920: 32663, im ersten Halbjahr 1921: 50241.

Die Jahresumsätze betrugen 1918: 26400,– Dollar; 1919: 105200,– Dollar; 1920: 316000,– Dollar; 1921: 419000,– Dollar; 1922: 750000,– Dollar; 1923: 1191000,– Dollar. Einen gleichen Aufschwung nahm während dieser Zeit die Zahl der Mitarbeiter: aus 29 Mann wurden 3000.

1920 konnte Nash seine Arbeiter zweimal zusammenrufen und Erhöhungen ihres Gewinnanteils vornehmen. Nun aber zeigte sich die segensreiche Wirkung der Goldenen Regel auch von einer anderen Seite:

Die Werkmeister und Angestellten baten den Betriebsführer, die Gewinnverteilung nicht mehr entsprechend der Höhe des Lohns oder Gehalts vorzunehmen, wobei die Bestbezahlten bevorzugt wurden, sondern nach der geleisteten Arbeitszeit, so daß auch Arbeiter mit den niedrigsten Lohnklassen gleiche Gewinnanteile bekommen würden wie die bestbezahlten. Nash nahm diesen Vorschlag sofort an, der bei allen Begeisterung auslöste.

In seinen Vorträgen über die Goldene Regel, die Nash später in verschiedenen Städten Amerikas hielt, wies er immer wieder auf dieses Beispiel wirklicher Kameradschaft hin: „Ihr hättet die Gesichter der jungen Anfänger und der alten Arbeiter und Arbeiterinnen sehen sollen, als sie ihren ersten höheren Gewinnanteil ausbezahlt erhielten, und wie sich die Bessergestellten durch den Anblick der freudigen Gesichter für ihre der Goldenen Regel entsprechende Handlungsweise tausendfach belohnt sahen! Dieser Neue Geist, der unser Unternehmen durchzog, ging bald auf die Erzeugnisse über, die von unserem Werk ausgingen. Die Zufriedenheit der Arbeiter verwandelte sich bei den Abnehmern in Befriedigung über die immer bessere Qualität und den immer niedrigeren Preis unserer Waren.“

Eine Folge der Goldenen Regel war es auch, daß die Arbeiter von Nash beim Einsetzen der großen Arbeitslosigkeit in ihrer Branche gemeinsam beschlossen, der Betriebsleitung eine Herabsetzung der Löhne vorzuschlagen, damit arbeitslose Kameraden eingestellt werden konnten. Der Beschluß wurde durchgeführt und erregte im ganzen Lande Aufsehen. Er erwies sich bald als die beste Werbung für das Unternehmen: die Aufträge wuchsen lawinenartig an, so daß trotz Neueinstellungen die Lohnermäßigungen wieder rückgängig gemacht werden konnten.

Nash führte endlich mit Rücksicht auf die Frauen, die in seinem Werke arbeiteten, die Fünftagewoche ein, ohne die Löhne zu senken. 1924 konnte er an seine Arbeiter neben dem Lohn Aktien in Höhe von zusammen 120 000 Dollar verteilen. Er erklärte, er wolle nicht mehr sein und haben als jeder Mitarbeiter. –

In abgewandelter Form haben auch andere Unternehmen die Goldene Regel eingeführt. Der amerikanische Stahlkönig Karl Schwab schreibt über seine diesbezüglichen Erfahrungen: „Die erfolgreichsten Unternehmer sind die, die es verstehen, in den Herzen ihrer Arbeiter ein Gefühl der Teilhaberschaft zu erwecken. Carnegie schrieb seinen Erfolg dem Umstand zu, daß er ein ‚neues System' in seinen Werken einführte, nach welchem die fleißigen und strebsamen jungen Leute, die seine Werke leiteten, seine Mitarbeiter wurden und am Gewinn beteiligt waren. Seitdem ist man seinem Beispiel weithin gefolgt. Wir sind stolz auf unser Anteil-System, da es aus drei Vierteln unserer Arbeiter Teilhaber macht, indem es ihnen einen Genuß an den Gewinnen und Überschüssen gewährt, die sie durch ihre schöpferische Mitarbeit bewirkt haben."

Was Nash und andere verwirklichten, kann jeder in seinem Kreis, in seiner Familie, in seinem Geschäft, in seiner Fabrik zur Anwendung bringen. Bald wird sich auch bei ihm der Erfolg zeigen und offenbar werden, was ein Dichter und Staatsmann (Eötvös) so formuliert: „Wer seinen Egoismus überwindet, der entledigt sich des bedeutsamsten Hindernisses, das jeder wahren Größe und jedem wirklichen Glücke den Weg verrammelt." In der Tat: wenn alle allen dienen, ist allen gedient.*

* Weitere Beispiele sowie Anleitungen zur rechten Einstellung dem Geld gegenüber und zu positiver Partnerschaft mit Gott und den Menschen habe ich in meiner Schrift *„Die Goldene Regel und das Gesetz der Fülle"* (112 Seiten, Drei-Eichen-Verlag) gegeben.

35. WOCHE:

MIT ERFOLG LESEN UND LERNEN

„Gar mancher kommt trotz vielem Lesen mit dem Verständnis in die Brüche. Wohl hat er die Sprüche der Weisheit gelesen, doch nicht verstanden die Weisheit der Sprüche." F. Bodenstedt

Wir lernten in den ersten siebzehn Wochen, uns unserer schöpferischen Fähigkeiten bewußt zu werden, und in den folgenden siebzehn Wochen, unsere schöpferischen Kräfte in rechter Weise zu entfalten und zu betätigen. In den kommenden siebzehn Wochen ist uns die Aufgabe gestellt, unser Schöpfertum immer bewußter im Dienste unserer Höherentwicklung zu offenbaren.

In diesem Zusammenhang wenden wir uns jetzt Fragen zu, deren Beantwortung, ehe wir die eigentlichen Erfolgsgesetze kennenlernen, unerläßlich geworden ist. Hierher gehören die Fragen rechten Lesens, Lernens und Behaltens, der Überwindung von Gedächtnisschwächen und der Meisterung der Kunst des Vergessens.

Je mehr wir aus dem Nutzen ziehen, was andere vor uns geleistet haben, sagt ein Erfolgslehrer, „umso großzügiger, umso ausgedehnter und umso weniger kostspielig wird unsere eigene Ausbildung sein." Wir können darum nie genug lernen und nie zu viel lesen. Wir müssen nur lernen, *richtig* zu lesen.

Wer gelernt hat, richtig zu lesen, wandelt die kleinste Bücherei in eine Quelle lebendiger Weisheit, die immer reicher fließt, je mehr er aus ihr schöpft. Er erkennt bald, daß es *nicht darauf ankommt, was er aus einem Buch herausholt, sondern was das Buch aus ihm herausholt,* wie viel schlummerndes Wissen es in ihm weckt und lebendig werden läßt.

Wer liest, um sich zu zerstreuen, darf sich nicht beklagen, wenn sein Konzentrations-Vermögen nachläßt und seine Tagesarbeit vom Geist der Zerstreutheit infiziert wird. Wer liest, um ‚die Zeit totzuschlagen', hat wenig Gewinn vom Leben; er schmälert zudem seinen wertvollsten Besitz: seine Zeit. Ebenso wer bedenkenlos alles liest, was ihm in die Hände kommt; der macht sein Leben ziellos und erfolgarm. Dies sind einige Gründe, warum viele vom Lesen nicht reicher, sondern gedankenärmer, seelisch stumpfer werden. Sie alle müssen lernen, richtig zu lesen. Was heißt das?

1. *Richtig lesen* heißt: nicht vieles lesen, sondern das, was einen angeht, und dies ganz und gründlich. Es heißt *konzentriert* lesen: alle störenden Gedanken sind beim Lesen fernzuhalten und schon vorher abzuschalten. Während der Lektüre muß die Umwelt für uns versunken und vergessen sein.

2. Richtig lesen heißt *mit Interesse* lesen: nur so bleibt das Gelesene haften und wird ein lebendiger Teil unseres Selbst. Es heißt: unsere Einbildungskraft ebenso wie unser Gedächtnis beim Lesen betätigen, das schon Gewußte mit dem neu Gelernten zu vergleichen und zu verbinden, Herr dessen zu werden, was man erliest, und um das reicher zu werden, was man liest und aufliest.

3. Richtig lesen heißt *auswählend* lesen: das Notwendige und Auserlesene herauslesen und das Übrige ungelesen lassen. Wie der ‚Feinschmecker' die Methode rechten Essens zu einer Kunst erhoben hat, so muß der Lebens-Schüler ein ‚Feinleser' sein, der mit wachem Instinkt das ihm Gemäße und ihn Höherführende ausliest und sich aneignet, und das Unnütze ungenossen läßt.

4. Richtig lesen heißt *bewußt* lesen: mit inbrünstiger Einstellung alles Denkens, Fühlens und Wollens auf das, was wir lesen. Wir müssen uns auf ein Buch einstellen wie auf einen geliebten Menschen, mit dem wir uns gerne unterhalten, müssen von uns selbst absehen, Teilhaber der Gedanken des Buches werden, die Stelle des Verfassers einnehmen und seine Gedanken nachdenken. Bewußt lesen heißt: mit Genuß lesen, den Lesereiz wachhalten und dadurch bisher Unbekanntes zu jederzeit greifbarem Eigentum machen. Wir erfahren dann, daß uns zur rechten Zeit die Bücher in die Hand fallen, die für unsere Weiterentwicklung notwendig sind.

5. Richtig lesen heißt *besinnlich* lesen: mit Besinnung lesen, mit Geduld und ohne Hast. Wer ein Buch ‚überfliegt', leidet bald an den Folgen hastigen Verschlingens geistiger Nahrung: Leib- und Seelen-Schmerzen stellen sich ein, geistige Verdauungs-Störungen und seelische Unterernährung.

6. Richtig lesen heißt *herzdenkend* lesen: mit teilnehmender Einfühlung in das, was wir lesend erobern. Wir lesen nicht nur mit dem Verstand, sondern mit geöffneten Sinnen und wacher Seele.

Was wir so lesen, wird in uns lebendige, bildhafte Wirklichkeit, ruft lebendige Gedankenbilder in uns wach und spornt unsere eigene Schöpferkraft zum Wirken an.

7. Richtig lesen heißt aber auch prüfend und *vergleichend* lesen: es gilt, das Gesagte dem eigenen Urteil zu unterwerfen und mit dem eigenen Wissen kritisch zu vergleichen. Der Lebens-Schüler läßt sich von allem zum *Selbst-Denken* anregen. Fremde Meinungen wirken in seinem Bewußtsein wie Katalysatoren: sie rufen in seinem Bewußtsein psycho-chemische Reaktionen hervor und machen sein Denken selbstschöpferisch, regen ihn an, zu der fremden Meinung nicht nur Stellung zu nehmen, sondern zugleich zu prüfen, was andere Geister zu diesen Fragen ausgesagt haben, die großen Philosophen und Wissenschaftler und die überragenden Geister der Vergangenheit.

8. Richtig lesen heißt *fruchtbringend* lesen; es gilt, nicht passiv fremde Gedanken in uns hineinzulassen, sondern mit dem Neuaufgenommenen sofort schöpferisch zu arbeiten, nicht nur Leser, sondern tätiger Erfüller von Wahrheiten zu sein, Wissen alsbald fruchtbar zu machen und so aus einem Buche mehr zu gewinnen, als der hineinlegte, der es schrieb. So heißt richtig lesen: erfolgbringend lesen, den Erfolg herauslesen, selbst ein Erlesener des Glückes werden.

Alles in allem heißt richtig lesen: Nur das Beste lesen; denn das Beste ist für den, der sein Leben meistern will, gerade gut genug. Und was ist das Beste? Das, was uns zum Selbst-Denken anregt, was unsere Denklust und Phantasie ankurbelt, was uns erhebt oder erheitert, was uns Freude macht, uns innerlich bereichert, glücklich oder dankbar stimmt, was uns fördert oder anspornt, ermuntert oder ermutigt, erbaut oder nützt. Was nicht wert ist, dreimal gelesen zu werden, ist auch einer Lesung nicht wert.

Praxis bewußten Lesens

Um aus einem Buch Gewinn zu ziehen, müssen wir nicht nur beim Lesen darüber nachdenken, sondern, wie Schopenhauer fordert, schon *vorher*. Es ist schädlich, es anders zu machen, „denn da schleicht sich mit dem neuen Stoff zugleich die fremde Ansicht in den Kopf und zwar umsomehr, als Trägheit und Teilnahmslosigkeit anraten, sich die Mühe des Denkens zu ersparen und das Fertiggedachte nachzuahmen und gelten zu lassen“. Wir vermeiden diese Gefahr bei Beachtung des Folgenden:

Wir leiten die Lektüre mit einer Sammlung und Selbstbesinnung ein: wir gehen in die Stille, richten unser Denken auf den Gegenstand, den das Buch behandelt, und bitten unser Gedächtnis, alles, was darüber an Wissen in uns schlummert, in das Blickfeld unseres Bewußtseins zu rücken. Dadurch machen wir unser Gedächtnis aufnahmewilliger und fähig, sich den neuen Stoff leicht und gründlich anzueignen. Bei Fachwerken empfiehlt es sich, diese innere Besinnung auf das Thema des Buches schon am Abend vorher vorzunehmen, wodurch erreicht wird, daß sich das Unterbewußtsein in besonderem Maße auf den neuen Wissens-Stoff einstellt. Dadurch wird die innere Spannung erhöht, die Lektüre interessant gemacht, der neue Stoff leichter mit dem vorhandenen Wissen verknüpft und damit vor dem Vergessenwerden bewahrt. Zugleich ist man bei der Lektüre konzentrierter und aufnahmewilliger.

Nun fangen wir an zu lesen — uns ganz an das Gelesene hingebend. Die Welt um uns verdämmert und die Welt des Buches steigt am Horizont unseres Bewußtseins auf. Das Lesen geschieht Absatz um Absatz plastisch nachbildend, wägend, prüfend und vergleichend, in stetem Gesammeltsein. *Denn nur der Gesammelte sammelt die Schätze des Geistes ein!*

Man vergleiche das Gelesene stets mit dem Schatz eigenen Wissens, mit früher Gelesenem und selbst Erfahrenem. Man lese selbständig und kritisch und nehme nichts hin, nur weil es gedruckt steht. Man prüfe Behauptungen und Beweisführungen des Verfassers auf ihre Schlüssigkeit und nehme nur an, was man selbst als wahr, wichtig und nützlich erkannt hat.

Man lese nicht weiter, bevor man das bisher Gelesene nicht völlig verstanden hat. Man gleite nicht über Fremdwörter hinweg, sondern unterrichte sich sofort an Hand eines Fremd- oder Fachwörterbuches über ihren Sinn. Stößt man auf eine schwierige Stelle, halte man inne, schließe die Augen und überdenke das Gelesene aufs neue, es dem inneren Richter zur Prüfung überlassend. Wenn ein Verfasser sich so dunkel ausdrückt, daß er unverständlich bleibt, ist

Mißtrauen berechtigt. Denn „was man klar sieht, das kann man auch klar sagen."

Sind die Gedanken eines Buches abstrakt-blutlos, und gelingt es nicht, sich das Gelesene plastisch zu vergegenwärtigen, mache man eine Denkpause, in der man aufsteht und einige Augenblicke umhergeht, um Abstand zum Gelesenen zu gewinnen. Nach dieser Pause wird die Lebendigmachung des Lesestoffes wieder leichter.

Jede krampfhafte Anspannung beim Lesen, jedes Gefühl des Zwangs ist zu meiden. Besonders die Augen dürfen beim Lesen nicht angestrengt werden, sondern müssen leicht und gern über die Zeilen hinschweifen und zurückschwingen. Je leichter wir lesen, desto besser behalten wir, während jedes Gefühl der Schwierigkeit das Lesen erschwert, uns ermüdet und unser Gedächtnis unlustig macht zum Festhalten des Aufgenommenen. Wir müssen dem Lesestoff mit lebendigem Interesse begegnen, als ob er eigens für uns geschrieben sei.

Wir verankern das Gelesene noch fester im Gedächtnis, wenn wir nach einem Absatz die Augen schließen und seinen Inhalt im Geiste wiederholen, was wiederum leichter geht, wenn wir beim Lesen innerlich mitsprechen oder, wo dies möglich ist, laut lesen. Das Gelesene findet dann größeren Widerhall in uns und zahlreichere Anknüpfungs-Möglichkeiten an schon vorhandene Gedanken.

Endlich sollten wir stets mit dem Bleistift in der Hand lesen. Neben das Buch gehört ein Stoß Zettel, auf denen wir kritische Bemerkungen notieren, eigene Ergänzungen, Hinweise und Einfälle festhalten. Das Lesen soll uns etwas einbringen, unser Vermögen zu rechter Entfaltung, Betätigung und Nutzung unserer inneren Kräfte erhöhen, soll kein Rausch sein, sondern bewußtes Zwecklesen.

Zweckleser sein heißt alles, was man liest, zielbewußt als Arbeitsmaterial für den Geist zu werten. Dies gilt auch von der Lektüre der LS, deren Anregungen und Regeln ja erst segenbringend werden, wenn sie in die Tat umgesetzt sind. Macht ein Buch uns, so gelesen, mehr Arbeit, bringt es uns andererseits auch mehr Nutzen. Kenntnisse werden für uns ja erst fruchtbar, wenn wir sie zu verwerten vermögen. Auf diese Weise wird man Qualitätsleser, der sich bewußt ist, daß Lesen nur so weit Gewinn bringt, als es zum Selbst-Denken führt.

RICHTIG LERNEN UND BEHALTEN

Nicht weniger wichtig als das rechte Lesen ist das rechte Lernen und Behalten. Auch das Lernen ist eine Fähigkeit, die um ein Vielfaches gesteigert werden kann, wenn wir die Etappen rechten Lernens beachten: Zuerst müssen wir das zu Lernende bewußt ansehen und uns positiv darauf einstellen, uns dann einen Überblick verschaffen, den Lernstoff in seine Teile zerlegen, diese nacheinander verstehend in uns aufnehmen, um schließlich aus den Teilen wieder ein lebendiges Ganzes aufzubauen und es nachdenkend zu einem Bestandteil unseres selbst zu machen.

Bei rechter Einstellung wird das Lernen leicht und lustbetont. Was wir mit positiver Einstellung und lebendigem Interesse lernen und infolgedessen lebendig in uns gestalten, das behalten wir leicht und dauernd. Das so aufgenommene Wissen verbündet sich mit dem schon in uns vorhandenen und springt beim Anruf schon des gedächtnismäßig damit Verknüpften oder Verwandten willig ins Blickfeld des Bewußtseins. –

Wir haben nun nicht nur ein einfaches, sondern ein vielfältig zusammengesetztes Gedächtnis und ein fast unbegrenztes unterbewußtes Gedächtnis. Nach der Art des Behaltens: ein Seh-, ein Hör-, ein Bewegungs-Gedächtnis, ferner ein Zahlen-, Orts-, Farben-Gedächtnis und viele andere Unterarten.

Der Gesichts-Mensch (optischer oder visueller Typ) behält am besten, was er mit den Augen aufnimmt.

Der Gehör-Mensch (akustischer Typ) nimmt am verläßlichsten auf und bewahrt am sichersten im Gedächtnis, was er gehört hat.

Der Bewegungs-Mensch (motorischer Typ) erinnert sich am genauesten an Eindrücke, die sich durch Bewegungen, eigene oder fremde, seinem Gedächtnis eingeprägt haben.

Der Gesichts-Mensch wird, wenn er beispielsweise Sprachen lernt, das Wortbild ansehen, der Gehör-Mensch auf den Wortlaut, das Klangbild achten, der motorische Typ wird sich entsprechende Bewegungen vorstellen, deren Bild er mit dem Wort verknüpft, um durch das eine das andere erinnerungsfähig zu machen.

Wissen Sie, zu welcher Gruppe Sie gehören, werden Sie vor allem *den* Sinn üben und nutzen, auf den sich Ihr Gedächtnis stützt:

Wer über ein *Seh-Gedächtnis* verfügt, wer die Seite, auf der er etwas las, auch später immer bildhaft vor sich sieht, wer genau weiß, ob ein Satz oder ein Absatz oben oder unten, auf einer rechten oder linken Seite steht, der steigert sein Merkvermögen, indem er sein Seh-Vermögen schult, wie dies in der 29. LW gezeigt ist. Er wird schließlich fähig, ein Schrift- oder sonstiges Bild, das er einige Augenblicke fixiert hat, in Gedanken auf eine graue Wand zu werfen und bei geschlossenen Augen lebendig vor sich zu sehen. Der Gesichts-Mensch wird seine Lernfähigkeit weiter dadurch steigern, daß er das Einzuprägende niederschreibt und dann mehrmals überdenkt.

Wer über ein *Hör-Gedächtnis* verfügt, sich leicht an Worte erinnert, die in seiner Gegenwart gesprochen wurden, vielleicht noch die Klangfarbe im Gedächtnis hat, der lernt und behält am besten, was er sich leise oder laut vorliest oder vorlesen läßt. Das Gesprochene dringt durch Auge und Ohr ins Bewußtsein und haftet besser als das nur mit einem Sinn Aufgenommene. Besteht keine Möglichkeit, den Lernstoff laut zu lesen, dann spreche man ihn leise oder innerlich unter Bewegung der Sprach-Werkzeuge. Dadurch verhindert man flüchtiges Lesen und schlechtes Merken, leichtes Abschweifen und mangelndes Selbst-Denken beim Aufnehmen. Auch das Behalten von Zahlen erleichtert man sich durch mehrmaliges Aussprechen der Zahlen.

Wer über ein *Bewegungs-Gedächtnis* verfügt, sich besonders deutlich an Umstände und Vorgänge erinnert, die mit bestimmten Dingen zusammenhängen, der behält am besten, indem er das zu Lernende mit entsprechenden Bewegungen oder Handlungen verbindet und vor sich hinspricht. Zu den Licht- und Ton-Bewegungen müssen die Bewegungen des Körpers und der Dinge hinzukommen, und wären es nur begleitende Hand- und Kopf-Bewegungen. Wo dies nicht möglich ist, suche man sich das zu Lernende innerlich in lebendigen Bildern auszumalen. Man erleichtert sich das Lernen auch dadurch, daß man beim Memorieren hin- und hergeht oder das Einzuprägende aufschreibt, graphisch oder zeichnerisch darstellt, also mit Schreib-Bewegungen verbindet. Wo Bewegung ist, ist Anteilnahme, und wo Anteilnahme ist, da ist das Gedächtnis lebendig. Das gilt auch für die beiden anderen Typen. Handelnd lernen heißt leicht lernen.

Wer zu den *gemischten Typen* gehört – und das trifft auf mehr als die Hälfte aller Menschen zu –, wer also teils Gesichts-, teils Gehör-, teils Bewegungs-Mensch ist, der wird zwei oder alle drei Methoden miteinander verbinden und *möglichst alle Sinne beim Lernen betätigen.* Je mehr Sinne – und Muskeln – bei der Verankerung eines Lernstoffs tätig sind, desto mehr Assoziationen bilden wir und desto leichter behalten wir.

Weshalb lernt ein Mensch eine fremde Sprache in dem betreffenden Lande viermal leichter als in seiner Heimat? Weil er jeden Begriff, den er sich einprägt, als lebendige Bewegung oder im Zusammenhang damit kennenlernt und mit allen Sinnen aufnimmt. Sein ganzes Denken, Fühlen und Erleben ist an das Aufnehmen der Sprache hingegeben, und alle Umstände reizen ihn, von Anfang an *in der fremden Sprache zu denken und zu fühlen.*

Im Fremdland lernt er überwiegend unbewußt: alle Feinheiten und Besonderheiten der fremden Sprache nimmt er nebenher, spielend, ohne das Gefühl des Mühens in sich auf und behält sie darum leicht und gut. Sein Oberbewußtsein wird entlastet; sein Unterbewußtsein, das auf Bewegung und Tun eingestellt ist, kann sich voll betätigen.

Praxis rechten Lernens

Jede Gedächtnisarbeit besteht aus drei Tätigkeiten: dem bewußten Aufnehmen, von dessen Gründlichkeit die Stärke der Erinnerung abhängt, dem Festhalten und der Wiedergabe des Aufgenommenen.

Voraussetzung erfolgreichen Aufnehmens ist nicht nur die Wahl des besten Lern-Systems, sondern auch das Vorhandensein eines zweckmäßigen und übersichtlichen Arbeitsplans, denn bei klarer Disposition des Lernstoffs vermag das Bewußtsein leichter die zueinandergehörenden Gedanken-Ketten aus dem Unbewußten hervorzuholen und zu reproduzieren.

Man teile das zu Lernende in kleine Einzel-Abschnitte, die als solche noch interessant genug sein müssen, um im Gedächtnis zu haften, und die unter sich gut zusammenhängen und dem Lernenden nicht den Blick auf das Endziel versperren. Man bebürde sich nicht mit zu viel auf einmal und sorge beim Lernen für einen gesunden Wechsel von Spannung und Entspannung.

Denn das rechte Aufnehmen hängt vor allem von der *konzentrierten Aufmerksamkeit* ab, die man dem Lernstoff entgegenbringt. Diese Aufmerksamkeit muß ungezwungen sein, nicht verkrampft oder durch das Gefühl der Anstrengung verzerrt. Wer verkrampft ist, verschließt sein Inneres und wird weniger fähig, Neues aufzunehmen und zu behalten. Ungezwungen ist die Aufmerksamkeit, wenn Körper und Sinne frisch sind. Man erhalte sich also geistig beweglich, indem man für Abwechslung der Eindrücke sorgt. Dadurch steigert man den Lern-Reiz, während sonst die Aufmerksamkeit im Verhältnis zur Länge des pausenlosen Verharrens bei einer Sache absinkt.

Man beginne mit dem Leichtesten, um lustbetont anzufangen und fortzuschreiten, und gehe dann Schritt um Schritt zu Schwierigerem über mit der Gesinnung des guten Sportlers, der seines Endsieges gewiß ist. Man überlese den Lernstoff zunächst, um ihn dann zu verarbeiten, bis sein Sinn klar zu Tage liegt; dann überliest und spricht man ihn mehrmals mit zuerst kleineren, dann größeren Zwischen-Pausen, bis er ‚sitzt'. Nach jedem Satz oder Absatz schließe man die Augen zur inneren Vergegenwärtigung des bislang Gelernten, um es sich ganz zu eigen zu machen.

Wo es der Stoff zuläßt, vergleicht man das Gelernte mit dem eigenen Wissen, damit sich beides zu einer organischen Einheit verbindet und das neue Wissen so gut haftet wie das alte. Man behält am besten, was man mit bereits Bekanntem verknüpft. Je mehr Verbindungs-Fäden hin und her geschaffen werden, desto leichter rufen wir uns das Gelernte ins Bewußtsein. *Je größer der Assoziations-Reichtum, desto ungehinderter die Erinnerung.*

Von Wichtigkeit ist das stete schöpferische Selbst-Denken beim Lernen. Wer schöpferisch denkt, weiß mit allem etwas anzufangen und behält mühelos, was er einmal teilnehmend in sich aufnahm.

Das *Behalten* einer Sache ist leichter, als die meisten ahnen. Wir müssen nur die rechte Einstellung zum Lernstoff haben, und er geht uns ein wie dem Kinde die Schlagsahne. Wir müssen einem langweiligen Stoff neue, interessante Seiten abzugewinnen suchen, ihn durch die Wahl lebendiger Begriffe und Bilder unterhaltsam, suggestiv, einprägsam gestalten. Indem wir das zu Lernende bilderreich machen, geben wir ihm den Reiz der Neuheit. Durch die gefühlsbetonte Hinwendung unserer Aufmerksamkeit auf einen Lernstoff geben wir ihm eine lange Lebensdauer in unserem Gedächtnis.

Wiederum stoßen wir hier auf die Notwendigkeit rechten Sehens. Um etwas zuverlässig zu behalten, müssen wir es klar und scharf umrissen sehen. Nur was wir anschaulich und bildhaft machen, machen wir gedächtniswürdig und leicht behaltbar! Übungen im rechten Sehen und wiederholtes Zurückrufen des Gesehenen ins Bewußtsein sind das beste Mittel zur Schulung des Gedächtnisses. Damit verbünde sich innere Anteilnahme und Aufmerksamkeit und liebevolle Einstellung auf den Lernstoff!

Gedächtnis ist eine Frage des Interesses. Wer sich *bewußt* alles interessant und lustbetont macht, braucht keine Gedächtnis-Krükken, keine mnemotechnischen Tricks, kein stumpfsinniges Auswendiglernen. Das Interesse ist der Kitt, der den neuen Wissensstoff in unserem Gedächtnis befestigt. Man muß *gern haben,* was man behalten will, muß sich dafür begeistern, um es in seinem Geist zu verankern. Das Gedächtnis reproduziert ungern unlustbetonte Dinge oder solche, die ihm in negativer Stimmung einverleibt wurden. Wir lernen schwer, was wir als langweilig ansehen. Wie soll das in uns haften, auf das wir nur ungern unser Auge heften!

Alle negativen Gefühle, Ärger, Verstimmung, Trauer, Neid, Examens-Furcht, Sorge sind darum beim Lernen auszuschalten. Insbesondere dürfen wir keine Angst haben, wir könnten etwas vergessen oder übersehen; vielmehr wollen wir uns auf die Tatsache besinnen, daß wir jederzeit über unser Wissen verfügen.

Beim Lernen geben wir uns den Selbstbefehl, daß wir gerade *jetzt* besonders aufnahmefähig und gerade für *diesen* Stoff sehr empfänglich sind, daß störende Gedanken uns nicht berühren, daß wir leicht lernen und alles behalten. Solche Selbstbefehle werden wir besonders abends vor dem Einschlafen anwenden: Wir nehmen nachmittags den Lernstoff mit positiver Geisteshaltung in uns auf und versenken uns abends vor dem Schlafengehen in den folgenden Gedanken:

> *„Dieser Lernstoff interessiert mich. Ich werde ihn leicht behalten. Er wird sich während der Nacht meinem Gedächtnis unauslöschlich einprägen und von morgen früh an jederzeit zu meiner Verfügung sein!“*

Mit diesem Gedanken schlafen wir ein und prüfen beim Aufwachen, ob das Gelernte ‚sitzt'. Zeigen sich noch Erinnerungs-Lücken, wird die Übung wiederholt. Bald stellen wir fest, wie unsere Gedächtniskraft von Tag zu Tag zunimmt.

Wir können uns aber auch vor und nach dem Lernen etwa folgenden positiven Selbst-Befehl geben:

„Ich lerne täglich Neues und Wertvolles hinzu. Alles, was ich einmal in mich aufgenommen habe, prägt sich mir fest ein, verbindet sich organisch mit meinem inneren Wissen und steht mir hinfort in jedem Augenblick zur Verfügung."

Das Hilfs-Gedächtnis

Bei der Überfülle von Eindrücken, die wir täglich in uns aufnehmen, erscheint es geboten, Wesentliches und Unwesentliches voneinander zu scheiden, alles Unnötige dem Gedächtnis fernzuhalten und alles Eintagswissen auf andere Weise zur Verfügung unseres Bewußtseins zu halten.

Hier gibt es vielerlei nützliche Gedächtnishilfen: Termin-Kalender, Notiz-Bücher, Tagebücher, Zettel und Karteien. Das Unentbehrlichste ist ein Zettelstoß: er ermöglicht uns, alles Merkenswerte zu notieren, unser Gedächtnis zu entlasten und infolgedessen selbständiger zu denken. Ebenso werden wir alles, was wir ausschneiden können – z. B. aus Tageszeiten und Zeitschriften, die wir nicht aufheben – sammeln, auf Blätter kleben und je nach Umfang und Bedarf in Mappen oder Kästen nach einem System ordnen, das sich nach dem Zweck richtet, dem die Ausschnitte dienen sollen.

Die Anlage von Zettel- und anderen Karteien richtet sich nach dem Zweck, dem sie dienen, und nach der Art der Gedächtnis-Entlastung, die sie bewirken soll. Recht angelegt, kann eine Kartei Zeit und Nervenkraft, Ärger und unnötiges Suchen ersparen. Man muß sich die Kartei, die Hand-Registratur, die man braucht, selbst schaffen und weiterführen, um sie sich zu einem wirklichen Helfer zu machen.

Die verwendeten Merk-Zettel können klein sein, denn der Lebensschüler folgt ja dem Grundsatz größtmöglicher Zweckmäßigkeit, auf jeden Zettel nur einen Gedanken, nur eine Bemerkung zu schreiben, und zwar so kurz und klar wie möglich. Wir schreiben auf diese Zettel alles, was unser Gedächtnis entlasten kann: Da wir immer nur eine Sache auf einem Zettel notieren, lassen sich die Notizen beliebig ordnen und einordnen.

Alles, was uns einfällt – Vergessenes, gute Gedanken, geschäftliche Inspirationen, wichtige Erkenntnisse –, schreiben wir *sofort* nieder, und zwar deshalb, weil sie, Keime kommender Dinge, erstes Aufblitzen neuer Schöpfungen, leicht von anderen Gedanken beiseitegeschoben werden und dann meist für lange Zeit nicht mehr aus den Tiefen des Unbewußten auftauchen. Oft sind es unsere reifsten Gedanken, die für einen Augenblick aus dem Brunnen der Tiefe ans Tageslicht des Bewußtseins emporsteigen, um dann wieder zu versinken. Halten wir sie *sofort* schwarz auf weiß fest, dann ist der Reichtum, der ihnen innewohnt, unser bewußter Besitz geworden.

Zudem haben wir durch das sofortige Niederschreiben die Geneigtheit unseres Innern gesteigert, uns solche Erkenntnisblitze zum Bewußtsein zu bringen. Indem wir uns drängender Gedanken auf diese Weise entledigen, bringen wir außerdem mancherlei Ungelöstes und Unruhigstimmendes in uns zum Abklingen; unser Wesen wird gleichmütiger und ausgeglichener.

Der Zettelstoß eines Tages mag den buntesten Inhalt haben: abends ordnet sich das Chaos. Die Zettel werden gesichtet, geordnet, in die Zielsetzung für den neuen Tag eingebaut oder den dafür bestimmten Mappen oder Kästchen einverleibt.

In diesem Privat-Archiv haben wir eine Bausteinsammlung, in der alles für unseren Lebenserfolg augenblicklich Wichtige zusammengetragen ist. Zwei oder drei Kästchen genügen für das Bewahren der einzelnen Zettel; denn da die Zettelchen fortlaufend verarbeitet werden, werden die Kästchen nie voll.

Durch das tägliche Wegarbeiten der Zettel verhüten wir, daß die Zettelkartei Selbstzweck wird und aus einem willigen Diener zu einem launischen Tyrannen. Je bedeutender ein Mensch ist, desto kleiner ist seine Kartei. Er beschränkt sich von selbst auf das Wesentliche und belastet sein Hirn ebenso wie seine Kartei nicht mit Dingen, die nicht wesentlich und notwendig sind.

*

Nicht weniger wichtig wie die Aneignung neuen Wissens ist seine *Auswertung*. Hier machen viele den Fehler, dies und jenes hinzuzulernen und dann brachliegen zu lassen. Sie sind nicht zielstrebig genug darauf aus, ihre Kenntnisse praktisch auszunutzen, sie zur Grundlage höheren Einkommens und besserer Lebensführung zu machen.

Dem Lebensschüler dient grundsätzlich alles, was er lernt, als Mittel und Stütze zu weiterem Aufstieg. Wer sich nur mit Wissen vollpfropft, das man in jedem Konversationslexikon nachschlagen kann, und dadurch für Wesentliches unempfänglicher wird, wird leicht von andern überflügelt und muß dann von ihnen hören: „Sie *kennen* mehr, — aber wir *können* mehr!"

Unnötiger Wissens- und Gedächtnisballast behindert das Selbstdenken, ist also schädlicher als Nichtwissen. Wert hat nur das Wissen, das uns nützt, unser Selbstvertrauen erhöht, unsere Lebens- und Erfolgsfähigkeit steigert, unser Können solide unterbaut und uns ermöglicht, mehr zu leisten, Fortschrittsmöglichkeiten rascher zu gewahren und schneller zu disponieren.

Auf das *produktive Wissen* kommt es an. Und das Wichtigste ist hier das Wissen um unser Selbst, dann das Wissen um unsere Kräfte und Fähigkeiten, ferner das für unseren Berufs-Erfolg nötige Fachwissen, endlich das Wissen um die Gesetzmäßigkeiten des Lebens und des Erfolges. Solch Wissen macht überlegen und fähig, richtig vorauszudenken und das Rechte zu tun. Wir sprechen dann nicht mehr von Wissen, sondern von Weisheit.

ÜBERWINDUNG VON GEDÄCHTNISSCHWÄCHEN

Das Gedächtnis dessen, der das bisher Gesagte befolgt, hat bald keine Lücken mehr. Das ist wichtig, denn ein Mensch mit ‚schlechtem Gedächtnis' ist nur ein halber Mensch, der im Wirtschaftskampf leicht unterliegt. Mit Recht wird der Besitzer eines guten Gedächtnisses hoch bewertet. Ein zuverlässiges Gedächtnis steigert die Erfolgsfähigkeit und -Sicherheit.

Was ist nun Gedächtnis? Wir verstehen darunter das in jedem Menschen schlummernde Vermögen des Aufspeicherns, jederzeitigen Erinnerns und bewußten Wiederholens von einst Gewußtem und

Erfahrenem. Der Sitz des Gedächtnisses ist das Unterbewußtsein, seine Klaviatur die Großhirnrinde.

Das Gedächtnis ist die Basis unseres geistigen Lebens. Denn ohne Gedächtnis kein Bewußtsein und keine Aufwärtsentwicklung. Ohne Gedächtnis könnten wir weder denken noch urteilen, weder schließen noch uns entschließen und handeln. Ohne Erinnerungen keine Erfahrungen; ohne Gedächtnis keine Phantasie und keine Möglichkeit vernünftigen, schöpferischen Wirkens. Ohne Gedächtnis keine Wissenschaft, keine sozialen Bande.

Aber das ist nicht alles. Unser Gedächtnis hat zwei Gesichter: ein äußeres und ein inneres. Das äußere wird durch die Großhirnrinde bestimmt, erwacht mit der Geburt und schwindet mit dem Tode; das innere ist unvergänglich. Das äußere Gedächtnis ist Vergeßlichkeiten unterworfen, und die von ihm gesammelten Eindrücke verblassen mit der Zeit; das innere gibt nichts auf, es sei denn bewußt.

Ein gutes Gedächtnis erlangt, wer beide in Einklang bringt. Das geschieht dadurch, daß er einerseits alles von sich fernhält, was sein Gedächtnis belastet, ohne ihm zu nützen, und andererseits sich mit lebendigem Interesse allem Hohen und Idealen zukehrt. Dann übernimmt das Unter- und Überbewußtsein auch die Funktionen des äußeren Gedächtnisses und zeigt, daß alles, was der Mensch je erfahren, gelernt oder erkannt hat, nie mehr verloren geht. „Was einmal dagewesen ist" – können wir mit Novalis sagen – „das lebt fort, nur nicht in der sichtbaren Welt", sondern in der zeitlosen Chronik unseres Unbewußten. Und das ist gut so; denn wir würden in dem Bildermeer unseres Innern ertrinken, wenn unser Gedächtnis uns unser gesamtes Wissen fortwährend vor Augen halten würde.

Jetzt vermögen Sie die Wahrheit des LS-Grundsatzes erfolgreicher Gedächtnisschulung ohne weiteres zu erfassen:

Jeder hat ein unfehlbares und zuverlässiges Gedächtnis! Es muß nur durch Vertrauen geweckt werden.

Mangel an Selbstvertrauen hat das Gedächtnis geduckt, und die zunehmende Interesselosigkeit gegenüber vielem, was das Leben mit sich bringt, hat den Zugang zum Gedächtnis verstopft. Hier bewahrheitet sich Goethes Wort: „Wo die Anteilnahme sich verliert, verliert sich auch das Gedächtnis."

So ist ein gutes Gedächtnis eine Frage teils der Selbstermutigung, teils der Anteilnahme, im übrigen eine Sache der Übung und der inneren Ordnung. Die Leistungen der großen Gedächtniskünstler zeigen, wohin bewußte Schulung des Gedächtnisses zu führen vermag: ihr Denken ist, wenigstens auf einem Teilgebiet des Wissens, diszipliniert und lustbetont und im gleichen Maße entfaltet ihr Gedächtnis sein schlummerndes Vermögen rechten Behaltens.

Je mehr wir unserem Gedächtnis zutrauen und zumuten, desto Größeres leistet es. Wir dürfen nur nie beim Lernen dem Gefühl der Anstrengung Raum geben; denn Anstrengung führt zu Willensverkrampfung, und diese zu Zerstreutheit und Vergeßlichkeit.

Mnemotechnische Methoden, die der Überwindung von Gedächtnisschwächen dienen sollen, sind für den Lebensschüler, der gewohnt ist, Hindernisse von der geistigen Seite her zu überwinden, überflüssig. Wichtiger als äußerliche Mittel, die sich gegen Symptome statt gegen die Wurzel des Übels wenden, ist die vertrauensvolle Einstellung zum Gedächtnis.

Zur Übung des Gedächtnisses brauchen wir nur wenige Mittel, die im übrigen nur so weit nützlich sind, als sie der Erhöhung des Vertrauens zum Gedächtnis dienen. Solche Hilfsübungen sind:

1. Eine gute Übung des Gedächtnisses ist die abendliche Rückschau auf den vergangenen Tag. Der Lebensschüler wird bereits die günstige Auswirkung dieser Erfolgsgepflogenheit auf die Leistungsfähigkeit seines Gedächtnisses beobachtet haben. Im Anfang waren bei dieser Rückbesinnung die Erinnerungs-Bilder schwach oder verschwommen, und manche Erinnerungs-Lücken zeigten sich. Aber nach und nach entfaltete sich das Vermögen, Bilderreihen mit zunehmender Schärfe ins Blickfeld des Bewußtseins zu rücken.

2. Eine weitere Übung: Lesen Sie das in diesen Abschnitten über das Gedächtnis Gesagte nochmals Satz für Satz durch. Schließen Sie nach jedem Satz die Augen und wiederholen Sie den Inhalt des Gelesenen, nicht den Wortlaut. – Sowie Ihnen die Wiedergabe des Inhalts einzelner Sätze leicht fällt, nehmen Sie zwei, dann drei Sätze auf einmal, dann je einen Absatz, schließlich zwei und mehr Absätze, endlich ganze Abschnitte. Wenn Sie täglich eine Viertelstunde auf diese Übung verwenden, werden Sie bald eine Zunahme Ihrer Gedächtniskraft beobachten.

3. Und die wichtigste Übung: Wir stellen unserem Gedächtnis täglich mehr Aufgaben als am Tag vorher, und zwar solche, die mit unserem Beruf zusammenhängen. Wir gewöhnen uns daran, immer mehr Geschäftsvorgänge, deren Behalten von Wichtigkeit ist, unserem Gedächtnis anzuvertrauen. Je mehr diese tägliche Übung des Gedächtnisses unmittelbar in unseren beruflichen Aufgabenkreis eingefügt wird, desto mehr Nutzen bringt sie uns. Und je mehr wir dabei unserem Gedächtnis als selbstverständlich zumuten, desto Größeres leistet es.

Aber alles Behalten muß zwanglos und doch konzentriert erfolgen. Man behandle sein Gedächtnis wie einen lieben Freund, der es wert ist, daß ihm alles, was wir ihm berichten, so anschaulich und konzentriert wie möglich dargeboten wird.

Ein Irrtum ist übrigens die Annahme, daß „das Gedächtnis im Alter nachlasse“. Nur das abnehmende Vertrauen führt zum Nachlassen des Gedächtnisses, daneben die mangelnde Übung. Der Schatz des Gedächtnisses nimmt mit den Jahren zu, und es gibt keinen zureichenden Grund, warum das Erinnerungsvermögen im Alter geringer werden sollte. Gedächtnisschwund ist ein eingebildetes Leiden und wie jede Selbstschwächung durch rechte Selbstbefehle, Bejahung und Übung der eingeschläferten Kräfte überwindbar.

Um es zu wiederholen: Die Gedächtniskraft wächst mit der Zunahme des Vertrauens zum Gedächtnis. Und dieses Vertrauen erhöhen wir durch entsprechende Bejahungen, durch die wir das zu Behaltende lustbetont machen und die Assoziations-Fähigkeit der neuen Eindrücke erhöhen. Wir werden uns etwa sagen:

> *„Was ich einmal in mich aufgenommen habe, das ist für immer in mir und jederzeit zu meiner Verfügung!“*

oder ausführlicher:

> *„Mein Gedächtnis wird mit jedem Tag leistungsfähiger. Ich behalte alles, was ich einmal in mich aufgenommen habe, und erinnere mich jederzeit mühelos an alles, dessen ich mich entsinnen will. Was ich brauche, fällt mir stets sofort ein. Mein Gedächtnis arbeitet rasch und zuverlässig!“*

*

Nun scheint schöpferischen Menschen oft ein schwaches Gedächtnis zu eigen. In Wirklichkeit ist es ihr besonders geschultes Gedächtnis, das sie alles übersehen und vergessen läßt, was nicht unmittelbar mit dem Gegenstand ihres Interesses zusammenhängt. Ihr ‚schlechtes Gedächtnis' ist in Wirklichkeit ein anderweit gänzlich in Anspruch genommenes Gedächtnis, Begleiterscheinung vollkommenen Konzentriertseins:

Der Professor, der seinen Schirm vergißt, hat kein schlechtes, sondern ein äußerst konzentriertes, aber einseitig gebundenes Gedächtnis. Es bedarf in solchen Fällen nur einer bewußten Hinwendung des *Interesses*, und die Verbindung mit dem neuen Stoff ist hergestellt, die neuen Kenntnisse und Erfahrungen werden systematisch geordnet, mit schon vorhandenem Wissen organisch verbunden und erinnerungsfähig gemacht.

Hier gibt es manche Hilfsmittel, die Erinnerungsfähigkeit zu steigern. Ein Beispiel:

Wer dazu neigt, Akten oder Kleidungsstücke zu vergessen, oder wer infolge anderweitiger Gebundenheit seines Interesses nicht behält, wohin er Fahrkarten oder Ausweise gesteckt hat, der blicke diese Dinge in dem Augenblick, wo er sie in die Hand nimmt, bewußt an mit dem Gedanken:

„Du bleibst jetzt solange bei mir, als ich dich brauche. Hier halte ich dich, hier bewahre ich dich auf. Im rechten Augenblick wirst du mir wieder einfallen."

Nach einigen Wiederholungen wird man die bisher vergessenen und liegengelassenen Gegenstände beim Fortgehen automatisch in die Hand nehmen oder im rechten Augenblick automatisch in die rechte Tasche langen und die Fahrkarten oder Ausweise hervorziehen. Zu solchen Handlungen, die ‚von selbst' erfolgen sollen, läßt sich das Unterbewußtsein durch entsprechende Selbstbefehle erziehen.

Anders liegt der Fall bei der krankhaften *Amnesie*, der Gedächtnis-Trübung nach Verletzung oder Erkrankungen der Großhirnrinde, bei plötzlicher Wortblindheit usw. Hier ist es Sache des Heilers, Anleitungen zur Umleitung des Gedächtnisses auf die noch gesunden Gehirn-Partien zu geben.

Auch Gedächtnisstörungen nach schweren Krankheiten oder bei Affektionen der Verdauungsorgane, oder solche, die im Zusammenhang mit Nasen- und Ohrenleiden auftreten oder sich nach übermäßigem Tabak- oder Alkoholgenuß einstellen, sind natürlich nur bei gleichzeitiger Beseitigung der körperlichen Ursachen zu beheben.

DIE KUNST DES VERGESSENS

Umfangreiche Werke hat man der Kunst gewidmet, die Gedächtnisleistungen zu steigern, keines aber der viel wichtigeren Kunst rechten Vergessens. Wie manche schleppen einen furchtbaren Wust von totem Wissen oder eine niederdrückende Last leiddurchtränkter Erinnerungen mit sich herum, von denen sie gern loskommen möchten, aber nicht können, weil ihnen die Kunst des Vergessens unbekannt blieb. Dabei ist Vergessenkönnen eine Fähigkeit, die jeder meistern lernen kann. Allerdings liegt diese Kunst nicht so offen zutage.

Biologisch gesehen, ist das Vergessenkönnen das wertvollste am Gedächtnis; die Anlage dazu ist in jedem vorhanden. Die Überfülle von Gedächtnisstoff, die wir fortgesetzt in uns aufnehmen, würde das feine Instrument unseres Gedächtnisses belasten, wenn wir nicht alles Wissens-Unwürdige wieder vergessen würden. Zwar würde auch, wenn nichts absickerte, dennoch immer neues Wissen in uns Platz finden; nun wir aber vergessen, bleiben wir fähiger, ungehemmt und selbständig zu denken.

Am zweckmäßigsten ist ein Gedächtnis, das von Zeit zu Zeit entrümpelt und gesäubert wird, wie der Nervenmensch unserer Zeit des öfteren einer Psychokatharsis, einer Seelenklärung, -Reinigung, -Hochstimmung und -Erneuerung bedarf.

Wer sein Gedächtnis von Zeit zu Zeit säubert und nur die Dinge darin aufnimmt, die ihm nützen, der behält Zeit und Kraft zu schöpferischem Selbstdenken.

Wie entlasten wir unser Gedächtnis? Indem wir ihm nur das Wesentliche einprägen und alles übrige notieren, soweit wir es nicht jederzeit aus Büchern und Nachschlagewerken schöpfen können. Der wahre Gedächtniskünstler ist nicht der, der tausend unnütze Dinge im Kopfe hat, sondern der, der das Wesentliche bereithält und alles Unwichtige zu vergessen weiß. Nur ein unbelastetes Gedächtnis ist schöpferisch.

Vergessen heißt also: sichten, sich auf das Notwendige beschränken, Ausscheiden alles Unnützen. Zum Unnützen gehört besonders alles Negative und Unlustbetonte. Weg mit allem Trüben und Dunklen aus unserem Gedächtnis. Unser Unterbewußtsein weiß schon, warum es etwas vergißt: es ist so angelegt, daß es Selbstbelastungen meidet, solange wir ihm nicht durch falsches Denken ins Handwerk pfuschen!

Ins Gedächtnis nehmen wir nur auf, was wir unbedingt brauchen. Was wir dagegen in unserem Hilfsgedächtnis – in unserer Bibliothek, in Lehr-, Wörter- und Nachschlag-Büchern oder Fachzeitschriften und in unserer Zettelkartei – zur Hand haben, hat im Gedächtnis nichts verloren.

Darüber hinaus wollen wir das Vergessen planmäßig kultivieren, indem wir alles, was uns belastet, durch Abwendung des Interesses aus unserem Gedächtnis entlassen und in tiefere Schichten unseres inneren Gedächtnisses hinabsinken lassen.

Sehr oft heißt vergessen: *wegdenken,* zuweilen: *wegschlafen.* Wie das? Wir gewöhnen uns, vor dem Einschlafen positive Erinnerungsbilder in das Blickfeld des Bewußtseins zu rücken, wodurch wir diese stärken und negativen Gegenbildern die Lebenskraft entziehen. Wir fördern diese Wandlung, indem wir uns plastisch vorstellen, wie die angenehmen Vorstellungsbilder aus der Tiefe des Unbewußten nach oben steigen und jederzeit zu unserer Verfügung bleiben, während alle negativen Erinnerungsbilder, wie mit großen Steinen beschwert, in unserem Seelenmeer dort, wo es am tiefsten ist, auf Nimmerwiedersehen versenkt werden. Erfahrungsgemäß verlieren Gedanken, die lange nicht wiederholt werden, mit der Zeit an Kraft: die bewußt in die Tiefe des Vergessens versenkten Gedankenbilder altern rasch, sterben und verwesen schließlich zu formlosen Schemen.

Wir beschleunigen diesen Vorgang durch entsprechende Selbstbefehle:

> *„Ich vergesse alles, was mich ablenkt und hemmt. Zum letzten Mal hat es mich beschäftigt; von morgen an wird es mir unmöglich, mich je wieder daran zu erinnern. Ich vergesse es. Ich habe es vergessen!“*

Diesen Selbstbefehl denken und sprechen wir zwanglos, entspannt, ohne uns dabei das zu Vergessende im einzelnen ins Bewußtsein zu rufen. Es genügt ein allgemeiner Selbstbefehl und restloses Vertrauen zum Unterbewußtsein.

Ergänzt wird dies Verfahren durch den Wechsel des Interesses, die bewußte Hingabe an eine Beschäftigung, die uns ganz gefangen nimmt. Dieses Aufgehen in einer Aufgabe schützt uns zugleich gegen Hammel, die gern dann, wenn über eine unlustbetonte Erinnerung Gras gewachsen ist, hergehen und das Gras wieder abfressen. Nun kränken sie uns nicht mehr; denn verweste Gedanken können unser Wesen nicht mehr in Schwingungen versetzen.

36. WOCHE:

KUNST DES SCHREIBENS

„Schreibe mit Blut: und Du wirst erfahren, daß Blut Geist ist!"
Nietzsche

Der Kunst rechten Lesens ist die des rechten Schreibens verwandt, wobei uns hier weder die orthographische noch die literarische, sondern die psychodynamische Seite des Schreibens angeht. In der Schule lernten wir, schön und orthographisch richtig zu schreiben; die Lebensschule will uns lehren, psychologisch richtig zu schreiben: durch das Mittel der Schrift von Seele zu Seele zu wirken und unsere Gedanken, Wünsche und Willensstrebungen wie Runen in andere Seelen einzugraben.

Jedes geschriebene Wort wirkt. Die Art der Wirkung läßt sich weitgehend vorausbestimmen. Das gesprochene Wort ist bald verhallt; das geschriebene Wort eilt um den Erdball. Es überbrückt nicht nur den Raum, sondern auch die Zeit: wie die längst vergessenen Schreiber der Veden und Upanishaden, der Bhagavad-Gita wie der Bibel noch heute Millionen Menschen beeinflussen, so können auch wir durch das Mittel der Schrift über unsere gegenwärtige Umwelt hinaus auf künftige Geschlechter, ja auf die fernste Zukunft der Menschheit befruchtend wirken.

Mit der Herrschaft über das geschriebene Wort wächst die Erfolgskraft des Menschen. Darum ist es wichtig, daß er lernt, richtig zu schreiben.

Richtig schreiben heißt seine Gedanken mittels der Schrift so darzulegen, daß nicht nur das innerlich Geschaute treffend wiedergegeben wird, sondern die gleichen Vorstellungsbilder in jedem Leser des Geschriebenen erstehen und diesen zu entsprechenden Willensbewegungen, Entschlüssen und Handlungen veranlassen.

Erfolgreich schreibt, wer die Feder nicht ansetzt, ohne sich vorher in entsprechende Stimmung versetzt zu haben. Denn die Stimmung, in der wir schreiben, haftet dem Geschriebenen als unwägbarer Gefühlsniederschlag an und wirkt auf den oder die Leser umstimmend ein. Nicht nur ruft die Begeisterung, mit der wir etwas schreiben, ähnliche Hochstimmung beim Leser hervor, auch jede andere Seelenstimmung des Schreibers findet im Leser Widerhall. Dieser Stimmungsbelag, der allem Geschriebenen anhaftet, ist unwägbar, aber keinesfalls unspürbar und unwirksam. Die Bilder, die der Schreibende in sich wachrief, erfahren ihre Widerspiegelung in des Lesers Seele.

Es gibt mancherlei Mittel, eine dem Schreiben dienliche Stimmung zu schaffen. Der eine schreibt flüssiger, wenn es um ihn herum still ist, der andere braucht Musik, der dritte den sympathischen Duft einer Räucherkerze oder eines bestimmten Parfüms. Andere schreiben am besten, wenn sie vorher etwas An- oder Abregendes lasen.

Dem innerlich Aufgeschlossenen kann alles zur Anregung dienen: ein Gespräch mit dem Nachbarn, ein Roman, ein Sonnenaufgang, ein Spaziergang, selbst ein Stoß unbeschriebenen Papiers. Es ist immer irgend etwas an den Dingen, die wir liebend anblicken, das eine Saite in uns erklingen läßt; und die Kunst besteht darin, mit dieser einen Saite möglichst viele andere Saiten unserer Seele zum Mitklingen zu bringen.

Wir haben nicht nur einen Schlüssel zu unserem unbewußten Wissen und Können, sondern viele; und immer werden wir, wenn wir die Augen aufmachen und willig sind, einen passenden Schlüssel entdecken, der ein Tor nach innen öffnet und schlummernde Kräfte aufdeckt. Dazu verhelfen die nachstehenden

12 Faustregeln:

1. Was wir schreiben, muß *wahr* sein und unserem innersten Wesen gemäß. Und es muß zugleich das Beste sein, was wir darzubieten haben. Nur wer stets sein Bestes gibt, bringt immer noch Besseres in sich zur Reife. Wer etwas vortäuscht, was seinem Wesen nicht entspricht, siegt vielleicht für den Augenblick, versiegt und versagt aber auf die Dauer.

2. Was wir schreiben, muß Ausdruck unserer *Persönlichkeit* sein, nicht Abklatsch eines Schemas. Es soll wesentlich sein und den Leser sympathisch berühren. Man klebe nicht an der Form. Die Form meistert nur, wer über ihr steht. Man richte den Blick auf das Wesen einer Sache und gebe diesem Ausdruck; dann findet man von selbst die Form, die dem Wesen gemäß ist, und erkennt, daß das Gemäße immer zugleich auch das Schöne ist.

3. Bevor wir schreiben, schaffen wir in uns lebendige Bilder dessen, was wir sagen wollen. Alles Schreiben sei Nachgestalten von innerlich schon Gefügtem; dann eilen die einzelnen Gedanken wie lebendige Mosaiksteinchen von selbst an die Stelle, wo sie hingehören, um ein sinnvolles Gesamtbild zu ergeben, um so sicherer, je bewußter wir so schreiben, als geschähe es nicht für irgendwelche Leser, sondern als Selbstgespräch – zur Selbstklärung und Rechenschaft.

4. Was wir schreiben, sei *positiv,* damit es nur lustbetonte Reaktionen erweckt. Was man nicht verwirklicht wünscht, schreibe man auch nicht – weder in Bezug auf Menschen, noch auf Dinge und Geschehnisse, noch auf Befürchtungen – es sei denn, daß die Mitteilungen einem positiven Zweck dienen. Jeder Satz soll in seiner Tendenz aufwärtsgerichtet sein.

5. Wir schreiben nur, wenn wir *gern* schreiben. Zum Schreiben müssen wir uns gedrängt fühlen, wenn das Geschriebene wirken soll. Sowie das Schreiben Mühe macht, bereitet die Lektüre dem Leser gleiche Unlust. Das Schreiben soll befreien, nicht beklemmen.

6. Wir schreiben nur, was wir zuvor oder zugleich innerlich sprechen oder hören. Die ‚Schriftsprache' soll gesprochene Schrift sein, sonst wird sie papieren. Hier gilt die Regel: *Wer sprechend schreibt, schreibt ansprechend!*

7. Wir schreiben nur, was *einfach und deutlich* ist. Schreiben heißt nicht schrauben, sondern sich verständlich machen. Wir vermeiden

Superlative ebenso wie geschraubte Redewendungen, Phrasen und Schwulst. Das gesunde Empfinden des Lesers spürt den Krampf und die Unaufrichtigkeit und lehnt den Schreiber ab. Wir hüten uns auch vor Unklarheiten im Ausdruck, die den Leser auf unklares Denken des Schreibers schließen lassen.

8. Wir schreiben nur, was kurz und klar ist. Denn was an Worten zuviel ist, geht an der Wirkung verloren. Nach Schopenhauer sind Kürze, Bestimmtheit und Klarheit die wichtigsten Kennzeichen eines guten Stils. Langatmige Sätze mit einem Kometenschweif von holprigen Nebensätzen deuten auf umständliches Denken hin; Weitschweifigkeit kennzeichnet den lebensunpraktischen Menschen. Man komme rasch zur Sache, lasse die Einleitung weg und jede überflüssige Breite. Viele fangen erst nach längerem Schreiben an, etwas zu sagen; weise der, der alles bis dahin Geschriebene wegstreicht.

9. Wir sagen *nicht alles* beim Schreiben, sondern vermitteln dem Leser Anregungen zum Selbstdenken und Fragen zum Selbstlösen. Der Leser will Fäden aufgenommen sehen, deren Weiterverfolgung und Entwirrung Genuß bereitet. Das Geheimnis des guten Stilisten liegt im Weglassen des Unnötigen. Gut schreibt, wer kaum die Hälfte von dem stehen läßt, was er schreibt.

10. Wir geben jedem Gedanken eine *eigene Prägung* und scheuen uns nicht, neue Wörter in Gebrauch zu nehmen, wenn sie einen Gedanken treffender umreißen als die abgegriffenen Plattheiten der Alltags-Schriftsprache. Anderen Begriffen geben wir durch kleine Beiwörter einen besonderen Ton, eine farbige Untermalung, die den Leser aufmerken und fühlen läßt, daß ihm mehr gesagt wird, als die Summe der Buchstaben umfaßt. Vor allem ersetzen wir abstrakte Ausdrücke durch greifbare, sinnfällige, beispielhafte und gefühlsbetonte Begriffe. Jeder Satz muß außer zum Verstand auch zum Gefühl des Lesers sprechen. Man schule sein Feingefühl für eine lebendige Ausdrucksweise durch besinnliche Lektüre der unvergänglichen Werke großer Dichter und Denker.

11. Wir sorgen ferner für Rhythmus und Bewegung, wobei der Leser schon durch den Schwung der Worte und durch die rasche, spannungsteigernde Aufeinanderfolge der Gedankenbilder wie bei einem Film zum inneren Mitgehen gezwungen wird. Der Rhythmus des Fortschreitens muß im Leser lustbetonte Reaktionen aus-

lösen. Rhythmus tötet Langeweile, stimmt positiv und aufnahmebereit und führt den Leser dazu, sich sympathisch auf den Schreiber einzustellen.

12. Wir schreiben immer *bildhaft*, so daß der Leser unsere Gedanken als Handlung erlebt. Wir schreiben nichts, ohne es innerlich zu sehen. Bildlose Ausdrücke machen rascher müde, weil sie doppelte Aufmerksamkeit verlangen; anschauliche Bilder und Beispiele halten das Interesse wach und hinterlasen dauerhaftere Eindrücke. --

*

Der Erfahrene schreibt nie drauflos, sondern macht sich zuerst seine Notizen, wie ihm die Gedanken gerade kommen, ordnet sie dann zu einem lebendigen Organismus und beginnt nun erst zu schreiben. Jetzt ist leicht, was vorher schwer schien.

Die Notizen werden, wie wir schon lernten, auf einzelne Zettelchen geschrieben. Fällt uns nichts mehr ein, folgt nach Ordnung der Zettel die eigentliche Niederschrift, wobei wir, wenn wir nicht ins Stenogramm, in die Schreibmaschine oder auf Band diktieren, das, was wir schreiben, mitsprechen oder -murmeln.

Danach wird die Niederschrift auf Verbesserungen durchgesehen – weniger in Hinsicht auf Satzbau oder Treffsicherheit des Ausdrucks als darauf, was *gestrichen* werden könnte.

Bei Befolgung dieser Methode wird eine häufige Schreibhemmung vermieden, die sich besonders bei guten Rednern findet. Manche, die gut sprechen, entwickeln beim Schreiben ein übertriebenes Verantwortungsgefühl, das ihnen förmlich die Hand lähmt. Was sie stocken läßt, ist eine falsche Einstellung.

Während sie beim Reden nur sich selbst folgten, meinen sie, beim Schreiben irgendwelchen Vorbildern oder Regeln folgen zu müssen. Folgen sie aber bewußt dem Lessing'schen Rat: „Schreibe, wie Du redest, so schreibst Du schön", dann fällt die selbstgeschaffene Hemmung von ihnen ab.

SUGGESTIVE KORRESPONDENZ

Für die erfolgreiche Korrespondenz gilt über das Gesagte hinaus das, was in der nächsten LW von der Kunst überzeugender Rede gesagt wird. Darum ist hier nur folgendes über das Wesen des Brief-Erfolgs zu sagen:

Jeder Brief, von dem eine Wirkung erwartet wird, soll nicht nur Spiegel unseres Wesens, sondern auch Träger unseres Willens sein. Das kann er auf zwei Wegen werden: 1. durch das, was wir durch unsere Worte ausdrücken, 2. durch das, was wir ‚zwischen den Zeilen sagen', in den Brief hinein-denken.

Um das zweite vorwegzunehmen: die briefliche Beeinflussung eines andern ist keineswegs schwerer als die mündliche. Was von Herzen kommt, geht wieder zum Herzen, was vom Geist des Selbstvertrauens getragen wird, bleibt nie ohne Wirkung.

Jeder Brief ist mehr oder minder durchtränkt vom Gedankenfluidum seines Schreibers, geladen mit dem Magnetismus seines Willens. Diese Willens-Imprägnierung kann *bewußt* vorgenommen werden: Wir entspannen uns, konzentrieren uns alsdann auf den zu übertragenden Gedanken, wobei wir die Fingerspitzen beider Hände auf das Briefpapier legen und das noch unbeschriebene Briefpapier zur Projektions-Fläche unseres Bewußtseins machen, auf der wir die zu übertragenden Gedankenbilder lebendig-plastisch vor uns sehen.

Wir können die Wirkung verstärken, indem wir *redend schreiben,* wobei wir in Gedanken den Empfänger im Geiste vor uns sehen und während des Schreibens freundlich ansehen. Wir geben dadurch dem, was wir zu sagen haben, größere Eindringlichkeit und machen den Empfänger aufnahmewilliger. Wir stellen uns dabei vor, wie sich das Gesicht des Empfängers verändert, werden es freundlich sehen, zufrieden, zustimmend, bejahend oder begeistert. Erfolgsvoraussetzung ist, daß wir ihm gleiche positive Geisteshaltung entgegenbringen.

Für die wirkungsvolle Abfassung des Briefes gelten die im vorigen Abschnitt dargelegten zwölf Faustregeln erfolgreichen Schreibens. Dazu kommen folgende

zehn Regeln rechten Briefschreibens:

1. Wir nehmen beim Schreiben eine aufrechte Körperhaltung ein. Was man in gebückter, krummer Haltung schreibt, hat eine schwächere Willensladung als das mit aufgerichtetem Körper, aufrechtem

Sinn und aufrichtiger Gesinnung Niedergeschriebene. Zwischen der Geradheit des Rückgrats beim Schreiben und der psychologischen Wirkung des Geschriebenen besteht ein unleugbarer Zusammenhang.

2. Wichtige Briefe werden zuerst notizenhaft entworfen, dann auf Wirkung und Gefühlsbetontheit der darin enthaltenen Argumente überprüft, unter Berücksichtigung der Eigenart und Einstellung des Empfängers verbessert und dann endgültig abgefaßt und diktiert oder geschrieben. Entscheidende Briefe werden überschlafen: dem Unterbewußtsein wird in der Nacht Gelegenheit gegeben, sich mit dem Brief zu befassen, für den Erfolg wichtige Momente ins Bewußtsein aufsteigen zu lassen und so zur Vollendung des Briefes beizutragen.

3. Erfolgreiche Briefe sind stets *kurz*. ‚*Brief*' stammt ja vom lateinischen ‚brevis', das heißt: kurz. Man kürze aber mit Maß, damit das Verständnis nicht leidet, bringe also, wie Schopenhauer mit Recht mahnt, „nie der Kürze die Deutlichkeit zum Opfer".

4. Der Brief zeige immer ein freundliches Gesicht. Selbst wo man abwehrt oder ablehnt, sei man höflich. Überlegene Zuvorkommenheit macht den Empfänger des Briefes geneigt, dem Schreiber entgegenzukommen. Je unerfreulicher der Inhalt eines Briefes ist, desto gewinnender sei sein Ton. Man schreibe jede Zeile mit freundlicher Gesinnung; dann wird die gleiche Einstellung beim Empfänger erzeugt.

5. Ein Brief sei immer *sachlich*. Kein Kluger gibt einem Gegner mit unsachlichen Briefen Dokumente der Unbeherrschtheit und Schwäche in die Hand. Will man sich entlasten, schreibe man sich alles von der Seele; nur schicke man diesen Brief nicht ab und denke dem Empfänger des Briefes nicht einmal die negativen Gefühle zu. Sondern man lade alle negativen Energien auf das Papier ab, werfe den Brief dann in den Ofen und schreibe nunmehr, entgiftet und lächelnd, den für den Empfänger bestimmten Brief.

6. Man schreibe *bildhaft* und lebendig, drücke sich gewählt, aber nicht gesucht aus, spreche und sehe das plastisch, was man niederschreibt. Ein solcher Brief überragt den Durchschnitt, fällt angenehm auf, gewinnt durch seine vom Althergebrachten abweichende Ausdrucksweise. Ein Mensch mit gewandtem, selbständigem Brief-

stil ist dem Durchschnittsschreiber so überlegen wie ein vom Künstler behauener Stein einem erratischen Block. Der Stil eines Briefes ist gut, wenn das Geschriebene beim Sprechen rhythmisch klingt. Darum die Forderung, sprechend zu schreiben; es macht den Stil ansprechender und eindringlicher.

7. Man falle nie mit der Tür ins Haus und spreche, wenn nötig, indirekt aus, was sich direkt schwer sagen läßt. Es hängt von Art und Zweck des Briefes, von der Stellung des Schreibers zum Empfänger und anderen Faktoren ab, auf welche Art man seine Gedanken dem Empfänger am besten so schmackhaft auf die Zunge legt, daß dieser selbst auf den Einfall kommt, das von uns Gewünschte zu veranlassen oder zu tun.

8. Man sorge auch für ein ansprechendes Aussehen des Briefes. Das Papier soll durch seine Qualität die Hochachtung des Schreibers vor dem Empfänger zum Ausdruck bringen. Der Schreibrand sei auf beiden Seiten genügend breit. Die einzelnen Absätze seien kurz, um die Lesbarkeit des Briefes zu erhöhen. Die Hand- oder Maschinenschrift sei nicht zu klein, um die Augen des Empfängers nicht anzustrengen.

9. Man benutze zum Briefschreiben möglichst eine Schreibmaschine. Man bekommt dabei ohne Mehrarbeit beliebig viele Kopien, der Brief sieht sauber aus, man spart Zeit, kann mehr leisten, setzt seine Ermüdbarkeit bedeutend herab und löst durch einen mit der Maschine geschriebenen Brief leichter lustbetonte Reaktionen im Empfänger aus als durch einen schlecht leserlichen handschriftlichen Brief.

10. Man füge Briefen, auf die man rasche Antwort erwartet, einen freigemachten Umschlag bei.

*

Hauptkennzeichen des Erfolgsbriefes ist seine *Lustbetontheit.* So weit ein Brief im Empfänger sympathische Reaktionen auslöst, so weit wird er ihn veranlassen, den Wünschen des Briefschreibers zu entsprechen.

Entscheidend ist der *Anfang* des Briefes: Er gibt dem Empfänger einen Vorgeschmack der Spannung, die der Brief ihm vermittelt, und dient der Schaffung eines positiven Kontakts zwischen Schreiber und Empfänger.

Erfolgreich ist ein Brief-Anfang, dem alle überflüssigen Einleitungs-Sätze fehlen, auch die alltäglichen ‚höflichen Bezugnahmen' auf dies und jenes. Eine kurze positive Schlagzeile: „Betrifft Vergrößerung Ihres Geschäfts" und der Zusatz „Zu Ihrem Schreiben vom . . ." wirkt als Blickfang umso besser, je mehr das hinter dem Wort ‚betrifft' folgende Stichwort die Aufmerksamkeit des Empfängers sympathisch berührt.

Nach dieser Schlagzeile setzt man den Empfänger gleich mitten in die Situation hinein. Lange Einleitungen führen rasch zum toten Punkt.

Man beginnt die erste Zeile eines Briefes mit bildhaften, anschaulichen Begriffen, die die Vorstellung von Bewegung wachrufen oder das lebendige Bild einer spannenden oder interessanten Situation vor das innere Auge des Empfängers zaubern. Denn wer die Teilnahme des Empfängers erregt hat, hat sein Herz gewonnen. Diese Teilnahme erwecken wir, wenn wir gleich mit dem Beginn des Briefes im Empfänger die neugierige Frage auslösen, welches wohl der Fortgang und Ausgang des Briefes sein wird. Der erste Satz des Briefes muß aufrütteln.

Man beginne darum mit etwas, das mit den Interessen des Empfängers, seinem Beruf, seinem täglichen Leben zusammenhängt oder dafür von Wert oder Bedeutung ist.

Oder man springe dem Leser mit einer Feststellung an den Kopf, die ihn unwillkürlich fragen läßt: Wie ist das möglich? Wohin soll das führen?

Oder man werfe ein den Empfänger berührendes Problem in die Debatte, nach dessen Klärung es ihn verlangt, so daß er rasch weiterliest, um zu sehen, was der Schreiber darüber zu sagen hat.

Oder man skizziere im Briefanfang den dramatischen Auftakt eines Geschehens, auf dessen Ausklang oder Ausgang der Schluß des Briefes hindeutet – in Verbindung mit dem, was man vom Empfänger erwartet oder wünscht.

Oder man beginnt mit einer paradox anmutenden Behauptung, durch die der Empfänger zum Kampf gereizt wird, um am Schluß lächelnd mit dem Schreiber übereinzustimmen.

Auf alle Fälle fange man dramatisch an, um das Denken und Fühlen des Empfängers in Bewegung zu setzen und sein Auge und Herz zu gewinnen.

Der *Hauptteil* des Briefes dient in seinem ersten Drittel der schmackhaften Darlegung der Momente, die den Empfänger unter Berücksichtigung seiner Gewohnheiten, Bedürfnisse und Neigungen veranlassen können, dem Wunsch des Briefschreibers zu entsprechen.

Das zweite Drittel des Hauptteils enthält die Darlegung des Vorschlages oder Wunsches selbst, wobei der mitzuteilende Gedanke oder Wunsch in eine Form gekleidet wird, die der Vorstellungsebene des Empfängers entspricht. Es gilt aus dem Denk-Dialekt des Lesers heraus zu schreiben, das Thema vom Gesichtswinkel des Empfängers aus zu beleuchten.

Im letzten Drittel des Hauptteils werden in lustbetonten Bildern die bequemsten Wege zur Verwirklichung des Gedankens oder Wunsches des Schreibers aufgezeigt oder angedeutet, gegebenenfalls auch eine direkte oder indirekte Begründung des Wunsches in positiver Form gegeben, wobei die wichtigsten Beweisgründe den Beschluß bilden. Sind Gegen-Argumente des Briefempfängers zu widerlegen, gehen diese Darlegungen der eigenen Beweisführung voraus.

Der Schluß des Briefes sei ein lustbetonter Appell an den Empfänger, in Richtung des im Briefe aufgezeigten Zieles zu handeln. Der letzte Satz dient der Verstärkung des eingangs geschaffenen sympathischen Kontakts zwischen Empfänger und Schreiber.

Diese Regeln gelten in gleicher Weise für Bewerbungsbriefe und sinngemäß für alle Werbung.

37. WOCHE:

KUNST DES REDENS

> „Wenn ich mit Menschen- und mit Engelszungen redete – und hätte der Liebe nicht, so wäre ich ein tönend Erz oder eine klingende Schelle.“ I. Kor.

Durch das *Sprechen* machen wir unsere Begriffe begreifbar, geben ihnen im Wort ein hörbares, in Gebärde und Geste ein fühl- und sichtbares Kleid.

Das meiste, was gesprochen wird, scheint allerdings nur noch Kleid zu sein: leere Hülle, aus der der lebendige Inhalt entwich. So kommt es, daß die meisten sprechen können, nicht aber reden.

Der Lebensschüler wird richtig reden, bewußt sprechen, um mit den Kleidern auch den Inhalt zu vermitteln. Das ist wichtig, denn mit der Beseeltheit seiner Worte wächst deren Überzeugungskraft.

Während in Rednerschulen im allgemeinen die *Technik* der guten Rede in den Vordergrund gerückt wird, ist uns die *Dynamik* des erfolgreichen Redens das Wichtigste. Was wir lernen wollen, ist, eine Rede so zu halten, daß sie zündet und mitreißt. Das ist durchaus nicht schwer.

Die guten Rednern gemeinsamen Merkmale lernen wir kennen, wenn wir einen erfolgreichen Redner beobachten. Er spricht gebärdig. Er weiß seine Gedanken nicht nur durch Worte, sondern zugleich durch entsprechende Mienen und Körperbewegungen auszudrücken. Seine Haltung, sein Gesichtsausdruck, sein Gebaren lassen nicht nur Erfolgssicherheit und innere Überlegenheit, sondern auch wohlwollende Einstellung zur Hörerschaft und Bewegtheit des Denkens erkennen.

Er weiß, daß die Sprache eine lautliche Gebärde darstellt und daß die körperlichen Gebärden den lautlichen entsprechen müssen. Zwar zieht die seelische Bewegung beim Sprechenden die körperliche Bewegung von selbst nach sich; aber die Gebärden und Gesten müssen beherrscht werden. Auf der anderen Seite wird der, der sich nicht bewegt, sondern beim Reden starr und steif dasteht, mit Recht als gefühlsarm angesehen.

Es gilt, die die Gedanken begleitenden *Gefühle* durch Änderung der Tonlage, des Gesichtsausdrucks, der Gebärden und Gesten gleichzeitig auszudrücken. Die Hörer wollen auch etwas spüren und sehen, um bewegt zu werden. *Je lebendiger der Ausdruck, desto nachhaltiger der Eindruck.* Dabei schadet es nichts, wenn ein Redner seinen eigenen Gebärden-Gewohnheiten folgt, solange diese nicht so weit vom Üblichen abweichen, daß sie die Hörer ablenken oder verstimmen.

Die Haltung sei einfach und ungezwungen, Selbstbeherrschung und freundliche Gesinnung kündend. Es ist falsch, Gebärden absichtlich hervorzurufen; es wirkt gemacht und unaufrichtig. Gesten müssen von selbst kommen und sich im Rahmen des Gemäßen entfalten. Andererseits wirkt nichts während einer Rede störender als Verlegenheits-Bewegungen: das hilflose Schlenkern mit den Armen, das nervöse Spiel mit Ring und Knopf, das Zupfen an der Nase, mit den Fingern durch die Haare fahren oder Abdrehen von Knöpfen. Sie verraten Unsicherheit, lenken die Hörer ab und lassen ihr Interesse erlahmen.

Alle Bewegungen beim Sprechen seien rund, nicht eckig; geschmeidig, nicht holprig oder steif. Das erreichen wir, wenn wir nicht nur Hände und Arme, sondern den ganzen Körper entspannen und locker halten. Aus völligem Entspanntsein gehen die rechten Gebärden und Gesten hervor, während sie bei Spannung der Muskeln eckig werden und Angstgefühlen Gelegenheit geben, sich einzunisten.

Der erfolgreiche Redner ist schon äußerlich seinen Hörern ein Vorbild, zu dem sie hinaufsehen. Er sorgt dafür, daß sie ihn ganz sehen, um ihn ganz zu verstehen. Ein Redner, von dem nur der Kopf sichtbar ist, wirkt auch nur auf die Köpfe, nicht auf die Herzen seiner Hörer. Darum meiden die großen Redner unförmige Redner-Pulte, stellen sich frei vor die Hörer und beeindrucken sie durch ihr ganzes Sein.

Der erfolgreiche Redner sorgt weiter für die rechte innere Einstellung zum Hörerkreis. Dabei ist bedeutungslos, wie groß dieser Kreis ist. Er redet zu fünfzig, fünfhundert und fünftausend Menschen wie zu einem einzigen, wie zu einem Freunde, dem er seine Gedanken entwickelt.

Der Erfolg einer Rede läßt sich durch *geistige Vorbereitung* weitgehend vorausbestimmen. Dadurch werden nicht nur Gedanken der Furcht oder Unsicherheit ferngehalten, sondern die Rede selbst mit einer Überzeugungskraft geladen, die die Hörer unwillkürlich umstimmt. Diese geistige Vorbereitung geschieht wie folgt:

Am Abend vor dem Tag der Rede zieht sich der Redner in einen ruhigen Raum zurück, entspannt Körper und Gedanken und hält sich, stille geworden, die Situation der kommenden Versammlung in lebendigen, plastischen Bildern vor Augen:

Er stellt sich fühl- und greifbar vor, wie er ruhig und gelassen, seines Erfolges sicher, aufs Podium tritt, wie sein sympathischer

Rundblick die Zuneigung der Hörer weckt, wie sich bei seinem Blick lautlose Stille über die Hörer breitet und wie sein Wort machtvoll in die Stille hineintönt und die Herzen der Hörer gleichrichtet, wie die Kraft seiner Rede wächst und wie am Schluß der Rede die innere Zustimmung der Hörer sich in ihrer Begeisterung offenbart.

Je anschaulicher und positiver er sich alle Einzelheiten innerlich vor Augen führt, desto sicherer wird er. Gegebenenfalls wird er die Übung mehrmals wiederholen. Er konzentriert sich so auf seinen Erfolg und zieht ihn dadurch herbei. Sein positives Denken bestimmt sein Auftreten und beeinflußt wiederum die innere Haltung seiner Hörer. Seine Konzentration schützt ihn vor Ablenkungen; sein Blick bleibt auf das Wesentliche gerichtet: den Kerngedanken und den Erfolg seiner Rede. –

Der Rede-Anfänger geht ähnlich vor, nur bedarf er stärkerer Selbstbefehle. Um in Ihrer ersten Rede vor größerem Kreise nicht stecken zu bleiben oder sonstwie aufzufallen, tun Sie folgendes:

Sie ziehen sich mit der Disposition Ihrer Rede in ein ruhiges Zimmer zurück. Vor einen Wandspiegel stellen Sie eine Reihe Stühle und setzen in Gedanken auf jeden Stuhl einen wohlmeinenden Freund. Es genügt, wenn vier Stühle in zwei Reihen hingestellt werden: statt der zweiten Stuhlreihen sehen Sie im Geiste zwanzig und mehr Stuhlreihen hintereinander, also einen vollen Raum, in dem sich die Hörer drängen.

Sie entspannen zunächst im Sitz Körper und Gedanken, konzentrieren sich auf Ihren ruhigen, rhythmischen Atem, stehen dann auf, treten fest auf beide Füße, den einen Fuß leicht voranstellend, dadurch bewußt Kraft, Straffheit und Sicherheit ausdrückend. Ihr Blick schweift frei, offen und freundlich über die imaginären Zuhörer auf den einzelnen Stühlen und bleibt dann einen Augenblick auf Ihrem Bild im Wandspiegel haften.

Nach einem tiefen Aus- und Einatmen beginnen Sie nun Ihre Rede. Sie sehen sich jetzt als Lehrer, der seinen Schülern Bedeutsames zu sagen hat. Dabei ist es gleich, ob der ‚Schüler' Meier in der ersten Reihe im Geschäftsleben Ihr Vorgesetzter ist oder der ‚Schüler' soundso Ihr ärgster Feind; denn in diesem Augenblick sind Sie der Lehrende, auf dessen Wort alle hören.

Während Sie ruhig, überlegt und überlegen Satz für Satz wirkungsvoll betont sprechen, beobachten Sie im Wandspiegel hier und da Ihr Abbild, damit Sie sicher sind, durch Ihr Aussehen und Ihre Gesten während des Redens sympathische Reaktionen bei den Hörern auszulösen.

Nachdem Sie auf diese Weise zehn Minuten gesprochen haben, lassen Sie in Gedanken die freundlichen Zuhörer den Raum verlassen. Sie machen nun die gleiche Übung nochmals, nur daß Sie diesmal nicht wohlwollende Freunde, sondern kritisch dreinblikkende, durch die Überzeugungskraft Ihrer Rede aber immer freundlicher gestimmte und schließlich zustimmende Fremde vor sich sitzen sehen.

Auch hier gilt es, schon im voraus zu erleben, wie ruhig und selbstsicher Sie Ihre Rede meistern und das Denken und Wollen ihrer Hörer bestimmen. Sie wissen, daß nichts Sie beirren kann, keine Unruhe der Hörer, kein Zwischenruf, Sie wissen, daß Sie der sonnengleiche Mittelpunkt des Kreises sind. Sie kosten den Genuß dieser inneren Überlegenheit aus und dehnen, tief aus- und einatmend, das Kraftfeld Ihres Einflusses bewußt über den ganzen Kreis aus.

Sie sehen sich als strahlenden Sender machtvoller Gedanken, als lichtspendende Sonne. Sie wissen, daß Sie, so denkend, durch Ihr Auftreten auf Ihre Umwelt umstimmend wirken.

Wenn Sie dies üben und bei jeder Wiederholung Ihrer Rede darauf bedacht sind, stets neue Redewendungen zu benutzen, erlangen Sie bald die nötige Sicherheit, um auch vor einem größeren Kreise ungehemmt und wirkungsvoll zu sprechen.

GRUNDREGELN DER REDEKUNST

Beim Reden hängt alles vom täglichen Üben ab. Jeder erfolgreiche Redner hat seine Stimme ständig geschult und verbessert, seinen Sprachschatz unaufhörlich erweitert, sein Wissen gemehrt, seine Gewandtheit und Geistesgegenwart wieder und wieder erprobt und seine Sprache stetig veredelt. Er benutzt jede Gelegenheit zur Übung des freien Sprechens, wie sie sich täglich jedem mannigfach bietet, und entwickelt so Schritt um Schritt seine schlummernde Meisterschaft.

Den gleichen Weg geht der Lebensschüler. Er achtet bei seinen Sprechübungen besonders auf den Atem, übt sich, einzuatmen und ganz langsam auszuatmen, um ohne störende Atempausen einen Satz mit einem Ausatmungsstoß volltönend auszusprechen. Kein Satz sollte unterbrochen werden.

Wir machen unsere Sprache wohlklingend und unsere Stimme geschmeidig, wenn wir uns einige Zeit hindurch üben, in ausgestreckter, entspannter Lage laut und bewußt zu sprechen. In liegender Stellung lernen wir am sichersten, beim Sprechen richtig zu atmen; hierbei können sich kaum Sprechfehler einschleichen. Später üben wir das gleiche in aufrechter, entspannter Stellung.

Als Sprechunterlagen dienen zuerst langsam und betont vorgetragene Gedichte. Beim Sprechen geben wir dem Geist des Gesagten lebendig Ausdruck. Dann folgen trockene Stoffe aus allen möglichen Wissensgebieten. Dabei gilt es zu fühlen, wie sich die Worte anhören. Wir wenden also von Anfang an unsere Sorgfalt der rechten Aussprache zu. Unsere Sprache soll ebenso entschieden wie sympathisch sein, unserer inneren Entschlossenheit wie unserer seelischen Harmonie gleichermaßen Ausdruck geben, der Sachlichkeit ebenso Rechnung tragen wie dem Schönheits-Sinn der Hörer. Wir erreichen das durch Beachtung folgender Regeln:

1) Wir sprechen *langsam und ruhig*, und zwar umso gemessener, je größer der Raum ist, in dem wir reden. Beim Langsamsprechen geht nichts verloren; wir werden auch von denen, die schlecht hören, gut verstanden und geben den Hörern Zeit, das Vernommene in sich aufzunehmen; während bei der so weit verbreiteten Sprechhast die Hörer atemlos hinter dem Redner dreinjagen, die Verbindung mit ihm verlieren und die Lust, ihn anzuhören.

2) Wir sprechen nicht zu leise, sondern *volltönend.* Das heißt nicht, daß wir etwa nach Art mancher Volksredner mangelnden Geist durch ein lautes Organ ersetzen. Nicht die Stärke der Schallwellen, sondern die Kraft der Gedanken entscheidet. Man kann klangvoll sprechen, auch ohne die Hörer mit Phrasen und Schlagwörtern zu erschlagen. Das Geschrei des Demagogen stößt Denkende ab und ruft unlustbetonte Reaktionen wach.

3) Wir sprechen *deutlich und korrekt.* Die meisten sind sprechfaul, verschlucken die Hälfte und überlassen es den Hörern, sich den Rest zu denken. Deutlich sprechen heißt verständlich und gut sprechen. Durch deutliches Sprechen machen wir unsere Gedanken bedeutungsvoll und deutbar. Wir sprechen dann deutlich, wenn wir die Vokale klangvoll, die Konsonanten rein und scharf aussprechen. Jeder Laut muß hörbar sein; Schlamperei in der Aussprache deutet auf nachlässiges Denken und macht die Hörer gleichgültig. Jede Silbe muß ganz gesprochen werden.

4) Wir sprechen *bewußt betonend.* Wer alles, Wichtiges wie Nebensächliches, im gleichen Ton herunterleiert, ermüdet seine Hörer und tötet ihr Interesse. Klangfarbe, Tonstärke und -Ausdruck müssen dem Inhalt des Gesagten entsprechend wechseln und die inneren Bewegungen des Redners fühlbar machen. Es gilt, eindringlich und bildhaft zu sprechen und auf den Rhythmus der Rede zu achten, denn Rhythmus wirkt lockernd und lustweckend.

5) Unsere Stimme soll ansprechender Ausdruck unserer Persönlichkeit sein, den Zauber unseres Wesens offenbaren. Sie tut es, wenn wir unsere Sympathie, unsere Zuneigung bewußt in unsere Stimme hineinlegen, sie durch *Wechsel der Betonung* melodisch machen und darauf achten, daß sie in den verschiedenen Höhenlagen gleich voll klingt. Den rechten Ton finden wir, wenn wir mit unserem ganzen Empfinden dabei sind. Von der Gefühlsbetontheit unserer Vorstellungen hängt der Farbenreichtum unserer Stimme ab und der Grad ihrer Wirkung auf unsere Hörer. Das bunte Auf und Ab des Lebens soll in unserer Sprache sein lebendiges Echo finden.

6) Wir müssen lernen, unsere Stimme zu beherrschen. Die meisten heben ihre Stimme, wenn sie Entscheidendes sagen. Bei Erfolgsmenschen können wir beobachten, daß sie in solchen Fällen ihre Stimme senken – ein Zeichen großer Selbstbeherrschung und Machtbewußtheit. Hier gilt wieder das Gesetz der leib-seelischen Wechselwirkung: je besser wir unsere Stimme beherrschen, desto leichter bestimmen wir unsere Stimmungen und übertragen unsere willentlich geschaffenen Stimmungen auf das Gemüt unserer Hörer.

Sprech-Fehler und -Hemmungen

Sprechstörungen können durch Selbstbefehle und beharrliches Üben bewußten Sprechens behoben werden. Ob wir stottern, stammeln oder lispeln – immer läßt sich das Übel durch rechte Selbstbeeinflussung und Übung verringern oder beseitigen. In der Mehrzahl der Fälle handelt es sich nicht um organische Störungen, sondern um funktionelle Behinderungen, die dem Eingriff vom Unterbewußtsein her zugänglich sind. Die Kraft, die ein Übel hervorrief, vermag es auch am sichersten zu überwinden.

Ursache des Stammelns oder Stotterns war meist ein stark gefühlsbetonter negativer Gedanke – ein stärker gefühlsbetonter positiver Vollgedanke, mit zäher Ausdauer wiederholt, wird das Übel vernichten. Grundgedanke der Selbstbefehle eines Stotterers wird etwa dieser sein: *„Ich spreche frei und fließend!“* Dieser Gedanke wird unter Entspannung des Körpers und der Gedanken in die Tiefen des Unbewußten hineingesprochen, wieder und wieder. Der Wille bleibt ungespannt; denn Willensverkrampfung führt zur Lähmung der Sprechwerkzeuge. Der Übende wird das, dessen Verwirklichung er wünscht, also das freie fließende Sprechen, immer wieder *als vorhanden bejahen* und so das innerlich Vorgestellte aus der geistigen Wirklichkeit in die sinnliche rufen.

Ein Stotterer, der jeden Furchtgedanken durch die lustbetonte Überzeugung fließenden Sprechenkönnens übertönt und vernichtet, ohne irgend eine aus Zweifeln geborene Einschränkung, wird im Augenblick ohne Stocken sprechen. Es mag sein, daß dieser Zustand inneren Freiseins und hemmungslosen Sprechenkönnens anfänglich nur Minuten dauert, weil bald der Druck der negativen Denkgewohnheiten aufs neue einsetzt, weil jedes Bild der Umgebung des Stotterers mit unlustbetonten Erinnerungen an sein Unvermögen geradezu getränkt ist und ihn an seine Schwäche gemahnt, – aber das Eis des Selbstmißtrauens ist gebrochen!

Und wenn er sich immer bewußter aus dem bisherigen falschen Denktrott herausreißt, sein Selbstvertrauen steigert, seine Fähigkeit guten Sprechens immer überzeugter bejaht und sein Inneres gegen alle negativen Einflüsse verriegelt, dann kommt der Tag, wo er aus eigener Kraft seine Schwäche überwunden hat.

Sowie das innere Vorstellungsbild fließenden Sprechens lebendig und zum herrschenden Gedanken geworden ist, ist die Macht der hemmenden Furchtgedanken dahin. Bei einigen ist das in wenigen Tagen der Fall, bei anderen ist wochenlange Selbsterziehung und beharrliches Üben nötig; immer aber bleibt der Sieger, der beharrt!

Man lasse sich von keinem den Mut schmälern. Alles kommt auf das Selbstvertrauen an. Und hat man einmal einen Fehler beim Reden gemacht, was bei jedem vorkommen kann, dann lasse man sich nicht dadurch beirren, sondern übersehe den Fehltritt, stehe sofort wieder auf und gehe weiter, als ob alles in Ordnung sei. Dann finden es auch die andern in der Ordnung.

Man sei auch nicht allzu ängstlich in der Beachtung technischer Äußerlichkeiten beim Reden. Wichtiger als diese ist die Gewöhnung an selbständiges und bildhaftes, selbstvertrauendes und überlegendes Denken. Wer seine Gedanken übersichtlich beieinander hat, hat die Voraussetzung erfolgreichen Redens geschaffen. Wer klar denkt, kann sich auch klar, flüssig und faßlich ausdrücken.

15 Merkmale erfolgreichen Redens

1. *Begeistert reden!* Das eigentlich Überzeugende und für den Erfolg Entscheidende ist das tief-innere Durchdrungensein von dem, was wir sagen. Unsere Begeisterung spricht zum Gemüt und versetzt die Hörer in Spannung. Unser Hingegebensein läßt fühlen, daß wir ihnen Wesentliches zu sagen haben, es läßt unsere innere Bewegung auf die Hörer überspringen und reißt sie mit. Der Glaube, für den wir in unseren Worten *zeugen,* wird in den Hörern zur *Überzeugung.*

2. *Mit dem Herzen reden!* Wir sprechen wirkungsvoll, wenn wir nicht das Hirn allein, sondern zuerst das Herz reden lassen, vom Menschlichen ausgehen, die Hörer bei ihrem eigenen Leben packen, zu ihrem Gefühl sprechen. Was wir mit dem Herzen ergreifen und aussprechen, werden die Hörer begreifen und bejahen. Hier gilt die goldene Regel rechten Redens: *Empfinde die Gefühle, die Du in anderen erwecken willst, zuerst selbst!* Dann wird der Ton der Sprache in den Hörern entsprechend gefühlsbetonte Vorstellungen und Willensimpulse erwecken.

3. *Mit dem Munde des Hörers reden!* Unser Wort wird Tat,

wenn wir vom Standpunkt der Hörer aus sprechen, uns ihrem Denkkreis anpassen, das Thema vom Sehwinkel der Zuhörer aus beleuchten. In den Vordergrund rücken wir nicht das, was uns, sondern was unsere Hörer bewegt, gehen von ihren Interessen aus und führen sie von dort aus höher. Der Brennpunkt unserer Rede hat bei den Zuhörern zu liegen, in Befolgung der Erkenntnis: Das Interesse, das wir unseren Hörern entgegenbringen, wird uns wiederum von ihnen entgegengebracht!

4. *Wohlgestimmt reden!* Die Wirkung unserer Worte auf die Hörer hängt weiter von der Stimmung ab, mit der wir unsere Rede beginnen und enden. Unsere Seelenstimmung wird durch das Medium des Worts auf die Umwelt übertragen. Sind wir beim Reden mißgestimmt, werden es auch die Hörer. Sind wir ängstlich oder verwirrt, werden unsere Hörer unruhig und zerstreut. Reden wir hochnäsig, von ‚oben herab', werden die Hörer unwillig und wenden sich innerlich ab. Der gute Redner fühlt jede Stimmungswandlung seiner Hörer, sieht, ob er sie langweilt oder fesselt, anregt oder vor den Kopf stößt; je nachdem ändert er Ton, Ausdrucksweise, Bilder und Beispiele seiner Rede. Es gilt also nicht nur die eigene Sprache zu meistern, sondern auch die Gebärden-Sprache der Hörer zu verstehen und von innen her bewußt zu be-stimmen.

5. *Deutlich reden!* Unsere Rede sei eindeutig und bestimmt, deutlich und zugleich bedeutungsvoll. Deutlich reden heißt volkstümlich reden und entbehrliche Fremdwörter meiden. Unverstandene Fremdwörter wecken feindliche Stimmungen in den Hörern; sie wirken blutleer.

6. *Positiv reden!* Die Zuneigung der Hörer erweckt, wer allem, was er sagt, eine bejahende Form gibt. Nicht nur der Inhalt eines Satzes, auch Wortlaut und Art der Aussprache müssen positive Stimmung, Kraft und Fülle atmen. Positiv reden heißt Gutes reden. Gutes reden heißt gut reden. Es gibt vier Arten falschen Redens, die zu meiden sind: lügen, verleumden, roh reden, Unnützes reden. Und vier Arten rechten Redens: wahr reden, freundlich reden, liebevoll reden, zweckvoll reden.

7. *Spannend reden!* In unserer Sprache muß jene Höflichkeit des Herzens zum Ausdruck kommen, die uns die Sympathie der Hörer einträgt. Das heißt vor allem: unterhaltsam reden, nicht

durch Langeweile einschläfern, in allem ursprünglich und geistvoll sein. Wenn die Hörer müde werden, behandeln wir sie wie unruhige Kinder: wir erzählen ihnen eine spannende Geschichte. Besonders bei Beweisführungen während der Rede ist solche Spannungssteigerung angezeigt. Sie ist dem Einschlagen eines Nagels vergleichbar: zuerst schlägt man vorsichtig zu, um den Nagel nicht zu verbiegen, dann immer fester, bis der letzte und härteste Schlag den Nagel hineintreibt.

8. *Bildhaft reden!* Wir reden anschaulich, indem wir farbenreiche Bilder, packende Beispiele verwenden, die die Hörer spannen und entspannen. Wir müssen innerlich in lebendig bewegten Bildern sehen, was wir reden, und es so aussprechen, wie wir es sehen, dann wird der Erfolg uns folgen wie der Schatten dem Mann! Bilder bergen Bewegungen und bringen die Hörer in Bewegung. Bewegte Hörer sind folgsame Hörer. Wir ersetzen darum allzu gedankliche Worte durch mit Kraft, Leben und Tat erfüllte Begriffe. Die meisten Menschen haben ein Seh-Gedächtnis; darum gilt es, das innere Gesicht, die Phantasie der Hörer, in Tätigkeit zu setzen, sie die Dinge, die wir schildern, wie lebendige Vorgänge schauend miterleben zu lassen, die Bilder mit Worten auszumalen, wie der Maler mit Farben ausschmückt. Das Bildhafte ist immer schmuckhaft und schmackhaft.

9. *Ansprechend reden!* Wir achten aber nicht nur auf die Bildhaftigkeit, sondern auch auf die natürliche Schönheit des Vortrages. Unsere Rede sei weder eine Schreibe noch eine Lese, sondern eine Aussprache mit den Hörern. Was wir sagen, sagen wir so bedeutungsreich wie möglich. Es lohnt sich, darüber nachzudenken, ob ein Gedanke sich nicht noch einleuchtender und einprägsamer ausdrücken läßt. Kleiden wir nicht beispielsweise wichtige Feststellungen oft in die Form einer Frage, über die kein Zweifel herrscht, die unsere Hörer genau so beantworten werden wie wir selbst? Solcher Mittel, eine Rede lebendig zu machen, gibt es viele.

10. *Mit Humor reden!* Wer in seinen Reden einer heiter-gelassenen, überlegenen Lebensauffassung Ausdruck gibt, gewinnt die Hörer eher als der trockene Pedant, der wütende Hasser oder der fanatische Eiferer. Unser Humor mag in einem kleinen Beiwort oder Nebensatz aufleuchten oder durch eine etwas auffällige Beto-

nung spürbar werden. Das ist angemessener als das Einflechten von Anekdoten oder krampfhaften Witzigkeiten. Alles Würzen geschehe mit Maßen, insbesondere das Würzen einer Rede mit dem sonnigen Gold herzhafter Lebensbejahung.

11. *Sachlich reden!* Ein guter Redner wird nie ausfällig oder gehässig, vermeidet Zynismus und andere Unschönheiten im Vortrag. Der Grundcharakter seiner Rede ist Harmonie. So vermeidet er auch den störenden Eindruck, als wolle er den Hörern seine Meinung aufpfropfen. Eine Rede soll nicht überreden, sondern überzeugen. Um das zu erreichen, werden wir nichts behaupten, was wir nicht auch beweisen oder verständlich machen können.

12. *Kurz reden!* Gut redet, wer mit möglichst wenig Worten möglichst viel sagt. Wer zu lang redet, zeigt mangelnde Meisterschaft in der Kunst der Rede. Am beredtesten ist der, der nur sagt, was zur Sache gehört. Legen wir darum unsere Worte auf die Goldwaage, denn *wer seine Worte wägt, gibt ihnen Gewicht und Wucht!* Man falle nie durch Länge lästig. Eine Rede, die dreiviertel Stunden übersteigt, ermüdet; das Unterbewußtsein wird widerspenstig, die Hörer werden unruhig oder vom Wortüberfluß eingeschläfert. Eine gute Rede besteht aus einem Drittel dessen, was man sagen möchte.

13. *Zum Thema reden!* Nicht alles, was uns beim Reden einfällt, muß auch ausgesprochen werden; erst recht nicht, was nicht zur Sache gehört. Langatmige theoretische Erörterungen, die allzu gespanntes Mitdenken voraussetzen und rasch ermüden, gehören nicht in eine Rede, sondern in einen wissenschaftlichen Vortrag. Wiederholungen sind ebenso zu meiden wie die schlechte Angewohnheit, ‚auf der Stelle' zu reden, lange bei einem Punkt zu verweilen. Man werde nie zu erschöpfend, um die Hörer nicht zu erschöpfen.

14. *Einfach reden!* Der Satzbau sei ungekünstelt und übersichtlich, der Ausdruck knapp und treffend. Je kürzer die Sätze, desto stärker ihre positive Ladung. Eine gute Rede enthält mehr Punkte als Kommata. Nebensätze überläßt der Redner dem Schreiber. Je klarer der Kopf, desto einfacher der Satzbau, und desto leichter wird man verstanden. Alles Große ist ein-fach. Unser Unterbewußtsein reagiert am zuverlässigsten auf Bejahungen, die in die Form kurzer, eindeutiger Sätze gefaßt sind. Vom Unterbewußtsein der Hörer gilt das Gleiche.

15. *Mit Pausen reden!* Die meisten Redner, und keineswegs nur Anfänger, machen den Fehler, daß sie ihre Rede allzu rasch herunterhaspeln, als ob der Eilzug auf sie warte. Wer hierzu neigt, gewöhne sich, häufig Atem-Pausen für sich selbst und damit Denkpausen für die Hörer einzuschalten. Die Hörer brauchen Augenblicke der Besinnung, um zum Sinn der Rede vorzudringen.

ENTSTEHUNG DER REDE

Das *Entwerfen* der Rede kann auf die gleiche Art geschehen wie beim Schreiben. Den Ausgangspunkt bilden unsere Gedanken: wir schreiben sie so, wie sie aus dem Gedächtnis heraufsteigen, auf Zettelchen, ebenso kritische Bemerkungen, Bedenken, Einwände, ferner Daten und Zitate, die zum Thema gehören.

Fällt uns nichts mehr ein, erfolgt eine vorläufige Ordnung der Zettel, bis das Skelett der Rede durchschimmert. Nun werden die einzelnen Notizen weiter bearbeitet, Verwandtes oder zueinandergehöriges wird auf einem neuen Zettel zusammengezogen, die alten Zettel weggeworfen. Jeder Vermerk wird daraufhin geprüft, ob er ‚der Rede wert' ist. Überflüssiges wird ausgeschieden.

Bei dieser Sichtung des Wesentlichen vom Unwesentlichen wird die Zahl der Zettel immer geringer, während Gang und Anordnung der Rede immer klarer hervortreten und sich zu einem Denkplan, einer Gliederung verdichten, die wir kurz aufzeichnen.

Nach diesem Denkplan erfolgt nun die endgültige Ordnung der Zettel – nach den durch den Denkplan gegebenen Gesichtspunkten, also zeitlich oder ursächlich, nach Gegensatz-Paaren und anderen in der Sache liegenden Richtlinien. Dabei schälen sich heraus: die Einleitung, der Hauptteil, die Unterteile, die füllenden Beispiele, die entscheidenden Leitgedanken, der Schluß.

Was sich an den *Verstand* wendet, nehmen wir in die erste Hälfte des Hauptteils auf, was zum *Gefühl* spricht, in die zweite. Widerlegungen früherer Einwände von Gegnern rücken wir nach vorn; die stärksten Argumente kommen zu einem Drittel an den Anfang, zu zwei Dritteln ans Ende des Hauptteils.

Jetzt enthält die Zettelfolge gewissermaßen die ganze Rede,

deren einfaches Schema nun lebendig vor unserem geistigen Auge steht. Es gilt jetzt nur noch, das im Geiste geordnet Vorhandene auszusprechen: Wir halten, zur Belebung unseres Sicherheits-Gefühls, anhand der Rede-Zettel eine Generalprobe ab, wobei wir auf die schon gezeigte Weise unsere Rede vor einer imaginären Zuhörerschaft halten.

Für den Anfänger ist es zweckmäßig, an Hand der Zettel die Rede das erste Mal niederzuschreiben, um den einzelnen Gedanken durch das Suchen nach seiner besten Prägung dem Gedächtnis nachhaltig einzuprägen. Das empfiehlt sich auch bei wissenschaftlichen und fachlichen Reden, bei denen es auf die Vermittlung oft schwierigen Stoffes ankommt.

Auf keinen Fall aber sollte dieses Manuskript später vorgelesen werden, es sei denn, daß man es fertigbringt, ohne allzu große Abhängigkeit vom Wortlaut so wirksam zu sprechen, so viel ursprünglicher innerer Bewegung in seinen Worten Ausdruck zu geben, daß kein Hörer das Empfinden hat, daß es sich um eine Vorlesung handelt.

Falsch ist es, eine Rede wie ein Schüler auswendig zu lernen. Denn das heißt schlecht sprechen und neuen Einfällen den Zugang zum Bewußtsein verbauen.

Nach einiger Übung wird der Anfänger immer mehr nur das Gerippe der Rede in Stichworten festlegen und nur noch Anfang und Schluß, wichtige Thesen, Zitate, etwa zu behandelnde Entschließungen und ähnliches im Wortlaut fixieren. Denn man spricht umso flüssiger, je freier man sich von schriftlichen Unterlagen macht. Wichtiger als die Disposition auf dem Papier ist die Gliederung der Rede, die man im Kopfe hat.

VERLAUF DER REDE

Unmittelbar vor der Rede gehen wir in die Stille und überlassen uns dem wohligen Bewußtsein tiefsten inneren Friedens. Aus diesem Frieden schöpfen wir beim Reden unsere Kraft; aus ihr wächst der für den Redeerfolg nötige seelische Bereitschaftszustand, die große Konzentration unseres Unterbewußtseins. Wir sind innerlich ruhig und gelassen und betrachten unsere Rede als etwas selbstverständliches. So werden Entgleisungen unmöglich. Hindernisse, die auftauchen könnten, sind schon im voraus überwunden.

Eine Rede, die aus der inneren Stille hervortönt, hat auf die Hörer eine besondere Wirkung: sie erweckt in ihnen das Gefühl, einer bedeutenden Macht gegenüberzustehen. Die Zuhörer werden unwillkürlich stiller und aufmerksamer und spiegeln so jene innere Ruhe, der wir uns verbunden fühlen.

Mit dieser Einstellung überlegener Ruhe und Sicherheit treten wir vor die Hörer wie vor einen Kreis lieber Freunde, mit denen wir uns über die uns am Herzen liegenden Dinge aussprechen wollen. Auf dem Podium kehren wir nochmals für eine Sekunde zurück in das Reich der Stille, atmen tief ein und aus, uns beim Ausatmen in Gedanken mit den Herzen der Hörer verbindend. Wir fühlen diesen Kontakt lebendig. Wir konzentrieren uns auf den Gedanken, daß wir in diesem Augenblick zur Sonne des ganzen Kreises werden und zu strahlen beginnen. Die Seelen der Hörer wachen auf und wenden sich der Sonne zu, um ihre leuchtende Wärme zu empfangen.

Ist die Versammlung noch unruhig, dehnen wir unser Schweigen um einige weitere Sekunden aus, mit jener inneren Einstellung, wie sie in Schillers ‚Fiesco' Ausdruck findet: „Schweig! Ich bin gewohnt, daß das Meer aufhorcht, wenn ich rede."

Sind wenig Hörer gekommen und sitzen diese weit verstreut im Saal, bitten wir sie oder lassen sie bitten, nach vorn zu kommen und zusammenzurücken, um besser mit ihnen in Kontakt zu gelangen. Denn ein weithin zerstreutes Publikum stört die Sammlung des Redners. *Packen* kann man nur, was *beieinander* ist – gleich, ob es Dinge oder Menschen sind.

Anfällen von *Lampenfieber,* die manchen Redner beklemmend erfassen, begegnen wir wie folgt: wir atmen zunächst tief und gründlich aus, uns dabei in Gedanken völlig entspannend und lockernd; dann atmen wir tief, langsam und bewußt mehrmals ein und aus, nur an den Rhythmus des Atems hingegeben. Wir fühlen, wie unser Herz ruhig wird, der Kopf klar, die Überlegung zurückkehrt. Beim nächsten Ausatmen sprechen wir dann die Anrede.

Besonders gilt es auf den Atem zu achten: je freier und bewußter wir atmen, desto entschiedener sprechen wir und desto vollkommener überzeugen wir. Wir müssen in Gedanken den ganzen Raum mit unserem Atem erfüllen, müssen uns der Weite des Raumes bewußt werden, um uns von falschen Gefühlen der Enge, des Beengt- und Ängstlichseins freizuhalten. Wo keine Furcht ist, ist auch kein Mißlingen.

Die Ohren werden während der Rede weitgehend ausgeschaltet: Wir hören nichts außer unserer Stimme. Auf Zwischenrufe gehen wir während der Rede selbst nicht ein, außer dort, wo das Thema die Erledigung eines Einwands ohne Abschweifung möglich macht.

Zwischen Anrede und ersten Satz der Rede legen wir eine Pause von einigen Sekunden, umfassen nochmals mit sympathischem Blick den ganzen Hörerkreis und geben uns dem Gefühl der Verbundenheit mit allen Anwesenden hin. Wir spüren: jetzt ist der Kontakt und die seelische Gleichrichtung aller erreicht.

Die ersten Sätze sollen die Sinne der Hörer beschäftigen, in ihnen das Gefühl der Spannung wachrufen, ihr Interesse auflodern lassen. Die Hörer müssen fühlen, worauf der Redner hinaus will, und zugleich neugierig werden, wie der Redner wohl zu diesem Ziel hingelangen wird. Ihre Hörwilligkeit muß erregt, ihre Denkwilligkeit geweckt werden. Am besten erreichen wir dies durch knappe Einleitungs-Sätze, die die Hörer ohne Umschweife an das Thema heranführen, auf Grund, Zweck und Ziel der Rede hindeuten. Von da aus ist die Überleitung zum Hauptteil der Rede nicht schwer. Wissen die Hörer, was wir wollen, können die nächsten Sätze der vorläufigen Andeutung der Wichtigkeit der Lösung der von uns aufgeworfenen Frage und der Aufzeigung der Gliederung der Rede dienen. Die Hörer folgen umso teilnehmender, je lebendiger sie das Fortschreiten der Darlegungen miterleben und überblicken.

Wir können in der Einleitung aber auch von Dingen und Ereignissen ausgehen, die im Augenblick aktuell sind und alle Gemüter bewegen, um von dort aus zum Thema überzugehen. Oder wir geben einer Zeitstimmung herzhaften Ausdruck, sei es durch zum Gefühl der Hörer sprechende Worte oder durch das Wort eines Dichters oder Denkers, das mit der Stimmung der Hörer parallel läuft.

Am erfolgsichersten ist es, mit einem packenden Bild, Beispiel oder Vergleich aus dem Leben zu beginnen oder mit der Schilderung eines Erlebnisses oder Vorganges, der in den Hörern die Vorstellung einer Bewegung wachruft und ihre Aufmerksamkeit fesselt.

*

An die Einleitungssätze fügt sich der *Hauptteil*, der die überzeugende Darlegung der Hauptpunkte des Themas bringt. Wichtig ist dabei, daß unsere Rede häufiger den roten Faden erkennen läßt, der sich durch alle Einzelheiten hindurchzieht und zeigt, daß es ständig vorangeht. Sehen die Hörer die Gliederung einer Rede, dann können sie die einzelnen Gedanken zu Gruppen zusammenfassen und über diese hinaus zu den leitenden Ideen der Rede vorstoßen. Die Hörer haben zu tun, werden in Bewegung gehalten – die unerläßliche Voraussetzung ungeschmälerter Teilnahme.

Im übrigen sprechen *wir* eigentlich nur zu Beginn und am Schluß unserer Rede; das übrige sagt das *,Es'* in uns, der Geist in uns, unser Unterbewußtsein, richtiger: unser Selbst, unser Überbewußtsein. Wir brauchen uns um so weniger um die Fortführung der Gedanken zu sorgen, je mehr wir unser Selbst sprechen lassen und uns auf seine Hilfe verlassen. Es ist der beste Stegreif-Redner und legt uns alles, was zur Sache zu sagen ist, in organischer Folge auf die Zunge. Wir brauchen unsere Rede nicht auswendig zu lernen, sondern halten sie nach dem inwendig in uns abrollenden Gedankenfilm, wobei unsere Beredsamkeit mit der Hingabe an das innerlich Geschaute wächst.

Wir müssen uns für den Gegenstand unserer Rede erwärmen: von einer bestimmten seelischen Temperatur ab fließt der Strom unserer Beredsamkeit immer ungehinderter dahin und reißt die Sinne und Herzen der Hörer mit. Eine wachsende Fülle innerer Bilder steigt vor unserem Auge auf und macht es uns leicht, bildhaft und eindringlich zu sprechen.

Allerdings macht diese Art des Redens die Kontrolle der Worte nicht entbehrlich. Wir müssen uns selbst zuhören, uns überwachen und bei Abweichungen einzugreifen bereit sein. Für durch äußere Ablenkungen verursachte Stauungen im Denk- und Redefluß halten wir einige allgemeine Übergangssätze bereit, die zum nächsten

Punkt der Rede hinführen. Mit einigen Worten: „Nun ist noch ein wichtiger Punkt zu beachten“ oder „Was ergibt sich nun aus dem bisher Gesagten?“ oder „Es taucht nun die interessante Frage auf...“ oder „Nicht minder wichtig ist eine andere Seite der Sache“ und ähnlichen Überleitungs-Sätzen wird auf die neue Richtung umgeschaltet und die Rede fließt weiter.

Restlose Stoffbeherrschung ist unerläßlich. Die Hörer müssen fühlen, daß wir nur ein Weniges aus der Fülle geben. Das heißt nicht, daß wir so tun, als ob wir alles wüßten und die Hörer nichts. Es heißt auch nicht, eine solche Überfülle auszubreiten, daß die Hörer erdrückt und niedergedrückt werden, Miko's bekommen und verstimmt denken: „Das ist uns zu hoch, das verstehen wir nicht.“

Die Kunst liegt vielmehr darin, das zu Vermittelnde so zu entwickeln, als ob wir es gemeinsam mit den Hörern Schritt um Schritt erobern und mit ihnen zusammen emporsteigen. Der erfolgreiche Redner spricht nie *zu*, sondern *mit* seinen Hörern; er denkt mit ihnen und läßt ihnen das Vergnügen, aus den von ihm aufgezeigten Prämissen selbst die rechten Schlüsse zu ziehen, die gewissermaßen von ihm bestätigt werden.

Neues muß, wenn es von den Hörern willig aufgenommen werden soll, mit ihnen schon Bekanntem durchsetzt und verknüpft werden. Dann werden die Hörer mit uns fühlen, denken und wollen, sich mit uns begeistern. Jetzt hat sich das Kraftfeld unserer Gedanken über den ganzen Hörerkreis ausgebreitet.

*

Der *Ausgang* der Rede ist die Krönung des Ganzen: er soll Überlegenheit, Sicherheit und Gelassenheit künden und ein Appell an die Hörer sein, dem Sinn der Rede gemäß zu handeln.

Ein Appell ist immer kurz, darum darf der Schluß der Rede nicht an ein Bächlein gemahnen, das langsam im Sande versickert. Kein langsamer Abgesang soll der Schluß der Rede sein, sondern letzte, höchste Steigerung bringen, mit einem hörbaren Ausrufezeichen schließen, dem Wollen und Fühlen der Hörer ein lustbetontes Ziel setzen.

Der gute Redner hört auf, wenn es den Hörern am besten schmeckt, wo es am interessantesten ist. Er sorgt, daß die Hörer ihm an Schluß freudig zustimmen: „Genau so ist es! Gerade dies muß geschehen!“ und leise bedauern: „Hätte er doch etwas länger gesprochen!“

Ein Blick auf die Zukunft oder auf ein hohes Ideal mache den letzten Satz zu einem lebendigen Ruf an die Herzen der Hörer, das Ihre zur Verwirklichung des Ideals zu tun, weise ihnen eine lustbetonte Aufgabe zu und lasse sie fühlen, welch Großes ihnen zugetraut und von ihnen erwartet wird.

Wenn wir am Schlusse steigern, sprechen wir zunehmend eindringlicher, wobei sich die Stimme langsam hebt oder senkt, ohne laut zu werden. Die letzten Sätze müssen vom Gefühl verstärkter Sympathie getragen sein, um Gefühl und Willen der Hörer zu erregen. Das letzte Wort möge wie ein Schlußstrich wirken oder wie ein: „Damit habe ich bewiesen, was ich eingangs behauptete!“ Die Hörer sollen am Schluß innerlich bejahen: „Der Redner hat recht. Wir haben ihn verstanden. Wir stimmen ihm zu!“

Nach dem letzten Wort lassen wir nochmals den Blick kurz über die Versammlung schweifen, unserer sonnengleichen Stellung gedenkend, dann danken wir den Hörern durch ein Wort oder eine Verbeugung und verlassen das Podium so gelassen, wie wir es betraten. –

In der der Rede folgenden *Diskussion* zeigt sich, ob der Redner ein rechter Seelenschmied ist. Hier gilt es nicht nur gründliche Kenntnis der Materie zu beweisen und gegnerische Einwände spielend zu widerlegen, sondern auch durch die Überzeugungskraft der Rede die Hörer zu gewinnen und im Schlußwort den sympathischen Kontakt mit den Hörern erneut bewußt zu machen.

Schon Heraklit nannte die Rhetorik die „Anstifterin zu Kniffen“. Um etwaige Überrumpelungsversuche von Gegnern erfolgreich zurückzuschlagen, werden wir uns in der nächsten LW mit den Regeln der Verhandlungskunst, mit der Diplomatie des Gesprächs vertraut machen.

Meister des Worts werden wir, wenn wir dem Geheimnis der Macht des Wortes beharrlich nachspüren und lernen, das Wort wieder bewußt, lebendig, dynamisch zu machen. Wir lernten bereits den *Selbstbefehl,* die *Bejahung* kennen als das Wort, das gesprochen wird, um Fleisch zu werden. Schreiten wir darüber hinaus zur Beseelung des Wortes.

Beseelen heißt zugleich verstofflichen, so daß das Wort sichtbar wird. In der ‚Lebensschule' ist wiederholt versucht, ein Wort zu versinnlichen, seinen Sinn im Spiel, im Beispiel oder Wortspiel, herauszuentwickeln, in der Worthülle die Wortseele sichtbar zu machen.

Versuchen Sie einmal selbst, sich auf den inneren Sinn der Wörter zu besinnen, die Sie täglich gebrauchen. Sie machen das Wort dadurch lebendig:

Das für manche so erdrückende *‚Alleinsein'* wird, tiefer gesehen, eine Brücke zu inseitigem *‚All-Einssein'*, das tausendmal mehr wert ist als das Beisammensein mit andern, bei dem man sich oft weltenfern ist.

Wo der Alltagsmensch nach einer *‚Empörung'* über Unedles, das ihm oder andern widerfuhr, niedergeschlagen ist, lassen wir uns von unserer Empörung *‚empor-tragen'*, erheben uns triumphierend über das Ungute und überwinden es von oben her. Wir erkennen dann, daß, wenn wir etwas ‚überstehen' wollen, wir zuvor darüberstehen müssen.

Wir gewahren, daß die meisten deshalb *‚enttäuscht'* sind, weil sie noch nicht ‚ent-täuscht' sein wollen, weil sie an der Täuschung, dem Sinnenschein des Lebens, hängen. Sie erkennen nicht, daß ihr *‚Ungemach'* von ihnen selbst un-gemacht, zu nichts gemacht werden muß durch rechtes Denken, Besinnen und Tun.

Auch das spüren sie kaum, daß jedes Wort ein Ausdruck des Geistes ist: daß der Geist nach außen drückt, sich im Wort wie im Ton sichtbar offenbaren will. Sie wissen wenig von der beglückenden wie verhängnisvollen Macht ihrer Worte und sehen nicht, daß sie alles, was sie *„äußern"*, von der inneren Welt nach *außen* ziehen und zu äußerer Verwirklichung treiben.

Infolgedessen erkennen sie auch nicht, daß, was ihnen *‚Zufall‘* scheint, ihnen nach dem Gesetz des Ausgleichs gerechterweise *zufällt*.

Erst dem Weisen wächst *Einsicht* zu *Innensicht* und *Eins-Sicht:* er erkennt als eines, was dem Sinnenmenschen räumlich, zeitlich oder ursächlich getrennt erscheint.

Ihm schimmert durch alle *‚Notwendigkeit‘* bereits die *Wende der Not* hindurch. Er weiß, daß alles Gute, das dem Unerwachten ‚von selbst‘ zu kommen scheint, *vom Selbst* her bejaht und verwirklicht werden muß.

Was die Träumer der Welt schwer fassen, wird ihm zur Selbstverständlichkeit: daß *‚Selbstbewußtsein‘* wenig, *Selbst*-Bewußtsein alles ist.

Erst wenn diese Lebensblinden *‚ent-schlafen‘*, werden sie zumeist, im Verlust des Sinnenleibes, dem Erden-*Schlaf ent*-rissen.

Der Lebensschüler wird schon während seiner Erdenpilgerfahrt vom Schein zum Sein vorzudringen suchen, hinter der Hülle des Worts seine Seele aufspüren und sich vom Wortlaut künden lassen, was in ihm west und wirkt. Und er wird, wenn er mit andern redet, die Seele des Wortes wirken lassen, so daß die andern ihn gern hören und ihm willig folgen. In der Tat: Wir wandeln das Wort zur Waffe des Geistes, wenn wir es durch bewußtes Sprechen dynamisch machen, wirkkräftig, wirkungsträchtig, wenn wir es – in Besinnung auf die innere Kraft – im Namen Gottes in uns sprechen. Wenig scheint dann noch sagenswert, aber wie wichtig und wuchtig wird dies Wenige! –

Die wirkende Kraft eines Worts liegt nicht in der Aufeinanderfolge seiner Vokale und Konsonanten, sondern in der Seele des Worts. Der Atem des Geistes muß uns aus ihm anwehen, das Innerste selbst, das innerste Selbst muß uns aus ihm ansprechen. Das geschieht zuerst im Schweigen.

Das beste am Reden ist das Schweigenkönnen. Nur der Schweiger weiß zu seiner Stunde wirkungsvoll zu sprechen. Er spricht nicht ohne Grund und Anlaß, macht das Wort zum Mittel und Mittler.

Blicken wir allabendlich auf den Tag zurück und prüfen wir, ob, was wir tagsüber sprachen, wahr war, gut und notwendig. Und beschließen wir, in Zukunft noch mehr alles, was wir reden, auf die Waage der Wahrheit und Notwendigkeit zu legen. Gut spricht, wer selten spricht. Wenn Schweiger reden, hält die Welt den Atem an.

Auf noch höheren Stufen können wir des Wortes mehr und mehr entraten: wir verstehen einander schweigend und hören den Ruf des Geistes auch im Lärm der Außenwelt. Wir beherrschen nicht nur die lautliche Sprache, sondern auch das mächtigere Mittel der lautlosen Sprache, vernehmen die *Stimme der Stille*, die Sprache Gottes in uns und der Gottheit über uns.

Im Schweigen offenbart sich uns die Dreifaltigkeit des Wortes: hinter der lautlichen Hülle erkennen wir den beseelenden Gedanken, und hinter diesem spüren wir den wirkenden Geist. Wir erkennen, daß schon das äußerlich gesprochene Wort mehr ist als nur Mittel des Gedankenaustausches von Hirn zu Hirn, daß in ihm eine Kraft lebendig wird, die nach Wirklichkeit trachtet und von Herz zu Herz schwingt.

Wie der Mensch aus der Dreieinheit Leib-Seele-Geist besteht, so ist das Wort dreigeteilt in Wortlaut, Wortseele und Wortgeist.

Die meisten vernehmen bei einem Wort nur den *Ton,* erblicken nur das Äußere, die stoffliche Hülle. Das verhüllte Innere bleibt ihnen verschlossen. Manche erfassen den *Sinn* des Wortes, seine Seele. Aber wenige nur ergreifen den *Geist* des Wortes und machen ihn in sich lebendig. Fruchtbar aber wird das Wort nur, wo Seele und Geist sich ent-hüllen.

Damit berühren wir die Frage der *Verant-wortung des Worts:* Wer bewußt spricht, entfesselt innere Kräfte, die auf die Umwelt umwandelnd wirken. Jedes Wort offenbart sich ihm als Keim und Beginn neuen Geschicks. Einst wußte man um diese Macht, als man noch das Unglück ‚be-sprach', indem man dem entgegengesetzten Guten bewußt Ausdruck gab und das Übel gewissermaßen beiseitedrückte. Heute sind die wenigsten sich der Verantwortung des Worts bewußt. Die Masse bedenkt nicht, daß unrechtes Reden gleich verhängnisvoll wirkt wie falsches Denken, daß ein Wort vernichten und beglücken kann, Hölle und Himmel in sich birgt, daß „Tod und Leben in der Gewalt der Zunge liegt", daß jedes Wort ein zweischneidig Schwert ist, das den Träger der Waffe oft furchtbarer verletzt als den, gegen den es gezückt war.

Jedes Wort ist ein Samenkorn: einmal ausgestreut, wächst es, blüht und trägt neuen Samen. Jedes Wort ist der Anfang einer Geschehenskette, deren letzte Auswirkungen nach dem Gesetz des Ausgleichs früher oder später zu uns zurückkehren.

Jedes Wort ist Dynamit. Schon mancher hat eine unscheinbare Wortbombe, einen Fluch, gegen andere geschleudert und damit größeres Unheil geschaffen, als er sich vorzustellen vermag. Ein Fluch ist ein konzentrierter, dynamischer, hochexplosiver, in die Kapsel eines Wortes gebannter Vernichtungsgedanke.

Ein solcher Fluch *wirkt* aber nur, wo die Furcht regiert: nur weil die mit einem Fluch Bedachten selten ein gutes Gewissen und darum Angst haben, geht der Fluch in Erfüllung. Die Furcht treibt den ‚Verfluchten', sich mit dem Fluch zu befassen: er konzentriert sich auf das Angedrohte, zieht es durch das gefühlsbetonte Darandenken in sein Leben und bringt es zur Verwirklichung. Wo keine Furcht ist, bleiben Flüche ohne Wirkung. Zur Tat wird eine Fremdsuggestion immer nur so weit, als sie zur Autosuggestion wird.

Novalis sagt, daß „jedes Wort ein Wort der Beschwörung ist. Welcher Geist ruft, ein solcher erscheint." Wenn wir bewußt Gutes sprechen, wird die Macht des Guten in unserem Leben täglich wachsen. Das lebendige Wort wandelt das Innere der Wesen und das Gesicht der Dinge; es wendet die Geschicke Einzelner wie ganzer Völker. Es kann Mauern durchdringen und niederreißen, die der Mensch in sich zwischen Wirklichkeit und Schein errichtet hat.

Wer das rechte Wort spricht, schafft die entsprechende Wirklichkeit. Wer nicht mehr sagt: „Ich kann nicht", sondern „Ich kann!", der ruft schlummernde Kräfte zur Tat. Unsere einzige Beschränkung ist die, die wir uns, falsch denkend, selbst auferlegen.

Sprechen wir: *„Ich bin!"*, dann sprechen wir das Wort unseres Lebens: das Wort unseres Selbst-Erwachens. Nun klagen wir nicht mehr: „Ich bin krank, arm, schwach!" Das tut nur, wer nicht weiß, daß er als sein Schicksal auswählt, was er ausspricht. Sondern wir sagen: „Ich bin stark, gesund, reich. Ich bin eins mit dem Quell alles Guten!" – und *werden* es!

Doch nicht jedem „es werde!" folgt die Wirkung sofort sichtbar. Es kommt auf die Gefühlsgeladenheit und Kraftbewußtheit an, mit der wir das entscheidende Wort sprechen. Ist unser Denken beim

Sprechen auf nur-materielle Dinge gerichtet, werden vergängliche materielle Ergebnisse die Frucht sein. Ist unser Denken beim Sprechen auf das Höchste gerichtet, werden wir auch höchste Wirkungen ausüben. *Alle Macht ist in uns* – aber nur ein dem All-Guten zugewandtes Herz vermag sie voll zu wecken.

38. WOCHE:

RICHTIG VERHANDELN

> „Ist Behutsamkeit nötig, einen Brief zu schreiben, der eine überlegte und schriftliche Unterhaltung ist, wie viel mehr bei der gewöhnlichen Unterhaltung, in der die Klugheit eine unvorbereitete Prüfung zu bestehen hat. Um es recht zu treffen, muß man sich der Gemütsart und dem Verstande des Mitredenden anpassen. Beim Verhandeln ist weise Zurückhaltung oft wichtiger als Beredsamkeit."
>
> Gracian

Neben der Beachtung der Grundregeln der Redekunst und der Macht des Wortes ist die Beherrschung der *Diplomatie des Gesprächs* und die Erziehung zu blitzartiger *Geistesgegenwart und Schlagfertigkeit* unerläßlich, sowie wir vom Vortrag zur Diskussion, vom Referat zur Aussprache schreiten oder an Verhandlungen teilnehmen.

Auch hier geht es weniger um die Verhandlungstechnik als um ihre Dynamik, also um die Kunst psychodynamisch richtigen Verhandelns und Behandelns.

Manche meinen, das ‚Verhandeln' sei eigentlich keine Leistung. Das sind dieselben, die einerseits den Standpunkt vertreten, daß man alles widerlegen könne, weil sich zu jedem Satz ein Gegen-Satz aufstellen und begründen lasse, die andererseits schon von mittelmäßigen Partnern zurückgedrängt oder geschlagen werden und dann auf die Schlechtigkeit der Menschen schimpfen.

Das Verhandeln ist eine Kunst, deren Meisterung notwendig und gewinnbringend ist: es ist die Kunst, in positiver, schöpferischer Aussprache bei weiser Selbstbeherrschung einen andern durch rechtes Denken und Handeln zu gewinnen oder ritterlich zu besiegen. Ihre Voraussetzung ist die Meisterung der Fähigkeit, richtig zu sehen, die Absichten des Gegners vorauszusehen, ihm zuvorzukommen und sein Fühlen und Wollen unmerklich auf unser Ziel hin umzustimmen.

Um diese Kunst zu meistern, muß man nicht nur ein vorsichtiger Unterhändler, sondern auch ein Menschenkenner und ein Weiser sein, der zuhörend und redend in die Tiefe der Seele des andern eindringt, aus dem von ihm nicht Gesagten wie aus seinen Verhandlungs-Finten seine eigentlichen Gedanken-Züge erspürt, diese durch überlegenes Denken und gefühlsbetonteres Reden von innen her um-lenkt und so vom Beginn des Gesprächs an die Führung ergreift und behält. Denn wer das Gespräch führt, bestimmt seinen Ausgang.

Hier liegt die Aufgabe dieser Woche, wobei vorausgesandt sei, daß, was im Folgenden über die Verhandlung mit einem einzelnen Partner gesagt wird, sinngemäß für Konferenzen mit mehreren gilt.

Verhandlungen bieten umso zahlreichere Erfolgsmöglichkeiten, je bewußter wir uns schon vorher auf den Partner und die Aussprache einstellen und innerlich vorbereiten. Das geschieht wie folgt:

Wir ziehen uns rechtzeitig vor einer wichtigen Verhandlung, wenn möglich, am vorhergehenden Abend, in ein ruhiges Zimmer zurück, setzen oder legen uns bequem hin, entspannen Körper und Gedanken, gehen in die Stille und rücken das Ziel der Verhandlung in das Blickfeld unseres Bewußtseins, prüfen, worauf wir hinauswollen, und kleiden unser Ziel in lustbetonte Bilder, damit es später bei allem Hin und Her der Aussprache unverrückbar vor uns steht. Diese Ziel-Besinnung gibt unserem Denken, Reden, Verhalten und Vorgehen eine überlegene Entschiedenheit.

Die nächsten Fragen, die wir uns vorlegen, sind diese: Was will der Partner? Mit welchen Begründungen wird er auftreten? Womit kann ich sie wirksam entkräften? Wie kann ich bei den einzelnen Etappen des Weges ein Aus- oder Abweichen des Partners verhüten? Welche Argumente kann ich ins Feld führen, um ihn zu gewinnen, zu überzeugen? Welche Gegen-Argumente kann er anführen? Aus welcher seelischen oder wirtschaftlichen Lage heraus kommt er zu diesen Argumenten? Wie kann ich sie – immer von seinem Standpunkt aus gesehen – entscheidend widerlegen!

Bei dieser Überlegung ist gründliche Besinnung auf Wesensart, Neigungen, Bestrebungen, Denkweise und Gewohnheiten des Partners notwendig. Je besser wir den andern kennen, desto sicherer sehen wir voraus, worauf er hinsteuert, welche Taktik *wir* demzufolge einzuschlagen haben, damit sein Weg unmerklich in den unsern einmündet, also *Übereinstimmung* erzielt wird.

Aus dieser Besinnung ergeben sich die Richtlinien für die Leitung der Verhandlung von der geistigen Seite her: wir erkennen, welche Momente hervorzuheben sind, um das Ja des Gegners zu gewinnen, welchen Hemmungen wir begegnen werden, wie wir die Verhandlung am zweckmäßigsten einleiten und im Einzelnen führen. Das Für und Wider der Verhandlung wird lebendig vor unserem geistigen Auge entstehen – wie ein Irrgarten, den wir von oben her übersehen, so daß wir einerseits jeden Zusammenstoß mit dem Partner vermeiden, und ihn andererseits doch zu dem Ausgang hinleiten, der unserem Ziel am nächsten liegt. Wir geben, in Erkenntnis des Gemeinsamen wie des Trennenden, der Verhandlung im voraus ein Programm – kein starres, sondern ein biegsames, bei dem jede mögliche Überraschung in Rechnung gestellt ist. –

Damit hat die geistige Vorbereitung des Verhandlungs-Erfolgs erst begonnen. Zu unserer Ausrüstung gehört weiter die Bereitstellung von Argumenten, durch die wir die Aufmerksamkeit des Partners gewinnen, von Gedanken, durch deren Einstreuung wir den geistigen Kontakt mit dem Partner verstärken und ihn überzeugen. Damit berühren wir ein Geheimnis der erfolgreichsten Verhandler und Unterhändler, den *Argumenten-Block:*

Niemand zeigt gern, welcher Art seine besten Waffen sind, darum wird selten über diesen Verhandlungshelfer gesprochen und noch weniger geschrieben. Tüchtige Reisende und Agenten, gewandte Parlamentarier und Diplomaten, manche politischen Redner und vor allem die Verhandlungs-‚Kanonen' großer Konzerne sind deshalb schwer zu schlagen und immer sofort wieder obenauf, weil sie ihren speziellen, ständig ergänzten und verbesserten ‚Argumenten-Block' nicht nur in der Tasche, sondern auch im Kopfe haben.

Er gibt auf alle an seinen Besitzer herantretenden Fragen und Einwände die schlagkräftigsten Antworten. Er wird laufend um neue Argumente vermehrt, die sich aus der Berufspraxis ergeben, und verleiht seinem Besitzer wachsende Erfolgs-Sicherheit.

Legen Sie sich einen solchen Argumenten-Block an, wenn Sie noch keinen besitzen: überlegen Sie in einer freien Stunde, welche Fragen, Wünsche, Bedenken, Einwände und Entgegnungen Ihnen in Ihrem beruflichen Leben an den Kopf geworfen werden, und welche trefflichen Antworten Sie darauf geben konnten oder können. Wiederholen Sie diese Überlegung jeden Abend beim Rückblick auf den verflossenen Tag und notieren Sie in Ihrem Argumentenblock jede treffende Antwort, die Sie diesem oder jenem gern gegeben hätten, um sie in Zukunft andern zu geben. Sie schmieden sich eine Waffe für den Lebenskampf, mit der Sie sich aus mancher kritischen Lage rasch und sicher heraushauen werden.

Gerade weil wir im Einzelfall selten vorher wissen, wie ein Verkaufs-Gespräch, eine politische Unterhandlung, eine Vergleichs- oder Vertrags-Besprechung sich entwickeln wird, müssen wir eine große Anzahl Möglichkeiten vorausbedenken und uns allseitig rüsten. Haben wir die bei einer Verhandlung möglichen Fragen und Antworten, Einwände und Widerlegungen schwarz auf weiß und gleichzeitig im Kopf, dann ist der Grund gelegt zu wachsenden Erfolgen. Jetzt engt uns nicht mehr die Angst ein, wir könnten dies oder jenes vergessen; wir stehen über der Situation und werden aus der Fülle der Argumente immer die jeweils zweckmäßigen vorbringen. Wir können uns nun auf die Hauptpunkte konzentrieren, sind frei und können führen, während der Partner durch das Gebundensein an Unterlagen und Akten, durch Sorgen und Bedenken aller Art in seinen Bewegungen gehemmt ist.

Wir haben bei Beginn der Verhandlung die geistige Arbeit schon hinter uns, die der Partner zum Teil vor sich hat. Während er sein Bewußtsein abmüht, haben wir unserem inneren Helfer schon im voraus unser Vertrauen ausgesprochen:

> *„Du, mein innerer Helfer, wirst mir bei der morgigen Verhandlung beistehen und mir alle zweckdienlichen Argumente im rechten Augenblick ins Bewußtsein rufen. Ich habe Erfolg!“*

Diese Einstellung verleiht uns bei der Verhandlung das beruhigende Gefühl, daß wir nicht alleinstehen, sondern daß ein treuer innerer Helfer über uns und unseren Erfolg wacht, die Gedanken des Partners rechtzeitig erfühlt und oft schon, bevor sie ausgesprochen sind, durch die von uns bereits überlegten und darum überlegenen Argumente widerlegt.

Den Abschluß dieser geistigen Verhandlungs-Vorbereitung bildet die bewußte Seelen-Schmiedung, die *Schaffung einer sympathischen Verbindung mit der Seele des Partners von innen her.*

Durch die Bejahung unserer inneren Verbundenheit mit dem Partner schaffen wir im voraus eine Verhandlungs-Atmosphäre, die der Erreichung unseres Zieles günstig ist. Wir packen den Partner nicht nur gehirnlich, sondern auch seelisch, und zwar wie folgt:

Wir rücken in der Stille das Bild der Aussprache mit dem Partner in das Blickfeld des Bewußtseins. Wir sehen den Partner plastisch vor uns, sitzend oder stehend, wie es seinen Gewohnheiten entspricht, sprechen seinen Namen bewußt aus, damit unsere Gedanken sein Unterbewußtsein berühren. Die Augen bleiben geschlossen, außer wenn wir zur Erleichterung der Konzentration ein Bild des Partners vor uns liegen haben und es einige Augenblicke ansehen.

Wir bejahen nun den seelischen Kontakt mit ihm, indem wir ihm Gedanken der Kraft, Harmonie und Sympathie zusenden, die wir langsam und eindringlich gewissermaßen zum Partner hin-sprechen oder -denken:

> *„Ich bin mit Dir innerlich verbunden. Der Strom meiner Kraft umfließt Dich völlig. Die Wellen meiner Sympathie schwingen von mir zu Dir und schaffen ein unsichtbares Band der Zuneigung und gegenseitigen Vertrauens. Wenn wir uns morgen gegenübertreten, werden wir uns freundlich begegnen und der Ring der Sympathie wird noch fester und bewußter. Wir werden das gemeinsame Beste finden und tun. Du wirst meinen darauf gerichteten guten Willen erkennen und mir folgen!“*

Wir werden uns nun in anschaulichen Einzel-Bildern – als ob wir im Kino säßen und der Film der geplanten Verhandlung vor uns abrollte – innerlich vorstellen, wie der Partner sich uns zuneigt, wie wir auf seine Fragen und Einwände mit überlegener Ruhe eingehen, seine Bedenken zerstreuen, seine Zustimmung gewinnen, wie der von uns geschaffene unterbewußte sympathische Konnex zu einem bewußten wird. Wir fühlen, wie die Gedanken der Sympathie zwischen ihm und uns hin- und herschwingen. Je stärker wir diese geistigen Wellen der Kraft und des Vertrauens pulsen fühlen, desto mehr werden die seelischen Reaktionen des Partners unseren Erwartungen entsprechen.

Mit der Gefühlsbetontheit unserer Vorstellungsbilder wächst die Zielstrebigkeit unseres Wollens, mit der Zunahme unserer Liebe die Zuneigung des Partners, und mit der Steigerung unseres Selbstvertrauens die Erfolgträchtigkeit unseres Verhaltens. Das ist sehr wichtig, denn wenn sich etwa beide Teilnehmer in ähnlicher Weise auf eine Verhandlung geistig vorbereiten, bleibt *der* Sieger, der am gefühlsbetontesten denkt, sich dem Ideal innerer Harmonie am meisten nähert und, sich im Geiste schon als Sieger sehend, seinen Erfolg als selbstverständlich erwartet.

Rechtes Verhalten

Haben wir die geistigen Voraussetzungen des Verhandlungs-Erfolgs geschaffen, dann wenden wir uns der Verhandlung selbst zu, wobei zunächst noch sechs Äußerlichkeiten zu berücksichtigen sind:

1. Gefälliges Aussehen und gewandtes Auftreten beeindrucken oft entscheidender als noch so überzeugend vorgetragene Argumente. Wir werden also auf unser Aussehen und Verhalten achtgeben, uns selbst dagegen durch noch so bestrickendes Aussehen und Gehaben eines Partners nicht täuschen lassen, sondern prüfen, ob sein Äußeres dem Innern entspricht oder nur Maske ist. Wir werden uns nie durch fremden Glanz, durch Rang und Titel eines Partners verwirren und erdrücken lassen oder uns ihm unterlegen fühlen, sondern immer das Gefühl der Sicherheit bewahren.

2. Die Anbahnung der Verhandlung wird in der Regel von uns ausgehen, so weit es nicht nötig oder zweckdienlich erscheint, daß wir den andern an uns herantreten lassen. Zumeist ist der Veranlasser einer Verhandlung dem Geladenen gegenüber im Vorteil.

3. Der Verhandlungsort kann gleichfalls von Wichtigkeit sein, da ein gewisses Übergewicht dem zufällt, in dessen Räumen die Verhandlung statthat. Wollen wir solch Übergewicht anderer vermeiden, verabreden wir eine Besprechung auf neutralem Boden: im Konferenz-Zimmer eines Hotels, in einem Restaurant oder Café. Wir werden weiter dafür sorgen, daß Verhandlungen mög-

lichst nach Mahlzeiten stattfinden, weil ein Gesättigter leichter zu gewinnen ist als ein Mensch mit leerem Magen.

4. Die Stellung zum Partner ist gleichfalls zu beachten. Der Stehende ist dem Sitzenden in manchen Fällen überlegen. Die Gewinnung anderer geht leichter vor sich, wenn diese zu uns hinaufsehen müssen. Mit Vorsicht wappnen wir uns gegenüber einem Partner, der sich in den Schatten setzt: er will nicht durchschaut werden. Ihm gegenüber werden wir unsere Gesichtszüge besonders beherrschen und *ihn* reden lassen, damit er uns dennoch kündet, worauf er hinaus will.

5. Durch freundliche Begrüßung, taktvoll-festen Händedruck und offenen Blick bezeugen wir dem Partner unsere Achtung und wohltuende Gesinnung. Das erste Wort der Bewillkommnung hat schon oft den Ausgang einer Verhandlung entschieden. Wir geben bei der Begrüßung ganz uns selbst, mimen nicht, was wir nicht sind; denn jede Unechtheit macht das Unterbewußtsein des andern mißtrauisch.

6. Unsere positive Stimmung komme in unserer Stimme und unserem Gesicht zum Ausdruck. Ein freundliches Gesicht wirkt auch auf unsere eigene innere Haltung umstimmend und von dort aus wieder auf das Gemüt des Partners. Er bekommt bei unserem Anblick das Gefühl des Durchsonntseins und öffnet sich bereitwilliger. Wir müssen eine Atmosphäre von Frohsinn, Sonnigkeit und Vertrauen verbreiten, umso leichter gewinnen wir die Umwelt. Immer führt der, dessen Gedanken und Gefühle die größere positive Ladung und Dynamik besitzen. Früher oder später teilt sich die Schwingung des stärkeren Gedankenkraftfeldes dem schwächeren mit.

Die zwölf Erfolgsregeln des überlegenen Verhandlers

Bei der Verhandlung selbst haben wir uns auf zwei Dinge einzustellen: auf das Thema der Verhandlung und auf die Person des Partners. Dabei beachten wir die nachstehenden Regeln:

1. *Nicht Planet, sondern Sonne sein!* In der ersten Minute der Verhandlung schon beginnen sich Sieg oder Mißerfolg anzubahnen. Von Anfang an muß uns darum das Bewußtsein unerschütterlicher Überlegenheit erfüllen. Um dieses Bewußtsein in unserer Seele zu

verankern, achten wir darauf, daß wir den Partner von Anbeginn an durch unseren Blick sympathisch beeindrucken, beim Reden das, was wir sagen, so plastisch wie möglich vor uns sehen, und im übrigen sorgen, daß wir der Aktivere, Begeistertere, Positivere bleiben.

2. *Das Ziel im Auge behalten!* Die größere Aussicht auf Erfolg hat, wer sein Ziel beim Verhandeln am wenigsten aus den Augen verliert, sich vom Partner nicht auf Nebengeleise schieben läßt, sondern mit zäher Beharrlichkeit zum Thema zurückkehrt – nicht plump und offensichtlich, sondern unmerklich und allmählich.

3. *Positiv verhandeln!* Wir fassen uns nicht nur kurz, um die Schlagkraft unserer Argumente zu erhöhen, sondern schälen den Kern der Sache so heraus und stellen ihn so positiv dar, daß der Gegner sich unwillkürlich sympathisch darauf einstellt, mitdenkt und mitgeht. Alle vorgebrachten Argumente seien lustbetont. Wir überreden den Partner nie zu diesem oder jenem, – wir zeigen ihm Vorteile, Gewinnmöglichkeiten, reden mit seinem Mund zu seinem Herzen.

4. *Gleichmut bewahren!* Wie sich die Verhandlung auch entwickelt, immer sind wir guter Laune, innerlich ruhig, äußerlich wach und beweglich. Wenn wir, infolge unserer geistigen Vorbereitung auf die Verhandlung, über der Situation stehen, erkennen wir neue Maßnahmen des Gegners schon in ihren Anfängen und können uns entsprechend verhalten. Ist der Partner ein Kleinigkeitskrämer, lassen wir einerseits Mangel an Zeit durchblicken, während wir uns andererseits mit noch mehr Geduld wappnen. Beginnt der Partner zu hasten, wird er unüberlegter und leichter besiegbar. Immer ist der Gleichmütige dem Gemütsbewegten überlegen. Denn Gleichmut begründet Gleichgewicht; Erregung läßt uns schwanken und umfallen. Werden wir zur Eile gedrängt, dann werden wir bedächtiger reden, um Zeit zu gewinnen und den Grund der Eile des Partners zu ermitteln. – Überfällt uns der Partner mit einem verblüffenden Vorschlag, nehmen wir ihn lächelnd entgegen, als ob wir ihn bereits erwartet hätten, und lassen unser Unterbewußtsein in blitzschneller Überlegung entscheiden, was auf den Vorschlag zu antworten ist. Nach wenigen Augenblicken werden wir den Vorschlag dankend annehmen oder ablehnen oder uns einen vorteilhafteren Gegenvorschlag erlauben. Je schneller und instinktiver wir

uns entschließen, desto eindringlicher zeigen wir dem Partner, daß wir wissen, was wir wollen.

5. *Immer auf das Wesentliche hinstreben!* Mancher Verhandler sucht durch langes Reden von der Hauptsache abzulenken. Wir hören trotzdem aufmerksam zu, merken uns seine Hauptargumente, wählen die am einfachsten widerlegbaren heraus und überlegen uns die trefflichste Abfuhr. Hat er ausgeredet, knüpfen wir an seine letzten Worte an, bringen dann unsere entscheidenden Gegenausführungen und gehen auf alles Weitere nicht ein. Selten ist es zweckdienlich und notwendig, alle Behauptungen eines Gegners zu widerlegen; bringen wir das tragende Gerüst zu Fall, stürzt der Rest von selbst zusammen.

6. *Durch Sachkenntnis und Sachlichkeit siegen!* Klug handelt, wer auch für unvorhergesehene Fälle gewappnet ist, Kraftreserven besitzt. Haben wir unseren Argumenten-Block zur Hand oder im Kopf, sind wir für alle Notfälle mit schlagkräftigen Antworten versehen, müssen keine Zuflucht zu Übertreibungen nehmen, durch deren Aufdeckung der Partner unsere vorangegangenen Ausführungen entwerten könnte, und brauchen ihm auch nicht auf ein ihm genehmeres Kampffeld zu folgen.

7. *Nicht unsere Absicht zeigen!* Mit den uns zu Gebote stehenden Argumenten gehen wir ebenso sorgsam wie sparsam um, bringen nur die unmittelbar notwendigen vor und hören auf, sowie wir fühlen, daß der Partner sich unserem Standpunkt weit genug angenähert hat, um im psychologisch richtigen Moment ganz gewonnen zu werden. Der Partner darf nie das Gefühl haben, daß wir führen. Unweise der, der seiner Macht und seinen Absichten allzudeutlich Ausdruck gibt.

8. *Auf den Partner achten!* Viele Mißerfolge haben ihren Ursprung in falscher Ein-, Über- oder Unterschätzung des Partners. Der Lebenserfahrene faßt bei jeder Sache mehrere Möglichkeiten ins Auge und verläßt sich zudem keineswegs allein auf die Güte der Angelegenheit, die er vertritt, sondern bedenkt, daß auch eine gute Sache einer vorteilhaften Aufmachung und Empfehlung bedarf, um sich durchzusetzen. Auch Wahrheiten müssen ins rechte Licht gerückt werden, um von allen als wahr und wichtig erkannt und geschätzt zu werden. Das ist besonders beim Verhandeln zu

beachten: es gilt, für die Wahrheit zu kämpfen und zugleich den Gegner nicht aus den Augen zu lassen. Wir werden Gesicht und Haltung des Andern unmerklich beobachten, um herauszufinden, wie sein Denken und Fühlen während der Verhandlung verläuft. Wir selbst machen ein nichtssagendes Gesicht; denn sowie der Partner sich beobachtet fühlt, nebelt er sich ein: seine Beweggründe werden undurchsichtig und unbestimmt, der Kontakt mit ihm wird unterbrochen.

9. *Dem Partner den Vortritt lassen!* In umstrittenen oder ungeklärten Punkten lassen wir den Partner zuerst sprechen. Wir sehen dann, ob er uns Schwierigkeiten machen oder uns zustimmen wird. Im ersteren Falle stellen wir einstweilen zurück, was uns sonst zu vorzeitigem Rückzug oder übereilter Streitaufnahme genötigt hätte; im letzteren Falle gehen wir von dem aus, worin der Partner uns entgegenkommt. Ist er hartnäckig oder droht die Verhandlung aus anderen Gründen unentschieden auszugehen, zeigen wir je nach dem Einzelfall Interesselosigkeit, Eile oder Überfülle an Zeit: wir unterbrechen die Verhandlung oder schlagen eine Vertagung auf einen anderen Zeitpunkt vor. Der Erfolg hängt auch hier vom Fingerspitzengefühl für das Rechte ab.

10. *Psychologe sein!* Wenn der Gegner erregter und lauter wird, werden wir leise und leidenschaftslos sprechen und ihn damit zur Ruhe zwingen. Die gleiche Wirkung erzielen wir durch langsames Sprechen. – Schon manche haben einer für sie gefährlich werdenden Verhandlung dadurch einen anderen Lauf gegeben, daß sie das Gespräch auf einen scheinbar wichtigen, in der Tat aber für sie unwesentlichen Punkt hinlenkten, darauf herumritten und sich anfänglich unnachgiebig zeigten, bis der Partner warm wurde und seine Beredsamkeit entfaltete. Schritt um Schritt gaben sie dann nach, um gleichzeitig auf dem eigentlichen Kampfgebiet langsam vorzurücken. Im Eifer des Gefechts erkennt der Partner nicht, daß sein vermeintlicher Sieg zugleich eine Niederlage in einer viel wichtigeren Hauptfrage bedeutet. Durch jedes Nachgeben – in für uns unwesentlichen Dingen – verpflichten wir den Partner und machen ihn williger, seinerseits uns entgegenzukommen, wenn wir einmal auf unserem Standpunkt verharren – umso eher, wenn unser Beharren in höflich-verbindlicher Form geschieht.

11. *Taktiker sein!* Ein guter Psychologe ist immer ein guter Taktiker, der beim Verhandeln die Dinge, auf die es ankommt, von den weniger wichtigen, in denen er nachgeben kann, unterscheidet. Die weniger wichtigen stellt er zuerst in den Mittelpunkt der Verhandlung, ohne ihre Unwichtigkeit zu betonen, und schreitet dann auf die eben geschilderte Art weiter. Durch das Nachgeben im ersten Teil der Verhandlung bereitet er eine günstige Verhandlungs-Atmosphäre im entscheidenden zweiten Teil vor. Indem er im ersten Teil darüber hinaus sein Risiko dem Partner zum Bewußtsein bringt, macht er ihn noch geneigter, im zweiten Teil der Verhandlung auch seinerseits ein Risiko auf sich zu nehmen. Dauernde Erfolge aber hat solch taktisches Vorgehen nur, solange wir ritterlich kämpfen.

12. *Entschlossen vorrücken!* Oft ist es notwendig, in bunter Reihenfolge abzuwehren, vorzudringen, zurückzuweichen, die Verteidigung auszubauen, dann wieder anzugreifen und dabei je nachdem Humor oder Ernst, Nachgiebigkeit oder Energie zu zeigen. Immer aber gilt es, rasch zu handeln. Der Erfolgreiche wartet keineswegs immer, bis die Gegenseite ihm das Wort erteilt. Er ist keine Schachfigur, die sich hinstellen läßt, wo sie dem Gegner genehm ist, sondern selbst Schachspieler, der die Führung ergreift und so weit, als er von der Notwendigkeit seines Strebens und der Unerbittlichkeit seiner Forderungen durchdrungen ist, den Sieg erwarten kann. In jedem Kampf siegt die stärkere Überzeugung.

Sieg der Rücksichtnahme

Nichts verletzt tiefer als Gleichgültigkeit, wo Interesse erwartet wird; nichts gewinnt schneller die Herzen als rücksichtsvolle Anteilnahme.

Wer bei jedem Partner die diesem eigene seelische Haltung, seine Neigungen und Gewohnheiten berücksichtigt, verhandelt leichter als einer, der sich über diese Dinge hinwegsetzt. Denn wer das Wesen eines Menschen erfaßt und anerkennt, erkennt auch dessen Motive und Ziele, wird sich ihm gegenüber richtig verhalten und erlangt die Fähigkeit wahrhafter Seelenführung.

Schon in Wahl und Ton unserer Worte offenbart sich unsere Rücksichtnahme. Man kann etwas auf die verschiedenste Art sagen:

verletzend oder gewinnend, niederdrückend oder erhebend, unlust- oder wertbetont, verdammend oder entschuldigend, zynisch oder barmherzig, eisig oder freundlich, ironisch oder anerkennend, kann Gefühle des Neides oder der Freude erwecken. Der Lebensschüler läßt den Partner zur rechten Zeit fühlen, daß er ihn versteht; so tötet er eigenen und fremden Haß.

Nörglern und Spöttern gilt es Wohlwollen und Mitleid entgegenzubringen. Denn sie sind Schlechtweggekommene, die gefühlte innere Mängel mühselig mit dem Mantel der Spottsucht verdecken: sie begruben vielleicht Hoffnungen, deren Erfüllung ihnen alles bedeutete, oder bittere Enttäuschungen ließen ihren Mund verstummen und ihr Selbstvertrauen schrumpfen. Wer nun in einem Punkte nicht mehr an sich glaubt, neigt dazu, in eben diesem Punkte andere zu verhöhnen. Nur verstehende Liebe bringt solche Unglücklichen zum Auftauen, gewinnt ihr Herz und hilft ihnen, frei zu werden.

Ein wichtiges Seelenerkennungsmittel ist die *Stimme*. der in ihr zum Ausdruck kommenden Stimmung des Partners werden wir uns gleichstimmen, freundlich auf die Interessen und Sorgen des andern eingehen und dadurch seine Zu-stimmung gewinnen. Er fühlt, daß wir uns ihm aufschließen, und wird geneigt, aus sich herauszugehen, sich zu lockern, zu entspannen, zu lösen.

Diese Entspannung gilt es anzustreben. Ein aufgeregter Beschwerdeführer kann beispielsweise durch das freundliche Ersuchen, seine Beschwerde doch schriftlich vorzubringen, im Augenblick entspannt werden. Das unerwartete Eingehen auf die Ideen des Partners kann auf diesen entspannend und lösend wirken, ebenso die herzliche Teilnahme an seinem persönlichen Geschick. Der Partner beginnt zu fühlen, daß es sein eigenes Interesse ist, das verhandelt wird, und daß er wohl tut, uns zu folgen, da wir von seinem Standpunkt ausgehen, wenn wir auch unsere Argumente benutzen. Er hat das Gefühl, selbst auf die von uns dargelegten Gedanken gekommen zu sein.

Wir berühren damit einen wichtigen Punkt:

Ein Kniff mancher Verhandler ist es, durch geschicktes Widersprechen die Absichten des Gegners zu ermitteln. Aber dies Mittel will mit Vorsicht angewandt sein. Überhebliche oder spitzfindige

Partner besiegt man leichter, wenn man sich unwissend stellt und sie durch kluge Fragen im Gewand der Einfalt über ihre eigenen Bosheiten stolpern läßt. Wer sein Wissen mit dem Mantel der Unwissenheit bekleidet, erzeugt ein Vakuum, das die Argumente des Partners aufsaugt und unwirksam macht.

Der Lebensschüler wird nie Besserwisser sein, dafür sind ihm jene alleswissenden Ignoranten zu sehr abschreckendes Beispiel, von denen man sagen könnte: es gibt nichts, was sie nicht wissen; denn was sie nicht wissen, das gibt es eben nicht.

Noch besser ist das Mittel des *Fragens* – richtig angewandt. Richtig fragen heißt durch Erweisung unserer *Anteilnahme* Schritt um Schritt in fremdes Land vorzurücken. Durch unsere innere Anteilnahme machen wir es dem Partner leichter, zu sagen, was er auf dem Herzen hat, zu äußern, was in ihm nach außen drängt. Fragen zu stellen ist schwerer, als sie zu beantworten. Es erfordert Takt und Fingerspitzengefühl. Nichts verletzt mehr als vorwitziges Fragen aus Neugier, List oder Ichsucht. Auch Fragen nach persönlichen Angelegenheiten können unerwünscht sein oder kränken. In anderen Fällen löst nur eine indirekte Frage dem Partner die Zunge und ermöglicht, den Dingen auf den Grund zu gehen, sie von ihren Ursachen her zu begreifen und – zu bestimmen.

Ritterlich verhandeln!

Oft geht eine Verhandlung nicht so glatt vonstatten, wie wir es wünschen: Widerstände treten auf, Fronten bilden sich, Rede und Gegenrede wird schärfer, das Gespräch wird zum Disput.

Auch hier werden wir Sieger bleiben, selbst wenn der Gegner zu unredlichen Waffen greift, indem wir der Linie des geringsten Widerstandes folgen und Spitzfindigkeiten mit Humor begegnen.

Wir werden niemals einen Partner jäh überrumpeln, sondern durch ritterliches Handeln negative Reaktionen fernhalten, nie einen andern durch List und Gewalt von seinem Standpunkt fortdrängen, sondern durch rechtes Denken, Reden und Tun bewirken, daß dieser selbst seine Stellung verläßt.

Wie die Biene Honig und Stachel hat, so muß der Lebensschüler Güte mit Wachsamkeit verbinden. Hat er mit Unredlichen zu tun, deren Absichten dunkel sind, wird er seine Taktik wiederholt wechseln. Einen listenreichen Gegner schlägt er mit der Waffe der Überraschung: er reagiert immer anders, als der andere erwartet, verwirrt ihn und zwingt ihn dadurch, Farbe zu bekennen oder zu weichen. Hierzu ist es unerläßlich, daß der Lebensschüler die häufigsten Tricks unredlicher Verhandler kennenlernt, um sich ihrer erfolgreich zu erwehren. Vor

acht Unredlichkeiten unfairer Verhandlungspartner

haben wir uns besonders zu hüten:

1. *Zurückweisung fremder Überheblichkeit:* Gibt der Gegner sich überlegen, werden wir uns mit dem Bewußtsein erfüllen: *„Ich bin stärker als Du!"*, werden Gelassenheit zeigen und lächeln. Oder wir werden uns in das Gewand bescheidener Unscheinbarkeit hüllen. Umso wichtiger kommt sich der andere vor und umso leichter ist er bereit, aus Eitelkeit nachzugeben. Wenn wir darüber hinaus zuweilen bewußt einen Schnitzer machen, werden wir die Vorsicht des Gegners weiter einschläfern. Wir wenden die ‚geistige Hebammenkunst' an, die Sokrates in seinen berühmten Dialogen so meisterhaft übte: wir stellen uns unwissender, als wir sind, um den andern sich hemmungsloser ent-wickeln zu lassen und ihn im entscheidenden Augenblick dann ganz auseinanderzuwickeln.

2. *Abwehr von Überrumpelungs-Versuchen:* Manche sind Meister in der Kunst, aus Wünschen, Mängeln und Schwächen anderer Stufen zur Erreichung eigener Ziele zu machen. Gegen solche Versuche setzt sich der Lebensschüler zur Wehr, indem er zunächst scheinbar auf die verlockenden Darlegungen des andern eingeht, inzwischen aber dessen eigene Wünsche zu erkennen sucht, um dann den Gegner mit seiner eigenen Methode zu schlagen: durch gefühlsbetontere Darlegungen steigert er die Begehrlichkeit des andern, erhöht seinen Wert in den Augen des andern und lenkt dessen Aufmerksamkeit auf den allein möglichen Weg zur Befriedigung seines Wunsches. – Sucht der Gegner zu bluffen, zeigen wir ein gleichgültig-ruhiges Gesicht. Zieht er die Aussprache auf ein Gebiet hinüber, auf dem wir Laie sind, lassen wir ihn allein aufs Glatteis gehen und begeben uns unsererseits dorthin, wo wir Meister sind. –

Drängt der Gegner uns unter Hinweis auf eine dringende Besprechung oder Reise zur Eile, begegnen wir ihm durch die ruhige Bemerkung, daß es dann vielleicht besser sei, die Verhandlungen auf einen günstigeren Termin zu vertagen. War sein Drängen Bluff, dann weiß er, daß sein Versuch, uns zu hastigem Denken und überstürzten Entscheidungen zu treiben, vergeblich war.

3. *Aufhebung listiger Gegenzüge:* Ist der Partner ein kühler Rechner und Spieler, werden wir Gefühlsmomente in den Hintergrund stellen und uns auf sein Gedanken-Spiel einstellen, ihm auf Mund und Finger sehen und seine Sätze auf die Waagschale legen. Wir achten darauf, daß, wenn er die Prämissen, d.h. die Ober- und Untersätze eines Schlusses, auf den wir hinsteuern, zugegeben hat, dieser Schluß nicht von ihm, sondern von uns gezogen wird. – Wendet der andere diese Regel an, treiben wir ihn durch vorsichtigen Widerspruch zu übertriebenen Unterstreichungen seiner Feststellung. Durch Widerlegung dieser Übertreibungen zerschlagen wir dann seine Beweisführung. – Beim Fragenstellen ist es wichtig, daß wir Unordnung in die Reihenfolge unserer Fragen bringen, damit ihr Zweck unerkennbar bleibt. Der Andere weiß dann nicht, worauf wir hinauswollen, sieht keine Möglichkeit, vorzubauen, stimmt unseren ausschlaggebenden Fragen leichter zu, worauf wir dann aus seiner Antwort den entscheidenden Schluß ziehen, der ihn aus seiner Stellung wirft.

4. *Zurückweisung von Gedankenschiebern:* Man muß oft staunen, mit welch billigen Jahrmarktmitteln manche ihre Mitmenschen überrumpeln. Mancher gibt eines vor, um ein anderes zu erreichen. Ein anderer zieht eine sachliche Debatte ins Gefühlsmäßige oder Persönliche, eine juristische Aussprache ins Moralische, oder begegnet Argumenten des Wissens mit Glaubensbekenntnissen, um die Wahrheit zu verdrehen. Wir werden entweder die Verdrehung zurückschrauben und zur Sachlichkeit ermahnen, oder die Verdrehung übertreiben und dadurch den anderen zum Rückzug zwingen. – Mancher beseitigt ihm lästige Feststellungen, indem er sie in eine gerade mißliebige weltanschauliche, politische oder religiöse Rubrik einreiht. Hier tut Wachsamkeit not. Man fordere von ihm, daß er seine Feststellung sachlich begründe, wenn er sich nicht als Ignorant bloßstellen will, um ihn zum Schluß daraufhin festzu-

nageln, daß er von der Sache nichts verstehe oder beim Gegenteil dessen angelangt sei, was er zuerst behauptet habe.

5. *Umgang mit Wortverdrehern:* Die beste Waffe gegenüber Menschen, die nur disputieren, um sich ins rechte Licht zu rücken, ist Schweigen. Wenn wir gelassen bleiben, erkennen wir die Trugschlüsse und Wortverdrehungen und können ihnen begegnen, indem wir an den hauptsächlichsten Übertreibungen die Unzuverlässigkeit der ganzen Beweisführung demonstrieren. Hier ist es falsch, *jedes* gegnerische Argument zu bekämpfen. Oft wird es erst durch unseren Widerstand in den Mittelpunkt gerückt und zu einer Gefahr, während es, von uns ignoriert, vom Gegner eher als unwirksam empfunden und beiseite gelegt wird. Diesen Prozeß beschleunigen wir, indem wir mit scheinbarer Heftigkeit einen für uns belanglosen Punkt, in welchem uns aber der Sieg sicher ist, angreifen.

6. *Parieren von Ungezogenheiten:* Ein ausfälliger Partner wird oft durch ein unbestimmtes Lächeln am ehesten entwaffnet; ein anderer kann mundtot gemacht werden, indem man ihm zustimmt und sich für den Augenblick mit ihm verbündet. Gewalt wird selten durch Gewalt bezwungen, während das Nicht-Widerstehen der Opposition den Boden unter den Füßen wegzieht. Wird er unsachlich und tut er unsere Darlegungen mit einem Schlagwort ab, dann nehmen wir ihn beim Wort und bitten ihn, das Schlagwort zu erläutern. Weicht er aus, hat er seine Unwissenheit kundgetan. Geht er darauf ein, läuft er Gefahr, sich Blößen zu geben, bei denen wir ihn packen, um sein Urteilsvermögen als fragwürdig zu demonstrieren.

7. *Ausgleich von Erregtheiten:* Redet der Partner lauter, um uns zu übertölpeln, folgen wir ihm nicht, sondern sprechen leiser und erziehen ihn, indem wir laut Gesagtes als ungesprochen überhören. Persönlichem begegnen wir mit Sachlichem. Tut er uns unrecht, um uns zu Unüberlegtheiten zu reizen, machen wir seine verletzenden Reden unwirksam, indem wir sie überhören und beharrlich auf die Sache zurückkommen. Reagieren wir auf Kränkungen weder in Gedanken noch in unseren Handlungen, dann fliegt der Bumerang der Bosheit auf den Absender zurück: er hat das Gefühl, einen Lufthieb getan zu haben, wird unsicher, und der Affekt, den

er bei uns hervorrufen wollte, kommt bei ihm selbst zum Ausbruch. Diesen Affekt können wir uns dienen lassen. Je unbeherrschter der andere wird, desto günstiger ist unsere Stellung. Kommt er völlig aus der Fassung, suchen wir ihm eine neue, uns genehmere ‚Fassung' zu geben. Je weniger er seiner selbst mächtig ist, desto gelassener müssen wir seiner mächtig zu werden suchen.

8. *Umleitung stürmischer Angriffe:* Will einer uns durch ununterbrochenes Reden mundtot machen, unterbrechen wir ihn durch gefühlsbetonte Einwürfe, die ihn zur Widerrede veranlassen. Wenn er temperamentvoll wird, ist es nicht schwer, ihn durch gefühlsbetonte Einwände oder – der Kontrastwirkung wegen – durch eine ruhig und bedächtig ausgesprochene Bemerkung aus der Fassung zu bringen. Um das erfolgreich durchzuführen, gilt es, nicht auf seine Worte zu achten, sondern die dahinterstehende Gesinnung aufzuspüren. Wer die Triebfeder der Worte und Handlungen eines andern erkennt, erlangt Macht über dessen Wollen und Tun und wird fähig, ihn manchmal mit einem Einwand umzuwerfen. Es gehört aber ein reines Herz dazu, hier so zu handeln, daß nicht Haß und Feindschaft gesät, sondern Übereinstimmung und Zusammenarbeit geschaffen wird und Segen für beide Teile. –

Im übrigen ist es zweckmäßig, am Schluß einer Verhandlung die Besprechungspunkte, in denen Einigung erzielt wurde, zusammenzufassen, das Erreichte kurz festzulegen und dem Partner am Ende der Aussprache Dankbarkeit zu zeigen für seine freundliche Teilnahme.

Beim Auseinandergehen muß ein sympathischer Kontakt bleiben; wer das nicht beachtet, kann erleben, daß ihm am nächsten Tage bedauernd eröffnet wird, daß der Partner sich inzwischen eines andern besonnen habe.

Unmittelbar nach einer Aussprache werden wir alles Wesentliche stenographisch in einer kurzen *Akten-Notiz* zusammenfassen, nach der wir, je nach den Umständen, dem Partner eine schriftliche Bestätigung der Punkte, in denen Übereinstimmung mit ihm erzielt wurde, zugehen lassen. Wir verhindern dadurch, daß uns erzielte Erfolge wieder aus der Hand gleiten.

Ganz besonders werden wir *mündliche Abmachungen,* die wir während der Verhandlung getroffen haben, sofort nach der Aussprache *schriftlich bestätigen*, um künftigen Meinungsverschiedenheiten vorzubeugen.

GEISTESGEGENWART UND SCHLAGFERTIGKEIT

Mit dem bisher Gelernten haben wir unsere Rüstung wesentlich verstärkt. Aber noch bleibt die Möglichkeit, daß jemand uns durch einen überraschenden Angriff die Waffe aus der Hand schlägt oder eine verwundbare Stelle trifft. Dieser Möglichkeit begegnen wir durch Erhöhung unserer Geistesgegenwart und Schlagfertigkeit.

Beim Verhandeln besteht *Geistesgegenwart* vor allem darin, daß der jeweils günstigste Standpunkt im Nu erkannt wird, und die *Schlagfertigkeit* in der schnellen und gewandten Vertretung dieses Standpunktes. Steigern wir diese beiden Eigenschaften, erhöhen wir unsere Leistungsfähigkeit, mehren unsere Entschlußkraft und Erfolgssicherheit. Denn der Wille, der am zielsichersten seinen Weg geht, hat die größte Aussicht, die Partie zu gewinnen. Diese Aussicht wird unbezweifelbar, wenn sich zum zielstrebigen Willen das unerschütterliche Vertrauen auf die innere Führung gesellt.

Geistesgegenwart läßt uns die Möglichkeiten, die sich täglich bieten, im Augenblick erkennen und ergreifen. Sie kann erworben werden. Es gilt, die Kunst geistesgegenwärtigen *Vorausdenkens* planmäßig zu schulen, uns zu gewöhnen, auch auf ungewöhnliche Dinge immer positiv und zweckvoll zu reagieren. Denn nicht auf die Ereignisse, sondern auf *uns* kommt es an. Entscheidend ist in allen Lagen unser inneres Verhalten, und das läßt sich weitgehend vorausbestimmen. Weiter ist wichtig, daß wir lernen, unter keinen Umständen angesichts einer Schwierigkeit staunend stillezustehen, in keiner Lage außer uns zu geraten oder uns passiv machen zu lassen, sondern in jedem Falle *aktiv* zu bleiben. Lieber einmal etwas Falsches tun, als zögern und bei allem zu spät kommen. Nie bei unerwarteten Geschehnissen erstarren, sondern beweglich bleiben, die Lage rasch überschauen, das Mögliche überlegen und das Notwendige tun!

Beobachten Sie einmal, wie ein entschlossener Mann reagiert, wenn das Schicksal ihm einen Schlag versetzt, eine aufregende

Nachricht auf ihn einstürmt, eine plötzliche Wendung seine Pläne über den Haufen wirft:

Er holt tief Luft, – und zwar atmet er zuerst tief aus und dann wie pfeifend ein und wieder aus. Er ‚pfeift' auf den Schreck.

Wir machen es genau so, wobei wir darauf achten, daß wir uns nicht verkrampfen, sondern entspannen, daß unsere Gedanken auf Ruhe und gesammelte Kraft eingestellt sind. Wir atmen dabei langsam auf ‚f' ein und aus, drücken die Luft beim Einatmen tief hinab in die unteren Lungenpartien, so daß der Bauch leicht nach außen gedrückt wird, um beim Ausatmen in Gedanken alles uns Bedrängende wegzuatmen. Das wiederholen wir mehrmals.

Der Übung unserer Geistesgegenwart und Schlagfertigkeit können denksportliche Übungen dienen und solche, die unmittelbar mit unseren täglichen Aufgaben und Berufsmöglichkeiten zusammenhängen. Jede Frage, die im Alltag an uns herantritt, kann – mit etwas Humor behandelt – als eine Prüfung unseres blitzschnellen Reaktions-Vermögens angesehen werden. Besonders das Durchdenken schwieriger Situationen schult die Geistesgegenwart.

Überlegen Sie einmal, was Sie bei Ausbruch von Feuer zuerst tun würden, was bei Verlust Ihres Geldes während einer Auslandsreise, und was, wenn Sie in eine Straßenschlägerei geraten? Was tun Sie bei einem Zugzusammenstoß? Was, wenn Sie sich auf einer Wanderung in unbekanntem Gelände verirren, wenn Sie auf dem Eis einbrechen? Wer Rettungs-Aktionen in *Gedanken* durchgeführt hat, wird, wenn ein ähnlicher Fall in der Praxis an ihn herantritt, über größere Geistesgegenwart verfügen, als der, der nie über solche Möglichkeiten nachgedacht hat, innerlich ungerüstet ist und leichter den Kopf verliert. Es gibt keine Möglichkeiten, auf die man sich nicht durch rechtes Vorausdenken psychologisch wirksam vorbereiten könnte.

Allerdings darf solcher Denksport niemals zu einem sich Hingeben an negative Gedanken ausarten; immer müssen wir bei solchem Vorausdenken unsere innere Überlegenheit und Geistesgegenwart bejahen, nie die negativen Seiten plötzlicher Geschehnisse bevorzugt ins Auge fassen, sondern die günstigen Gelegenheiten, die selbst die unglücklichsten Vorkommnisse dem offenbaren, der die Augen offen hält.

Mit der Schulung der Geistesgegenwart ist die Erhöhung unserer *Schlagfertigkeit* verbunden. Der Geistesgegenwärtige läßt sich auch von einem verschlagenen Gegner nicht vom Thema abbringen – außer wo es ihm zweckmäßig erscheint. In diesem Falle wird er ihm eine Weile folgen, ja ihn so rasch vorandrängen, daß dieser außer Atem kommt, um dann, während dieser weiterstürmt, plötzlich innezuhalten und den Überraschten mit dem Lasso überlegenen Denkens im Lauf zu Fall zu bringen.

Das solide Fundament unserer Schlagfertigkeit bildet die innere Ruhe, die Gewißheit eines unerschütterlichen inneren Halts, die es uns ermöglicht, bei jedem Gemütswetter den Blick unverrückt auf das Ziel und die besten Wege dorthin gerichtet zu halten.

Der Gelassene ist auch bei überraschenden Angriffen nicht verlegen, sondern dringt sofort zum Wesentlichen vor. Wo andere sich verkrampfen würden, greift er bedächtig zu einem Beispiel oder Vergleich aus dem praktischen Leben, um die gegnerischen Argumente abzuführen oder um auf einer Seite ein Scheingefecht zu entfesseln, während er an anderen Stellen unvermerkt immer weiter in das Land des Gegners vordringt.

Arbeitet der Gegner mit heimtückischen Methoden, verwirrt der Gelassene ihn durch scheinbar mangelnde Taktik, bauscht Kleinigkeiten auf und macht Dinge, die für die Stellung des Gegners ausschlaggebend sind, durch unscheinbare und doch eindringliche Nebenbemerkungen so klein, daß der Gegner sich schämt, sie erwähnt zu haben.

Während der Gegner sein *Hirn* anstrengt, läßt der Gelassene seine *Phantasie* spielen und reißt schließlich Gefühl und Gemüt des Anderen in die gleiche Bahn, bis dieser die Grenzen zwischen eigenem und fremdem Wollen nicht mehr klar erkennt. Während er noch wähnt, nur in unwichtigen Punkten nachgegeben zu haben, hat der Gelassene bereits in der Hauptsache gewonnen und zieht sich als Sieger zurück, bevor dem anderen zum Bewußtsein gekommen ist, daß er verloren hat ...

Unsere Schlagfertigkeit steigern wir auch, indem wir unsern *Sinn für Humor* beleben. Ein Mensch ohne Humor findet schwerer aus undurchsichtigen Lagen heraus als ein mit Humor begabter. Humor ist mehr als Witz; die Heiterkeit des Herzens ist den scharfgeschliffenen Redewaffen des Intellekts, die praktische Logik des Humors der meist theoretischen Logik der Spitzfindigkeit nicht nur gewachsen, sondern überlegen: Sucht einer uns mit weithergeholten Beweisführungen zu verblüffen, bedeuten wir ihm mit verzeihendem Lächeln, daß seine Argumentation genau so trefflich sei wie der bekannte Trugschluß: „Alle Vögel haben zwei Beine. Meier hat zwei Beine. Folglich ist Meier ein Vogel."

Oft allerdings muß man zu derberen Erziehungsmitteln greifen, um einen Anderen zu ritterlichem Kampf zu zwingen. Im allgemeinen aber genügt es, dem Wahlspruch des amerikanischen Präsidenten Roosevelt zu folgen: „Warte mit dem Zuschlagen, solange du kannst; aber dann schlage so fest zu, wie du kannst." Zuwarten heißt Kraft sammeln. Je größer der Schlag, den wir führen wollen, desto länger gilt es in der Stille zu rüsten.

Je sachlicher wir bleiben, desto überlegener ist unsere Beweisführung. Gründen wir auf Sachkenntnis und beweisen wir Sachlichkeit, bleiben Tricks und Bluffs unwirksam. Obenauf bleibt immer, wer die Ruhe bewahrt.

Gegnern, die in der Diskussion von einem Einwand zum andern überspringen, um uns durch die Fülle der Argumente zu erdrücken, werden wir nicht auf ihre Entgegnungen im einzelnen erwidern. Hier genügt die kühle Erklärung, daß der Gegner gleich widerlegt sein werde, und die schlagkräftige Widerlegung von einem oder zweien seiner Einwände.

Rasche Abwehr! Blitzschneller Angriff!

Mit dem Dargelegten ist die Reihe demagogischer Tricks skrupelloser Gegner keineswegs erschöpft. Wir haben noch einige weitere *dialektische Kniffe* zu besprechen, bei deren wirksamer Abwehr es auf rasche und gewandte Ausnutzung aller sich darbietenden Möglichkeiten ankommt.

Wir können auf Erfolg rechnen, wenn wir die nachstehenden *sieben Ratschläge* befolgen:

1. *Die Schwäche des Einwands benutzen!* Wo sich die Möglichkeit bietet, greifen wir den anderen am schwächsten Punkt seiner Stel-

lung an und widerlegen von da aus seine ganze Beweisführung. Hier gilt es, nicht nur aus der Tonlage der Gegenrede des andern, sondern auch aus dem, was er verschweigt, aufzuspüren, welche Schwächen seiner Stellung er zu verdecken sucht.

Unterstreicht er seine Behauptungen durch Beispiele, die unserer Irreführung dienen sollen, lassen wir uns nicht zu deren Widerlegung verleiten, sondern schlagen ihn mit einem anderen Beispiel, das unsere eigenen Ausführungen noch unwiderleglicher bestätigt, und suchen ihn dann zur Auseinandersetzung mit diesem Beispiel zu reizen, wodurch er von seinem abkommt und uns auf ein Kampf-Feld folgt, auf dem *wir* zu Hause sind.

2. *Unzulässige Schlußfolgerungen ad absurdum führen!* Mancher Gegner wendet den billigen Trick an, Dinge, die sich keineswegs aus einander ergeben, durch die häufige Verwendung eines ‚... folglich ...', oder ‚aus diesem Grunde muß ...', oder ‚daraus ergibt sich ...' miteinander in *scheinbare* logische Verbindung zu bringen, um uns durch Scheinbeweise zu überrumpeln. Einem solchen Gegner werden wir entweder in feiner Weise beibringen, daß dieser Scherz uns bekannt, dem Ernst der Verhandlung aber kaum gemäß ist, oder wir werden, wenn der andere daraufhin nicht auf den Pfad der Wahrheit einlenkt, seine Sophismen beleuchten und zerpflücken oder unter Zuhilfenahme drastischer Beispiele die von ihm beliebte Kampfesweise abführen. In besonderen Fällen werden wir die Schiefheiten in der Beweisführung herausschälen, in einen Satz zusammenfassen, an diesen Ober-Satz eine unbestreitbar richtige Feststellung als Unter-Satz anfügen und aus diesen Prämissen dann einen widersinnigen Schluß ziehen, der beweist, daß der Ober-Satz, die Behauptung des Gegners, sinnlos ist.

Wir selbst geben die Prämissen unserer Schlußfolgerungen möglichst nicht preis, sondern überlassen es dem anderen, sich bei der Suche nach ihnen zu verirren. Geht er hierauf nicht ein, sondern verbeißt er sich, einem wütenden Hunde gleich, in seine eigene Beweisführung, werfen wir ihm als „Knochen" die seinen Ansichten entgegenstehenden Ausführungen einiger Fachleute hin, damit er sich an diesen die Zähne ausbeißt, da er doch „unmöglich die eindeutigen Feststellungen von Professor X oder dem berühmten Meister Y oder dem anerkannten Fachmann Z bestreiten kann."

3. *Auf falsche Verallgemeinerungen achtgeben!* Ein Trick mancher Verhandler ist der, einen an sich richtigen Satz durch Verallgemeinerung dehnbar zu machen und aus dieser Verallgemeinerung einige für ihren Standpunkt günstige Schlüsse abzuleiten. Solche Gegner können mit ihren eigenen Waffen geschlagen werden: Entweder greifen wir aus ihren Behauptungen einen Satz heraus, den wir gleichfalls verallgemeinern, um dann daraus einen Schluß zu ziehen, der die Unmöglichkeit ihrer These demonstriert, oder wir nehmen den Gegner beim Wort und bitten ihn, seine Behauptung zu beweisen. Verallgemeinerungen lassen sich nämlich selten beweisen, bieten vielmehr bei zunehmender Dehnbarkeit und Unbestimmtheit immer mehr Angriffsgelegenheiten. Er wird also entweder über seine eigenen Füße stolpern oder, wenn er das Glatteis fühlt, Ausflüchte machen, die wir als solche festnageln, um darzutun, daß eben die ganze Beweisführung einer ernsten Prüfung nicht standhält.

Bleibt er trotz allem hartnäckig, beenden wir die Debatte durch die Feststellung, daß sich bei der von ihm aufgestellten These Beweise und Gegen-Beweise die Waage halten, daß also sein Standpunkt zu fragwürdig sei, als daß ein Vorsichtiger ihm ohne starke Vorbehalte zustimmen könne.

4. *Dem Mißbrauch des Worts begegnen!* Benutzt jemand die Doppeldeutigkeit eines Wortes, um unsere Ausführungen auf ein anderes Kampffeld zu ziehen und dort leichter zu widerlegen, setzen wir uns dadurch zur Wehr, daß wir seine dialektischen Spitzfindigkeiten wie eine These von absoluter Gültigkeit behandeln und dann an Beispielen deren Widersinnigkeit und Unhaltbarkeit aufzeigen.

Wenn er unsere Worte verdreht, um ihnen eine gegenteilige Auslegung unterzuschieben, schlagen wir ihn gleichfalls zurück, indem wir seine Taktik übertreiben und dem fraglichen Begriff eine *noch* weiter gehende Auslegung geben, um dieser dann das gegenüberzustellen, was wir in Wirklichkeit mit unserem Wort ausgedrückt hatten.

5. *Tricks und Bluffs gewandt parieren!* Erhebt der andere eine Ausnahme zur Regel oder wirft er uns eine unbewiesene oder absichtlich übertriebene Behauptung an den Kopf, um uns zu verwir-

ren, weisen wir ihn lächelnd darauf hin, daß er seine Behauptung offenbar nicht zu Ende gedacht habe, da sie etwas ganz anderes beweise als das, was er mit ihr beweisen wollte. Meist wird er, unsicher geworden, den Rückzug antreten; denn die großen Bluffer sind zumeist am leichtesten zu Fall zu bringen.

Stellt er uns mit dem Wort einer unbekannten Größe ein Bein, parieren wir mit dem schlagkräftigeren Wort einer bekannten Autorität, lassen ihn also vergeblich auf unsere Erklärung warten, daß wir seinen Gewährsmann nicht kennen, geben ihm folglich keine Gelegenheit, uns mit hochgezogenen Augenbrauen etwa spöttisch zu fragen: „Was, Sie kennen das kürzlich erschienene Buch des berühmten Soundso nicht?!"

Streitsüchtigen gegenüber, die in der Wahl ihrer Mittel ohne Skrupel sind, ist es klug, sich weniger klug zu stellen und sie durch nicht von ihnen vorauszusehende Maßnahmen zu irritieren, sie an unserer Geschicktheit zweifeln zu lassen. „Ein törichter Gegner" — sagt Richelieu — „ist mehr zu fürchten als ein kluger. Denn er handelt nicht nach allgemeingültigen Prinzipien. Man ist bei ihm nie sicher, was er tun wird."

Diese Maske der Unberechenbarkeit ist eine feine Waffe gegen Verschlagene. Trägt der Andere mit Pathos eine verlogene Behauptung vor, fragen wir ihn mit verwundertem Gesicht, was er damit sagen wolle, damit er uns womöglich noch weitere Angriffspunkte preisgibt. Geht er darauf ein, greifen wir eine uns dienliche Feststellung aus seinen Ausführungen heraus, wiederholen sie und erklären, daß er damit ja bestätige, was *wir* vorhin sagten. Darauf fahren wir dann in unserer eigenen Beweisführung fort, wobei wir die Entgleisungen des anderen als Sprungbrett benutzten.

Entweder gibt er sich daraufhin geschlagen, oder er wird mit noch mehr Eifer und Verbissenheit auf uns einreden. Im letzteren Falle wenden wir die Regel an, die der griechische Philosoph Gorgias gibt: „Man kann den Ernst des Gegners durch Gelächter, sein Gelächter durch Ernst zunichte machen."

6. *Den Anderen nicht entweichen lassen!* Erklärt er sich, von uns in die Enge getrieben, in einer für ihn gefährlichen Frage für nicht zuständig oder gibt er vor, uns nicht zu verstehen, appellieren wir an seine Eitelkeit, seinen Stolz oder seine Intelligenz oder be-

deuten ihm auf andere Art, daß die von uns angeschnittene Frage sehr wohl in sein Gebiet gehöre und von ihm Antwort heische, wenn er sich nicht bloßstellen wolle.

Weicht er unseren Fragen durch überhebliche Redensarten aus – ‚das verstehen Sie nicht', ‚hier sind Sie nicht Fachmann', ‚dafür sind Sie zu jung, zu alt', dann reagieren wir darauf in keiner Weise, sondern wiederholen unsere Fragen, wobei wir mit unbewegtem Gesicht unserer Erwartung Ausdruck geben, daß er hoffentlich in der Lage sei, auf unsere Frage eine sachverständige Antwort zu geben.

Konzentriert er, um uns abzuschütteln, seine Beweisführung auf nebensächliche Punkte, weil er fühlt, daß er in der Hauptsache unterlegen ist, lassen wir ihn zu Ende reden, um dann mit kühler Sachlichkeit festzustellen, daß er sehr gut gesprochen, zum Thema selbst aber nichts gesagt habe. Und dann gehen wir selbst mit so wenig Worten wie möglich auf die Hauptsache ein, spielen unsere stärksten Trümpfe aus, zertrümmern den Hauptpfeiler des gegnerischen Beweis-Gebäudes und bringen dadurch das Ganze zum Einsturz.

7. *Den Anderen mit seinen eigenen Waffen schlagen!* Eine Grundregel der Wort-Kriegskunst ist die, sich in der Wahl der Waffen dem Gegner anzupassen. Wenn er, um uns irrezuleiten, seine Argumente in einer Reihenfolge vorbringt, die uns über sein Ziel im Unklaren läßt, machen wir ihn unsererseits durch scheinbar regellose Fragen unsicher.

Die Hauptsache ist, daß wir uns nicht verblüffen lassen, sondern jeden Nebenhieb mit einem Haupthieb beantworten und ihn im übrigen über das Ziel unseres Vorgehens im Unklaren lassen.

Arbeitet er mit gar zu plumpen Sophismen, führen wir seine ‚Beweisführung' so zu Ende, daß die Hörner, die er uns aufzusetzen versuchte, sein eigenes Haupt schmücken. Wir zeigen das Unernste seiner Logik so drastisch wie möglich auf, wie es einst die griechischen Sophisten mit ihren Gegnern machten:

„Was man nicht verloren hat, das *hat* man.
Hörner hat der Gegner nicht verloren, also hat er sie!"

39. WOCHE:

RECHTE BEEINFLUSSUNG ANDERER

> „Solange ich zu meinem Nachbarn in positiven und aufrichtigen Beziehungen stehe, empfinde ich beim Zusammentreffen mit ihm keinerlei Mißbehagen. Wir treffen uns, wie Wasser auf Wasser trifft: unsere Naturen vermischen sich und durchdringen einander. Aber sowie wir uns von der Aufrichtigkeit abwenden, sowie ich etwas denke oder unternehme, das nur für mich gut, für meinen Nachbarn aber von Nachteil ist, fühlt mein Nachbar sogleich das Unrecht; er weicht mir ebenso weit aus wie ich ihm seine Augen suchen nicht mehr die meinen; Krieg ist zwischen uns, Haß ist in ihm und Furcht in mir." Emerson

Recht gesehen, ist das ganze Leben und Zusammenleben eine ununterbrochene Kette gegenseitigen sich Beeinflussens und Beeinflußtwerdens: jeder wirkt fortwährend auf andere und wird wiederum von anderen beeindruckt. Jeder Gedanke, jedes Wort, gesprochen oder geschrieben, jede Geste und Handlung übt auf andere Einfluß aus. Jedes Gefühl, jede Stimmung, jede Leidenschaft, die im einen lebendig wird, ruft in anderen ähnliche oder entgegengesetzte Schwingungen wach.

Wo immer zwei Wesen einander begegnen, findet ein Ausgleich zwischen den Kraftfeldern ihres Denkens statt. Oft gleicht sich das schwächere einem übermächtigen fremden Gedankenkraftfeld augenblicklich an, oft wogt der Kampf Tage, Jahre oder ein Leben lang.

Die seelische Beeinflussung kann nun positiv oder negativ, gutartig und segenbringend oder bösartig und schädigend sein; sie kann den Beeinflußten größer, stärker, reicher und glücklicher machen, aber auch ängstlicher, schwächer und unglücklicher. In der Regel ist das letztere der Fall.

An sich sind die Kräfte der Natur weder gut noch böse – erst der Mensch macht sie durch sein Denken zu Segnungen oder Gefahren. Je besser man nun eine Kraft beherrscht, desto mehr Gutes kann man durch sie schaffen. Bisher beeinflußten die meisten einander mehr oder minder *unbewußt* und in der Regel *falsch.* Jetzt lernen wir, die seelische Umstimmung anderer zum gemeinsamen Besten und in rechter Weise vorzunehmen.

Richtig beeinflussen heißt: durch bewußte Ausstrahlung positiver Gefühle, Gedanken und Willensimpulse, durch rechtes Reden und Tun auf das Fühlen, Denken und Tun anderer dynamisch einzuwirken. Richtig beeinflussen heißt also *bewußt beeindrucken.*

Der Erfolg eines Fremdbefehls hängt von der inneren Haltung des Befehlenden ab. Viele können befehlen, nicht aber sich durchsetzen. Sie ersetzen durch Schroffheit des Befehlstones, was ihnen an Überlegenheit und Beeinflussungskunst abgeht. Diese Kunst besteht darin, eine Anordnung oder Aufgabe durch rechte Einkleidung in die Form eines Ratschlags oder durch Hineintragung des Wunschgedankens in das Gefühlsleben des andern lustbetont zu machen, so daß der andere unseren Befehl als Appell an seinen Mut, seinen Unternehmungsgeist, seinen Ehrgeiz, seine Abenteuerlust wertet und sich, in Erwartung einer Freude, mit geweckter Anteilnahme an die Erfüllung der Aufgabe macht.

Wir beschränken uns aber nicht darauf, bestimmte Wunschbilder im andern sichtbar zu wecken, sondern zeigen ihm zugleich erfolgsichere Wege zur Wunschverwirklichung. Das gelingt uns so weit, als wir selbst von der Aufgabe begeistert sind. Wir können in andern nur wecken, was zuvor in uns selbst lebendig ward. Ein Fremdbefehl verwirklicht sich so weit, als er zum Selbstbefehl wird. Und das wird er, wenn ihm ein Selbstbefehl an unser eigenes Innere vorausging. In Fremdwörtern ausgedrückt:

> *Jede Suggestion muß aus einer Autosuggestion hervorgehen, soll sie in der Seele anderer wiederum zur Autosuggestion werden.*

Der rechte Befehl besteht in der Aufzeigung eines lockenden, wertbetonten Zieles. Es gilt, den andern für eine Aufgabe zu erwärmen: von einem bestimmten seelischen Temperaturgrad ab springt die Maschine seines Wollens von selbst an. Diese Temperatursteigerung erzielen wir durch Erzeugung von Spannung, durch Anstachelung der Neugier, der Sportlust, des Spieltriebes, durch Anfeuerung des in jedem glimmenden Strebens, sich durch besondere Leistungen hervorzutun.

Auf solche Weise erreichen wir, daß der Fremdbefehl angenommen wird und sich im andern in einen Selbstbefehl verwandelt. Sollte der andere sich oberbewußt gegen den Befehl sträuben, würde sein verkrampfter Gegenwille die Durchsetzungskraft unseres Willens nur steigern. Denn nach dem Gesetz der das Gegenteil bewirkenden Anstrengung siegt der unbewußte Wille bei jedem Konflikt ausnahmslos über den bewußten. Trotzdem ist der Aufstand dieses Gegenwillens ein Beweis psychologischer Ungewandtheit des Befehlenden. Der Befehl muß schon durch die Art seiner Übermittlung der Folgebereitschaft des andern entgegenkommen – durch Zwischenschaltung positiver, lustbetonter Gedankenverbindungen.

Je unmerklicher diese Zwischenschaltung erfolgt, desto fester spannt sich das Seil vom Befehl zur Befolgung. Am stärksten wirkt, was wie nebenbei erwähnt oder getan wird. Denn die Hauptsache wird in der Regel vom Oberbewußtsein aufgegriffen, das ‚Nebenbei' vom Unterbewußtsein (UB). Und gerade die Mitarbeit des UB soll ja gewonnen werden.

Das UB greift gern die scheinbaren Nebensächlichkeiten in Ton, Blick und Haltung, die Nebengedanken, die aus der Folge unserer Worte durchschimmern, heraus und reagiert auf diese statt auf die Hauptsache. Es gilt also, den wesentlichen Einfluß auf andere nicht direkt, sondern indirekt, nebenher, auszuüben – weniger in Worten, als in Gedanken, die von selbst ihren Ausdruck suchen und finden.

Bewußt wird dieser Weg beschritten, wenn wir unsere Befehle in das Gewand anregender Informationen kleiden. Während wir wertvolle Winke geben, belehren, unterhalten, unterweisen, befehlen wir – und zwar umso wirksamer, je seltener diese Methode angewandt wird.

Alles Neuartige macht, wenn positiv, folgewillig.

Wo wir einen Befehl wiederholen, werden wir dem gleichen Willensimpuls darum möglichst eine neue Form geben, damit die Wiederholung des Gleichen dem Oberbewußtsein nie als Absicht bewußt wird, während der scheinbar neue Gedanke dem UB irgendwie bekannt und vertraut vorkommen muß. Es soll sich erinnern: „Das kenne ich schon", soll auf seinen Spürsinn stolz sein und sich nun noch ausgiebiger mit unserem Befehl beschäftigen, bis dieser ihm zur Selbstverständlichkeit wird, zur Neigung und schließlich zur Gewohnheit.

Damit ist das erste Ziel der Beeinflussung erreicht, aber noch nicht das Endziel. Es gilt jetzt, ein *noch* stärkeres Mittel rechter Beeinflussung kennenzulernen: den *geistigen Bildfunk.* Bevor wir aber diese Macht anzuwenden lernen, ist eine Warnung vor dem Mißbrauch neuerweckter Seelenkräfte unerläßlich. Die LS lehrt keine Willensbrechung oder -Vergewaltigung, sondern nur eine Willenswandlung. Wird einer Beeinflussung Widerstand entgegengesetzt, dann wird der erfahrene Psychologe seinen Einfluß nicht verstärken, sondern verlangsamen. Die Gemächlichkeit des Angriffs erhöht die Nachgiebigkeit des Gegners. Auch hier gilt das zu Eingang der LS behandelte Arndtsche biologische Grundgesetz: *„Schwache Reize fachen die Lebenstätigkeit an, mittelstarke fördern sie, starke hemmen sie, stärkste heben sie auf.“*

Zweckmäßiger als die Übersteigerung eines Einflusses ist die ruhig-beharrliche *Wiederholung* desselben. Geringer Druck wird kaum als solcher empfunden: die Verlegung der Beeinflussung vom Oberbewußtsein ins Bereich des UB wird, wie eine Druckverringerung, von andern mit größerer Nachgiebigkeit beantwortet.

Hier nun liegt die *Gefahr des Mißbrauchs*, die es zu meiden gilt: Wehe dem, der zu dem Mittel der Hypnose greift, um einen andern zu beeinflussen. Wohl dem, der sich der machtvollen Waffe der Liebe bedient, die höchste Gewalt verleiht über Herzen und Willen der Menschen! Wohl dem auch, der weiß, daß materielle Macht nichts, die Macht des Geistes alles ist, und der diese Macht bewußt dem Guten dienen läßt!

Wehe dem auch, der dem *Rausch der Macht* erliegt! Er ist verhängnisvoller als der Giftrausch des Opiums, denn er verseucht und zerfrißt nicht nur den Leib, sondern auch die Seele des Machtbesessenen und treibt ihn früher oder später in den Zusammenbruch. Wohl dem, der beim Entfalten seiner Seelenkräfte nicht vergißt, daß jede Kraft auf andere einwirkt, zugleich aber auf ihn selbst zurückwirkt!

Der Lebensschüler bedarf keiner weiteren Ermahnung, denn er weiß, daß nach dem Harmonie-Gesetz ungutes Denken und Tun verhängnisvolle Folgen auslöst, jede Schädigung anderer aus Ich-Sucht auf das eigene Ich vernichtend zurückschlägt.

Die Waffe des geistigen Bildfunks ist ein zweischneidig Schwert, das den verletzt, der andere schädigt, dem aber wunderbar die

Wege bahnt, der nur das wirkt, was ihm und allen dient, der keinem Wesen Leid bereitet und der Goldenen Regel folgt: „Was Du willst, daß andere Dir zudenken und zufügen, das denke und füge Du zuvor den andern zu!"

DIE KUNST DES GEISTIGEN BILDFUNKS

Als ‚geistigen Bildfunk' bezeichnen wir jedes unbewußte und bewußte Senden und Empfangen von Gedanken- und Gefühlsbildern zwischen gleichgestimmten Seelen, bei dem eine Umstimmung der Vorstellungen, Gefühle oder Willensfunktionen eines Menschen durch einen andern bewirkt wird.

Dieser geistige Bildfunk geht ununterbrochen vor sich, seitdem und solange es Leben gibt. Alle beeinflussen alle: der Einzelne den Einzelnen und die Masse, jede Masse andere Massen und Einzelne. Nur bleibt dieser Gedankenfunk, weil er unterhalb der Bewußtseins-Schwelle statthat, den meisten unbewußt. Es ist aber möglich, diese Gedankensende- und -Empfangsfähigkeit unserer Seele in eine teilweise *bewußte* umzuwandeln, sie dadurch erheblich zu steigern und zu einem wertvollen Erfolgsmittel zu machen.

Um den Weg zu dieser Umwandlung freizumachen, müssen wir uns zunächst folgendes vergegenwärtigen, bevor wir zur Praxis kommen:

> *Ein von uns ausgesandter gefühlsbetonter Gedanke wirkt auf andere umso stärker gemütsumstimmend, je gefühlsbewegter der Gedanke ist.*
>
> *Denken heißt bewegen. Bei jedem Denken wird psychische Kraft ausgelöst und in Richtung des dem Gedanken kernhaft zugrunde liegenden Gefühls oder Wunsches in Schwingung und Bewegung gesetzt, wobei die Durchsetzungskraft des Gedankens entsprechend der Zunahme seiner seelenenergetischen Ladung wächst.*

Wir färben durch unser Denken das Wollen und Tun unserer Umgebung. Die Wesen um uns beeindrucken wiederum unser Denken. Weit stärker als durch Wort, Schrift und Taten wirken wir durch die Richtung unseres Denkens auf die Umwelt ein, fügen durch unsere Gedanken anderen Wesen unausgesetzt Gutes und Böses zu und stellen damit zugleich uns selbst in die Ströme segens- oder fluchvoller Rückwirkungen hinein.

Die meisten empfinden dieses ständige innere Bewegtwerden durch fremde Gedanken deswegen nicht, weil sie sich daran gewöhnt haben. Fremde Gedankenschwingungen kommen uns zumeist erst zum Bewußtsein, wenn sie besonders stark sind oder wenn wir stille werden. Tatsächlich aber überträgt sich *jeder* Gedanke und bringt mit sich das Bestreben, in den Seelen, die ihn aufnehmen, ihm entsprechende Schwingungen hervorzurufen. Besitzt er genügend Gefühlsbetontheit, also Lebenskraft, kann er jahrelang auf die Stunde seiner Bewußtwerdung warten.

Nicht nur die Antennen der Billionen Zellen unseres Leibes bringt ein Gedanke, dem wir Leben geben, zum Schwingen, sondern auch die Seelen-Antennen anderer, uns sympathisch oder antipathisch verbundener Wesen. Jede Seele fängt auf, was ihr gemäß ist: niedere Gedankenwellen nimmt einer auf, wenn niederes Trachten ihn beherrscht; gute Gedanken dagegen finden überall Eingang, da in allen Wesen ein göttlicher Kern ist, der auf Gutes antwortet.

Wir bewegen uns in einem fort durch die Kraftfelder fremder Gedanken. Wir nehmen von ihnen an, worauf unsere Seele gerade abgestimmt ist, richten schwächere Gedankenkraftfelder dem unseren gleich und werden selbst Spielball stärkerer, deren durchdringenden Strahlungen wir zeitweise erliegen. Wir sprechen in diesem Sinne vom *Radio der Seelen.*

Wie ein Stein, der ins Wasser fällt, Wellen wirft, die allseits im Kreis davoneilen, so eilen auch die Ton-, Wärme-, Licht- und Radio-Wellen von ihrem Ursprung nach allen Richtungen im Kreis davon — und ebenso die *Gedankenwellen.*

Wie wir den Schallwellen, die nur eine geringe Reichweite besitzen, beim Rundfunk durch Umwandlung in elektrische Wellen einen tausendfach größeren Aktionskreis verschaffen, so geben wir unseren Wunsch-Schwingungen beim bewußten Bildfunk durch Umwandlung in Gedankenwellen eine vielfach verstärkte Reichweite und Verwirklichungskraft.

Wie beim Rundfunk Sender und Empfänger aufeinander abgestimmt sein müssen, um eine gute Tonübertragung zu erzielen, so ist beim geistigen Bildfunk eine gewisse Übereinstimmung von ‚Sender' und ‚Empfänger' Voraussetzung fehlerfreier Gedankenübertragung. Zu beachten ist hierbei, daß jeder Mensch Sender und Empfänger in einem und oft gleichzeitig ist und daß er als Sender wie als Empfänger aktiv und passiv sein kann. Er kann passiv senden, indem er fremde Gedanken ohne Kontrolle weiterleitet, und kann aktiv empfangen, indem er einen oder mehrere Sender bewußt ‚anzapft', aus den Wissensbrunnen anderer Seelen schöpft.

Wie die Radiowellen im gleichen Augenblick alle auf ihre Wellenlänge eingestellten Empfänger zum Wirken und Tönen bringen, so bringen unsere Gedankenwellen blitzschnell jede Seele zum Erklingen, deren Eigenschwingung der unserer Gedanken auf irgend einer Oktave entspricht.

Das heißt: wir empfangen aus der Fülle der Gedanken-Sendungen nur, was uns *gemäß* ist oder worauf wir uns *einstellen.* Und selbst dann wird uns nicht jeder aufgefangene Gedanke gleich bewußt; die meisten bleiben vielmehr latent im UB, um irgendwann plötzlich ‚aktiviert', über die Bewußtseinsschwelle ins Wachbewußtsein hinaufgehoben zu werden.

Wie dies im einzelnen vor sich geht, bekümmert uns nicht. Kein Mensch weiß, was eigentlich Elektrizität ist. Trotzdem brauchen wir alle diese Kraft. Ebenso wenig wissen wir vom Bildfunker unserer Seele. Trotzdem benutzen wir auch dies Machtmittel im Dienste unserer Vervollkommnung und trösten uns mit der Tatsache, daß nichts, was uns heute unerklärbar ist, uns immer unfaßbar bleibt. Einmal wird alles noch Unerkannte und Verborgene ein Bestandteil menschlichen Wissens sein.

> *Als gesichert darf heute gelten: Wir haben im geistigen Bildfunk ein Mittel unmittelbaren Gedankenaustausches, direkter Verpflanzung von Willensimpulsen, Neigungen und Wunschgedanken von Seele zu Seele, das, bewußt angewandt, unsere Erfolgssicherheit gewaltig erhöht.*

Die Fähigkeit des geistigen Bildfunks und -Empfangs ist bei den Einzelnen verschieden stark entwickelt, nimmt aber mit der bewußten Hinwendung zu rechtem Denken zu. Je williger ein Mensch sich dieser Erkenntnis öffnet, desto rascher stellen sich die Erfolge ein. Wir kommen damit zur

Wie ein Magnet die Moleküle eines unmagnetischen Eisenstabes umschichtet, sich gleich-richtet und dadurch den Eisenstab ebenfalls magnetisch macht, so schichtet der Lebensschüler beim Bildfunk die Strebens-Moleküle im UB eines andern um und richtet sie seinem eigenen Denken weitgehend gleich.

Diese Fähigkeit seelischen Gleichrichtens kann durch Übung entfaltet und gesteigert werden. Die 12 Grundregeln, die hier der Befolgung bedürfen, sind die nachgenannten:

1. Wir wählen für den mentalen Bildfunk Zeiten, in denen wir und die Empfänger möglichst wenig Ablenkungen erfahren, also die frühen Morgen- oder die späten Abendstunden, vor allem Zeiten von 9–10 Uhr nachts und von 3–5 Uhr morgens.

2. Da die Bildübertragung umso rascher erfolgt, je mehr das UB dabei beteiligt ist, betrachten wir den Bildfunk nie als ein interessantes Experiment, sondern bejahen den Vorgang wie etwas selbstverständliches. Umso spontaner erfolgt er und umso sicherer gelingt er.

3. Der für die Bildsendung günstigste Zustand ist der körperlicher und gedanklicher Entspannung und Seelenstillung. In der Stille senken wir uns in die Tiefe unseres Innern, um die Reichweite unseres Gedankenkraftfeldes zu vergrößern. Die Augen halten wir geschlossen.

4. Während des Verweilens in der Stille lassen wir alle störenden und zerstreuenden Gedanken und Stimmungen abklingen. Die Aufmerksamkeit darf durch nichts abgelenkt werden. Neben der Natur, Bewußtheit, Bildhaftigkeit, Zielstrebigkeit und Gefühlsbetontheit der zu sendenden Gedanken ist vor allem ihre Konzentration für den Grad ihrer Ladung und damit ihrer Durchsetzungskraft entscheidend.

5. Der Wille tritt hierbei wenig in den Vordergrund. Willensanstrengung ist zu meiden. Wichtiger als der Wille ist die Entfesselung der Glaubenskraft. Je begeisterter wir von einem Gedanken sind, je mehr er mit Geist und Kraft geladen wird, desto beschwingter eilt er hinaus. Was wir übertragen wollen, müssen wir zuerst selbst lebendig fühlen, innerlich überzeugt als Wirklichkeit empfin-

den. Mit der Gefühlsbetontheit eines Gedankens wächst seine Dynamik, Schwingungsstärke und Reichweite.

6. Der dem Bildfunk zugrunde liegende Wunschgedanke muß innerlich als bereits erfüllt, das Erstrebte als jetzt schon gegenwärtig gesehen, als selbstverständlich bejaht werden – nicht als etwas, das später einmal Wirklichkeit werden soll. In Wahrheit ist es ja in *dem* Augenblick schon geistige Tatsache, wo wir der Idee Leben geben: die Grundlage für seine Verwirklichung auch nach außen hin ist dann geschaffen.

7. Dieses Heraustreten einer Idee aus der Lebendigkeit gegenwärtiger Innenwirklichkeit in die Sinnenwelt geschieht umso sicherer, je unerschütterlicher unser Glaube an uns selbst und unsere Innenkraft ist. Solange Zweifel und Bedenken in uns wohnen, bleiben Kraft und Erfolg uns fern.

8. Wirkstarkes Denken ist zielstrebiges Bilddenken. Ein Gedanke, der in anderen Herzen erwachen soll, muß zuerst in uns selbst bildhaft gegenständlich geworden sein. Wir müssen genau wissen, was wir wollen, müssen das Erstrebte im Geiste vor-bilden, soll im andern ein lebensnahes Nach-Bild erstehen. Wir müssen den andern in absoluter Selbstverständlichkeit in Gedanken *das tun sehen,* was wir von ihm getan wünschen.

9. Die inneren Sehbilder müssen deutlich, scharf umrissen, klar abgegrenzt sein, um im andern zu empfindungsstarken Ahnungs- und Erkenntnisbildern zu werden. Je konkreter, greifbarer, farbenprächtiger wir das Erstrebte innerlich sehen, desto unverzerrter übertragen sich die Geschehensbilder und lösen beim andern entsprechende Gefühle und Handlungen aus.

10. Wir übertragen also nicht Gedanken, sondern innere Seh- und Hörbilder. Das ist auch beim Aussprechen etwaiger Worte, die wir innerlich an den Empfänger richten, zu beachten. Durch den geistigen Bildfunk wird das Wort beseelt und wirkstark, so daß es ein innerlich hörbares Echo im Empfänger wachruft. Wichtig ist hier ferner einerseits die bewußte Ladung des Seh- oder Klangbildes mit Wunschkraft, wie in der 8. LW gezeigt, andererseits die Anpassung der Vorstellungsbilder an die Denkgewohnheiten des Empfängers. Unser inneres Wort muß ihn an-sprechen, soll es von seinem UB aufgenommen werden.

11. Der geistige Bildfunk muß stets *positiv* sein. Wer andere zu zwingen sucht, etwas zu tun, was ihrem Wesen zuwiderläuft, ruft negative Reaktionen wach. Damit nicht das ‚Gesetz der das Gegenteil bewirkenden Anstrengung' sich auswirkt, muß die Einstellung zum Empfänger eine liebende sein. Wir müssen *geben* wollen, nicht Nehmende sein, müssen zuerst dem Andern das zudenken und zufügen, was wir wünschen, daß er uns tue. Die Gesinnung bestimmt den Ausgang des Bildfunks. Je positiver ein Gedanke ist, desto sympathischere Reaktionen löst er aus.

Wir haben uns also beim geistigen Bildfunk sowohl vor negativen Gedankensendungen wie vor negativer Geisteshaltung zu hüten – zumal negative Gedanken wegen ihrer größeren Gefühlsbetontheit leichter als positive übertragen werden und stärker auf den Urheber zurückschlagen. Jedes Funkbild muß lustbetont, von Wohlwollen getragen sein. Am mächtigsten sind Gedanken der Liebe. Das Gebet einer Mutter bildet einen Schutzpanzer um ihr Kind oder verdichtet sich zu einer hilfreichen Wesenheit, die wieder entwird, wenn ihre Aufgabe erfüllt ist.

12. Durch den Bildfunk machen wir das bewußt gesprochene Wort gefühls- und wirkstärker. Dem Klangbild entspricht der innere Hall, der auf der Ebene des Überbewußtseins zur Seele des Andern eilt, dort wie ein ferner Nachhall spürbar wird und zum inneren Aufhorchen zwingt. Wir müssen ein-dringlich sprechen, den Hall nach innen dringen lassen und Bildfunk und Wort oft wiederholen. Jede Wiederholung vertieft den Eindruck und verstärkt den Nachhall.

Rechte Beeinflussung eines einzelnen Menschen

Beim geistigen Bildfunk haben wir zwei Möglichkeiten: a) die der Beeinflussung eines einzelnen Menschen, b) die der Beeinflussung einer Vielheit von Menschen, also die allgemeine Umstimmung anderer ohne Einstellung auf bestimmte Empfänger.

Die erste Voraussetzung positiver Beeinflussung eines *Einzelnen* ist die innere Harmonie zwischen Sender und Empfänger, die vom einen oder von beiden bewußt oder unbewußt herbeigeführt werden kann. Es muß eine innerliche Hinneigung von einem zum andern vorausgehen, ehe der Kontakt geschaffen werden und der Bildfunk beginnen kann.

Hierzu genügt oft schon die Konzentration auf den Sender oder Empfänger – gegebenenfalls unter Zuhilfenahme eines Lichtbildes des Betreffenden, das zuerst angeblickt und dann mit geschlossenen Augen innerlich plastisch nachgebildet wird. Ob der eine von dieser Konzentration des andern auf ihn weiß oder nicht, ist für den Erfolg nicht entscheidend; es genügt, wenn sich *einer* von beiden der sympathischen Seelenverbindung bewußt ist. Oft wird ein Impuls herzlicher Zuneigung dann auch vom andern spontan empfunden, erweckt in seinem Herzen gleiche Zuneigung und ermöglicht eine dem Bildfunk günstige Gedanken- und Gefühlsgleichrichtung. Je vollkommener die innere Gleichrichtung, desto störungsfreier geht der geistige Bildfunk vor sich.

Am sichersten wird der Kontakt durch *liebende Einstellung* geschaffen. Die Liebe ist die stärkste Brücke von Seele zu Seele. Darum wird Liebenden so oft die auffallende Gleichzeitigkeit und Gleichstimmigkeit ihrer Gedanken, die Tatsache der Gedankenübertragung, bewußt, die zwischen Eheleuten und Freunden zuweilen einen hohen Vollkommenheitsgrad erreicht.

Bei der *Einzel-Beeinflussung* ist folgendes zu beachten:

Wir machen uns in der Stille unter Beachtung der obigen zwölf Grundregeln ein lebendiges Bild des zu Übertragenden, das wir im Blickfeld des Bewußtseins festhalten, bis es förmlich zu strahlen beginnt. Wir müssen fühlen, wie der Gedanke von uns ausstrahlt und zuerst im UB, dann im Bewußtsein des andern Fuß faßt und Macht gewinnt.

Wir werden dabei den Empfänger im Geiste unmittelbar vor uns sitzen sehen, etwas unterhalb unseres Gesichts. Je lebendiger wir ihn sehen und im Geiste zu ihm reden, als ob er tatsächlich in unserem Zimmer wäre, sich mit uns unterhaltend, desto sicherer ist der Erfolg. Wir sehen sein Gesicht plastisch vor uns, sehen seinen Blick aufmerksam, voll Sympathie und Interesse auf unseren Mund gerichtet. Wir blicken ihm auf die Nasenwurzel und sprechen im Geiste mit eindringlichem Ernst die Worte zu ihm, die in seiner Seele widerhallen sollen.

Soll der Empfänger unseres Bildfunks bestimmte Handlungen

vornehmen, erleichtern wir die Gedankenübertragung, indem wir durch entsprechende Bewegungen unseres Körpers die vom andern erwarteten Handlungen andeuten. Wir machen dadurch die Gedankenbilder gefühlsbetonter und übertragungsfähiger. Das kann so weit gehen, daß der Empfänger das gleiche fühlt, sieht, schmeckt, empfindet wie wir, oder daß er unserem Gedankenbild spontan Ausdruck verleiht, als ob ‚der Gedanke in der Luft liege'.

Zu jedem gewünschten Erfolg können wir auf diese Weise den Grund legen. Nervenarzt Dr. Lomer berichtet von einem englischen General, der auf seinen Reisen durch das wildeste Afrika immer zu äußerst vorteilhaften Abmachungen mit den Häuptlingen der einzelnen Negerstämme gelangte. Auf die Frage, wie er das nur anfange, antwortete er: „Ich folge meiner alten Erfolgsregel, an dem Abend, der einer Verhandlung vorausgeht, mir beim Einschlafen intensiv vorzustellen, wie ich mit dem Partner zusammensitze und mit ihm ein Herz und eine Seele bin. Ich kann dann bestimmt damit rechnen, daß ich am nächsten Morgen gut aufgenommen werde und mein Ziel erreiche." –

Rechte Massenbeeinflussung

Was von der Beeinflussung des Einzelnen gesagt ist, gilt auch für den Kraftruf an alle. Auch diese Praxis wird von den meisten unbewußt und oft verzerrt und falsch angewandt, von wenigen bewußt und mit klarer Zielbejahung.

An sich ist die Einflußgewinnung auf eine Mehrheit von Menschen leichter als die auf Einzelne, denn der Mensch in der Masse und als Masse ist empfänglicher für Fremdgedanken als der seiner selbst bewußte Einzelmensch.

Schneller als der Lichtstrahl eilt das bewußt gefunkte Gedankenbild von Hirn zu Hirn, mehr oder minder sichtbare Veränderungen im Empfinden und Wollen von immer mehr Menschen hervorrufend. Je leidenschaftlicher der Gedanke ist, je verzehrender die in ihm glutende Wunschkraft flammt, ja beharrlicher und zielbewußter der Gedanke wiederholt wird, desto eher wird aus dem anfänglichen Willenswirbel ein *Gedanken-Zyklon* – Ausgangspunkt geistiger, weltanschaulicher, religiöser oder politischer Bewegungen.

Einmal zum Zyklon geworden, breitet sich der Gedanke mit der Dynamik eines geistigen Wirbelwindes aus, ergreift immer mehr Herzen und reißt sie mit sich empor. Dieses Bewußtsein, reißender Wirbelwind zu sein, müssen wir unseren Gedankenbildern mitgeben: wir müssen fühlen, wie sie anderen entgegenwirbeln, sie im Sturm ergreifen und mit sich ziehen. Die starke Überzeugung eines Einzelnen kann die ‚öffentliche Meinung' gewinnen und zum Guten oder Bösen beeinflussen – um so eher, je lebendiger er sich als Zentrum und Organ der Allkraft fühlt und betätigt.

Bemerkt sei noch, daß die Anwendbarkeit der hier wirkenden geistigen Gesetze nicht auf den Einzelnen beschränkt ist: auch eine *Vielheit* von Menschen kann auf die gleiche Weise ein *gemeinsames Ziel* erreichen; zehn, hundert, tausend gleichgestimmte Seelen können bewußt einem gemeinsamen Willen Ausdruck geben, dem eine unendlich potenzierte Stoßkraft eignet. Es hat zu allen Zeiten Gemeinschaften gegeben, deren Angehörige sich auf solche Weise gegenseitig stärkten und förderten.

Wie weit solche Massenbeeinflussung gehen und wie verhängnisvoll sie werden kann, haben wir in den beiden letzten Kriegen erlebt. Ein Gedanke des Hasses kann wie ein Prärie-Brand weiter glimmen und, zum Feuer werdend, weite Gebiete ergreifen, bis ein ganzes Land in Flammen gehüllt und in Trümmer gelegt ist.

Wieviele geistige Seuchen sind nicht schon über die Erde gegangen, aber wieviele positive Gegenströmungen haben sich nicht zu gleicher Zeit erhoben und die Harmonie wieder hergestellt! Wären die guten Gedanken nicht ebenso ansteckend wie die bösen, dann wäre die Menschheit längst an den Folgen niederen Denkens zugrunde gegangen.

ÜBERREDUNGS- UND ÜBERZEUGUNGS-KUNST

Nach den Grundsätzen der LS gilt es, einen Menschen nicht von außen her zu überreden, sondern ihn von innen her zu überzeugen, will man den fremden Willen zum Verstärker und Helfer des eigenen machen.

Das Wort – einerlei, ob gesprochen, geschrieben oder gedruckt – ist immer nur Mittel: Mittler von Gesinnungen, Träger des Willens, Ausdruck von Überzeugungen. Wer nur *überredet* wird, bleibt seiner eigenen Meinung im Grunde treu und kehrt früher oder später zu ihr zurück. Wer aber *überzeugt* wird, macht die Meinung des andern zur eigenen. Nicht auf die Redegewandtheit kommt es also an, sondern auf das überzeugende und gewinnende Selbstvertrauen. Zuerst müssen wir selbst vom Wert dessen, was wir empfehlen oder anraten, überzeugt sein. Darnach erst gewinnen die Hilfsmittel der Überzeugungskunst Bedeutung.

Wir müssen uns als der Stärkere fühlen, um es zu sein, und müssen *handeln, als ob* wir der Stärkere seien. Unsere innere Haltung kommt dann in der äußeren zum Ausdruck – im Ton unserer Worte, der felsenfesten Glauben kündet, in unseren Gesten und Handlungen, die entweder Herzenswärme ausdrücken oder kühle Überlegenheit.

Es kommt nicht so sehr darauf an, *was* man sagt, sondern *wie* man es sagt. Denn das ‚Was' wendet sich an das Oberbewußtsein, das ‚Wie' an das UB. Das ‚Was' wird leicht vergessen, das ‚Wie' nicht, insbesondere, wenn es gefühlsbetont und bis zum letzten Wort positiv gerichtet ist.

Ein Beispiel hierfür gibt Allendy: „Ein guter Advokat weiß, welche Wichtigkeit das letzte Wort hat. Er sagt nicht: „Sie werden diesen Mann nicht verurteilen", denn das Wort ‚verurteilen' haftet im Gedächtnis der Geschworenen und kann ein ungünstiges Urteil herbeiführen. Sondern er sagt: „Er verdient Ihren Freispruch!" denn die Wirkung dieses Wortes wird eine ganz andere sein. Wenn manche Menschen die Wirkung solch einfacher Mittel leugnen, so liegt das daran, daß sie keine psychologische Erfahrung haben." –

Eine Sonderform der Massenbeeinflussung durch Schrift und Bild ist die *Werbung,* deren Wesen wir uns klar machen wollen, um einerseits dieses Beeinflussungsmittel zu meistern, andererseits gegen ungute Einwirkungen der Reklame weitgehend gefeit zu werden.

Auch bei der Werbung interessiert hier weniger die technische als die dynamische Seite. Wir können uns darum auf *10 Erfolgs-Hinweise* beschränken:

1. Für die Werbung gilt das über die Massen-Beeinflussung Ge-

sagte – mit der Einschränkung, daß hier größere Konzentration des Stoffs erforderlich ist. Das heißt durch Fortlassen alles Unnötigen das zu Sagende verwesentlichen und dadurch stärkere Reize und größere Spannung auslösen. Spannungen erzeugen wir durch gefühlsbetonte anschauliche Bilder, auffallende Vergleiche, Kontraste oder durch das Gegeneinanderausspielen von Frage und Antwort, Rede und Gegenrede.

2. Der Werber muß ein Menschenfreund sein, will er den rechten Ton finden, der zum Herzen geht; er muß in denen, an die er sich wendet, Hilfsbedürftige sehen, denen er mit Rat und Tat zur Seite steht. Nicht *zu* ihnen, sondern *mit* ihnen muß er sprechen, soll seine Werbung persönlich und lebendig wirken. Er muß sich mit den von ihm Umworbenen eins fühlen, sollen diese seine Fürsorge als solche wahrnehmen, seine Hilfeleistung annehmen und ihm dafür Zuneigung schenken.

3. Aus diesem Einsfühlen erwächst die Erkenntnis der Bedürfnisse und Strebungen des Umworbenen und damit der Wege zu seiner Gewinnung. Diese Bedürfnisse rücken in den Mittelpunkt. Nicht was er tun oder kaufen *soll,* wird ihm gesagt, sondern was er tun möchte und *kann,* um seine Strebungen zu befriedigen. Ob er Behaglichkeit wünscht oder Genüsse sucht, sich gut unterhalten oder schön und andern angenehm sein will, ob er glücklich sein und glücklich machen, Sympathie erregen oder Lebenssicherheit erlangen, gesunder werden oder größere Kraft gewinnen, erhöhte Leistungsfähigkeit erringen oder in seinem Berufs- und Lebenskreise Führer werden will, ob er Erfolg oder Eroberungen anstrebt, sich gegen Gefahren rüsten oder ein höheres Einkommen schaffen will, ob er seinem Ehrgeiz oder seiner Neugier frönen oder der Gemeinschaft dienen, sein Mitgefühl oder seinen Kampfsinn betätigen will – immer gilt es für den Werber, ebenso behutsam wie positiv diese schlummernden Wünsche und Gewohnheiten bewußt zu machen, die in Frage kommenden Strebungen liebenswert zu machen. Sie wollen verstanden, anerkannt, angesprochen, umschmeichelt werden, Genugtuung empfinden, um nach dem ihnen Dargebotenen zu greifen.

4. Weitere Erfolgsvoraussetzung ist die Hingabe des Werbers an den Gegenstand der Werbung: er muß mit dem Herzen bei der

Sache, in der Gesinnung uneigennützig und vom Werte dessen, wofür er wirbt, überzeugt sein. Er muß als erster daran glauben, bevor er andere daran glauben machen kann, muß davon begeistert sein, um die Seelen anderer dafür zu gewinnen.

5. Da die Werbung zum *Handeln* anreizen soll, muß sie gefühlsbetont sein. Hier kommen nur *lust*betonte Vorstellungen in Frage: das Bejahende, Wunscherweckende, Lustbereitende, freudige Spannung Auslösende. An jedes Wort der Werbung ist dieser Maßstab anzulegen. Wichtiger als Blickfang und Schlagworte ist der Gefühlsfang. Wer nicht zum Gefühl der andern spricht, spricht nicht zu ihren Ohren und Herzen. Die Werbung muß zielbewußt auf die Vermittlung des Vorgefühls der angebotenen Freudesteigerung hinauslaufen. Je mehr Vorlust-Gefühle erregt werden, desto sicherer ist der Erfolg.

6. Gut ist eine Werbung dann, wenn sie stimmungverbessernd wirkt. Das tut sie, wenn jedes Wort anziehend und anmutig klingt, wertbetont und positiv ist, so daß das Ganze als lebensbereichernd und lebensgefühlssteigernd empfunden wird. Die Werbung muß von Wohlwollen und Heiterkeit durchsonnt sein, Wärme spenden, durch Herzhaftigkeit sympathisch berühren, insgesamt lebensbejahend sein.

7. Sie sei desweiteren wahr und sachlich, habe den Charakter des guten Rats eines erfahrenen Fachmanns. Jedes Wort muß die Ruhe überlegener Sachkenntnis atmen, also ein weit höheres spezifisches Gewicht haben als die abgebrauchten Alltagsworte; es soll wertbetont sein, um etwaige Gegenvorstellungen zu entkräften und zum Verblassen zu bringen. Gute Werbung verbindet unterhaltsames neues Wissen geschickt mit schon bekanntem und macht dadurch die Aufnahme des neuen lustbetont.

8. Übertreibungen sind zu meiden, da sie das ‚Gesetz der das Gegenteil bewirkenden Anstrengung' zur Auslösung bringen. Übertriebene politische Werbung führt zu Radikalismus und Klassenkämpfen, übertriebene religiöse Werbung zu Sektenbildung und Glaubenskämpfen, übertriebene Wirtschaftswerbung zu Cliquenbildung und Interessenkämpfen. Wer bei der Werbung schreit, bekundet Schwäche; wer dem Grundsatz huldigt, daß ‚die Welt betrogen sein will', betrügt sich selbst. Nur Beeinflussung zum Guten

bringt dauernd Segen und wirkt erzieherisch, weil sie neue bessere Gewohnheiten schaffen hilft.

9. Gute Werbung ist sinnennah wie eine Plastik und bewegungsreich wie ein Tonfilm. Sie muß *bildhaft* sein, voll farbenprächtiger Vorstellungen und sinnfälliger Schilderungen, die die Phantasie des Umworbenen anregen. Sie muß lebendige Vergleiche enthalten, die positive Stimmungen wecken und im UB des Umworbenen Bilder erstehen lassen, die sich leicht mit angenehmen Erinnerungen verknüpfen und zu entsprechenden Handlungen hinleiten.

10. Nicht minder wichtig ist Wiederholung, Reihung oder Häufung des Gleichen. Durch mehrmaliges Aufzeigen des Wesentlichen wird dessen suggestive Wirkung potenziert. Die Häufung darf jedoch nicht aufdringlich wirken, nur eindringlich; der Anreiz zum Handeln muß wie selbstverständlich erscheinen, wobei es zu beachten gilt, daß die beste Werbung die gemeinnützige ist, die aus dem Denken an und für die andern erwächst.

40. WOCHE:

SELBSTSCHUTZ VOR FREMDBEEINFLUSSUNG

„Des Menschen Elend kommt nur von ihm selbst." Satis

Manche mißbrauchen den geistigen Bildfunk unbewußt, Einzelne bewußt zu unguten Zwecken. An sich erfährt jede Ausnützung seelischer Kräfte aus Ichsucht und Du-Feindlichkeit durch das Gesetz des Ausgleichs automatisch eine Wiedergutmachung auf Kosten des Täters. Früher oder später wird jeder, der die Macht der Gedanken zur Schmälerung des Glücks anderer mißbraucht, mit der Waffe, mit der er sich verging, gerichtet: eines Tages, wo er es am wenigsten erwartet, treffen die Auswirkungen seines unguten Denkens und Handelns mit vervielfachter Wucht ihn selbst!

Im übrigen kann der Lebensschüler sich gegen hemmende und schädigende Fremdeinflüsse wirksam schützen.

Seltsam genug, daß die Menschen sich gegen alles mögliche schützen und versichern, ihr wichtigstes Gut aber, ihre Seele, zumeist ungeschützt und ungesichert lassen! Ihre Häuser lassen sie sorgsam bewachen – aber Fremdgedanken geben sie bedenkenlos Einlaß in ihr Inneres. Sie gewahren nicht, daß sie in einer Atmosphäre ständigen Kampfes leben und daß ihre oft plötzliche Unruhe, unerklärliche Niedergedrücktheit oder Unsicherheit ein Echo der Kämpfe ist, die in ihrem Innern zwischen guten und negativen Fremdgedanken ausgefochten werden. Sie wissen nicht, daß die Beeinflußbarkeit der Menschen in den letzten Jahrzehnten erheblich zugenommen hat und daß Zerstreuungssucht, Tabak, Alkohol, falsche Lebensweise und der Einfluß der Massenmedien – Presse, Funk, Fernsehen – ein übriges tun, um die allgemeine Willensschwächung und Dekonzentration noch zu fördern.

Daß trotzdem weniger Unheil geschieht, als man im ersten Augenblick anzunehmen geneigt ist, hat einen natürlichen Grund:

Wie der *Körper* Abwehrstoffe gegen eindringende Bakterien bereit hält, die ihn gegen manche Angriffe immun machen, unempfänglich für Krankheiten und Krankheit auslösende Bakterien und Gifte, so eignen auch der *Seele* natürliche Abwehrstoffe, die sie gegen kränkende und schädigende Gedankeneinflüsse anderer gefeit machen – mit Ausnahme derer, die ihrer eigenen Schwingung entsprechen, zu denen sie also eine ‚Disposition' besitzt.

Diese *Immunität gegenüber seelenschädigenden Einflüssen* kann von Hause aus da sein oder bewußt erworben werden, genau so wie es bei der körperlichen Immunität der Fall ist, die angeboren oder durch natürliche oder künstliche Immunisierung erworben sein kann.

Bei der körperlichen Immunisierung unterscheidet man aktive und passive Immunisierung, je nachdem, ob die Schutzstoffe vom Körper selbst gebildet oder ihm einverleibt wurden. Bei der seelischen Immunisierung können wir gleichfalls eine aktive und eine passive unterscheiden: entweder werden die seelischen Schutzstoffe durch bewußte Besinnung auf die innere Kraft in Stille oder Meditation erworben oder durch Aufnahme positiver Kraftgedanken von außen her – durch Hinwendung zu Gott im Gebet, durch Lektüre mutmachender Schriften, durch entsprechende Willensschulung im Sinne der LS oder andere psychotherapeutische und psychodynamische Maßnahmen.

Der Lebensschüler bedient sich der *aktiven* seelischen Selbst-Immunisierung durch Besinnung auf seine Innenkraft, und der passiven durch Anwendung der nachfolgend dargelegten Mittel und Methoden seelischen Selbstschutzes, durch deren Beachtung ein sicherer Schutz gegen seelische Vergiftungen und schädliche Gedanken-Infektionen erreicht wird. Hier sind die

15 FAUSTREGELN SEELISCHEN SELBSTSCHUTZES

die wir uns zunächst zu eigen machen wollen:

Das erste und wichtigste ist die bewußte Hinwendung zu rechtem Denken. Hier ist das in der 12. LW über die Gedankenkontrolle Gesagte zu befolgen und zu bedenken, daß unsere Seele kein Sieb ist, das fremde Gedanken wie Wasser durchläßt, sondern daß sie nur das aufnimmt, was ihr gemäß ist.

Das zweite ist, daß wir niemals Furcht vor Fremdeinflüssen empfinden. Nichts kann uns ohne unseren Willen geschehen. Von *uns selbst* hängt es ab, welche Gedanken in uns Eingang finden.

Das dritte ist die Selbstbefreiung von jedem Autoritätsglauben. Fremder Rang, Titel, Würden, Aussehen und Benehmen anderer dürfen uns nicht beeinflussen. Wir schütteln jede Unfreiheit aus Schüchternheit ab und glauben nicht mehr an fremde Gespenster, sondern an die eigene Kraft. Wir nehmen nichts als wahr an, was wir nicht selbst geprüft und als wahr befunden haben.

Das vierte ist das Freibleiben von Argwohn und Voreingenommensein. Wir werden uns den Blick freihalten für alles Schöne und Gute im Leben und von Unedlem wegsehen, wo diese Art der Verneinung möglich ist. Wir werden nie Gefühle und Strebungen in andere hineinlegen, die diese vielleicht gar nicht empfinden; denn das hieße anderen Macht über uns geben.

Das fünfte ist, daß wir keinem Widerstand ängstlich ausweichen, denn das heißt ihn vergrößern. Wir begegnen jedem Widerstand mit der Bejahung unserer stärkeren Innenkraft und halten negative Gedanken von uns fern, uns immer als den Mächtigeren, Überlegenen sehend.

Das sechste ist, daß wir unnötigen Umgang mit negativen Menschen meiden. Wir werden oft die Stille aufsuchen und das Alleinsein mit uns selbst, uns Zeit und Kraft raubenden Menschen und Dingen geschickt entziehen, schlechten aus dem Wege gehen, alles Zudringliche von uns fernhalten, um nicht Widerkäuer fremden Denkens zu werden.

Das siebente ist, daß wir uns auch den Höchsten äußerlich gleichberechtigt, ebenbürtig, innerlich überlegen fühlen. Jeder ist ein Eigener, in dem das Göttliche herrscht, nicht fremdes Niederes. Jeder gebe darum dem Bewußtsein seiner selbst und seiner Macht in seinem Denken, Fühlen und Tun lebendig Ausdruck!

Das achte ist, daß wir uns herabziehenden Menschen und Gedanken innerlich bewußt verschließen. Sie berühren uns nicht, sie bewegen uns nicht, sie interessieren uns nicht.

Das neunte ist, daß wir bei alledem andere nie zurückstoßen, sondern den Gesetzen des Herzenstaktes folgen, uns höflich lösen und nie durch Erregung anderer oder fremden Haß vergiften lassen. Dinge, die uns nicht angehen, lassen wir auf sich beruhen. Wir machen viele Fremdeinflüsse schon durch solches Gelassenbleiben unwirksam. Oft ist Nichtreagieren die beste Abwehr. Wenn andere sich aufregen, bleiben wir ruhig, objektiv und gesammelt. Wer gesammelt ist, ist gerüstet; wer sich selbst beherrscht, bleibt von Fremdherrschaft frei!

Das zehnte ist, daß wir fremden Rat teilnehmend anhören, aber nur so weit befolgen, als die Stimme unseres Innern ihn gutheißt. Niemand soll andere so sehr anhören, daß er ihnen schließlich angehört und hörig wird. Er soll selbst denken und selbst entscheiden.

Das elfte ist, daß wir jeder Mißstimmung sofort zu Leibe rücken. Unvermittelte Traurigkeit, Gedrücktheit, Verstimmtheit kann Auswirkung oder Echo fremder Leid- und Haßgedanken sein und durch gefühlsbetonteres positives Denken überwunden werden, durch Rückbesinnung auf uns selbst und unsere Innenkraft in Stille und Schweigen.

Das zwölfte ist, daß wir uns von niederen Leidenschaften und Unbeherrschtheiten freihalten. Mit wachsender Selbstzucht nimmt unsere Abwehrkraft zu.

Das dreizehnte ist, daß wir in jedem Augenblick dessen gedenken, daß, wie Goethe sagt, „die Gottheit uns vollendet einst gedacht“, und uns immer wieder darauf besinnen, daß wir bestimmt sind, „vollkommen zu werden, wie Gott vollkommen ist“, und daß wir täglich stärker werden!

Das vierzehnte ist, daß wir uns innerlich als frei erkennen und jedes Falschgefühl innerer Abhängigkeit von anderen Menschen, Einrichtungen und Geschehnissen vernichten. Wir brauchen mit nichts zu brechen, müssen aber in allem selbst entscheiden, selber handeln und in jedem Augenblick unserer inneren Freiheit bewußt sein, besonders wenn wir anderen Menschen gegenübertreten.

Das fünfzehnte und letzte ist, daß wir, um dieses Freiheitsbewußtsein zu entfalten, oft in die Stille gehen und unser Denken und Fühlen, Wollen und Tun ernsthaft prüfen, ob es etwa unfrei ist, und warum, um solche Gebundenheiten als Wahn zu erkennen und abzuschütteln. Unsere Fesseln sind von uns selbst gewirkt, selbstgeknüpft und darum von uns selbst zu lösen. Wir unterliegen fremdem Denken und Wollen nur soweit, als wir uns selbst unfrei wähnen. In Wirklichkeit kann nichts uns schaden und bestimmen, wenn wir unserer selbst bewußt und zum Siegen bereit sind. Denn unsere Seele ist eine Festung, zu deren Eingang nur wir den Schlüssel haben.

SCHUTZ VOR FREMDSUGGESTIONEN

Wenn wir ohne ersichtlichen Grund jäh erregt oder mißlaunig werden, traurig oder gehässig empfinden, *kann* ein Fremdeinfluß vorliegen. Auf jeden Fall greifen wir sofort zu entsprechender Gegenwehr: zu den Mitteln der Selbstprüfung, Selbsterziehung und bewußten Umstellung auf positives Denken, Reden und Tun! Fremde negative Gedankenwellen berühren und bestimmen unser Inneres nur dann, wenn wir uns durch falsches Denken, Wünschen und Erwarten niederen Einflüssen öffnen.

Die wichtigste Voraussetzung erfolgreicher Abwehr ist die Beseitigung jeder Furcht vor Fremdeinflüssen. Furcht ist die einzige schwache Stellung in unserer Rüstung. Sie macht uns negativ, passiv und empfänglich für Fremdgedanken, zieht niedere Einflüsse an und macht sie stark, öffnet uns also gerade dem, was wir fürchten.

Besinnen wir uns, daß alle Schädigungen an Seele und Leib, die wir feindlichen Gedanken zuschreiben, in Wahrheit durch uns selbst bewirkt sind, Folgen unseres Glaubens an die Macht anderer Menschen über uns darstellen. Würden wir nur an unsere innere Unangreifbarkeit glauben und unsere innere Kraft freudig bejahen — kein feindlicher Einfluß könnte uns schaden!

Vergessen wir auch nicht das über die seelische Immunisierung Gesagte: wenn Grippe herrscht, bekommt nur der die Grippe, dessen Konstitution dazu neigt und der sie fürchtet. In gleicher Weise zieht nur *der* negative Gedanken an, dessen seelische Konstitution zu Negationen neigt oder der Negatives fürchtet. Furcht ist ja nichts anderes als Bejahung der Macht des Gefürchteten.

Wer das klar erkannt hat, fürchtet nichts mehr; und wer nichts mehr fürchtet, wird nicht mehr unterjocht. Hier gilt das Wort vom „Wissen, das den Wahn vernichtet." Fremdeinflüsse sind Schatten, die von selbst verschwinden, wenn wir das Licht der Erkenntnis entzünden. Manches, was wir für feindlichen Einfluß halten, enthüllt sich als Einbildung. Solchem Verfolgungswahn begegnen wir durch allabendliche Besinnung auf die helfende und heilende, die unbewußten Widerstände lösende Innenkraft:

> „Die Kraft in mir hilft mir. Der Geist des Lebens, der in meinem Herzen wohnt, macht mich frei!"

Damit kommen wir zu *10 weiteren Mitteln wirksamen Selbstschutzes:*

1. Das erste ist die bewußte *Seelen-Verriegelung* in der Stille. Sie geschieht dadurch, daß wir nach vorangegangener körperlicher und gedanklicher Beruhigung alle Bilder aus dem Blickfeld unseres Bewußtseins entfernen. Wir sehen nichts als die bilderlose schwarze Fläche und fühlen nichts als die wohltuende Gewißheit unserer Harmonie mit dem Unendlichen. Wir atmen die Kraft des Schweigens in uns, trinken sie in vollen Zügen, lassen unsere Seele bewußt an ihr erstarken.

2. Ebenso bewährt ist die bewußte *Umschaltung unseres Denkens.* Wenn wir fühlen, daß fremde Gedanken uns bedrängen,

stellen wir unseren Seelen-Empfänger bewußt auf eine andere Wellenlänge ein: wir konzentrieren uns auf eine gefühlsbetonte Erinnerung oder positive Vorstellung.

3. Negative Fremdgedanken können von uns nur Besitz ergreifen, wenn wir passiv sind, nie aber, wenn wir *aktiv*, innerlich regsam, *schöpferisch tätig* sind. Wir müssen strahlende Sonne sein, dann bleiben die Schatten negativen Denkens uns fern. Die beste Abwehr ist der Angriff – auch im Reich der Seele! Jedem Einfluß begegnen wir bewußt mit lustbetonteren, wirkstärkeren, machen uns selbst zum Gedanken-Sender und dadurch unerreichbar für entgegengesetzte Willensschwingungen.

4. Manche stählen ihre Widerstandskraft durch häufige Vorstellung geistiger Kämpfe, bei denen sie sich zum Schluß als Sieger sehen. Soweit dies positiv und mit beherrschter Phantasie betrieben wird, kann es unseren Willen kampf- und erfolgbereiter machen, die schlummernden Widerstandskräfte des Innern erwecken und zur Schaffung einer inneren Instanz führen, die entsprechend dem Souffleur oder Vorflüsterer beim Theater uns immer hörbarer Mut zuspricht, uns neue Willenskräfte zuleitet und uns mit wachsender Wucht fremdem Wollen entgegentreten läßt.

5. Negative Fremdgedanken werden schwach und machtlos, wenn wir *positiv gestimmt* sind. Nur was uns innerlich verwandt ist, kann uns berühren und bewegen. Wir werden gegen herabziehende Fremdeinflüsse immun, wenn wir uns frei halten von Gedanken des Mißmuts und Pessimismus, der Schwermut, Depression, Furcht und Schwäche. –

6. Nicht minder wichtig ist, daß wir *haßfrei* sind. Wer niemanden haßt, fürchtet nichts. Prüfen wir, ob negative Gedanken, die wir von andern zugesandt fühlen, nicht nur Echo sind von Gefühlen, die wir zuvor den andern sandten. Entdecken wir die Ursachen in *uns*, werden wir uns auf den guten Kern im andern einstellen, sein Idealbild im Geiste vor uns sehen, das Gute an ihm bejahen und ihn um dieses Guten willen lieben. Damit ist der Fremdeinfluß, der uns beunruhigte, gebrochen und vernichtet. Wie der Chemiker eine Säure neutralisiert, indem er ihr so viel von einer Base zusetzt, bis das Gemisch weder sauer noch alkalisch reagiert, so neutralisieren wir einen negativen Gedanken und heben seine

schädigenden Wirkungen auf, indem wir so viele gefühlsbetonte positive Gedanken im Blickfeld unseres Bewußtseins zusammenballen, bis wir keine Mißstimmung mehr fühlen. Setzen wir diese Konzentration auf lustbetonte Vorstellungsbilder fort, tritt an die Stelle der Stimmungs-Ausgeglichenheit zunehmend positive Hochstimmung, die auch den letzten Rest negativen Denkens in nichts auflöst.

7. Auch hier gilt es, der *goldenen Regel* zu folgen: „Was Du von andern erwartest, denke und füge diesen zuvor zu." Andere nicht schädigen heißt: selbst schadlos bleiben! Auch wenn der Vorteil scheinbar auf der Gegenseite liegt, werden wir uns auf die Seite des Rechts, des Guten stellen. Das befriedigte Rechtsgefühl unseres ‚inneren Richters' gibt uns umso größere Stoßkraft bei der Verwirklichung unserer Ideale und Pläne, während der rücksichtslose Egoist im Laufe der Zeit von innen her immer ohnmächtiger wird. Erwecken wir in uns Wohlwollen gegen andere, erwacht es in andern im gleichen Maße uns gegenüber ... Allnächtlich mit diesem Gedanken schlafen gehen heißt tagsüber besser mit den Menschen auskommen. Was uns vorher entgegen-stand, wird uns mehr und mehr entgegenkommen.

8. Ein weiteres wertvolles Schutzmittel ist die Bewußtmachung eines Fremdeinflusses: was wir an Negativem aus dem UB ins Bewußtsein hinaufheben, verliert drei Viertel seiner Wirkkraft. Den Rest werden wir bewußt wegatmen: beim Einatmen konzentrieren wir unser Denken auf die innere Kraft, deren Gegenwart wir lebendig fühlen, beim Ausatmen stoßen wir alle wesensfremden unguten Gedanken bewußt hinaus und schließen die Pforte der Seele hinter ihnen.

9. Damit kommen wir zu einem noch stärkeren Schutzmittel: wir setzen uns vor einen Spiegel, entspannen Körper und Gedanken, blicken auf unser Spiegelbild und konzentrieren uns auf die Zusammenballung unserer Kraft: wir fühlen, wie die Kraft in uns tätig wird, zu strahlen beginnt und Fremdeinflüsse immer weiter zurückdrängt. Wir müssen an unserem Spiegelbild sehen und fühlen, wie die geballte Innenkraft unsere Augen aufleuchten und blitzen läßt, unsere Gesichtszüge Mut und Willen ausdrücken, unser Körper sich aufrichtet und strafft. Wir ergänzen diese Übung

durch die in der ersten Woche gezeigte Krafterweckungs-Übung. Unser ganzes Ich muß von dem Bewußtsein erfüllt sein: *„Ich bin Kraft!“*, in Bezug auf andere, die uns unterdrücken wollen: *„Ich bin stärker als Du!“*, in Bezug auf die Umwelt insgesamt: *„Ich bin eine strahlende Sonne des Erfolgs!“* Diese drei Bejahungen, denen die Gewißheit des *„Ich bin!“* als tragendes Fundament zugrundeliegt, bilden die beste Abwehr fremden Gegen-Willens. Jede Schutzwehr, die aus der Besinnung auf die innere Kraft erwächst, ist positiv und unbesiegbar. Worauf es ankommt, ist, daß wir uns auf unsere eigene Sonnenstellung besinnen, selbst Strahler sind, Sender machtvoller Gedanken.

10. In gleicher Weise schützen wir uns gegen Massen-Psychosen, negative Gedanken-Kraftfelder, die weite Kreise umklammert halten, um nicht von der geistigen Sintflut fortgespült zu werden: wir wenden uns nach innen, bis wir mit der Kraft in uns eins sind, von keinen Stürmen mehr berührt werden, eine Insel der Gelassenheit bilden, die auf dem Grunde des Schicksalsmeeres verankert ist und von keinen Fanatismen der Umwelt erschüttert wird. Wir besinnen uns und fühlen:

> *„Ich bin eine Insel der Gelassenheit. Die Wogen des Gedankenmeeres berühren mich, aber bewegen mich nicht. Denn ich ruhe in den unbewegten friedevollen Tiefen des Geistes, der Gottheit.“*

Je plastischer wir uns dabei das ruhevolle Bild der Insel ausmalen, desto größere Ausgeglichenheit und Überlegenheit erwacht in uns: wir fühlen förmlich, wie die Wellen fremden Denkens am Gestade unseres Wesens emporbranden, um immer wieder ohnmächtig ins Gedankenmeer zurückzusinken.

SCHUTZ VOR FREMDHYPNOSE

Auf allen Ebenen des Daseins tritt uns Gewalt – das heißt die als unrecht oder unethisch empfundene Entfaltung materieller, seelischer oder geistiger Kräfte zum Zwecke der Verhinderung oder Beseitigung eines Zustandes – in mannigfacher Form entgegen. Am gefährlichsten aber ist die Gewalt- und Zwanganwendung im Bereich des Seelischen. Darum ist hier die Notwendigkeit, ihr wirksam zu begegnen, am größten.

Nach dem bisher Gesagten dürfte es sich erübrigen, nochmals vor dem Mißbrauch der Seelenkräfte zu ichsüchtigen Zwecken zu warnen. Jeder Versuch einer Überrumpelung oder Vergewaltigung fremder Seelen durch Hypnose, Magie und verwandte Methoden rächt sich hundertfach.

Lassen Sie sich auch nie von andern zu hypnotischen oder ähnlichen Versuchen mißbrauchen! Sie lähmen das Wertvollste, was Sie besitzen: die Kraft Ihres Wesens und das Widerstandsvermögen Ihres Willens. Je mehr Ihr Wesen gehemmt, Ihr Wille zersplittert, Ihr Bewußtsein gespalten wird, desto leichter unterliegen Sie fremden Einflüssen und werden zu Wachs in den Händen rücksichtslos Wollender. Jeder hypnotische oder mediale Zustand ist ein Willensrauschgift, gefährlicher als jene Rauschgifte, die Körper und Nerven zerstören. Meiden Sie, was passiv und willenlos macht! Denn von der Passivität gehen Seitenwege ab zur Hysterie und zu Neurosen.

Meiden Sie ebenso die Beschäftigung mit spiritistischen, medialen und ähnlichen Experimenten! Wer sich trance-ähnlichen Zuständen hingibt, versetzt seinen Willen in eine Art geistigen Opiumrausch. Der ‚Tiefschlaf' eines Mediums ist ein ‚Schlafkrampf' und wie jeder Krampf schädlich und schwächend – Ausgangspunkt von psychischen Besessenheiten einerseits und seelischem Vampyrismus andererseits. Fremde Wesenheiten zapfen dem ‚medial' Gewordenen Kraft ab. Der Sensitive spürt dies rasch, der Robuste merkt es erst später. Der Lebensschüler wird an alles, was er tut, den einzig möglichen Maßstab anlegen: *„Macht es mich stärker und tüchtiger?"* Kann diese Frage bejaht werden, wird er es tun; wenn nicht, wird er es meiden. Nur wer mit seiner Innenkraft *eins* ist und sich bewußt unter den Schutz des Göttlichen stellt, kann auch stärksten Fremdeinflüssen gegenübertreten, ohne von ihnen beeindruckt zu werden.

Einen Sonderfall der Fremdhypnose bildet der *seelische Vampyrismus.* Solche menschlichen ‚Vampire' haben die gefährliche Eigenschaft, durch geschickt-gewalttätiges Vorgehen einen bezaubernden Einfluß auf andere Seelen auszuüben und mit jedem neuen

Sieg über diese Seelen unwiderstehlicher zu werden – bis ihnen das Experimentieren mit Menschenseelen und das Kraftabzapfen von andern zur Gewohnheit wird und die entfesselte Freude an der Grausamkeit nach Tat giert. Solche Vampyre finden aber nur dann in unseren Lebenskreis Einlaß, wenn wir sie durch negatives Denken rufen. Ohne unsere Zustimmung können sie uns nicht hörig machen. Haben wir ihnen aber unser Herz geöffnet, trinken sie unser Blut, unsere Lebenskraft, und von Monat zu Monat wird es schwerer, von ihnen loszukommen.

Endgültigen Schutz gegen jeden Kraftentzug erreichen wir durch tägliche Besinnung auf den göttlichen Kern unseres Wesens, auf unsere innere Kraft.

Damit kommen wir zur eigentlichen Abwehr fremd-seelischer Gewalttätigkeiten:

Als *erstes* gilt es unter allen Umständen positiv und *aktiv* zu bleiben. Wir müssen uns jederzeit bewußt sein: *„Ich bin Herr meiner selbst und meines Willens. Ich stehe unter der Obhut der Kraft in mir!“*

Als *zweites* müssen wir erkennen, daß niemand einen andern mittels Hypnose zu ihm schädlichen oder seinem Denken und Wollen entgegengesetzten Handlungen zwingen kann. Das kommt nur in Romanen vor. Hypnotische Befehle bedürfen der freiwilligen Annahme durch den Beeinflußten; im andern Falle verhallen sie wirkungslos. Fordert ein fremder Wille Dinge von uns, die unserem Charakter und Wesen widersprechen, wird automatisch der ‚innere Widerstand‘ wach, den keine Hypnose brechen kann. Niemand kann gegen seinen Willen in Hypnose versetzt und zu Dingen gezwungen werden, die seiner Gemütsrichtung zuwiderlaufen. Wir können jeden Versuch eines andern, uns hypnotisch zu beeinflussen, von Anfang an unwirksam machen, indem wir an die Stelle des gefühlsbetonten Fremdgedankens einen lustbetonteren positiven Gedanken setzen, den wir im Bewußtseins-Blickfeld festhalten, bis das ganze Bewußtsein von diesem positiven Gedanken erfüllt ist und keinem Gegengedanken auch nur den kleinsten Platz läßt. Wir machen dadurch Bewußtsein und UB gegen Fremdgedanken immun, aber aufgeschlossen für aufbauende, uns stärker und glücklicher machende Gedanken.

Drittens können wir feindlichen Einflüssen durch die Entfaltung der Macht unseres stärkeren Willens begegnen, den wir bewußt mit dem göttlichen Willen vereinen, der in den Tiefen unserer Seele lodert. Mag ein Anderer ‚schwarzmagische' Methoden anwenden, Bilder, die er sich von uns gemacht hat, haßvoll zerstören, um uns dadurch zu treffen – es berührt uns nicht, wenn wir uns auf den Gottkern unseres Wesens besinnen und uns bewußt unter den Schutz des göttlichen Willen stellen.

Viertens gilt es, uns nicht nur von Furcht, sondern auch von Haß frei zu halten. Vergessen wir keinen Augenblick, daß andere nur *den* Einfluß auf uns gewinnen können, den wir ihnen in unserem Denken und Glauben einräumen – aus Zuneigung, Haß oder Furcht! Wenn der Medizinmann eines Negerstammes einen Feind ‚tot-betet', gelingt ihm das nur so weit, als dieser ihn und seine Macht *fürchtet* und an ihn glaubt. Unterliegt der Feind dem Todgedanken, hat nicht der Medizinmann, sondern die eigene Furcht ihn getötet: die ständig anschwellende Angst ließ sein Herz stocken und brechen. Würde er aber, statt sich der Angst hinzugeben, innerlich über den Medizinmann lächeln, bliebe er seinem Einfluß entzogen.

Fünftens verstärken wir den Selbstschutz der Seele durch *Gebet* oder *Meditation.* Das Gebet ist schweigende Hingabe unseres Wesens an das Göttliche, durch die den niederen Mächten jede Möglichkeit der Inbesitznahme unseres Wesens genommen wird. Beten heißt die innere Kraft zum Wirken bringen, vom inneren Licht erfüllt werden.

Will ein anderer uns seinem Willen unterwerfen, blicken wir ihn gelassen an und besinnen uns, daß unser wahres Selbst unberührbar und unbeeinflußbar, dem Göttlichen verbündet und durch nichts zu fesseln ist. Wir geben uns der Gewißheit hin: *„Gott in mir ist mein Schutz!"*

Schon der Gedanke des Vertrauens zum „inneren Helfer" ist so mächtig, daß er fremden Willen abwehrt. An der Kraft in uns zerbricht jeder fremde Einfluß. In das Innerste unserer Seele, unser höheres Selbst, vermag Fremdes nicht einzudringen. Je bewußter wir uns mit diesem positiven Zentrum unseres Wesens eins fühlen und seiner jederzeitigen Hilfe gewiß sind, desto sichtbarer bleiben wir auch äußerlich, in Leib, Leben und Schicksal, gegen feindliche Einflüsse gefeit.

Die bewußte Wiederholung des Wortes: *„Ich bin!"* oder *„Ich bin eins mit dem Gott in mir!"* genügt, um feindliche Angriffe zurückzuschlagen. Indem wir uns den Schwingungen des göttlichen Innern öffnen, verriegeln wir unsere Seele zugleich gegen die herabziehenden Schwingungen des Bösen.

In dem Augenblick, da wir uns besinnen, daß die Kraft in uns mächtiger ist als jede Gegengewalt, weil sie Kraft ist aus der Kraft der Gottheit, kann uns nichts mehr schrecken, nichts unseren Willen bestimmen. Denn dann haben wir uns über die Ebene der Gedanken-Beeinflussung hinausgehoben und sind in Sicherheit. Wir stehen unter der höchsten Obhut, die es gibt. Der Entfesselung dieses befreienden Bewußtseins unserer inneren Unangreifbarkeit mag der folgende Kraftruf nach innen dienen:

> *„Du, Gott in mir, leuchtender Flammengeist, der Du mein Höchstes Selbst bist, ich eine mich Dir! Deine Kraft schützt mich, Deine Liebe behütet mich, Dein Wille leitet mich allezeit und wo immer ich gehe. Du machst mich frei!"*

Sechstens können wir uns einen *geistigen Schutzpanzer* schmieden: Wir formen in der Stille eine starke Gedanken-Schutzhülle um unseren Körper, umgeben unser Körper- und Wesenskraftfeld in Gedanken gewissermaßen mit einer undurchdringlichen Schale: wir stellen uns plastisch vor, wie sich eine glasartige, etwa eiförmige ätherische Schutzhülle um uns bildet, die uns ganz einschließt und von Tag zu Tag undurchdringlicher wird.

Die Widerstandskraft dieser mentalen Schutzhülle müssen wir täglich bejahen und spüren, wie ihre Undurchdringlichkeit infolge unserer ständigen Bejahung fortgesetzt wächst. Wir stellen uns anschaulich vor, wie ungute Fremdgedanken, die von irgendwoher auf uns zueilen, unseren geistigen Schutzpanzer berühren und ihn zu automatischer Abwehr reizen, so daß er sich an den berührten Stellen spannt und die negativen Gedanken kraftvoll zurückschleudert, — oder wie sie schon in unserer Nähe schwächer werden und darum ausweichen oder zurückweichen, uns fliehen und enteilen, soweit sie nicht im Bannkreis unserer geistigen Schutzhülle zu nichts geworden sind.

Wir stellen uns weiter vor, wie gute, positive Gedanken unseren geistigen Schutzpanzer berühren, wie der Panzer sich willig öffnet und die glückbringenden Gäste einläßt. Allabendlich vorm Einschlafen besinnen wir uns auf die Wirksamkeit des geistigen Schutzpanzers: Wir bejahen die Steigerung der Strahlkraft der Schutzhülle und die Kraft in uns, um dadurch dem mentalen Schutzpanzer eine für jeden niederen Gedanken tödliche Eigenstrahlkraft zu geben, die auch die stärksten Einwirkungen von außen her aufhebt:

> *„Ich bin von einem geistigen Schutzpanzer umgeben, der alles Unedle von mir fernhält. Ich bin verbunden mit des Geistes reiner Lichtwelt. Alles Fremde und Dunkle gleitet an mir ab und flieht mich; alles Gleichschwingende und Lichtwärtsstrebende nehme ich liebend auf und verbünde mich mit ihm. Ich bin Licht. Ich bin Kraft!"*

Nunmehr sind wir in der Lage, uns auch gegen stärkste Fremd-Einflüsse wirksam zu wehren. Wir haben damit die letzten Hindernisse beseitigt, die der rechten Erfolgsbestimmung im Wege standen.

41. WOCHE:

ERFOLGS-BESTIMMUNG

> „Jeder hat sein eigenes Glück unter den Händen, wie der Künstler eine rohe Materie, die er zu seiner Gestalt umbilden will. Aber es ist mit dieser Kunst wie mit allem: nur die Fähigkeit dazu wird uns angeboren, aber sie will gelernt und sorgfältig ausgeübt sein."
>
> Goethe

Das Wesen rechter Erfolgs-Bestimmung wird im Wort selbst bereits angedeutet. *Bestimmung* hängt mit *Stimmung* zusammen: Die Gemütsstimmung, aus der heraus wir handeln, bestimmt den Ausgang unseres Tuns; unser seelisches Verhalten gibt unseren äußeren Verhältnissen ihren jeweiligen Charakter. Es gibt eine Erfolgs-Stimmung, die Enttäuschungen und Rückschläge aus dem Umkreis unseres Gedankenkraftfeldes fernhält. Andererseits heftet sich dem gern das Unglück an die Fersen, der seine Stimmung von außen her bestimmen und sich ohne Ziel durch's Leben treiben läßt.

Weiter ist Erfolg eine Frage *rechten Sehens.* Je besser wir sehen lernen, desto mehr günstige Gelegenheiten werden uns bewußt. Von der Schärfe unseres Sehvermögens hängt es ab, ob wir ein Übel durch Nichtbeachtung überwinden, ihm ein andermal besondere Aufmerksamkeit widmen oder in einem dritten Fall einen Gefahrenpunkt umgehen. Nichts ist schädlicher, als uns von Hindernissen falsche, verzerrte Bilder zu machen oder die Augen vor ihnen zu verschließen.

Richtig sehen heißt hier prüfen, welche Methoden und Mittel die geeignetsten sind, die Umstände, die uns umstehen, anders hinzustellen oder wegzustellen, um freie Bahn zu schaffen. Denn mögen die Umstände sein, wie sie wollen, uns selbst erkennen wir in jedem Falle als stärker denn die Hindernisse. Richtig denkend gelangen wir, vom Gegebenen ausgehend, bald zum Möglichen und von da zum scheinbar ‚Unmöglichen': zum überragenden Erfolg. Keine Lage braucht Anlaß zur Entmutigung zu sein. Kein Hindernis, dessen der Mensch nicht Herr werden könnte! Was er nicht aufgibt, hat er noch nicht verloren! –

Weiter ist Erfolg eine Frage *rechten Wirkens.* Jeder Erfolg setzt von plastischem Zieldenken und überlegener Zielsetzung bestimmte praktische Arbeit voraus: kraftbewußtes, auf die äußere Verwirklichung eines innerlich geschauten Ideals gerichtetes Schaffen, das sich der zweckmäßigsten Mittel zu bedienen weiß und den kürzesten Weg zum Ziel verfolgt. Das Entscheidende aber bleibt die geistige Haltung bei jeder einzelnen Handlung auf dem Wege von Teilziel zu Teilziel.

Im letzten ist Erfolg die Folge *rechter Seelenhaltung.* Nicht *was* wir tun, gibt den Ausschlag, sondern *wie* wir es tun: unsere Einstellung zur Tätigkeit und beim Tätigsein. Diese geistige Einstellung findet in unserer Stimme, unseren Gebärden und Gesten, unserer Haltung und unserem Verhalten Ausdruck, wird von andern bewußt oder unbewußt verspürt und bestimmt ihr Verhalten zu uns, ihre Zuneigung oder Abneigung, Gleichgültigkeit oder Hilfsbereitschaft. So kommt der Erfolg, wie alles im Leben, aus dem Geiste.

Die Grunderkenntnis, von der wir ausgehen, ist diese:

Jeder Erfolg ist ein Erfolg von Ideen, von Gedanken. Alles, was ist, ist geistgeboren. Was werden soll, muß von innen her bestimmt werden.

Wir schaffen das, worauf wir uns dauernd einstellen. Wir geraten dorthin, wo wir uns im Geiste beständig sehen. Wir gelangen an die Spitze des Unternehmens, das wir im Geiste überlegen leiten. Die meisten arbeiten hier mit falscher Gedankenhaltung und wundern sich dann, wenn ihr Mühen so geringen Lohn trägt. Sie selbst jagen mit ihren Mangelgedanken die Fülle davon. Sie bleiben an der Schwelle des Reichtums stehen, ohne das Tor zu öffnen und einzutreten in die Schatzkammern des Glücks. Wer die Übermacht der Dinge bejaht, gibt seine Herrschaft freiwillig an sie ab. Wer an die ‚Macht der Verhältnisse' glaubt, macht sich zum Spielball äußerer Umstände. Wer aber der überlegenen Macht seines Innern vertraut, bestimmt alle Dinge von innen her nach seinem Willen. –

Vom Standpunkt der Psychodynamik aus gesehen, verbinden wir hier zwei an sich unterschiedliche Methoden zu einem höheren Ganzen: die eine Seite ist die bewußte Indienststellung unserer Gedankenmacht, unserer Seelenkräfte zum Zwecke der Erfolgsverwirklichung. Die andere Seite ist die Hingabe unseres vollen Vertrauens an die Kraft in uns, unseren ‚inneren Helfer'.

Auf dem einen Wege ziehen wir bewußt bejahend herbei, was wir ersehnen; auf dem andern wird uns das gegeben, dessen wir bedürfen. Auf dem einen Weg schreiten wir zur Überlegenheit über die materiellen Dinge und Bedingungen, auf dem anderen gelangen wir zur Hingabe an die überlegenen Kräfte Gottes in uns, des Bedingers unseres Schicksals. Beiden Methoden ist gemeinsam das kraftvolle Bewußtsein der Übermacht des Geistes über den Stoff, die Gewißheit, daß die Verwirklichung unserer Ideale von innen her erfolgt, daß wir also nichts von außen zu erbitten brauchen, weil alle Fülle in uns ist, aus den Schatzkammern des Geistes des Lebens zu uns kommt.

MISSERFOLG ALS FOLGE FALSCHEN DENKENS

Am Anfang jedes Mißerfolges stehen Denkfehler. Fehlschlägen gehen unzweckmäßige Handlungen voraus, und diese kommen von falschem Denken. Die Vermeidung von Mißerfolgen beginnt darum mit der Gewöhnung an rechtes Denken.

Wer Unglück fürchtet, Schwierigkeiten kommen sieht, Hindernisse erwartet, vor Mangel und Not Angst hat, der macht sich ärmer. Schon negative Stimmung bei der Arbeit wandelt einen Teil der entfalteten Energien in Gegen-Kräfte um, die uns hemmend in den Weg treten oder sich gegen uns verbünden, sowie ihre Summe größer ist als die der durch Lustgefühle ausgelösten positiven Kräfte in uns. Das praktische Ergebnis ist, daß uns ‚alles zum Nachteil ausschlägt'.

Mißmutig und negativ denken, Mißerfolge fürchten heißt mit einem langen Balken quer durch eine schmale Tür wollen. Bringen wir den Balken in die rechte Richtung, geben wir unserer Seele eine positive Stimmungsrichtung, geht der Balken des Erfolgs mühelos durch die Tür.

Rechte Erfolgsbestimmung besteht also zuerst negativ in der Ausschaltung der Erfolgs-Hemmungen, sodann positiv in der rechten Aufschließung der Erfolgsquellen. Es gilt, nicht mehr durch falsches Denken Kanäle zu verstopfen, durch die Fülle und Erfolg in unser Leben einströmen, sondern richtig denkend und handelnd den Durchmesser dieser Kanäle zu erweitern.

Jeder ist der Architekt seines Lebenserfolgs: mit jedem Gedanken baut er an seinem Glück oder Elend. Wohl dem, der das, was er erstrebt, bewußt von der geistigen Seite her in die physische Wirklichkeit hineinbaut, der seinen Erfolg bejaht, unbeirrbar an ihn glaubt, ihn als selbstverständlich erwartet und sich durch nichts von dieser gläubigen Hinwendung auf den Erfolg ablenken läßt – mögen auch alle von ihm abfallen oder ihn verlachen. Der Beharrliche ist ein Liebling der Götter.

Wer sich das klargemacht hat, der bewirkt bald eine spürbare Weichen-Umstellung auf der Schicksals-Bahn: er schwenkt vom Geleise des Mißerfolgs ab auf eine neue Bahn des Erfolgs. Die optimistischen Gedankenwellen, die er in die Tiefe des Gemeinsamen Unbewußten hinabschickt, bewirken, daß ihm Sympathie und Förderung von andern Menschen entgegengebracht wird und unerwartete Hilfen und Glücksfälle ihm in wachsender Zahl widerfahren.

Wie anders verhält sich demgegenüber der ‚geborene Pechvogel':

Sein Denken ist furchtgeladen, sein Gemüt auf Unglücksnachrichten, Mißerfolgs-Berichte, Geschichten über schlechten Geschäftsgang und Klagen über schlechte Zeiten eingestellt.

Daß er Pech hat, bedeutet nicht, daß auf seinem Lebenswege die Erfolgsgelegenheiten fehlten, sondern nur, daß er verlernt hat, richtig zu sehen. In Wirklichkeit gibt es keinen Mangel an günstigen Gelegenheiten; ihre Zahl ist unabsehbar. Der Fehler liegt beim Betrachter; sein falsches Denken machte ihn erfolgsblind, sein Klein-Glaube brachte den inneren Kraftstrom zum Versiegen und seine Anziehungskraft auf alles Gute zum Erlöschen. Aber auch ihm kann geholfen werden.

Da ist einer, der geradezu vom Pech verfolgt schien. Immer war er in eine Wolke von Verdrießlichkeiten gehüllt: seine Angestellten machten alles falsch, so daß er sich ‚um alles selbst bekümmern mußte'. Seine Geschäfte waren auffallend erfolglos. Was er begann, mißglückte nur zu oft – mit seinen eigenen Worten: „Der Zug seines Schicksals fuhr immer gerade ab, wenn er auf dem Bahnhof ankam."

Bei der Selbstprüfung entdeckte er, daß er seine Unfälle immer schon ‚voraussah', dann verängstigt alles Mögliche versuchte, um ihnen zu begegnen, aber gerade dadurch das Mißgeschick erst recht vergrößerte. Als er den Weg der LS zu gehen lernte, seinen Pechvogel-Komplex durch planmäßige Züchtung von Erfolgsgewohnheiten aufzulösen begann, nahmen seine Schwierigkeiten langsam ab, und nach einem Jahr schon hatte er so viel Glück, als er vorher Pech hatte. Er hatte eingesehen, daß alles Einstellung ist, daß nicht Art oder Zahl der Gelegenheiten den ‚Pechvogel' vom ‚Glückspilz' unterscheidet, sondern die geistige Haltung.

Da sitzt der Pechvogel und wartet auf die guten Gelegenheiten. Und derweilen sitzen die Erfolgsgelegenheiten um ihn herum und warten auf ihn.

Während der Träge auf den Erfolg wartet, der zwar immerfort kommt, aber nicht von ihm erkannt wird, greift der Erfolgsbewußte zu, wo sein geschulter Blick Gelegenheiten des Fortschritts und Gewinns erspäht.

Während der Pechvogel über Unvollkommenheiten in der Einrichtung der Welt jammert, erwägt der Erfolgreiche, inwiefern diese

Unvollkommenheiten Bohrstellen für neue Erwerbs- und Einkommens-Quellen anzeigen. Wo tausend Pechvögel nur eine trostleere Heide sehen, erkennt der Entdeckergeist des Erfolgreichen das Geburtsland einer neuen Industrie: ein neues Arbeitsfeld für tausende von Menschen.

Wie mancher glaubt, er habe *,keinen Kredit'*, und übersieht, daß er selbst daran schuld ist. ,Kredit' heißt ,Vertrauen': Vertrauen von Mensch zu Mensch. Vertrauen ist die Grundlage jedes Geschäfts. Niemand rührt einen Finger, wenn er nicht das Vertrauen hat, daß es zu irgend etwas dienlich ist. Da Vertrauen wiederum vom Maß des Selbstvertrauens bestimmt wird, hängt der Kredit, den wir bei anderen genießen, von unserer geistigen Haltung ab. Vertraue ich mir selbst, wecke ich zugleich das Vertrauen anderer zu mir. Jede Selbstbeeinflussung hat gleichlaufende Fremdbeeinflussung im Gefolge. Unser Selbstvertrauen zieht das herbei, was wir brauchen, mögen es nun einflußreiche Helfer sein oder Geldmittel, neue Artikel oder Gelegenheiten des Fortkommens. Denn unser Selbstvertrauen bestimmt unsere Haltung, unsere Gesten und Gebärden, unsere Stimme, unser Gedankenkraftfeld; und alles das beeindruckt wiederum die Menschen um uns und stimmt sie für oder gegen uns.

Besonders in unserer *Stimme* kommt der Grad unseres Selbstvertrauens zum Ausdruck: aus Ton und Unterton unserer Worte erfühlen die Menschen um uns unsere geistige Einstellung und stellen sich unwillkürlich darauf ein:

Drückt unsere Stimme Furcht vor Mißlingen aus, wirkt das wie eine Suggestion auf andere, uns ihre Hilfe vorzuenthalten: sie haben das Gefühl, ihre Hilfe könnte bei uns falsch angebracht oder vergeblich sein, und ziehen sich von uns zurück.

Drückt unsere Stimme Selbstüberhebung aus, fühlt der andere die Überbetontheit und Unechtheit des Selbstvertrauens, spürt, daß wir in Wirklichkeit wenig können, und wird mißtrauisch.

Ist unsere Stimme rechthaberisch, zu laut und drängend, fühlt der andere eine Falle und hält mit seinem Entgegenkommen zurück, oder er erkennt die Rechthaberei als Maske innerer Ohnmacht und lächelt über uns.

Ist unsere Stimme fest, aber freundlich, entschieden, aber zuvorkommend und voller Verständnis, fühlt der andere instinktiv, daß wir uns unserer Kraft bewußt sind, und wird uns willig folgen.

Wir müssen also noch mehr als bisher auf unsere innere Stimmung, unsere seelische Witterungslage achtgeben und sorgen, daß sie stets sonnig und heiter sei.

Wir müssen lernen, auch noch nicht ganz überwundenen Mißstimmungen zum Trotz optimistisch und positiv zu denken und zu sprechen. Das muß so weit gehen, daß wir auch unsere bislang übersehenen kleinen Stimmungsäußerungen überwachen und bewußt dem seelischen Barometerhochstand anpassen: Statt auf eine Frage nach unserem Befinden zu antworten: „Ach, es geht mir nicht gerade schlecht" – das letzte Wort in solchen Sätzen wirkt wie ein Selbstbefehl! – antworten wir unter allen Umständen: *„Es geht mir gut."* Denn was wir äußern, strebt nach äußerer Verwirklichung. Auch Halbbejahungen wie „Ich kann nicht klagen" oder „Es geht mir einigermaßen" sind zu meiden.

Dies einfache und doch so wirksame Mittel rechter Erfolgsstimmungstherapie sollte kein Lebensschüler ungenutzt lassen. Er spricht sich auf diese Weise den Erfolg zu, redet ihn in das UB anderer hinein und macht sie zu seinen stillen Erfolghelfern.

Treten wir Dingen und Wesen mit der Haltung des Siegers entgegen, beginnen wir unwillkürlich, mehr und mehr jedes Übel als ein Noch-nicht-Gutes anzusehen. Dadurch wieder wenden wir das Übel um, so daß sein guter Kern sich hervorkehrt und in unserem Leben zur Offenbarung kommt. Wir lernen, an immer mehr Dingen die lichte Seite ins Auge zu fassen und Freude und Erfolgskraft aus ihnen zu schöpfen, und erfahren dabei, daß positiv gestimmt sein glücklich sein heißt und daß die Dinge, die wir ersehnen, nicht *zu* uns, sondern *durch* uns kommen.

Auf der anderen Seite wollen wir nie außer acht lassen, daß die zunehmende *Kraftweckung* wachsenden *Krafteinsatz* von uns fordert, ständige Erhöhung unserer Leistung und Dienst-Leistung; denn wenn die entfesselte innere Kraft nicht betätigt wird, sickert sie in den Grund der Seele zurück und muß später wieder neu gehoben werden.

Eine Maschine wird erst nützlich und wertvoll, wenn sie in Tätigkeit ist. So macht nicht das, was wir haben, unseren Wert für das

Ganze aus, sondern nur das, was wir geben. Wir bezahlen den Kaufmann ja auch nicht für die Waren, die er in seinem Laden oder Vorratsraum bereit hält, sondern für die, die er uns liefert.

Nach dem Maße unserer Dienstleistung richten sich die Rückwirkungen auf unser Schicksal. Wir können nur verlangen, wo wir zuvor geleistet haben. Dienst und Leistung sind zwei Glieder einer Dreieinheit, deren drittes Glied der Erfolg ist.

Wir müssen also nicht nur auf uns sehen, sondern auch auf die anderen. Unsere ständige Überlegung muß sein: Was kann ich tun oder geben, was den Menschen fehlt, was die Welt braucht? Denn wer etwas zu schaffen weiß, was alle Welt benötigt, hat die Hand auf den Reichtum der Erde gelegt. Herr wird nur, wer zu dienen weiß, reich, wer das Glück anderer mehrt.

Wer andern seine besten Gedanken und Kräfte schenkt, nicht um Geldes, Ruhmes oder sonstiger Vorteile willen, sondern um der Welt zu nützen, der bringt das *Gesetz des Wachstums* zur Auslösung, das bewirkt, daß die, denen er diente, wiederum ihn fördern. Die besten Kräfte der Welt setzen sich in Bewegung, um sich dem Selbstlosen zu verbünden – um so rascher, je mehr Menschen sein Werk Segen bringt, je reicher es die Gemeinschaft macht!

Das ist die Gesinnung des wahrhaft Dienenden, die den Erfolg verbürgt: *„Ich tue und gebe mein Bestes, auf daß es wachse und möglichst vielen Segen bringe! Was immer ich unternehme, tue ich mit ungeteiltem Herzen und mit freudiger Bejahung!“*

An dem, der so denkt, bewahrheitet sich die Regel: *„Rücke Dein Werk an die erste Stelle, und Dein Werk wird Dich an die erste Stelle rücken!“*

Das setzt voraus, daß wir unsere ganze Kraft und Zeit in den Dienst unseres Werkes stellen und in jedem Augenblick positiv und aktiv sind. Dann erkennen wir in jeder Minute die von ihr dargebotenen Erfolgsgelegenheiten und vermögen das uns Hingehaltene in Besitz zu nehmen. Wir lernen, im rechten Augenblick das Rechte auf die beste Art zu tun.

In die Stille gehen und uns auf einen Erfolg konzentrieren, gleichzeitig aber förderliche Gelegenheiten rechten Handelns und Wege zum Erfolg übersehen, heißt uns vom Erfolg entfernen. Wir müssen *positiv und aktiv zugleich* sein.

Aktivität ohne Bejahung läßt unser Streben fruchtlos bleiben; Bejahung ohne entschlossenes Handeln läßt die Dinge unbewegt oder unüberwacht. Wo aber Wille und Tat eins sind, wo Leib, Seele und Geist, Bewußtsein und Unbewußtes *ein* Ziel erstreben, wo unser ganzes Sein in unserem Tun lebendig mitschwingt, kann der Erfolg uns nicht entschlüpfen. –

Weder nach links noch nach rechts werden wir dabei sehen, unser Wollen und Tun weder ängstlich mit dem anderer vergleichen noch andere beneiden. Es ist wichtig, daß wir auch diesen Fehler vieler Erfolgloser erhellen und entwurzeln:

„Die Nachbarn haben schönere Möbel als wir, Herr X hat eine bessere Stellung als ich, Y hat ein höheres Gehalt, obwohl ich viel schwerer arbeiten muß als er; Z hat schon wieder ein neues Auto, und ich . . .“ – Solche dem Neid entsprungenen Vergleiche sind unweise Selbstschädigungen.

Wer sich vergleichend auf das Mehrhaben anderer einstellt, bejaht und bewirkt die Vermehrung des Vermögens der andern und die Minderung des eigenen Vermögens. Kein Lebensschüler stellt darum Vergleiche zu seinen Ungunsten an, weil er kein Interesse daran hat, sich selbst zu schwächen. Er beurteilt die Menschen auch nicht nach ihrem äußeren Haben und Gehaben, sondern nach ihrer inneren Habe: nach ihrer Gesinnung. Und er *neidet* nicht. Er weiß, daß Neid zu den schädlichsten Empfindungen gehört, das Lebensgefühl mindert und die Lebensfreude zerstört. Neid engt ein, und wo Enge ist, strömt weder Kraft noch Fülle ein.

Schlägt Neid gar in Haß um und wünscht er dem andern Schmerz, leidet der Neider am andern, dann verleidet er sich selbst das Glück, wird erfolgblind und verkümmert: er vergeht vor Neid; denn Neid macht vergehen und verwesen.

Wenn wir einen andern beneiden, strömt unsere Erfolgskraft auf ihn über und steigert sein Erfolgsvermögen. So mehrt der Neider des Beneideten Glück. Er schafft ein gefühlsbetontes Bild des Erfolgs des Beneideten, das umsomehr zur Wirklichkeit wird, je stärker die Neidgefühle werden. Er denkt den Beneideten nicht nur groß – er macht ihn groß. Er entfesselt seine Seelenmacht in falscher Richtung: er wirkt am Glück des andern und macht sich selbst arm.

Wohl dem, der dies erkennt und sich von Neidgebundenheit befreit, sich nicht nach andern richtet, sondern sich selbst als den sonnenhaften Mittelpunkt seiner Welt erkennt und alles liebt, was sich ihm naht!

Wer am Ziel steht, hat keinen Grund mehr, neiderfüllt auf andere zu blicken; ebensowenig aber der, der in sich selber ruht, der den Mut besitzt, er selbst zu sein, statt irgend einem andern gleichen zu wollen.

DIE GRÖSSTE NOTQUELLE – DER ARMUTGEDANKE

Wer oft an Mangel denkt, wer fürchtet, ärmer zu werden, und jeden Pfennig ängstlich zurückhält aus Scheu vor dem Gespenst des Armseins, der setzt Kräfte in Bewegung, die ihn dorthin ziehen, wovor er sich fürchtet.

Denn was unser Gemüt beherrscht, wird bald zum Grundzug unseres Lebens. Wer an Mangel glaubt, schmiedet sich mit geistigen Fesseln an Armut und Not. So ist nichts verhängnisvoller als der Armutgedanke, denn er macht uns arm: innerlich und äußerlich.

Armut ist das letzte Glied einer Kette falschen Denkens, deren erstes Glied der Armutgedanke war. Viele Menschen stehen im Banne dieses Gedankens – und kommen aus ihrer Mittelmäßigkeit nicht heraus. Sie übersehen, daß der Mensch nicht zum Armsein bestimmt ist, sondern daß der Reichtum der Natur uns täglich erinnert, daß genug für alle da ist. Nur der Mißbrauch der Fülle des Lebens hat dazu geführt, daß die einen zuviel und die andern zu wenig haben.

Der Wahn, daß Gott die Armut wolle, hält viele im Armsein fest. Ihr Leben wandelt sich erst, wenn sie Gott als den *Geist des Lebens und der Fülle* erkennen. Auch Armsein und Gutsein ist nicht dasselbe. Ein Mensch kann gut und arm und ein anderer reich und gut sein. Armut ist kein moralisches, sondern ein seelen- und wirtschaftsdynamisches Problem.

Würde in der gleichen Weise, wie bisher der Armutsgedanke den Massen eingeimpft ward, die Erkenntnis des Reichtums der Eigentümerschaft *aller* an der unendlichen Fülle des Lebens in die Herzen der Menschen hineingetragen – die Einzelnen und die Völker würden zusehends glücklicher werden!

Die meisten Erfolgreichen sind aus ärmlichen Verhältnissen aufgestiegen. Die Not lehrte sie, die Augen aufzumachen, die günstigen Gelegenheiten zu erkennen und zu nutzen. Ihre Armut weckte ihren Mut und lehrte sie, die Armseligkeit unter sich zu bringen.

Bei den andern aber heißt *Armut: arm an Mut* sein. Denn wo der Mut einzieht, zieht auch das Gut ein. In Wirklichkeit macht und erhält uns niemand arm denn wir selbst. Die meisten sind arm, weil sie es nicht besser wissen. Sie kennen die Gesetze der Fülle nicht, wissen nicht, daß sich ihre Verhältnisse erst ändern, wenn sie ihr inneres Verhalten ändern. So heißt unsere Aufgabe: heraus aus dem einengenden Armut-Bewußtsein, aus der Sklaverei des Elend-Gedankens! Wir verstoßen gegen alle Gesetze des Erfolgs, wenn wir uns nicht selbst als die Schmiede unseres Glücks erkennen und bejahen.

Ob Sie arm oder reich geboren sind, ist belanglos. Ob Sie mangel- oder füllebejahend denken – *das* entscheidet! Heute noch können Sie den Weg der Fülle einschlagen. Werfen Sie allen Glauben an Armsein und Not von sich! Von dem Augenblick an, wo Sie Erfolg und Reichtum mit ganzem Herzen vertrauend bejahen, beginnt die Fülle in ihrem Leben in Erscheinung zu treten. Sie ziehen das an, worauf Sie Ihr Denken und Fühlen konzentrieren. Wo Ihre Gedanken beständig weilen, dort sind Sie bald auch selbst.

Es kostet Arbeit, dieses neue Denken zu einer positiven Gewohnheit zu machen. Aber Sie schaffen es, wenn Sie folgendes beachten:

Wenn Sie Geld ausgeben, denken Sie dabei nie an das Weniger-werden des Geldes, sondern an sein Mehrwerden. Denn wer von Geldmangel redet, ruft ihn in die Erscheinung. Solange wir denken oder sagen, ‚wie wenig wir haben', bleibt die Fülle uns fern; sowie wir aber denken, ‚wie reich wir sind', werden wir reicher.

Selbst wenn wir keinen Pfennig im Hause haben, wird dieser Gedanke Wirklichkeit, wenn wir das Bewußtsein des Reichseins unbeirrt wie etwas Selbstverständliches festhalten und von Furcht vor Mangel frei sind. Indem wir unsere augenblickliche äußere Lage als bloßen Übergang, als Stufe zu Höherem und Vollkommenerem ansehen, tun wir den ersten Schritt zu besseren Verhältnissen und bringen die Not unter und hinter uns.

Diese Wandlung des Bewußtseins vom Mangelgedanken zur Besinnung auf die Fülle des Lebens geht nicht von einem Tag auf den andern vor sich. Denn Jahre oder Jahrzehnte hindurch wurde der Mangelwahn uns in tausend Variationen eingeimpft und von uns aufgenommen und muß nun aus allen seinen Stellungen wieder herausgeworfen werden. Das geschieht durch beharrliche Bejahung unseres Reichseins. Es gilt, das Bewußtsein der Fülle zum herrschenden Gedanken unseres Lebens zu machen.

Es ist gleich, *was* wir wünschen: auf die Beharrlichkeit, Ausschließlichkeit, Gefühlsbetontheit und Gläubigkeit der Bejahung kommt es an. Wünschen wir geschäftlichen Erfolg oder eine bessere Stellung, versetzen wir uns im Geiste so lange in die ersehnte Position, besinnen uns solange und so lebendig auf unsere größere Leistungsfähigkeit und wachsende Kraft, bis auch die Umwelt sie spürt und anerkennt.

Diese für die rechte Erfolgsbestimmung unerläßliche tägliche beharrliche Bejahung unseres Reichseins kann auf folgende Weise geschehen:

Jeden Morgen beim Aufwachen strecken und recken wir uns unter Erfüllung unseres Bewußtseins mit dieser Bejahung:

> *„Ich bin glücklich und erfolgreich. Auch heute werden meine positiven Gedanken, Entscheidungen und Handlungen neue Erfolgskeime legen, und früher ausgesäte Erfolgsgedanken werden heute Früchte tragen.“*

Diese Einstellung halten wir den ganzen Tag hindurch fest: beim Ankleiden denken wir daran, daß wir reich sind. Beim Frühstück besinnen wir uns: *„Was immer ich wünsche, ist da!“* Auf dem Wege zur Arbeitsstätte stellen wir uns, der inneren Führung vertrauend, auf kommende Erfolge ein. An unsere Tagesarbeit gehen wir mit der Überlegenheit des seiner Macht Bewußten heran: *„Ich habe Erfolg in allem, was ich anfasse!“* Arbeit und Erfolg muß für uns ein einziger Begriff werden. Kein Gedanke an Mangel darf unsere seelische Hochstimmung dämpfen. Was immer wir wünschen, müssen wir als uns von der Allfülle zugewiesen erkennen, müssen es unerschütterlich wie etwas Selbstverständliches erwarten und es bejahen, als ob es schon da sei, was es ja innerlich vom Augenblick der ersten Bejahung an auch ist.

In keiner Stunde des Tages darf ein anderer Gedanke als der der Fülle in unserem Bewußtsein und Unterbewußtsein das Wort führen! Wir erreichen das, wenn wir immerfort das Idealbild des glückreichen Lebens in uns tragen, das wir führen wollen. Dieses Idealbild bauen wir so vollkommen wie möglich aus, bis es wie ein prächtiges Gemälde vor unserem inneren Auge steht. Je lebendiger und plastischer dieses Bild wird, desto eher wird es gegenständlich, greifbar. Und nun tun wir genau das in positiver Richtung, was die meisten unbewußt in negativer Richtung tun.

Das sei am Beispiel eines Mannes verdeutlicht, der vor einiger Zeit seine Stellung verlor:

Einige Wochen vor dem Verlust seiner Stellung erwähnte er, daß das Geschäft, in dem er angestellt sei, sehr schlecht ginge. Einige Kollegen seien schon entlassen, und er selbst werde wohl auch bald drankommen. Und in der Tat: einige Wochen darauf hatte er das Kündigungsschreiben in der Hand.

Analysieren wir den geistigen Vorgang von der ersten Befürchtung bis zur tatsächlichen Entlassung: Aus der durch die schlechte Geschäftslage und die Entlassung von Kollegen geweckten Furcht wuchs allmählich das Bild des Entlassenwerdens. Die Gespräche im Geschäft mit andern, denen es noch schlechter ging, und mit schon entlassenen Kollegen machten das Bild des Entlassenwerdens immer gefühlsbetonter und lebendiger, bis es nach Verwirklichung drängte.

Jetzt fühlte unser Freund bereits, daß er bald entlassen würde; seine Furchtgedanken hatten in den Hirnen anderer ein Echo gefunden und Fuß gefaßt. So mußte es zur Entlassung kommen. Die geschaffenen und ständig genährten Gedankenformen mußten sich auswirken und führten seine Vorgesetzten dazu, etwas zu tun, was sie im anderen Falle nicht getan hätten. –

Mit der gleichen Gefühlsbetontheit müssen wir das *positive* Bild des *erfolgreichen Lebens* innerlich bejahen und von Tag zu Tag mehr fühlen, wie das innerlich Geschaute auf die äußeren Verhältnisse allmählich umwandelnd einwirkt.

Wenn wir ständig Fülle in und um uns sehen, in Gedanken jederzeit in der Fülle leben, werden alle Dinge zu Trägern und Spendern der Fülle. *Ohne diese lebendigen inneren Bilder des Erfolgs keine Bildung des Erfolgs.*

Unser ganzes Gedankenkraftfeld muß im Bewußtsein der Fülle schwingen, dann wird seine wachsende Anziehungskraft immer mehr Gutes herbeirufen. Jeder Gedanke, jedes Gefühl, jeder Willensimpuls, jede Entscheidung und jede unserer Handlungen, von der kleinsten bis zur größten, muß vom Bewußtsein des Besitzes der Fülle durchtränkt sein! – Jede Arbeit soll ein bewußter Blick und ein Schritt sein hin zum Idealbild unseres Lebens. Nachts wollen wir von diesem Idealbild träumen. Jede Arbeitspause wollen wir benutzen, um in der Stille den gefühlten Einstrom der Fülle in unser Leben zu bejahen. Durch das stete Darandenken projizieren wir den inneren Film des vollkommenen Lebens immer sichtbarer auf die Wand der äußeren Wirklichkeit, so daß die Dinge lebendig werden, die Umstände sich wandeln und der inneren Wirklichkeit gleich zu sein streben.

Mit anderen Worten:

> *Wir verdichten unsere Gedanken der Fülle durch beharrliches Festhalten und inneres Ausmalen, ziehen immer mehr verwandte Gedankenkräfte herbei, bis das innere Bild auch äußerlich sicht- und greifbar wird.*
>
> *Daß wir den einzelnen Gedanken nicht sehen, besagt nichts. Wir sehen auch die einzelnen Elektronen nicht, aus denen alle Materie sich zusammensetzt. Wohl aber werden die Elektronen für uns sichtbar, wenn sie sich nach einem geistigen Bilde zu Trillionen zusammenfügen. Ebenso werden unsere Gedanken sichtbar, wenn wir durch beharrliches gefühlsbetontes Denken Trillionen von Gedanken-Elektronen zu einem bestimmten Bild zusammenballen!*

Die Schnelligkeit dieser Ideen-Verwirklichung hängt von der Unerschütterlichkeit des Bewußtseins unserer Einheit mit der inneren Kraft und Fülle der Gottheit ab, dann von der Klarheit und Gefühlsgeladenheit des Idealbildes, drittens von der geduldigen Beharrlichkeit und Konzentration und der Unbeweglichkeit des Zielwillens. Bei dieser Transmutation des Geist-Bildes von den höheren Ebenen des Seins zu den nächst-gröberen des sinnlichen Scheins wird jeder Gedanke zum Bausteinchen am werdenden Palast unseres Lebens.

Die neuen Dinge, die wir ersehnen, werden *in uns* geboren – oder sie werden niemals sein. Der Geist in uns ruft sie ins Leben, zieht die nötigen Baustoffe herbei und gibt ihnen Kraft und Form, um so rascher, je mehr uns die erfolgsanziehende Gesinnung der *Dankbarkeit* zur Gewohnheit wird:

Die Gewohnheit, für alles zu danken, steigert unseren Erfolgsglauben und unsere Verwirklichungskraft und erhöht die Dienstwilligkeit der Umwelt. Unsere Dankbarkeit macht unser Erfolg-Kraftfeld anziehender für alles Gute und undurchdringlicher für alles Schädliche. Sie macht immer mehr alle Umstände zu Hilfsständen und öffnet uns dem Einstrom der Fülle.

Wir erkennen dann mit größerer Klarheit, daß die Allfülle will, daß wir zu unserer wahren Größe und Macht erwachen und daß wir uns als Sonne unseres Lebenskreises bejahen:

> *„Die Kraft in mir macht alle Dinge gut, die zu mir kommen, und macht, daß alle guten Dinge zu mir kommen!“*

Abends vorm Einschlafen werden wir uns erneut in das Idealbild unseres Lebens versenken, bis wir, in den Schlaf hinüberdämmernd, gänzlich damit verschmelzen. Wir werden einschlummern mit dem Bewußtsein unserer inneren Harmonie mit dem Gesetz des Lebens und mit dem Entschluß, den morgigen und alle kommenden Tage noch vollkommener mit dem Geiste des Erfolges zu erfüllen.

JEDER SEINES GLÜCKES SCHMIED!

Wer um seine innere Kraft und Größe weiß, kann wohl vorübergehend eine untergeordnete Stelle einnehmen, nie aber dauernd. Was in ihm ist, baut in der Stille an seinem Schicksal und ringt sich durch.

Wie so viele Erfolgreiche ‚ihr Glück gemacht‘ haben, so machen auch wir unser Glück: wir schmieden es bewußt, bis es so vor uns steht, wie wir es wollen. Jeden Tag besinnen wir uns aufs neue, daß wir die Gesetzgeber unseres Schicksals sind, daß der Erfolg etwas ist, was wir uns selber geben oder nehmen, was niemand sonst uns schenken oder rauben kann.

Der Lebensschüler schmiedet sein Glück *bewußt* – in Erkenntnis der Gesetze der Seele und des Lebens. Er ergreift in allem das Gute und nutzt jeden Erfolg nicht nur sofort, sondern macht ihn gleich zum Sprungbrett zu noch größeren Erfolgen. An einem Ziele angelangt, rüstet er sofort die nächste Expedition aus, um noch tiefer in das Reich des Erfolgs einzudringen.

Er ist in die ‚Lebensschule' eingetreten – und das heißt innerlich *und* äußerlich voranschreiten. Das Besondere der LS-Methoden ist, daß jeder durch sie erreichte innere Fortschritt sich auch äußerlich gewinnbringend auswirkt, jeder an Hand der LS-Regeln erwirkte äußere Erfolg immer auch eine Mehrung der Erkenntniskraft und Lebensweisheit mit sich bringt. So bewahrt uns die ‚Lebensschule' davor, uns auf der einen Seite in lebensabgewandte Philosophasterei zu verlieren, auf der anderen Seite dem egoistischen Gewinnstreben des Materialismus anheimzufallen, auf der einen Seite innerlich zu wachsen, aber äußerlich in Mangel zu versinken, oder auf der anderen Seite äußerlich hoch zu kommen, innerlich aber leer zu bleiben und an seelischer Unterernährung zugrunde zu gehen. Wahre Erfolge werden auf der physischen *und* geistigen Ebene zugleich errungen: sie dienen gleichzeitig der Verwirklichung der Ideale und der Idealisierung der Wirklichkeit.

Wir wollen uns das Geheimnis dieser allseitigen Erfolgssicherung noch klarer machen:

Wir können über Nacht alles, was wir äußerlich besitzen, verlieren. Um es zu halten, reichen keine materiellen Sicherungen aus. Wohl aber hilft uns hier die Rückversicherung im Geistigen, die darin besteht, daß wir jeden Gedanken an Mangel und Schwäche aus uns verbannen und uns mit dem Bewußtsein des Reichtums erfüllen.

Unser gewohnheitsmäßiges inneres Verhalten bestimmt unsere Erfolgsverhältnisse. Wir sind unglücklich oder glücklich, arm oder reich, gefesselt oder frei nicht durch irgendwelche äußeren Umstände, sondern durch den vorherrschenden Zustand unseres Gemüts. Von unserer Einstellung zum Leben hängt es ab, wie weit die Fülle des Lebens unser wird. Hier gilt: „Wer hat, dem wird gegeben." Wer Vertrauen hat zu seinem Schicksal, dem wird nach seinem Vertrauen gegeben.

Zu dem, der sich allem Glück und Unglück überlegen fühlt und weiß, daß er als Kind der Gottheit jederzeit über jedes Glück verfügen kann, kommt das Glück von selbst – vom Selbst her.

So ist der Erfolg, recht gesehen, kein Ding an sich, sondern ein Zustand, eine Bedingung, ein Attribut, und hängt vom Geistigen ab. Um Erfolg zu haben, müssen wir nach innen sehen, nicht nach außen. Keine Konstellation der Kräfte außer uns, sondern allein die Stellung der Gestirne in unserem Innen-All entscheidet!

Das heißt nicht, daß wir uns nun in einen Lehnstuhl setzen, unsere Hände falten und ein Wunder herbeirufen. Die *Verwirklichung* der äußeren Fülle erfolgt nur bei gleichzeitigem tatfrohem *Wirken* in Richtung auf das vorgenommene Ziel. Beide, Bejahung und Verwirklichung, bilden eine Einheit. Auch hier ist das Gesetz der psychoyhysischen Wechselwirkung zu beachten:

Wir heben bewußt unseren Gemütszustand und machen dadurch unser Tun erfolgträchtiger. Indem wir unseren Geist erheben, unsere Gedanken auf die Hochebene der Schicksalsüberlegenheit hinauftragen, bewirken wir, daß unter unseren Händen die schlafenden Dinge sich erheben und sich auf unser Ziel hin in Bewegung setzen. Wir können unsere Seelenhaltung nicht vervollkommnen, ohne zugleich die Dinge um uns besser zu machen.

Die Erhebung unseres Gemüts bewirkt die Steigerung der Anziehungskraft unserer Gedanken, die Schärfung unseres Sehvermögens für die Zusammenhänge und Möglichkeiten unseres Lebens, die Verfeinerung unserer Fähigkeit, im rechten Augenblick in den Ablauf der Dinge wirksam einzugreifen, die Erhöhung unserer Leistungs- und Erfolgskraft und die Weitung unseres Gesamtbewußtseins. Und das wieder hat zur Folge, daß unser Geist immer mehr Dinge ergreift, die seiner Selbstverwirklichung dienen, und eine wachsende Affinität zu erfolgträchtigen Stimmungen, Menschen, Dingen, Umständen und Geschehnissen erlangt.

Jeder Mensch ist ein Magnet: aber was er anzieht, hängt von der Stimmung seiner Seele ab. Er selbst lädt die Dinge mit positivem oder negativem Magnetismus. Das heißt, daß die Dinge an sich ohne Ladung sind. Was sie an Lust- und Unlustgefühlen vermitteln, sind nur Widerspiegelungen der Strahlungen unserer eigenen Seele.

Auch in unserem Verhalten zu den Menschen gibt unsere geistige Haltung, die durch unsere äußere Haltung hindurchschimmert, den Ausschlag. Jeder stellt sich unwillkürlich hinter einen Menschen, dessen leben- und erfolgbejahendes Denken und Wollen sein UB sympathisch berührt. Und ebenso stellen sich alle Kräfte des Guten unweigerlich hinter einen Menschen, der einem edlen Ziele bejahend zustrebt. Die Rückwirkung dieser Tatsache auf den Menschen selbst äußert sich als Gefühl des Erfülltseins mit unwiderstehlicher Kraft.

Je lebendiger ein Mensch sich mit der inneren Kraft und Hilfe verbunden weiß, bewußt vom Sonnenzentrum seines Wesens aus wirkt, desto vollkommener schmiedet er sein Glück. *Denn die Kraft in uns ist Glücks-Kraft an sich.* Entfaltung der inneren Kraft bedeutet also zugleich Glücklicherwerden. Je mehr uns die Kraft in uns bewußt wird, desto höher steigt der Strom der All-Fülle in uns, bis er über seine Ufer tritt, die Wiesen und Äcker unseres Lebens mit seinem Naß erquickt und fruchtbar macht. So hängt unser Glück vom Grad der Bewußtheit unserer Innenkraft, von der erwachten Strahlkraft unseres Seelen-Sonnenkerns ab.

In dieser Erkenntnis liegt der Schlüssel rechter Erfolgs-Bestimmung. Wenn wir die Hände aufheben und den Geist des Lebens mit der Seele anrufen, tauchen wir unsere Hände bereits in den Kraftstrom des Alls. Wenn wir richtig sehen, erkennen wir, daß wir Grund haben, alles, was zu uns kommt, als Offenbarer unserer Lebensfülle zu bejahen und zu lieben.

Nur der Kraft-Bewußte schmiedet sein Glück. Er fühlt sich als Magnet, der anzieht, was ihm gemäß ist. Oder er erkennt sich als Schöpfeimer, der aus dem Brunnen der Innen-Wirklichkeit die Quellwasser göttlichen Reichtums zur Sinnenwirklichkeit hinaufhebt und immer mehr Menschen damit erquickt. Er schöpft aus einer Fülle, die kein Ende hat.

Fülle ist das eigentliche Wesen unseres Lebens. Erst der Mensch schuf den Mangel, trennte sich vom Reichtum des Lebens, so daß der Strom der Allkraft ihn kaum mehr berührt. Er gab das Bewußtsein seines inneren Einsseins mit dem Allgeist auf und verriegelte so den Zugang zwischen seinem Ich und den göttlichen Kräften des Innern durch falsches Denken und Tun.

Anders der Weise, der rechte Lebensschüler: er besinnt sich auf den Kraftstrom, der in den Tiefen der Seele, in der Stille vernehmbar, dahinbraust, und leitet ihn bewußt durch die Kanäle seines Willens.

Das Reich Gottes ist immer in uns und wartet, daß wir es auf die Welt um uns übertragen. Was hätte *Christus* gesagt, wenn einer ihn gefragt hätte: „Ist es recht, wenn ich zehn oder zwanzig Jahre hindurch jeden Tag etwas Geld zurücklege, um für mein Alter genug zu haben?" Er hätte vielleicht geantwortet:

> *„Du Kleingläubiger! Das Reich der Fülle beginnt hier und jetzt! Die Sorgen, die Du Dir heute machst, werden Dir in zwanzig Jahren, zu Hindernissen ausgereift, entgegentreten. Sorge nicht um die Zukunft, sondern erfülle das Jetzt mit dem rechten Geiste, dann wird Deine Zukunft Deine schönere Gegenwart sein!"*

Jenes unerschütterliche Vertrauen auf den Reichtum Gottes, der immerfort durch unsere Seele fließt, müssen wir uns zu eigen machen, das Goethe in ‚Dichtung und Wahrheit' forderte und pries: „Der Glaube ist ein großes Gefühl von Sicherheit für die Gegenwart und Zukunft, und diese Sicherheit entspringt aus dem Zutrauen auf ein übergroßes, übermächtiges Wesen. Auf die Unerschütterlichkeit dieses Zutrauens kommt es an."

Wir brauchen nicht nach äußerer Hilfe auszuschauen, um diesen oder jenen Erfolg zu erringen. Wir haben einen inneren Helfer, der einflußreicher ist als die besten Beziehungen, die wir besitzen: er zieht genau die Dinge herbei, die wir vertrauend bejahen. Er macht uns fähig, unseres Glückes Schmied zu sein in jedem Augenblick unseres Daseins.

Sagen wir uns darum immer wieder, bis die Wahrheit dieser Erkenntnis in uns aufflammt, daß unser innerer Helfer über uns wacht, uns leitet und für uns sorgt, und daß wir ihn lieben, seine Gedanken denken, seinen Willen erfüllen! Fühlen wir, wie als Folge dieser Willenswandlung der Segen, der in unser Leben einströmt, täglich größer wird! Fühlen wir, daß Gott die Fülle ist und daß er will, daß auch wir in der Fülle leben!

42. WOCHE:

GESCHÄFTSERFOLG

„Alles menschliche Wissen ist nur so weit wertvoll, als es zu rechtem praktischem Verhalten Anleitung zu geben vermag.“ Epikur

Die geistige Einstellung des wirtschaftenden Menschen bestimmt seinen Erfolg zu drei Vierteln. Das letzte Viertel liegt in der anziehenden Kraft des angebotenen Dienstes oder der vermittelten Ware. Nach der Erfahrung aller großen Wirtschaftsführer und Kaufleute entwickeln sich geschäftliche Maßnahmen in der Regel so, wie man sie im Stillen befürchtet oder bejahend erwartet:

Geht der Kaufmann an eine geschäftliche Verhandlung mit dem Gefühl heran, daß es einen harten Kampf geben wird, bleibt dieser Kampf nicht aus. Sieht er einer geschäftlichen Besprechung mit dem Gefühl der Selbstverständlichkeit seines Sieges entgegen, wird ihm der Endsieg mit an Sicherheit grenzender Wahrscheinlichkeit zufallen.

Erwartet er von einem Kunden-Besuch eine positive Unterhaltung und geschäftliche Vorteile, legt er damit zu beiden den Grund. Was er im Herzensinnern erwartet, unterbewußt als lebendige Wirklichkeit voraussieht, strebt nach Verwirklichung.

Diese Erfolgs-Dynamik ist so sonnenklar, daß jeder deren einfache Elemente begreifen und zu seinem Segen anwenden kann. Es ist wichtig, daß wir ihnen unser Augenmerk zuwenden, denn Reichtum kommt nicht vom rechten Arbeiten allein, sondern weit mehr vom rechten Denken und Vorausdenken. Ein Kaufmann ist soweit dauernd erfolgreich, als er Psychologe und Psychodynamiker ist. Er muß die Gesetze der Gedanken-Dynamik kennen, sich selbst und seine Kräfte übersehen und Menschen richtig erkennen, behandeln und gewinnen können. Er muß nicht nur ‚Geschäftsführer‘, sondern auch Menschen- und Schicksalsführer sein. Damit berühren wir bereits die soziale Seite des Geschäfts-Erfolgs:

Zu einem Geschäft gehören immer mehrere. Wenn wir alle Spielregeln des geschäftlichen Handelns auf ihren Erfolgswert untersuchen, gelangen wir zur Erkenntnis der Überlegenheit des Altruismus über den Egoismus:

Es wird heute weitgehend eingesehen, aber noch nicht allgemein beachtet, daß der Schlüssel zum Geschäftserfolg in der Gesinnung des *Dienstes* liegt, und daß von der Größe und sozialen Bedeutung dieses Dienstes nicht nur der *Verdienst* abhängt, sondern auch Bestand und *Dauer* eines Unternehmens. Klug handelt, wer sich nach der goldenen Regel richtet:

> *„Was Du wünschest, daß Deine Kunden und Geschäftsfreunde Dir tun, das tue Du ihnen zuvor!“*

Nach dieser Regel ist Reichtum nicht etwas, das wächst, indem man es andern nimmt, sondern das entsteht, indem man andern etwas gibt, ihnen dient! Sie bedeutet, daß *gegenseitige Hilfe die beste Selbsthilfe ist,* daß nur wer *gibt,* gewinnt, nur wer dient, verdient, nur wer opfert, wächst, und nur wer so viel wie möglich für so wenig wie möglich liefert, des Erfolges gewiß sein darf.

Der erfolgreiche Kaufmann macht sich rechtes, positives, dienstwilliges Denken und Handeln zur Gewohnheit, weil er aus eigener wie fremder Erfahrung weiß, daß jedes andere Denken und Handeln kurzsichtig und schädlich ist. Nur mit dieser Gesinnung wird er Meister der Kunst, bei geringstem Zeit- und Kraftaufwand größtmögliche Erfolge durch gegenseitige Dienstleistungen zu erzielen.

Er weiß, daß jeder Kaufmann die Mitarbeiter, Kunden und Geschäftsfreunde hat, die er verdient. Erfolgbringende Mitarbeiter und Kunden verdient man sich nur durch rechtes Dienen. Damit die Kunden zu ihm kommen, muß er ihnen zuvorkommen, ihnen entgegenkommen und nützen, also dem Grundsatz folgen: *Nutzen durch nützen!*

REGELN DES ERFOLGREICHEN KAUFMANNS

Vergegenwärtigen wir uns die Merkmale, die den erfolgreichen vom erfolglosen Geschäftsmann unterscheiden. Wir stellen damit zugleich eine Tafel jener Werte auf, deren Aneignung für den werdenden Kaufmann von erfolgentscheidender Wichtigkeit ist. Hier sind die *30 Merkmale und Imperative des königlichen Kaufmanns,* die wir uns bewußt zu eigen machen wollen:

1. Führer sein!

Der erfolgreiche Kaufmann ist zuerst und vor allem ein wahrhafter Führer seiner selbst und seines Unternehmens, seiner Mitarbeiter, Geschäftsfreunde und Kunden. Er weiß, was er will, und setzt die Kraft seines Willens im rechten Augenblick entschieden und beharrlich ein. Er verbindet innere Überlegenheit und sonnenhaft-zentrale Einstellung mit Wissen und Takt, Menschenkenntnis und Gewandtheit, Ausdauer und Zähigkeit. Seine äußere Erscheinung und sein Auftreten deuten auf Kraft, Zielbewußtheit, Ordnung, Verläßlichkeit, Sauberkeit der Gesinnung und Verantwortungsbewußtheit.

Tüchtige Männer mit Verantwortungsbewußtsein, umfassenden Kenntnissen und Organisationsfähigkeit werden immer gesucht. Nun steckt in jedem rechten Geschäftsmann ein Wirtschaftsführer; er muß nur die in ihm schlummernden Anlagen bejahen, entfalten, ausbauen und prüfen, wie er seine besten Kräfte am vollkommensten in den Dienst möglichst vieler Mitmenschen stellt. In gleicher Weise muß er die vielseitigen Kräfte und latenten Talente, die in seinen Mitarbeitern liegen, aus ihnen herausholen und in den Dienst des Unternehmens stellen. Er muß deshalb

2. Organisator sein!

Er hält sich nie für unentbehrlich: er hat sein Unternehmen so organisiert, daß es auch weiterläuft, wenn er nicht da ist. Er ist infolgedessen nie der Sklave seiner Arbeit und Zeit, stöhnt nie über das ‚Übermaß der Verpflichtungen', die er sich aufgeladen hat, sondern hat immer Zeit für Dinge, die ihm wichtig sind. Er versteht es, für jede Aufgabe den rechten Mann zu finden. Er tut nichts, was ein anderer ebenso vollbringen kann, sondern sammelt seine Kraft für Dinge, die nur *er* vollkommen machen kann – vor allem für den Ausbau seines Unternehmens. Er weiß, daß jene Geschäftsleute, die wähnen, alles selbst machen zu müssen, vom Öffnen der Post bis zum Bedienen der Kunden, den Krebsgang gehen.

Er weiß aus eigener Erfahrung, wieviel Zeit jede Arbeit beansprucht; denn er ist durch jede Arbeit hindurchgegangen, ehe er über sie hinauswuchs und sie andern überlassen konnte. Er prüft immer wieder, wie und wo die Tätigkeit seiner Mitarbeiter noch zweckmäßiger geordnet werden könnte. Er sorgt, daß sie nicht ständig herumrennen; denn sie sind Ange-stellte, nicht Lauf-Burschen. Je mehr einer mit den Füßen arbeitet, desto weniger leistet er mit dem Kopf.

Er mindert die Leerlaufarbeiten und belohnt jeden, der ihm dabei hilft. Wie bei der Stenographie ein Mindestmaß von Schreibbewegungen erreicht ist, jeder Auf- und Abstrich seine Aufgabe hat, so muß auch im Geschäft jede Bewegung gewinnbringend sein. Ist sie das nicht, wird sie abgestellt. Überall sind Möglichkeiten, Zeit, Arbeit, Kraft, Material und Geld zu sparen.

3. Plandenker sein!

Der erfolgreiche Kaufmann teilt den Weg vom Start zum Ziel in leicht übersehbare Etappen und diese wieder so in einzelne unschwer ausführbare Handlungen, daß alles, was er tagsüber denkt und tut, bewußte Ziel-Annäherung wird.

Sein täglicher Geschäfts- und Arbeitsplan schreibt auch dem letzten Mann in seinem Unternehmen vor, was zu tun ist, und überläßt so wenig wie möglich dem kraftraubenden Zufall. Je zielbewußter so jeder einzelne Mitarbeiter wirkt, desto sicherer kommt das Geschäft voran.

Er wacht darüber, daß die täglichen Zielsetzungen des Einzelnen sich im Rahmen seiner Kräfte und Fähigkeiten bewegen, wobei er jeden durch sein Vorbild anspornt, über den Rahmen seines bisherigen Könnens hinaus- und in größere Aufgaben hineinzuwachsen. Darum ist der Geschäftsplan des erfolgreichen Kaufmanns stets elastisch genug, um neu erwachende Kräfte sofort einzuspannen und Unvorhergesehenes geschickt aufzunehmen und harmonisch einzufügen.

So führt er sich und jeden seiner Mitarbeiter planmäßig Schritt um Schritt dem Geschäftsziel näher und sorgt, daß jeder Einzelne sich dieses schrittweisen Vorwärtskommens bewußt wird, sich täglich des Fortgangs freut und am Erfolg teilhat.

4. Vorarbeiter sein!

Seinen Mitarbeitern ist er leuchtendes Beispiel und berufliches Vorbild. Er weiß, daß Mahnung und Belehrung wenig, freudiges Vormachen alles ist! Er betrachtet sich nicht als ‚Chef', ‚Inhaber' oder ‚Vorgesetzten', sondern als Vorarbeiter, der sich für die Leistungen jedes Mitarbeiters interessiert, um die Tüchtigen zu fördern und die Untüchtigen anzuspornen oder auszuschalten. Er gibt dem Einzelnen das Bewußtsein, daß das, was er tut, genau so wichtig und lohnend ist wie das, was irgend ein anderer im Unternehmen schafft.

Er weiß, daß Angestellte leicht das werden, wofür sie sich gehalten fühlen, daß ein Geschäftsmann, der seine Mitarbeiter für faul und unehrlich hält, sie dazu macht und entsprechende Menschen herbeizieht, während der erfolgbejahende Kaufmann, der von seinen Mitarbeitern bewußt das Beste erwartet, erfreut wird durch Erfolge, die seine Mitarbeiter erzielen. So sehr hängt die *Leistung* der Mitarbeiter von der Einstellung der *Leitung* des Unternehmens ab. Jeder hat die Mitarbeiter, die seiner vorwiegenden Denkrichtung entsprechen. Der erfolgreiche Kaufmann hat darum stets das beste Personal, als schaffensfroher Vorarbeiter die eifrigsten Mitarbeiter.

Er weiß aus Erfahrung, daß es nicht wahr ist, daß Mitarbeiter umso seltener werden, je tüchtiger sie sind, sondern daß es nur auf die rechte Einstellung und Menschenbehandlung ankommt, um aus fast jedem Mitarbeiter einen zielfreudigen und erfolgfördernden Mitstreiter zu machen, dessen Selbstachtung, Arbeitsbegeisterung und Unternehmungslust mit dem Aufstieg des Geschäfts schrittweise wächst.

5. Kamerad sein!

Der erfolgreiche Kaufmann folgt der Goldenen Regel: *„Behandle Deine Mitarbeiter so, wie Du von ihnen behandelt werden möchtest!"* Er verlangt von ihnen nichts, was er nicht von sich selber fordert. Er kommt mit ihnen trefflich aus, während der Geschäftsmann, der mit seinen Angestellten schlecht auskommt, eines Tages zu seinem Schaden gewahr wird, daß sie ohne ihn auskommen.

Er läßt sich gerne unter seinen Mitarbeitern sehen, damit sein positives Gedankenkraftfeld auch die Gemüter der andern hochstimmt und ihre Schaffenslust anregt. Er sorgt für frohe Arbeitsstimmung. Fremde Übellaune beantwortet er selbstbeherrscht mit umso größerer Herzenssonnigkeit. Nie läßt er sich gehen, sondern bleibt unter allen Umständen Vorbild überlegener Gelassenheit.

Er bedenkt, daß einer vom guten Willen des andern abhängt und daß alle allen dienen müssen, damit es allen wohl ergehe. Er weiß, daß nicht die Verfolgung des Prinzips ‚divide et impera', des ‚Entzweie und herrsche!' seinem Unternehmen am dienlichsten ist, sondern allein die Pflege des Willens gegenseitiger Hilfe und Zusammenarbeit.

6. Zusammenarbeit pflegen!

Er weiß sich Freunde zu schaffen und in jedem Freund einen Helfer. Er knüpft bewußt Verbindungen an mit anderen Erfolgreichen, die ihn anspornen und von denen er lernen kann, noch reibungsloser voran zu kommen. Er ist bereit, sich mit seinem tüchtigsten Konkurrenten zusammen zu tun, um Kraft zu sparen und beider Nutzen durch Zusammenarbeit zu erhöhen. Immer weiß er die rechten Geschäftsteilhaber heranzuholen. Er wertet seine zukünftigen Verbündeten weniger nach ihrem Vermögen als nach ihrer Gesinnung: er prüft ihren Charakter, damit er weiß, ob eine förderliche Zusammenarbeit auch unter ungünstigen Umständen gewährleistet bleibt. Er beurteilt die Zukunftsaussichten eines andern nicht nach seinem Aussehen, sondern nach seiner Einsicht.

Am liebsten sind ihm jene, die im Augenblick einer Gefahr, in kritischen Lagen aus eigenem Antrieb zu ihm stoßen, weil das Unternehmen, die Person des Leiters oder die Aufgabe sie interessiert und der Ausbau des Unternehmens ihrem Kampfgeist Freude macht.

7. Goldene Regel verwirklichen!

Er weiß weiter, daß ein Unternehmen die Summe, richtiger: das Produkt der Leistungen der in ihm tätigen Menschen darstellt, und daß er das, was er seinen Mitarbeitern gibt, zugleich seinem Unternehmen zufügt.

Wenn sein Unternehmen sich in einem bestimmten Zeitraum im Wert verdoppelt. sind an diesem Wertzuwachs alle Mitarbeiter in verschiedenem Ausmaß beteiligt.

Als Psychologe weiß er, welche seiner Mitarbeiter in ihren Leistungen gleichfalls auf das Doppelte gestiegen sind, welche mehr und welche weniger. Er sorgt dafür, daß der einzelne Mitarbeiter seinem inneren Wachstum und Beitrag zum Gesamterfolg entsprechend am Aufstieg und Gewinn des Unternehmens beteiligt wird.

Er hat erkannt, daß sein Interesse an der Steigerung des Gewinns seines Unternehmens identisch ist mit dem Bestreben seiner Mitarbeiter nach gerechter Bewertung ihrer Arbeitsleistung, daß nicht die niedrigsten Arbeitslöhne den größten Geschäftserfolg bringen, sondern hohe Löhne immer höhere Leistungen nach sich ziehen, darüber hinaus die Kaufkraft der Allgemeinheit heben und damit seinem Geschäft auch von außen her neue Kraft zuführen.

Er weiß, daß sein Unternehmen ihm nicht dann den größten Vorteil bringt, wenn es ihm allein gehört, sondern wenn alle, die daran mitschaffen, am Aufstieg wirtschaftlich beteiligt sind. Er verwirklicht darum in seinem Unternehmen die Goldene Regel: er beteiligt seine Mitarbeiter am Geschäftsgewinn.

Indem er so den Einzelnen hebt, hebt er das Ganze und leitet den Strom des Erfolgs durch sein Unternehmen.

8. Mitarbeiter ertüchtigen!

Er arbeitet ständig an der Erstarkung seines Unternehmens und schmiedet aus der Gesamtheit seiner Mitarbeiter bewußt eine wahrhafte Schicksals- und Erfolgsgemeinschaft, in der jeder jedem hilft. Schwächen und Fehler der Mitarbeiter merzt er dadurch aus, daß er sie bewußt bei sich selbst beseitigt, sie gewissermaßen ‚überkompensiert', wodurch er die andern zu unbewußter Nachahmung reizt. Er schafft so Anreize zu immer selbständigerem und verantwortungsbewußterem Entscheiden und Handeln. Er läßt jeden fühlen und erkennen, daß das Wohl des Ganzen von ihm abhängt.

Er kümmert sich um die berufliche Weiterbildung seiner Mitarbeiter und zeigt ihnen, daß erfolgreicher Kundendienst neben der Sachkenntnis Anpassungsfähigkeit, Menschenkenntnis, Diplomatie und Herzenstakt erfordert, daß Kunden ganz verschieden zu behandeln sind je nachdem, ob einer eilig oder unentschlossen ist, hochnäsig oder unzufrieden, skeptisch oder eigensinnig – mit Gelassenheit oder Sachkenntnis, mit Zuvorkommenheit oder Freundlichkeit, Entschiedenheit oder Höflichkeit.

9. Berufsstolz entwickeln!

Der erfolgreiche Kaufmann ist sich bewußt, in seinem Unternehmen Wertarbeit zu leisten. Er setzt seinen Ehrgeiz darein, in seinem Beruf, seiner Branche der Erste zu sein: ein führender Fachmann und Praktiker. Er sieht im Aufgabenkreis wie in den Erzeugnissen seines Unternehmens etwas Einzigartiges, Besonderes, mit denen anderer Betriebe nicht Vergleichbares. Er hat in seinem Geschäft nur beste Waren, nur tüchtige Mitarbeiter, Verkäufer, Reisende, weil sein ganzes Denken auf Vollkommenheit eingestellt ist.

So können Mißmut, Zweifel und Verzweiflung nicht in ihm aufkommen. Denn er weiß: Meine Waren nützen den Käufern: die Nachfrage nach ihnen ist im Wachsen begriffen, einmal gewonnene Kunden beziehen sie immer wieder, sind mit ihnen zufrieden, empfehlen sie weiter. Meine Waren nützen auch den Zwischenhändlern: sie bekommen einen guten Rabatt, der ihnen eigene Vertriebsaufwendungen und Werbemaßnahmen ermöglicht, und das Wachsen des Umsatzes macht ihnen Freude. Da sie außerdem wissen, daß meine Waren höchste Qualität mit angemessenen Preisen verbinden, setzen sie sich in steigendem Maße für meine Waren ein.

So hält sich der erfolgbejahende Kaufmann alle guten Seiten seines Geschäfts immer aufs neue vor Augen und strahlt lebendige Funkbilder der Güte und Bedeutung seines Unternehmens und seiner Waren aus, dadurch beständig am Erfolg seines Geschäftes bauend.

10. Fachwissen mehren!

Er wird ferner immer Besonderes zu leisten suchen, das ihm niemand nachmachen kann, wird in seinem Beruf ein Eigener sein und sich allem Förderlichen aufgeschlossen halten. Über alle neuen Fragen seines Wirtschaftszweiges hält er sich auf dem Laufenden und vergißt nicht, daneben sein Allgemein-Wissen ständig zu erweitern.

Er kennt seine Erzeugnisse und weiß als Fachmann ihre Vorzüge und Besonderheiten ins rechte Licht zu rücken. Er ist über alles im Bilde, ohne mit seinem Wissen zu prahlen. Er macht jede berufliche oder geschäftliche Maßnahme zu seiner wichtigsten Privat-Angelegenheit und sorgt dafür, daß seine Mitarbeiter über Aufgaben und Waren des Unternehmens ebenso gut Bescheid wissen wie er selbst, damit sie mit der gleichen Zielstrebigkeit wie er für das Unternehmen verantwortlich zu handeln fähig sind.

Seine überlegene Fachkenntnis läßt seine Kunden empfinden, daß sie in seinem Geschäft am vorteilhaftesten bedient werden. Dabei faßt er den Grundsatz des Dienstes am Kunden im ethisch höchsten Sinne und rät von unvorteilhaften Geschäften ab, auch wenn ihm dabei ein Verdienst entgeht. Eines Tages erkennt der Kunde, daß er recht tat, ihm zu folgen, und schenkt ihm von da ab noch größeres Vertrauen.

11. Erfolgssinn erwecken!

Bei Herstellung und Verkauf von Waren folgt er der obersten Forderung zuvorkommender Rücksichtnahme: er beachtet und befriedigt die Bedürfnisse seiner Kunden. Er weiß, daß der Geschäftserfolg – mit einem Wort des Millionärs Filene – mit davon abhängt, daß man „erkennt, was große Massen von Menschen wünschen, daß man ihnen diese Dinge zu erschwinglichen Preisen verschafft und zu seinem Teile mithilft, daß der Wirtschaftsprozeß so organisiert wird, daß die Massen über eine entsprechende Kaufkraft verfügen."

Er hält sich für neue Gedanken offen; denn aus ihnen erblühen über Nacht neue Erfolgsmöglichkeiten. Er weiß, daß eine neue Entdeckung oder Erfindung ganze Wirtschaftszweige lahmlegen oder auf neue Grundlagen stellen kann. Er prüft darum täglich mit wachem Erfolgssinn die Lage der Dinge und ist in jedem Augenblick bereit, sich neu erwachten Kräften und Mächten zu verbünden und die neuen Möglichkeiten, die aus dem Boden der Wirklichkeit sprießen, im Morgen ihres Daseins zu ergreifen, bevor ein anderer ihren Wert begriffen hat.

12. Überlegenheit bewahren!

Er betrachtet jedes ‚*Geschäft*' als ‚gemeinsames Schaffen' im Tausch zweier Dinge: Ware gegen Geld, wobei stets ein Drittes mit ausgetauscht wird: positive, erfolgbejahende Gedanken, durch die aus jedem Tausch doppelter Segen erwächst.

Er sorgt weiter dafür, daß seine Waren nicht nur verkauft werden, sondern verkauft bleiben. Um das zu erreichen, denkt er fürsorglich – nicht nur für sich, sondern zugleich für den Kunden. So gelangt er zu jener geschäftlichen Genialität, die ihn in jedem Augenblick das Rechte wählen und tun läßt.

Seine Überlegenheit kommt nicht zuletzt in seiner Ruhe zum Ausdruck. Er ist gelassen und steht darum über den Dingen, kann sie von oben und innen her bestimmen. Je gelassener wir sind, desto leichter lassen sich die Dinge an. Und desto rascher spüren die andern, daß wir unserer Sache sicher sind, und werden bereit, uns zu folgen.

13. Wirtschaftlich denken!

Wirtschaftlich denkend übt er sich, die Dinge zu sehen, wie sie sind, um sie zielbewußt dahin zu bringen, daß sie so werden, wie er sie haben will. Er hält sich durch tägliche Berichte und Übersichten über Umsätze, Ausgaben, Spesen und alle sonst wichtigen Geschäftsvorgänge auf dem Laufenden. An den täglich wachsenden Kurven sieht er, ob sein Unternehmen sich gut oder nachteilig entwickelt, wo also der Hebel der Besserung angesetzt werden muß.

Eine Schlacht kann man nur gewinnen, wenn man seine Truppe mit geringsten Verlusten an den Feind heranführt, einen Angriff nur abschlagen bei genauer Kenntnis der schwächsten Punkte in seiner Verteidigungsstellung. Jeder Pfennig ist für den Kaufmann ein Soldat und muß darum bis zum entscheidenden Einsatz gehütet werden. Die schwachen Stellen in seiner Verteidigungslinie sind die Spesen. Wie die Einbuchtungen in einer Kampflinie sind darum übermäßige Spesen zu verringern. So vermag er durch Verringerung der Spesen nicht nur sein eigenes Einkommen, sondern auch noch die Steuern seines Unternehmens herauszuwirtschaften, ja eine überschuldete Firma in wenigen Jahren in ein einträgliches Unternehmen zu verwandeln!

14. Rationell wirtschaften!

Denn er spekuliert nicht, sondern kalkuliert. Er weiß, daß jeder Dienst, den er leistet, ihm einen Nutzanspruch gibt.

Die Preise seiner Waren setzt er so an, daß sie neben den Gestehungs-, Unterhaltungs- und Werbekosten einen angemessenen Nutzen enthalten. Er berücksichtigt dabei, daß nicht der Preis einer Ware das Wesentliche ist, sondern erstens der innere Wert derselben, dann die Bedürfnisse des Kunden, drittens der Wert, den die Käufer der Ware beimessen. Den ersten und dritten Punkt sucht er bewußt zu bestimmen – durch Leistung und Werbung – und den zweiten Punkt vorsorglich zu berücksichtigen, so daß der Erfolg ihm sicher ist.

Er weiß weiter, daß der Gewinn umso größer wird, je weniger Zeit und Kraft seine Erlangung erfordert. Zeit und Kraft sind Geld. Schon beim Verkauf wächst der Gewinn mit der Kürze der Zeit, die der Verkauf beansprucht. Braucht ein Geschäft nur die Hälfte der üblichen Zeit, ist die Möglichkeit für ein gleich großes Geschäft in der anderen Hälfte der Zeit geschaffen, wodurch sich der Gewinn verdoppelt. Der rationell wirtschaftende Kaufmann ist darum im Zeitausgeben noch vorsichtiger als im Geldausgeben. Denn Geld kann man wieder gewinnen, verlorene Zeit nicht.

Er bedenkt weiter, daß die Gesamtkosten noch unverkaufter Ware mit jedem Tage wachsen. Je früher eine Ware verkauft wird, desto größer der Nutzen. Das Geld, das er für früh verkaufte Ware bekommt, nimmt zu; der Wert der daliegenden Ware ab. Er strebt darum, die Ware, die er einkauft oder herstellt, stets so rasch wie möglich in die Hände der Zwischenhändler oder Kunden zu leiten.

Ebenso, wie er Zeit spart, spart er Kraft, denn jede Kraftvergeudung im Geschäft bedeutet Erhöhung der Gesamtkosten der Ware, also Verringerung des Nutzens.

15. Sicherheit erhöhen!

Er weiß, daß manche Geschäfte mehr Geld kosten, als sie bringen, daß der Weg zum Erfolg mit Gefahren gepflastert ist. Er unterschätzt diese möglichen Gefahren und Unfälle nicht, aber er überschätzt sie auch nicht. Die Erkenntnis, daß alles fließt, daß morgen schon alles anders sein kann, spornt ihn an, immer aufs neue zu wagen, um aufs neue zu gewinnen. Er blickt nicht voll Trauer auf Dinge zurück, die der Vergangenheit angehören, sondern sieht gen Osten, wo die Sonne des neuen Tages aufgeht. Er weiß, daß der Mensch auf diesem Planeten der ewigen Wandlung sich auf nichts verlassen kann als auf sich selbst.

Diese Erkenntnis gibt ihm die rechte wirtschaftliche Blickrichtung: Die meisten erleiden im Geschäftsleben Schiffbruch, weil sie nur ausrechnen, was sie verdienen können. Der weise Kaufmann überschlägt, was er verlieren kann. Er berechnet das Risiko eines Unternehmens und sucht es auf einen Teil seines Vermögens zu begrenzen. Hierzu gehört auch die Berechnung der Zeit vom Vermögenseinsatz bis zum Gewinn-Rückstrom. Je größer dieser Zeitraum ist, desto geringer sei der Einsatz. Die meisten setzen hier zu viel ein und können dann den Atem nicht so lange halten, bis der Gewinn da ist: sie brechen vorm Ziel zusammen, und dann kommen andere und nehmen ihnen die sicheren, aber nicht mehr erreichbaren Gewinnmöglichkeiten vor den Augen weg.

Der weise Kaufmann nimmt Wagnisse mit vielversprechendem Gewinn nur auf sich, wenn er einen gleich hohen Verlust aushalten kann. Erst wenn er weiß, was er äußerstenfalls verlieren kann, ohne seine Macht zu schmälern, wagt er den Einsatz. Das ist das ganze Geheimnis der großen Gewinner und ‚Geldmänner'.

16. Ritterlich handeln!

Ein Kennzeichen des erfolgreichen Kaufmanns ist seine Ehrlichkeit gegen sich selbst. Er spürt seinen Denkfehlern nach, um künftigen Mißerfolgen vorzubeugen.

Ebenso ehrlich ist er gegen andere: er weiß, daß Wahrhaftigkeit, Ritterlichkeit und Tüchtigkeit dauerhafter sind als Falschheit, Betrug und Minderwertigkeit. Er berücksichtigt, daß zum Zustandekommen eines Geschäfts immer ein zweiter gehört, auf den es Rücksicht zu nehmen gilt, da der andere sein Auftraggeber ist und Bringer seines Reichtums.

Weil er so denkt, flößt er Vertrauen ein: die andern spüren die Vornehmheit seiner Gesinnung und fühlen sich von ihr angezogen. Um Vertrauen zu erwecken, muß man, wie Baudouin sagt, „mit der Sicherheit überlegener Selbstverständlichkeit vorgehen, und um diese Sicherheit und Selbstverständlichkeit zu erlangen, muß man das Wohl der anderen sichtbar im Auge haben."

17. Altruistisch denken!

Er will nicht sich, sondern sein *Werk* und weiß, daß nur das Werk dauernd Segen bringt, das in irgend einer Weise einen Dienst am Ganzen darstellt.

Wie der Ozean sich aus einzelnen Tropfen zusammensetzt, so der Lebenserfolg aus einer endlosen Kette kleiner und kleinster Tageserfolge. Darum wertet der weise Kaufmann auch den kleinsten Dienst und den geringsten Einzelerfolg als Teil seines Lebenserfolgs. Keine Kraft läßt er ungenützt, keinen Menschen unbedient. Alles und jeder gilt ihm als Glückentfalter und -Empfänger und Herbeiträger von Bausteinchen zu seinem Erfolgsgebäude.

Er weiß, daß er jeden Menschen braucht, der ihm auf seinem Wege begegnet, und daß ebenso jeder Mensch ihn braucht. Keiner kann Erfolg nur für sich selbst anstreben; jeder muß sich, wie eine Zelle im Körper, rücksichtsvoll den andern anpassen und ins Ganze einfügen.

Er weiß, daß alle geschäftliche Betätigung soziale Dienstleistung ist, das ganze Geschäftsleben eine Sonderform der gegenseitigen Hilfe. Benjamin Franklin hat diesem Adel der Gesinnung am besten Ausdruck gegeben, als er auf die Frage nach dem Sinn des Einzelnen in der Gesamtheit antwortete: „Die edelste und wichtigste Frage, die ein Mensch in der Welt stellen kann, ist diese: was kann ich in ihr Gutes tun."

18. Positiv denken!

Der erfolgreiche Kaufmann unterscheidet sich vom erfolglosen durch seine sieghafte Einstellung. Als Optimist erwartet er aus allem, was er beginnt und was ihm begegnet, eine Mehrung seiner Lebenslust und Erfolgskraft. Als Coué einmal gefragt wurde, ob seine Methode der Autosuggestion nicht nur dem menschlichen Körper, sondern auch einem Geschäft größere Gesundheit bringen könne, bejahte er das mit aller Entschiedenheit und wies auf die mannigfachen Erfahrungen in dieser Richtung hin: „Wer ein Geschäft mit dem Gedanken beginnt: Es wird mir gelingen! der wird immer vom Erfolg begünstigt sein, weil er stets instinktiv das tun wird, was zur Erreichung seines Zieles notwendig ist. Falls sich ihm dann auch nur eine Gelegenheit bietet, und diese Gelegenheit bloß ein Haar auf ihrem Haupte hätte, würde er sie bei diesem einen Haar ergreifen."

19. Selbstvertrauen haben!

Er weiß, daß *er selbst* das Fundament seines Erfolgs ist. Er weiß, daß jeder kann, der *denkt,* daß er kann. Und wenn er zwanzig Mal einen Anlauf nehmen muß, um ein Ziel zu erstürmen, tut er es. Er streckt vor keinem die Waffen.

Er bedarf auch nicht jener ärmlichen Mittel des Auch-Kaufmanns, der wähnt, zu gewinnen, indem er seine Konkurrenten schlecht macht, ihre Waren herabsetzt und auf sie schimpft. Er redet nie von Wettbewerbern, sondern von seinem Geschäft und stellt dessen hohen Wert in den Mittelpunkt des Bewußtseins aller, mit denen er in Berührung kommt.

Er ist auch frei von der unter Geschäftsleuten und Angestellten weitverbreiteten Angst vor dem Kunden. Er fühlt sich jedem Kunden, mag er noch so angesehen, vornehm oder reich sein, überlegen, weil er sein *Helfer* ist. Er bedenkt: der Kunde kommt zu mir, weil er mich braucht und weil er weiß, daß er von mir gut bedient wird. Er ist also freundlich zu mir eingestellt! Dieses positive Vorgefühl wirkt kontaktschaffend und weckt die Kauflust des Kunden, wobei der Erfolg im Maße der Bildhaftigkeit des Erfolgdenkens wächst.

Er sieht sich darum im Geiste erfolgreich mit dem Kunden verhandeln, fühlt dessen freudige Zustimmung, sieht ihn sich schließlich zum Kauf entscheiden. Je plastischer diese inneren Vor-Bilder werden, desto lebendiger gleichen ihnen die realen Nach-Bilder in der äußeren Wirklichkeit. Ein Bild-Denker überträgt auf die Menschen seiner Umgebung seine natürliche Zuversicht, daß er alles vermag, was er anfaßt, und daß ihre Angelegenheit bei ihm in besten Händen ist.

20. Erfolg bejahen!

Gerade auf den ersten Gedanken bei der Einleitung eines Geschäfts kommt es an. Denn wie das erste Glied einer Kette, so ist ihr letztes. Die anziehende Macht des Gedankens übersteigt die des Geldes und der besten Beziehungen.

Er vermeidet bei dieser Erfolgsbejahung jede Willensanspannung. Denn nur bei entspanntem Gemüt erfolgt eine scharfe Projektion der Erfolgsbilder auf die Bewußtseinsfläche und fehlerfreie Übertragung dieser Bilder auf das Bewußtsein anderer. Nach diesem inneren Gedankenmuster arbeiten dann alle feineren Kräfte des UB und ziehen die nötigen Baustoffe herbei für die äußere Verwirklichung des innerlich Bejahten.

In dieser Weise erfüllt sich der weise Kaufmann mit dem Geist des Gelingens und erfüllt damit zugleich sein Unternehmen mit einer Atmosphäre der Geborgenheit, die seine Mitarbeiter zu frohem Schaffen anspornt und seine Kunden gerne zu ihm kommen läßt. Er gibt den Menschen um ihn jenes Gefühl der Sicherheit, nach dem jeder unbewußt verlangt, wenn er aus sich herausgehen und sein Bestes geben soll.

21. Dankbarkeit zeigen!

Seine Mitarbeiter betrachtet er dabei als seine besten Mithelfer und wichtigsten Erfolgsgenossen, die mit gleicher Begeisterung wie er dem gleichen Ziele zustreben und stets mehr leisten, als er von ihnen verlangen wird. Ihre Schaffensfreudigkeit erhöht er durch die Gewohnheit inneren Dankens und Vorausdankens für die erwarteten Leistungen, Verbesserungen und erzielten Erfolge. Ebenso erhöht jedes Wort des Dankes die Kaufwilligkeit der Kunden. Schon vorher aber hebt es die eigene Gemütsstimmung des Kaufmanns.

Die Gewohnheit täglichen Dankens ist eine treffliche Selbsterziehung zum Erfolg. Ihr liegt das Bewußtsein zugrunde: es geht mir täglich besser; ich sehe und bekomme täglich mehr Gelegenheiten, für Erfolge dankbar zu sein, mich über Dienstleistungen anderer und Fortschritte meines Unternehmens zu freuen!

Je häufiger wir ‚danke!‘ sagen, desto mehr Erfolge stellen sich ein. Denn jedes Gefühl der Dankbarkeit erhöht automatisch unsere Anziehungskraft für alle guten Dinge des Lebens.

22. *‚Schlechte Zeiten‘ meistern!*

Während die große Masse der Erfolglosen mit dem *Gedanken der Macht* spielt, läßt er bewußt die *Macht der Gedanken* spielen und seiner Erfolgsverwirklichung dienen.

Da jeder Gedanke nach Verwirklichung strebt, richtet er sein Denken und Fühlen nie auf Dinge, die er vermeiden will, sondern auf die, die werden sollen. Er spricht nie von ‚schlechten Geschäften‘, weil er kein Interesse daran hat, Mißerfolge herbeizuziehen. Er weiß, daß man sie herbei-reden kann, daß etwas be-sorgen nur zu oft heißt: es besorgen, es herbeiholen.

Er ist kein Konjunktur-Pechvogel: er weiß sich von jedem Konjunkturglauben unabhängig. Er erzieht auch seine Mitarbeiter dazu, stets von guten Geschäften zu sprechen und sie zu bejahen, damit sie Wirklichkeit werden. Wenn ein paar mutige Männer aufstehen, die günstige Konjunktur bejahen und unbeirrt Hand anlegen zur Schaffung besserer Verhältnisse, besinnen sich auch die andern auf ihre Kraft und gewahren, daß jeder Mensch das schafft, was er handelnd bejaht.

In jeder Lage gilt es, den Atem am längsten zu halten, die unerschütterlichste Gelassenheit zu zeigen, die Widerstandskraft automatisch von innen her zu erneuern. Wer das tut, bleibt Sieger.

23. *Kundendienst organisieren!*

Der erfolgreiche Kaufmann steht nie still, weil er in einem fort Möglichkeiten des Vorwärtskommens aufspürt, wo andere vor lauter Klagen über ‚schlechte Zeiten‘ und den Rückgang des Handels das *Handeln* vergessen.

Wie jener Kohlenhändler, der im Sommer Eis verkaufte, macht er sein Geschäft von äußeren Gegebenheiten möglichst unabhängig, indem er sich, statt mit den eigenen, mit den Interessen, Bedürfnissen und Wünschen seiner *Kunden* beschäftigt und von dort aus neue Betätigungsmöglichkeiten schafft.

Er erfüllt keinen Wunsch eines Kunden, ohne ein übriges hinzuzutun: er achtet nicht nur darauf, daß jeder Kunde zuvorkommend bedient wird und sein Geschäft zufrieden verläßt, Beschwerden bevorzugt erledigt und zu einem positiven Ausgang geführt werden, er zeigt nicht nur, daß er den Kunden versteht und warum er ihm zu seinem Wohl zum einen rät, vom andern abrät, daß er sich für jeden Wunsch des Kunden interessiert, ihn wie einen Freund berät, sondern er macht jeden Dienst bewußt zum Anfangsglied einer Kette von Dienstleistungen.

24. Wirksam werben!

Auch die Gewinnung neuer Kunden überläßt er nicht dem Zufall. Er wird sich bei seinen Kunden periodisch in Erinnerung bringen und darüber hinaus den guten Ruf seines Unternehmens durch rechte Werbung organisieren.

Er bedenkt, daß es wenig bedeutet, daß er vorteilbringende Waren besitzt, solange andere nichts davon erfahren. Darum wirbt er und bedenkt bei dieser Werbung, daß er eigentlich nicht Waren propagiert, sondern *Ideen:* seine Werbung weckt im Bewußtsein anderer Bilder bestimmter Güter, die die Kunden zum Kaufen veranlassen.

Je vollkommener die Idee einer Ware in der Werbung herausgeschält wird, desto höher wird die Ware vom Kunden bewertet, desto größer wird sein Verlangen darnach, desto ungestümer sein Kaufdrang und seine Besitzlust. So wichtig ist die Beachtung des geistigen Moments bei der Werbung; wenn sie den Umsatz vervielfacht, so daß die Unkosten sinken und der Gewinn steigt, kostet die Werbung nicht nur nichts, sondern wirft wachsenden Nutzen ab.

25. Bedürfnisse bewußt machen!

Weiter berücksichtigt er, daß die meisten nicht recht wissen, was sie wollen, daß es darum nötig ist, ihnen bewußt zu machen, daß sie gerade dieses oder jenes wünschen. Es gilt hier, dem in jedem vorhandenen Streben nach Mehrsein möglichst mühelose Wege zur Befriedigung zu zeigen.

Man kann jederzeit neue Bedürfnisse wecken, kann einem mehr oder minder großen Kreis von Menschen zum Bewußtsein bringen, daß sie beim Erwerben einer Ware Vorteile einheimsen. Das gelingt umso besser, je eher die Zahl der mit der Erwartung des Besitzes der Ware verbundenen Lustgefühle die mit dem Behalten des geldlichen Gegenwertes verknüpften Lustgefühle oder der mit dem Geldausgeben gekoppelten Unlustgefühle übersteigt.

Es ist nicht gleichgültig, ob der Kaufmann eine *Ware* anbietet oder einen *Vorteil*. Von den beiden New Yorker Stiefelputzern, die am Wochenende den Arbeitern am Ausgang der Untergrundbahn ihre Dienste anboten, hatte der mit dem Schild ‚Stiefelputz' wenig zu tun, während sich die Arbeiter um seinen Kollegen mit dem Lockschild ‚Sonntagswichs' drängten. Beider Leistungen waren die gleichen, ihren Erfolg aber bestimmten die Bilder, die sie in der Phantasie der Arbeiter hervorriefen.

26. Rasch zupacken!

Wenn ein neues Bedürfnis einmal geweckt ist, gilt es, behende zuzugreifen und das Unternehmen auf weitgehende Befriedigung dieses Bedürfnisses einzustellen. Geht man dabei mit der nötigen Vorsorglichkeit und Rücksichtnahme zuwege und wendet man sich bewußt an die Phantasie seiner Kunden, sucht man die einmal geschaffenen lustbetonten Vorstellungen planmäßig in ihrem UB zu verankern, kann man mit gleichmäßig wachsenden Erfolgen rechnen, die zehnmal mehr wert sind als vorübergehende Augenblickserfolge.

Der vorausschauende Kaufmann schmiedet einerseits das Eisen, solange es heiß ist, handelt rasch und entschieden; andererseits sorgt er dafür, daß sein Kundenkreis täglich wächst.

27. Richtig beeinflussen!

Bei der Bewußtmachung schlummernder wie bei der Weckung neuer Bedürfnisse wirkt er nicht von Hirn zu Hirn, von Willen zu Willen, sondern von UB zu UB, vom eigenen Bilddenken auf die Phantasie des Kunden.

Er übt sich auch in der Kunst wirkungsvoller Rede, um das Denken und Fühlen anderer ebenso von außen her seinem Wollen gleichzurichten. Er weiß durch an das UB der Kunden gerichtete bildhafte Nebenbemerkungen wie durch den Unterton beim Sprechen lustbetonte Vorstellungen in ihnen wachzurufen, die ihren Tätigkeitstrieb anregen. Er läßt die Vorteile, die den Kunden beim Kauf einer Ware erwarten, in den Vordergrund treten und bedrängt den Kunden nicht, um dessen unbewußten Gegenwillen nicht zu wecken, sondern läßt ihn frei entscheiden.

28. Menschengewinner sein!

Menschenkenntnis ist eine weitere wichtige Voraussetzung rechten Vorwärtskommens. Wer erst nach und nach herausfinden muß, mit was für Menschen er geschäftlich zu tun hat, erst durch Schaden klug wird, der zahlt ein zu hohes Lehrgeld. Wenn er dagegen auf den ersten Blick erkennt, zu welcher Charakter-Gruppe ein Kunde gehört, wie er demzufolge zu gewinnen ist, für welche Waren er seinem Wesen nach Interesse hat, nach welchen Gesichtspunkten er seine Entscheidungen zu treffen pflegt, wird er ihn von Anfang an psychologisch richtig behandeln.

Der erfolgreiche Kaufmann ist Menschenkenner: er gewinnt aus Gesicht, Gesten und Benehmen des Kunden Aufschlüsse über dessen Charakter und weiß das eigentliche Wesen aus den Masken, die die Menschen sich umbinden, herauszuschälen. Die meisten verhüllen sich auf primitive Weise: sie umgeben sich mit dem Schein des Gegenteils, betonen auf um einen Grad zu weit gehende Art das Vorhandensein entgegengesetzter Eigenschaften. Wer beispielsweise viel von seiner Ehrlichkeit redet, sucht oft die gegenteilige Eigenschaft zu verdecken. Wenn einer seine Vorsicht betont, kann man auf Vertrauensseligkeit schließen. In Berücksichtigung dieser Zusammenhänge schafft der erfolgreiche Kaufmann bewußt positive seelische Kontakte zu seinen Kunden und sucht sie von innen her zu bestimmen, um mit ihnen dauernd harmonisch zusammenzuwirken.

29. Von innen her wirken!

So steht er über allem, was an ihn herantritt. Das zeigt sich, wenn Feinde, Neider und Konkurrenten ihm in den Weg treten, ihn mit allen Mitteln zu verdrängen, sein Geschäft zu ruinieren suchen.

Gegen solche Feinde und Gefahren wendet er äußere Mittel an, solange ihm diese zweckdienlich erscheinen. Wo sie aber nicht ausreichen, greift er zu seinem stärksten Gegenmittel: er wendet sich an seinen *inneren Helfer.*

Äußeren Mächten stellen sich alle möglichen Widerstände entgegen, sie hemmend, aufhaltend oder ablenkend. Die Kraft in uns aber kann kein äußerer Widerstand ablenken oder hemmen. Sie ist tausendmal mächtiger als jede sichtbare Kraft; der innere Helfer verdient darum tausendmal mehr Vertrauen als jeder äußere.

Statt uns von der Angst vor Kommenden lähmen zu lassen, werden wir uns entspannen, uns aller Bedenken und Sorgen entledigen, uns in Stille und Schweigen nach innen wenden, von wo uns Hilfe wird. Wir werden des inneren Rates teilhaftig, wenn wir, entspannt, alles eigene Planen und Wollen lassen und uns ganz der inneren Führung überlassen, damit der innere Helfer*) entscheide und uns erleuchte. Im lautlosen Schweigen erwachen in uns rettende Einfälle und Erkenntnisse; wir gewahren plötzlich, wie sich die Wolken der Not zerteilen und unsere Erfolgsbahn wieder sichtbar wird . . .

Wir handeln weise, wenn wir uns angesichts scheinbarer Übel in die innere Welt der Ordnung und Harmonie zurückziehen. Wir geben dann den Kräften der Ordnung die Möglichkeit, durch unsere nach innen geöffnete Seele in unser Denken und Leben einzuströmen und die Ordnung auch im Äußeren wieder herzustellen.

30. Der inneren Führung vertrauen!

Wer mit seinem inneren Helfer und Führer eins ist, der kann jede Not, jedes Problem von innen her lösen lassen. Je größer sein Ver-

*) Die zahlreichen Möglichkeiten und Vorteile *bewußter Partnerschaft mit dem inneren Helfer*, sein Wesen und sein Wirken werden in dem die Arbeit der LS fortsetzenden Werk *„DER GEHEIMNISVOLLE HELFER IN DIR"* (Dynamik geistiger Selbsthilfe, 14. Aufl., 274 Seiten, Verlag Hermann Bauer) an über hundert Beispielen aus der Lebenspraxis ausführlich dargelegt.

trauen auf die Hilfe von innen ist, desto rascher flammt die Erkenntnis des rechten Weges zur Lösung der Not in ihm auf: er weiß, was er zu tun hat, geht ans Werk – und siegt.

Auf diese Tatsache wollen wir uns häufiger besinnen, damit unser Verbundensein mit dem inneren Reich der Weisheit, Kraft und Fülle ein immer bewußteres und lebendigeres werde. Besonders beim Aufwachen und Einschlafen wollen wir uns auf diese Tatsache einstellen. Indem wir uns an den inneren Helfer hingeben, bewirken wir, daß alle Dinge sich nach seinem Willen neu zusammenfügen. –

Der königliche Kaufmann, der zugleich ein Weiser ist, vertraut seinem Schicksal auch in dunklen Tagen. Im gleichen Maße findet seine Erwartung Erfüllung: neue Menschen kommen zu ihm und werden ihm Helfer, oder die Dinge entwickeln sich so, daß, was seinem Unternehmen bedrohlich schien, sich mehr und mehr als ein Segen erweist. Oder er entdeckt Kräfte und Mächte, die ihm Möglichkeiten positiver Nutzung offenbaren, ergreift diese Möglichkeiten – und gewinnt.

Der der inneren Führung Vertrauende erkennt, daß alles, was zu ihm kommt, ihm von innen her zugeführt ward und seinem Besten dient, und daß es nur darauf ankommt, daß er das ihm innewohnende Gute erkennt, bewußt willkommen heißt und den rechten Gebrauch davon macht.

Er ist den schöpferischen Intuitionen seines inneren Helfers jederzeit aufgeschlossen, da jede Erkenntnis, die von innen kommt, tausendmal wichtiger ist als jeder Rat, der ihm von andern gegeben werden kann. Er hört zwar jeden Vorschlag anderer willig an, führt ihn aber nur aus, wenn er von innen her bestätigt ward. Die Ratschläge, die die innere Führung gibt, sind so bestimmt, daß uns sofort gewiß ist: das ist zu tun, darin liegt die Lösung und der sichere Erfolg.

Wer auch bei Fehlschlägen den Mut nicht sinken läßt und der inneren Führung vertraut, der wird vom Geist des Lebens über jede Not emporgehoben und ermutigt, auszuharren, bis die Dinge und Bedingungen sich seiner vertrauenden Bejahung gemäß zu wandeln beginnen. Sein Vertrauen macht ihn hellsichtiger für die Winke, die ihm sein innerer Schicksalslenker beständig gibt; er fühlt sich von innen her geleitet und erfährt immer häufiger, daß, was er braucht, bald darauf zu ihm kommt.

Aller Fülle Quell ist in uns! Aus diesem Bewußtsein heraus müssen wir wollen und handeln. Wir bringen diesen inneren Quell des Lebens zum Überfließen, wenn wir den inneren Helfer bewußt zu unserem Partner machen. Wir haben dann den einflußreichsten Verbündeten neben uns. Niemand kann uns schaden, wenn wir im Geiste unseres göttlichen Teilhabers denken, handeln und leben.

An diese Partnerschaft ist nur eine Bedingung, eine Selbstverpflichtung geknüpft: nämlich die, einen bestimmten Teil unseres wachsenden Gewinns dem Dienste des Guten zu weihen, ein Zehntel unserer Verdienste für die Verwirklichung des Reiches Gottes auch in der Außenwelt einzusetzen. Je freudiger wir das tun, desto offenbarer wird – nach tausendfacher Erfahrung – die aktive Mithilfe unseres inneren Teilhabers. Bis heute hat noch keiner diese Regel befolgt, ohne nicht wachsender Segnungen teilhaftig zu werden.

REGELN DES ERFOLGREICHEN ANGESTELLTEN UND BEAMTEN

Was in den dreißig Thesen des vorigen Abschnitts vom erfolgreichen Kaufmann gesagt ist, gilt sinngemäß für (männliche *und* weibliche) Angestellte und Beamte, Handwerker und Arbeiter und Angehörige der freien Berufe, die vorwärts wollen und die Kraft in sich fühlen, höhere Ämter als ihr gegenwärtiges zu bekleiden. Sie alle werden darüber hinaus aus den zusätzlichen Anregungen Gewinn ziehen, die im folgenden dem aufwärtsstrebenden Angestellten gegeben werden.

Der erfolgreiche Angestellte ist nicht ‚Angestellter', den man irgendwo ‚hingestellt' hat, sondern ein anstelliger verantwortlicher Mitschaffer und Mithelfer am Werk-Erfolg. Er kümmert sich darum, daß er auf *den* Platz kommt, der seinen Leistungen entspricht, bis seine immerfort wachsenden Leistungen ihn für einen abermals höheren Posten reif machen, wo er dem Ganzen noch besser dienen kann.

Er hat in allem die Einstellung des erfolgreichen Kaufmanns. Ihn bedrückt kein ‚Untergebenen'-Bewußtsein, ihn beseelt der Unternehmergeist des Mannes an der Spitze. Er weiß, daß, wer selbständig werden will, zuerst innerlich unabhängig werden und an jedem Posten so denken und handeln muß, als wäre das Unternehmen, in dem er arbeitet, sein Eigentum, und als trage *er* die volle Verantwortung für alles, was geschieht.

Er weiß, daß *er selbst* die erste und wichtigste Grundlage seiner Erfolge ist. Alles andere ist relativ, er allein ist das Absolute, von dem aus es den Erfolg zu bestimmen gilt. Er ist sein eigener Vorgesetzter und Förderer. Die Anweisungen, die seine Vorgesetzten ihm zu erteilen haben, erteilt er sich selbst: ehe sie dazu kommen, ihm etwas zu sagen, hat er es nach Möglichkeit schon getan – und noch ein übriges dazu.

Er vertraut auf sein besonderes Können und auf seinen inneren Willen zum Mehrsein: er weiß, daß es Pflicht und Bestimmung des rechten Lebensschülers ist, nicht nur Erfolg zu *haben*, sondern *selbst ein Erfolg zu sein;* und er ist jederzeit freudig bereit, diese Pflicht zu erfüllen.

Jesus sprach hiervon in der Parabel von den Talenten. Ein Mann mit nur einem Talent, das er in *Bewegung* setzt, ist für die Gemeinschaft mehr wert als ein anderer mit hundert Talenten, die er ungenützt liegen läßt. Auf die praktische Auswertung aller vorhandenen Kräfte und Fähigkeiten kommt es an.

Jeder hat etwas, was er nutzen, mit dem er dem Ganzen nützen und dienen, mit dem er infolgedessen verdienen kann. Es mögen Werke seiner Hände, seines Herzens oder seines Hirns sein, latente Talente, persönliche Reize oder Fähigkeiten, die andern Freude machen, ihr Glück mehren, ihren Mut steigern, ihre Lebenstüchtigkeit erhöhen – es gilt nur, diese vergrabenen Schätze mit der Wünschelrute rechten Sehens zu finden, ans Tageslicht zu fördern und auf den Markt zu bringen. Abnehmer finden sich für alles.

Man kann auch mit kleinstem Kapitel große Geschäfte machen. Denn nicht die Masse, sondern der Geist entscheidet und der rechte Gebrauch. Es kommt darauf an, daß wir möglichst viel aus uns herausholen, mit möglichst vielen Kräften unseres Ichs möglichst vielen anderen Ichen dienen. Umso eher fühlen die andern, daß unser Erfolg ihr Erfolg ist, und werden bereit, uns zu helfen und dadurch sich selbst zu helfen.

Die „Lebensschule“ will den Menschen wach und wirklichkeitsbewußt machen. Die meisten verschlafen die besten Erfolgsgelegenheiten und Aufstiegsmöglichkeiten, indes der Erwachte Stufe um Stufe emporsteigt.

Ein Angestellter, der im Sinne der LS wach, positiv und aktiv geworden ist, hat einen täglich größeren Vorsprung gegenüber denen, die im Alltagsdenktrott dahinleben. Er lernt im Laufe seiner Selbstschulung mehr und mehr *alles,* was ihm begegnet, in Stufen zu größerem Erfolg zu verwandeln und Aufstiegsmöglichkeiten zu ergreifen, wo andere nur lästige Störungen ihrer Bequemlichkeit sehen.

Er betrachtet alle Mit-Angestellten als *seine* Mitarbeiter. Er weiß seine eigenen Kräfte und die der andern so geschickt gleichzustimmen und zusammenzufassen, daß die andern diese Gleichrichtung wie einen unvermutet dargebotenen Glücksfall empfinden und freudig bejahen.

Er sieht alle Angelegenheiten des Unternehmens als seine eigenen an. Das hat die Wirkung, daß die Geschäftsangelegenheiten, die er erledigt, als ob es seine eigenen, privaten seien, tatsächlich mehr und mehr seine eigenen *werden.* Hier tritt das Gesetz der Anziehung, das uns später beschäftigen wird, in Tätigkeit.

Er spricht von seinem Unternehmen und seiner Arbeit im Wir-Ton – „Wir haben . . .“, „Wir, das X-Haus . . .“ –, spricht bewußt im Namen des Unternehmens, als dessen Repräsentant er sich fühlt. Indem er sich auf solche Art mit dem Unternehmen identifiziert, wird er zuerst ein lebendiger Teil des Unternehmens und allmählich zum entscheidenden Teil des Werkes: zum Geschäftsführer, Leiter oder Inhaber. –

MEHR-LEISTUNG ALS ERFOLGS-SCHLÜSSEL

Der erfolgreiche Angestellte macht alles, was er in die Hand nimmt, zu einem Meisterwerk, denn er weiß, daß bessere Verhältnisse bessere Leistungen voraussetzen.

Er ist nicht ein Stenograf wie alle, sondern der fähigste Eilschreiber in weitem Umkreis. Er ist kein Durchschnittsverkäufer, sondern die erfolgreichste ‚Verkaufskanone' des ganzen Geschäfts.

Nichts, was ihm aufgetragen wird, tut er mechanisch, alles erledigt er auf die denkbar vollkommenste Weise, also dynamisch. Bei allem, was er tut und andere tun sieht, prüft er, ob es noch einfacher und zweckdienlicher vollbracht werden kann. Er macht sich zur Aufgabe, die andern an Fachwissen und praktischem Können zu übertreffen.

Er weiß: *wer höher steigen will, muß zuerst an sich selbst höhere Anforderungen stellen,* diese erfüllen und dann sein Feingefühl für die mit der ersehnten höheren Stellung verbundenen Notwendigkeiten und Aufgaben schulen, um im Geiste immer vollkommener in diese Stellung hineinzuwachsen. Der äußere Übergang folgt dann von selbst – nach dem Maße der inneren Würdigkeit für den höheren Posten.

Wer seine Arbeit zu seinem Steckenpferd macht, gestaltet sie zur Brücke zu höheren Stellungen mit umfassenderen Aufgaben. Wer so denkt, wird immer *mehr* tun als jene, die aus Gleichgültigkeit ihrer Arbeit gegenüber gerade nur das tun, wofür sie – ihrer Meinung nach schlecht genug – bezahlt werden. Solche Angestellte werden in Wirklichkeit noch viel zu hoch bezahlt.

Der erfolgreiche Angestellte betrachtet seine Stellung als Durchgang zu höheren Posten. In stillen Stunden versetzt er sich im Geiste in die gewünschte höhere Stellung, die er erlangt, sowie er sie verdient hat – durch Höchstleistung in seiner gegenwärtigen Position.

Er denkt dabei nie an das höhere Einkommen, das er haben wird; denn das ist selbstverständliche Nebenerscheinung rechten Denkens und Handelns. Sondern er denkt daran, sein Bestes zu geben, den größtmöglichen Nutzen zu stiften, den Aufstieg des Unternehmens zu fördern und jedem Vorbild zu sein. Er weiß: *Wer mehr leistet, als er bezahlt bekommt, der wird bald mehr bezahlt bekommen, als er leistet!*

Er wird dann abermals mehr leisten, als er bezahlt bekommt, und dann wieder mehr erhalten – und so weiter ohne Ende.

Keiner braucht zu bleiben, was er ist; aber jeder muß das, was er ist, zuerst *ganz* sein, bevor sein Schicksal ihn höher führt. Die meisten Angestellten machen hier den Fehler, sich im Geiste mit ihrer augenblicklichen Stellung zu identifizieren und sich dadurch von der geistigen Seite her selbst ihre Aufstiegsmöglichkeiten zu verbauen. Um vorwärts zu kommen, müssen wir uns im Geiste an einen höheren Wirkungskreis versetzen, uns ständig aufrücken sehen, um die Keime zu unserem beruflichen Vorwärtskommen zu legen.

Das ist die Einstellung des erfolgreichen Angestellten: gleichgültig, welches Amt er im Augenblick bekleidet – im Geiste sieht er sich bereits an der Spitze des Unternehmens. Er sät die Gedanken steten Aufstiegs – um die Ernte ist ihm nicht bange. Er weiß, daß es unklug und schädlich wäre, während des Keimens der Saat fortgesetzt nachzugraben, um zu sehen, wie weit sie schon gediehen ist. Er denkt und handelt richtig, positiv, aktiv und erfolgbejahend. Das ist seine Aussaat. Der Ernte, dem Erfolg, der kommt, weil er kommen muß, sieht er gelassen entgegen.

Er weiß: jede Arbeit hat ihren Frühling frohen Beginns, ihren Sommer fortschreitender Reife und ihren Herbst, wo reiche Ernte die einstigen Mühen tausendfach belohnt.

Und er weiß einen Erfolg nicht nur zu erstreben, sondern ihn auch zu halten, auszubauen und zum Sprungbrett zu noch größeren Erfolgen zu machen. Hat er ein Ziel erreicht, setzt er sich sofort neue, höhere Ziele und bedenkt dabei, daß der Ansturm ernst zu nehmender Wettbewerber umso geringer wird, je weiter es auf der sozialen Stufenleiter nach oben geht. Denn die wenigsten trauen sich das Höchste zu; deshalb hat der, der zu der Erkenntnis erwacht ist, daß er Höchstes zu leisten vermag, zugleich auch die größten Aussichten auf außergewöhnliche Erfolge.

REGELN ERFOLGREICHER BEWERBUNG

Da der Lebensschüler jeden Tag in die Lage kommen kann, sich zu verbessern und seine Qualitäten und Kenntnisse in das rechte Licht rücken zu müssen, ist es unerläßlich, daß er auch die Kunst rechter Bewerbung beherrscht. Es kommt ja nicht nur darauf an, daß man eine Stellung erhält, sondern daß man in die bestmögliche aufrückt.

Man kann sich auf hundert Arten falsch und erfolglos bewerben, aber im jeweiligen Einzelfall nur auf eine Art richtig. Wer die Augen aufmacht, findet von jedem Platz aus den geraden und direkten Weg, um ein bestimmtes Ziel zu erreichen, eine ersehnte Stellung zu bekommen.

Von der Art und Weise, *wie* einer seine Kräfte anbietet, hängt es ab, ob die andern begeistert zugreifen oder höflich ablehnen. Wie bei einer Ware die ‚Aufmachung' oft den Kauf entscheidet, so gilt es bei der Bewerbung, die eigene Leistungsfähigkeit in rechter Weise aufzuzeigen. Woher sollen die andern wissen, was wir alles können? Also gilt's alle Momente, die unseren Wert in den Augen anderer steigern, diesen übersichtlich, positiv und sachlich zum Bewußtsein zu bringen, den praktischen Nutzen, den wir einem Unternehmen verschaffen, so plastisch aufzuzeigen, daß kein Zweifel besteht, daß wir der rechte Mann für den offenen Posten sind.

Wir dürfen das, was wir sind, können und wissen, aber nicht nur ‚schlechthin' sagen, sondern müssen es auf interessante, die Anstellungs-Lust auslösende Weise darlegen — in der festen Überzeugung, daß wir die Stellung erhalten.

Bei dieser Aufzeigung unseres Werts für ein Unternehmen haben wir zwei Möglichkeiten: die schriftliche und die mündliche Bewerbung.

Der *Bewerbungsbrief* muß im Leser den Eindruck erwecken: dies ist der Mann, den wir brauchen. Seine Wirkung muß der eines persönlichen Besuchs gleichkommen. Das erreichen wir, wenn wir Bewerbungsbriefe nur in positiver Stimmung anfertigen. Dazu sind in der 18. LW Anleitungen gegeben. Der Brief muß den Geist des Erfolgs ausströmen, muß dem Leser zuflüstern: Wenn Ihnen daran liegt, einen besonders tüchtigen Mitarbeiter zu gewinnen — hier ist er!

Der Bewertungsbrief sei *kurz*. Alle Einzelheiten gehören in die Anlagen, auf die am Schluß des Briefes Bezug genommen wird. Unser Schreiben muß zeigen, daß wir zielbewußt, gewandt und allen Anforderungen der gewünschten Stellung gewachsen sind. Übertreibungen vermeiden wir, weil Unlustgefühle erweckend, Schwulst und Phrasen der üblichen Bewerbungsschreiber desgleichen, damit der Empfänger sofort sieht, daß wir ein Eigener sind, der selbständig zu denken und zu handeln gewohnt ist.

Schon die Art und Weise, wie ein Bewerbungsbrief auf eine Anzeige antwortet – ob er beispielsweise auf alle Punkte der Anzeige eingeht oder oberflächlich über die einzelnen Forderungen hinweggeht – charakterisiert den Grad der Gründlichkeit und Zuverlässigkeit eines Bewerbers. Denn nicht nur das ist aufschlußreich, was einer in seinem Bewerbungsbrief sagt, sondern auch das, was er ungesagt läßt.

In manchen Fällen ist es zweckmäßig, eine für beide Teile unverbindliche Probezeit mit der Möglichkeit gegenseitiger monatlicher Kündigung vorzuschlagen und gegebenenfalls auch die Ansprüche zu nennen, die man für diese Zeit stellt. Weiter empfiehlt es sich, anzugeben, wann die Stellung angetreten werden kann; dadurch assoziiert sich im UB des Personalchefs der Gedanke des Postens und des Anstellungstermins mit der Person des Bewerbers.

Endlich empfiehlt es sich, Referenzen anzugeben, deren bloße Nennung schon eine Empfehlung bedeutet.

Zeugnisse werden nur in beglaubigten Abschriften dem Bewerbungsbrief beigefügt. Damit sie gelesen werden, müssen sie sauber aussehen und in übersichtlicher Reihenfolge beigegeben werden. Es ist immer gut, eine genügende Zahl Abschriften zur Hand zu haben, selbst wenn man in sicherer Stellung ist und nicht an eine Veränderung denkt. Denn je tüchtiger ein Mensch ist, desto häufiger werden ihm günstige Angebote gemacht. Hier gilt es auf dem Sprung zu sein. Und selbst wenn man von einem Angebot keinen Gebrauch machen will, weil die Stellung, die man inne hat, gute Aufstiegsmöglichkeiten bietet, hat man immer noch die Möglichkeit, das erhaltene Angebot durch Aussprache mit seinem Vorgesetzten als Auslöser weiteren Aufstiegs zu nutzen.

Der *Lebenslauf* soll die Zeugnisse ergänzen. Sein Umfang gehe nicht über eine Seite hinaus, trotzdem sei er nicht langweilig, sondern ein Tatsachen- und Erfolgsbericht, der am Schluß den Leser wünschen läßt, den Bewerber kennen zu lernen und einzustellen.

Der Lebenslauf enthält die notwendigen Angaben über Herkunft, Beruf des Vaters, Schulbildung, weitere Fortbildung, Lehrzeiten, berufliche Entwicklung und bisherige Erfolge. Er soll so übersichtlich wie überzeugend zeigen, daß der Bewerber etwas gelernt und geleistet hat und noch Größeres zu leisten verspricht. Weiter empfiehlt sich Beigabe eines möglichst neuen Lichtbildes. Ein erfolgreicher Bewerber fügt nur beste Aufnahmen bei – also weder solche, die wie Ausschnitte aus einem Verbrecheralbum wirken, noch solche, die auf Eitelkeit des Bewerbers hindeuten oder aus anderen Gründen antipathische Gefühle auslösen. Die Rückseite des Lichtbildes enthalte Unterschrift und Anschrift des Bewerbers.

Die *mündliche* Bewerbung ist in der Mehrzahl der Fälle erfolgsicherer als die schriftliche, wenn der Bewerber sich im voraus für die Besprechung gerüstet hat, wie dies in der 38. LW gezeigt wurde. Vom ersten Augenblick an muß sein Bestreben darauf gerichtet sein, möglichst viele positive Reaktionen im UB des Personalchefs auszulösen: Ehe er die Hand an den Türgriff legt, atmet er tief ein und aus und konzentriert sich dabei auf Vertrauen und Hilfsbereitschaft. Er atmet Kraft und Liebe ein und tritt, von dieser Kraft erfüllt, mit dem Gefühl dessen über die Schwelle, der sich seiner Überlegenheit bewußt ist.

Die Einstellung, mit der wir eintreten, ist entscheidend für den Verlauf der Unterredung. Von den gefühlsbetonten Schwingungen, die die Tendenz haben, auf andere Menschen überzuspringen und in diesen entsprechende Einstellungen zu erwecken, also von unserer inneren Haltung im Augenblick des Eintretens hängt der Eindruck ab, den wir auf den Personalchef oder den Leiter des Unternehmens machen. Dieser Eindruck ruft in seinem UB eine positive Grund-Schwingung hervor, die während der ferneren Unterredung in ihm nachhallt und seine Entscheidungen weitgehend beeinflußt.

Ebenso ruft unsere körperliche Haltung eine bestimmte Grundeinstellung hervor, die den Entscheidungen des Personalchefs den besonderen Unterton gibt. Hier geraten manche, statt schon durch ihre Haltung ihrem Geeignetsein Ausdruck zu geben, in einen für Examinanden charakteristischen Zustand ängstlicher Spannung. Diesen hemmenden Erwartungs-Affekt gilt es mitsamt seinen Begleiterscheinungen – Unruhe, nervösem Zittern, Gedächtnisaussetzen, Handschweiß und Unbeholfenheit – durch bewußtes *Entspanntbleiben* von vornherein fernzuhalten.

Beim *Bewerbungs-Gespräch* müssen schon die einleitenden Worte so höflich-zuvorkommend und zugleich selbstsicher, gelassen und positiv sein, daß der Personalchef fühlt, daß der rechte Mann vor ihm steht.

Oberflächliches Gehaben, also ob man alles könne, ist ebenso zu meiden wie kriecherisches Wesen. Es gilt, nach schon im voraus festgelegtem Programm mit der bescheidenen Freundlichkeit und Sachlichkeit des Erfolgsmenschen seine Kenntnisse, Fähigkeiten und Vorzüge für das Unternehmen im allgemeinen und für den offenen Posten im besonderen ins Licht zu stellen, wobei man seine Ausführungen durch Zeugnisse unterstreicht.

Dabei wird der Bewerber den Personalchef in keiner Weise drängen, wohl aber ihn ständig im Auge behalten, um mit ihm in harmonischem Kontakt zu bleiben. Er wird seine Erfolgsgedanken bewußt auf den andern übertragen, mit jedem Wort, jeder Gebärde mehr das Vertrauen des andern gewinnen. Da auch hier die *Gedanken* entscheidend sind, wird er sich bei seinen Worten auf lebendige Bilder dessen konzentrieren, was er von seinem Gegenüber getan wünscht, durch die Wahl seiner *Worte* wie durch den Unterton der Selbstverständlichkeit dem andern das Ja! förmlich in den Mund legen, im rechten psychologischen Moment die gewonnene Zustimmung des Personalchefs in das Flußbett der Vertragswilligkeit hinüberleiten und alsdann dem *Anstellungsvertrag* seine ganze Sorgfalt widmen:

Er hat schon im voraus alle wesentlichen Punkte überlegt und skizziert; Art und Umfang seiner Leistungen, Arbeitszeit, Gehalt, etwaige Provisionen oder Gewinnanteile, Reisevergütungen, Urlaub, Kündigungsbedingungen, Zahl und Beschaffenheit der Arbeitsräume und der etwaigen Hilfskräfte. Alle diese Dinge wird er bei der Vertragsformulierung berücksichtigen, damit später keine Meinungsverschiedenheiten über diese Punkte entstehen und das gute Einvernehmen trüben können. Er wird zum Schluß den Tag des Eintritts besprechen und an diesem Tage pünktlich die Arbeit aufnehmen. –

Wer diese Anweisungen beachtet, erfährt bald, daß es jedem möglich ist, den Posten zu bekommen, der seinem Wissen und Können am vollkommensten entspricht, weil hier in Wirklichkeit ein gegenseitiges sich Suchen vorliegt: *nicht nur sucht der Mann den*

Platz, sondern der Platz sucht zugleich den passenden Mann. Wer schaffenswillig, erfolgstrebig und aktiv ist, der kennt keinen Arbeitsmangel: entweder zieht er einen entsprechenden Posten an oder zieht ein offener Posten ihn an.

43. WOCHE:

RICHTIG ENTSCHEIDEN

„Man sage nicht, das Schwerste sei die Tat;
da hilft der Mut, der Augenblick, die Regung.
Das Schwerste dieser Welt ist der Entschluß.“ Grillparzer

Es gibt Menschen, sagt Lichtenberg, „die zu keinem Entschluß kommen können; sie müssen auch die kleinste Angelegenheit erst beschlafen haben. Das ist ganz gut; nur kann es Fälle geben, wo man riskiert, mitsamt der Bettlade gefangen zu werden.“ Es gibt Zeiten im Leben, wo jedes Zögern Gefahr bringt.

Entscheidungen hinauszuschieben heißt seine Erfolgskraft verringern. Die wirklichen Entscheidungen kommen aus der Tiefe der Seele und kosten keine Kraft, sondern erfüllen das Bewußtsein mit frischem Tatwillen. Dieses Bewußtsein gesteigerter Kraft ist zugleich der verläßlichste Beweis für die Richtigkeit der Entscheidung. Je mehr Nervenkraft wir dagegen brauchen, um eine Entscheidung zu treffen, desto abwegiger ist oft der Entschluß.

Worin liegt nun das Wesen rechten Entscheidens?

Richtig entscheiden heißt: nicht passiv auf die Dinge warten und unser Schicksal erwarten, sondern es schöpferisch bestimmen und selbstverantwortlich handeln. Es heißt den Augenblick nützen und die günstigen Gelegenheiten bewußt selbst schaffen, wenn sie ausbleiben.

Richtig entscheiden heißt: nicht mehr entscheiden, als der Augenblick erfordert; größere Änderungen auf lange Sicht vorbereiten. Hier bedarf es der Sachkenntnis: der Wohlunterrichtete meistert ein Problem leichter als der unzureichend Informierte.

Richtig entscheiden heißt: aus unbewegter innerer Ruhe heraus die rechten Tat-Entschlüsse fassen. Es heißt zugleich: uns bei unseren Entscheidungen nicht von außen her bestimmen lassen, sondern unbeeinflußt *selbst* entscheiden. Der Lebensschüler richtet sich nicht nach fremder Meinung, sondern nach seinem eigenen Wissen und Gewissen.

Richtig entscheiden heißt: *nicht grübeln, sondern graben* – mit zäher Ausdauer in unserem Innern nachgraben, bis wir jenen Schatz finden, den jeder sich selbst erschließen muß: den Schatz gewissesten inneren Wissens.

Richtig entscheiden heißt: *ohne Angst wagen* und sich selbst einsetzen, wenn es um große Dinge geht. Dem Mutigen hilft das Schicksal, während die Angst den Blick trübt. Wer getrübten Blickes geht, geht nie gerade, sondern bewegt sich im Kreis.

Richtig entscheiden heißt endlich: den psychologischen Moment rechten Handelns erkennen und auswerten, den *Punkt der Reife* in den Dingen und Geschehnissen aufspüren. Der wichtigste Augenblick ist der, in dem wir uns der Gegenwart Gottes als unserer inneren Kraft und unseres inneren Helfers bewußt werden. In diesem Augenblick wissen wir, daß Zweifel, Sorgen und Nöte ein Ende haben. *Wir werden gelassen und im gleichen Maße lassen sich die Dinge besser an:* aus Hindernissen werden Förderinisse.

Den meisten wird das Entscheiden zur Qual, weil sie die Regeln rechten Entscheidens nicht kennen. Sie wissen nicht, daß die Kunst des Entscheidens aus zweierlei besteht: aus einer *äußeren Entscheidungstechnik* und einer *inneren Entscheidungsdynamik.*

Sie wähnen, das rechte Entscheiden sei Sache der Klugheit, des Verstandes. In Wirklichkeit ist es Angelegenheit des Gesamtbewußtseins: wie weit wir uns richtig entscheiden, hängt davon ab, wie weit die Erkenntniskräfte unseres Wachbewußtseins mit dem Instinkt unseres UB und der Weisheit des Überbewußtseins in lebendige Verbindung gelangen.

Die äußere Entscheidungs-Technik können wir uns durch Übung aneignen, die innere Entscheidungskunst müssen wir in der Stille allmählich wecken. Dabei ist es gleichgültig, ob es sich um Entscheidungen handelt, die wir selbst oder die andere von uns fordern, und ob wir Entscheidungen für uns selbst oder für andere zu treffen haben.

Bis zu einem gewissen Grade kann man sich die Entscheidungs-Kunst von außen her aneignen; man erlangt dann das, was der

Kenner als ‚Fingerspitzengefühl' bezeichnet. Aber der Lebensschüler will und soll mehr erringen, soll zum lebendigen Bewußtsein der Inneren Führung erwachen.

Zunächst die einfachen *Voraussetzungen rechter Entscheidungstechnik:*

1) Alle Entscheidungs-Technik beginnt mit der *rechten Organisation:* der Lebensschüler hat sich seit der 11. LW gewöhnt, sein Denken und Leben planvoll zu gestalten, richtig zu disponieren, dem Zufall so wenig wie möglich Gelegenheit zu geben, in sein Handeln störend einzugreifen. Mangel an Organisation und Zielsetzung ist der erste Grund dafür, daß die meisten sich nicht entscheiden können.

2) Weiter wird die Entscheidungsflüssigkeit durch *Schulung der Konzentration* gefördert. Es gilt, *ein* Ziel ganz zu verfolgen, statt mehrere halb, *einen* Weg zu gehen, nicht mehrere zugleich.

3) Sodann ist das rechte Entscheiden eine Frage überlegener *Zeit-Bewertung und -Verwertung.* Entscheidungen sollen nie im Zusammendrängen der Dinge gefällt werden, sondern in Augenblicken inneren Freiseins. Wir brauchen Zeiten der Besinnung, in denen wir alles gründlich überlegen, um, wenn es an die Ausführung geht, blitzschnell und entschlossen das Nötige durchführen zu können. Dann muß alles Einzelne längst vorausbedacht sein, um sich in den Gesamtplan harmonisch einzufügen und zu einem starken Glied der Erfolgskette zu werden.

4) Am notwendigsten ist auch hier das *rechte Denken:* wir sollen nicht grübeln, sondern positiv, dynamisch, aktiv denken, um hemmungsfrei zu handeln! Wer grübelt, beginnt bald, die Schwierigkeiten einer Aufgabe zu übertreiben, ihre Leichtigkeit zu übersehen. Indem wir aber ein Problem als schwer ansehen, machen wir es schwer; während wir das, was wir als leicht bejahen, mit Leichtigkeit meistern. Wer leicht negativem Grübeln verfällt, gewöhnt sich an schriftliches Planen, wie in der 11. LW gezeigt.

5) Unsere *Tat*-Freudigkeit zu steigern, muß unsere nächste Aufgabe sein. Manche haben eine uneingestandene Scheu vor dem ersten Schritt: sie warten gern, bis ‚der andere' etwas getan hat, schieben ihre Maßnahmen oder Gegenmaßnahmen zögernd hinaus, wenn sie nicht wissen, was der andere tut.

6) Der Lebensschüler übt sich planmäßig in der Entscheidungskunst, indem er bewußt Jagd macht auf schwebende Angelegenheiten in seinem Beruf und Leben: er stellt sich bei jeder in der Luft hängenden Sache die Frage, warum sie eigentlich noch schwebt, und sucht nach einem festen Punkt, von dem aus er den Hebel zur Änderung und Besserung der Dinge einsetzen kann.

Jeden Abend prüft er beim Rückblick auf den verflossenen Tag, ob keine ‚schwebenden Angelegenheiten' zurückgeblieben sind. Er hat eine instinktive Abneigung gegen ungeklärte Fragen, in denen er mit Recht Quellen kommenden Ärgers erblickt, und treibt die Entscheidungen voran, um nicht später in seinem Siegeslauf gehemmt zu werden. Er prüft jede unklare Sache daraufhin, was an ihr ungelöst ist und weshalb, welche Wege demzufolge einzuschlagen sind, um die Angelegenheit zu ordnen.

7) Er wacht darüber, daß nicht Entscheidungen hinausgezögert, keine notwendigen Maßnahmen auf die lange Bank geschoben werden, sondern daß, was geschehen muß, stets *sofort* erfolgt. Er erhöht seine Entscheidungs-Freudigkeit durch tägliche Bejahung und bewußtes Auf-die-Probe-Stellen. Er erzieht sich dazu, auf jede ungelöste Aufgabe, die ihm bewußt wird, mit *automatischer Zielsetzung* zu reagieren. Er gibt seiner Entscheidungs-Technik feststehende Regeln, nach denen sie mehr oder weniger von selbst als seelischer Automatismus vor sich geht. Denn darauf kommt es an: das rechte Entscheiden zur Gewohnheit zu machen, zu einem psychischen Automatismus.

So erzieht er sich planmäßig zu einem treibenden Element, das überall, wo es eingesetzt wird, die Dinge zu positiver Entscheidung führt, bei aller Raschheit aber jede Entscheidung aus innerer Ruhe und Konzentration herausgebiert und Fehlentscheidungen meidet.

IN-DIE-STILLE-GEHEN

Nach der Vertrautwerdung mit den Regeln der äußeren Entscheidungs-Technik kommen wir zur *Dynamik rechten Entscheidens.*

Viele Erfolgreiche haben auf Befragen, wie sie ihre Entscheidungen treffen, die Antwort gegeben: Wir folgen unserem Instinkt.

Der Instinkt, von dem sie sprechen, ist jener Instinkt der Seele, dessen Fühler auf den Untergrundbahnen des kollektiven Unbewußten nach allen Seiten zu jeder Seele hinüberreichen, die mit der zu treffenden Entscheidung in Beziehung steht.

Weise handelt, wer das Hirn seiner Seele, das *Herz*, entscheiden läßt. Um richtig zu entscheiden, müssen wir klar sehen. Um klar zu sehen, müssen wir das Gefühl für das Wesentliche wecken. Dazu wieder müssen wir ruhig sein. Um ruhig zu sein, müssen wir in die *Stille* gehen. *Einwärts sehend, gelangen wir zur Einsicht!*

Besonders der von der Lebensangst Gepeitschte muß lernen, *inne zu halten,* um des *inneren Halts* gewahr und gewiß zu werden. Je inbrünstiger er sich nach innen wendet, desto näher kommt er sich selbst, dem Quell des Lebens und der inneren Kraft.

Je schwerer es ihm wird, stille zu sein, desto nötiger bedarf er der heilenden Kraft des *Schweigens.* Je leichter die Gedanken in seinem Bewußtsein herumwirbeln, desto mehr muß er sich zum Stillesein erziehen. Denn die Stille ist das Reich des Friedens und der Harmonie: Hier fällt alle Zerrissenheit von uns ab. Wir werden wieder stark und jung, werden Meister unserer Gedanken und kraftvolle Schöpfer und Bestimmer unseres Lebens. In der Stille öffnen wir uns dem Einwirken der inneren Welt. Mit Recht spricht Mulford vom Reich der Stille als von der *‚Kirche des schweigenden Verlangens‘*, in der alle Gebete und Wünsche unseres Herzens Erhörung und Erfüllung finden nach der Stärke unseres Glaubens.

Aus der Stille sind alle großen Gedanken geboren; in der Stille gewinnen wir zu allen Fragen und Hindernissen die rechte Einstellung, aus der die rechte Tat erfließt. In der Stille wächst die Erkenntnis der rechten Wege zu Glück und Erfolg; in der Stille erwachen unsere inneren Augen und Ohren, wird die *Stimme der Stille,* die Stimme unseres Inneren Helfers, vernehmbar.

Um etwas durch und durch zu erkennen, müssen wir stille werden. Schließen wir die äußeren Sinne, dann öffnen sich die inneren. In die Stille gehen heißt zur Wahrheit finden. Darum das alte Wort: „Sei stille – und erkenne!“ Je stiller wir werden, desto größer wird unsere Weisheit.

Die *Praxis der Stille* und der Kraftberührung mit der geistigen Welt lernten wir in der 9. LW kennen. Über das dort Gesagte hinaus ist hier, wo es sich um das Vernehmlichmachen der ‚inneren Stimme‘ handelt, folgendes ergänzend zu merken:

Der Raum, in dem wir in die Stille gehen, sei immer der gleiche und nicht ein beliebiges Zimmer, sondern ein Kämmerlein, zu dem nur wir und die uns gleichschwingenden Menschen Zugang haben. In diesem Raum werden wir täglich zu den gleichen Stunden in die Stille gehen.

Um innerlich stille zu werden, müssen wir es zuerst äußerlich sein: unser Körper, unsere Sinne, unsere Gedanken werden auf die in der 9. LW gezeigte Weise zur Entspannung gebracht. Die *körperliche Entspannung* ist unerläßlich; denn wenn Körper und Sinne gespannt sind, sind auch die Gedanken gespannt. Sind die Gedanken bewegt, ist auch die Seele in Bewegung. Ist aber die Seele in Bewegung, dann schweigt der innere Helfer und wir warten vergeblich auf das Ertönen der Stimme der Stille.

Alle störenden sorgenerfüllten, ängstlichen, furchtsamen, erwartungsgeladenen, spannenden und verkrampfenden Gedanken müssen abklingen, ehe die Stille für uns fruchtbar wird. Nach innen öffnen können wir uns nur, wenn wir gelassen sind und, was uns bedrängte, gelassen haben.

Solange es noch vorkommt, daß, wenn wir nur noch *eines* denken wollen, scheinbar alle Gedanken gleichzeitig nach Bewußtwerden drängen, sind wir der Stille fern. Falsch ist es, die Gedanken gewaltsam auf irgend etwas zu konzentrieren. Jede Anstrengung entfernt uns vom Reich der Stille.

Gelingt es nicht gleich, das Blickfeld unseres Bewußtseins leer zu machen, dann erleichtern wir uns die Aufgabe, indem wir uns dem Gefühl des Friedens oder der Harmonie hingeben. Nach einigen Übungen gelingt es dann, mit dem Schwamm des Nicht-Wollens auch dieses Gefühl von der Tafel des Bewußtseins fortzuwischen, damit sie leer sei und von innen her beschrieben werde.

Unser ganzes Denken, Fühlen und Bewußtsein sei allein auf die Erhabenheit des Schweigens gerichtet und vom Willen restloser Hingabe an die Seligkeit des Stille-Seins erfüllt. In diesem Stille-Sein erwacht das Bewußtsein der Übermacht des Geistes über den Stoff, aus dem heraus ein innerlich gestillter Mensch in Zeiten der Not tausend Erregte mit sicherer Hand zu leiten vermag.

Wenn wir der äußeren Welt entzogen sind und die Tür hinter uns geschlossen haben, öffnen sich die Pforten zur inneren Welt. Vorher aber muß jedes Bewußtsein des Körpers, jede Gedanken-, Gefühls- und Willensregung im großen Schweigen versunken sein. Wir müssen zur Stille selbst werden, um den leisen Anruf des Geistes in uns nicht mehr zu überhören . . .

Wie ein See die Schönheit des Himmels und der Landschaft nur widerspiegelt, wenn er unbewegt ist, so kann die Weisheit des inneren Helfers sich nur so weit in uns widerspiegeln, als wir stille sind. Ist unser Herz-See unbewegt, durchdringt unser einwärts gerichteter Blick immer größere Tiefen unseres Selbst.

Damit ist die Einstellung umrissen, mit der wir in die Stille eintreten: Wir nahen uns der Stille mit dem Bewußtsein gelassenen Hineinschreitens in ein Reich lauterer Harmonie, allumfassender Liebe und unendlichen Reichtums. Einmal in die Stille eingetreten, fühlen und bejahen wir:

> *„Die Kraft der ewigen Liebe und Weisheit erfüllt mich völlig. Der Friede Gottes, der höher ist als alle erdgebundene Vernunft, durchströmt meine Seele, sie mit Vertrauen erfüllend, und gibt mir die Erkenntnis des rechten Weges!“*

Wir fühlen, wie der Geist des Lebens uns durchpulst, wie Leib und Seele vom Glanz des inneren Lichtes durchdrungen werden. Wir atmen die Liebe des Inneren Helfers, fühlen, wie unsere Kräfte wachsen, und schenken uns gänzlich jener ‚Stille, aus der die Ewigkeit uns ihre Arme entgegenstreckt.‘

Wir geben uns dem Gewißsein hin, daß der innere Helfer in uns unsere Probleme löst. Wir machen uns leer, als ob wir ein Vakuum seien, in das die Fülle der Gewißheit einströmt, öffnen uns nach innen für die Stimme Gottes, lassen den Inneren Führer durch uns wirken . . .

. . . Und dann entwerden wir zur Stille selbst. In diesem Schweigen schwindet jede Schwierigkeit und die Erkenntnis des rechten Weges erwacht.

*

Das *abendliche In-die-Stille-Gehen* geschieht auf folgende Weise: Vor dem Schlafengehen überdenken wir die Lage und bitten in der

Stille den Inneren Helfer, uns während der Nacht oder bis zum nächsten Morgen die ersehnte Klarheit zu schenken.

Danach schaffen wir ein lebendiges Idealbild der Umstände, unter denen wir uns zu entscheiden haben: wir stellen uns vor, wie wir mutig und siegessicher an die fragliche Angelegenheit herangehen, Wissen, Gewandtheit und Entschlußkraft beweisen und jedes Hindernis leicht überwinden. Wir fühlen, wie mächtige Ströme der Kraft uns durchfluten und uns allem Äußeren überlegen machen. Wir fühlen und bejahen:

> *„Mein Innerer Helfer weiß, was meinem Wohl am besten dient. Er führt mich sicher an mein Ziel. Er läßt mich immer das Rechte wählen; er lenkt meine Gedanken und Worte, meine Blicke und Schritte. Alle Kräfte meines Leibes und meiner Seele unterstellen sich der inneren Führung; so werden sie täglich feiner, stärker und reicher. Mit der Kraft meines Inneren Helfers überwinde ich alles; er gibt mir Erfolg in allem, was ich unternehme!“*

Es schadet nichts, wenn wir bei dieser Besinnung einschlummern. Ist das nicht der Fall, lassen wir auf die erneute Stille und Kraftbejahung den Schlaf folgen.

Der Erfolg tritt oft schnell ein: entweder werden wir in der Nacht aufwachen und aus unseren Träumen das Bewußtsein der Ursachen der Not und des Weges zu ihrer Überwindung schöpfen oder wir finden unter den ersten Gedanken des Morgens die ersehnte Erkenntnis und das Bewußtsein inneren Freiseins.

Zeigt sich kein sofortiger Erfolg, wiederholen wir die Übung. In der Regel werden uns gerade in der *morgendlichen Stille* gleich nach dem Aufwachen die reinsten und klarsten Gedanken bewußt – Gedanken des Inneren Helfers, die uns raten, was zu tun und was zu lassen ist. Wir haben nur stille zu sein, zu horchen und zu gehorchen.

Tun wir das, dann ist die Folge ein spürbares Wachstum unserer geistigen, seelischen und körperlichen Kräfte: Wir finden uns mehr und mehr durchlichtet und gewahren, wie unser Vermögen wächst, die Wirklichkeit zu idealisieren und unsere Ideale zu verwirklichen.

Das In-die-Stille-Gehen ist vorbereitender Natur: Ziel ist die Schaffung der Voraussetzungen zur Befragung des inneren Helfers.

Viele Erfolgreiche und Große waren – zumeist mehr unbewußt als bewußt – Freunde der Stille: wenn sie eine schwerwiegende Entscheidung zu treffen hatten, entspannten sie unwillkürlich ihr wachbewußtes Denken und Wollen, brachten Körper, Sinne und Seele zum Schweigen, machten sich innerlich still und warteten gelassen auf einen Einfall, eine Lösung, einen führenden Gedanken – im Vertrauen auf die innere Führung, deren Rat sich in ihrem Leben schon oft bewährte. Durch Erfahrung klug geworden, gehorchten sie dieser inneren Führung – und die Dinge gelangen ihnen.

Gleich ihnen hat jeder einen inneren Freund und Helfer zur Seite: sein Höheres Selbst. Von diesem Freund nicht wissen, dem eigenen Selbst fern sein – das ist die tiefste Quelle aller Zweifel, Ängste und Nöte. In dieser Entfernung von uns selbst liegt die Ursache unserer Verlorenheitsgefühle, unserer Lebens- und Todesängste. Besinnen wir uns aber auf unseren Inneren Helfer, sind wir nicht länger einsam und hilflos. Wir werden wieder *selbstsicher*, wir sind uns *unseres Selbstes sicher* und mit uns selber eins

Wir brauchen Weisheit beim Denken und Weisheit im Handeln – darum bedürfen wir der inneren Führung und Hilfe. Wenn wir dem ‚Inneren Helfer', dessen Sehkreis unendlich weiter reicht als der unserer äußeren Augen, restlos vertrauen – unter allen Umständen, ohne Frage, ohne Zweifel –, erfahren wir in steigendem Maße, wie selbst das, was übel erschien, zu unserem Besten ausschlägt.

Denn unser Innerer Helfer ist ein unfehlbarer Entscheider: er weiß, was zu tun und was zu lassen ist: wie der neue Schicksalsfaden in das Gesamtgeflecht der Ursachen und Wirkungen hineingewoben werden muß, um ein harmonisches Gewebe zu ergeben. Er weiß, welche Fäden gezogen werden müssen, um das Bild des Schicksalsgewebes zu verändern. Er weiß, wo das ist, was wir suchen, und wie wir vorgehen müssen, um dorthin zu gelangen.

Er lenkt aber nicht nur unseren Weg, sondern veranlaßt auf dem Wege über das gemeinsame Unbewußte zugleich andere Seelen, uns bei der Verfolgung eines Ideals zu helfen.

Wir handeln darum richtig, wenn wir uns von innen her führen und leiten lassen – ob wir nun im Einzelfalle eine Entscheidung bewußt vorantreiben oder uns zurückhalten, unsere Ausdauer und Zähigkeit steigern oder einen Plan, von innen her beraten, fallen lassen, ob wir uns auf einen besonderen Teil unseres Unternehmens stärker konzentrieren oder einen neuen Weg einschlagen, eine Aufgabe allein in Angriff nehmen oder geeignete Mitkämpfer suchen, die Erledigung einer Sache hinauszögern oder uns mit einem andern in die Arbeit teilen, ob wir uns für oder gegen eine Person oder Sache entscheiden.

Wir können und sollten uns in allem von innen her führen lassen – in seelischen Dingen wie in persönlichen, wirtschaftlichen und sozialen Fragen. Immer werden wir erleben, daß die innere Stimme uns richtig berät, uns zum Erfolg führt. Denn ihr Ziel ist unsere Selbst-Verwirklichung. Es hat noch keiner bereut, seiner inneren Stimme gefolgt zu sein.

Im Anfang bereitet die Vernehmlichmachung des inneren Rates zuweilen Mühe, aber bei gleichbleibendem Vertrauen zur inneren Führung wird die Stimme der Stille immer hörbarer. Wir haben nichts zu tun, als der Forderung zu folgen: *Frage! Vertraue! Tue dein Bestes!*

Wir tragen unsere Fragen dem Inneren Helfer vor, als ob wir einem Freunde das, was uns Schwierigkeiten bereitet, darlegen. Wir besprechen uns mit ihm über die Fragen, die uns bewegen. Wir vertrauen seiner Weisheit, erwarten seinen Rat und gehorchen ihm, unser Bestes gebend.

Wir wiederholen:

Das erste ist, daß wir unsere Fragen nach innen senden, indem wir die Dinge, über die wir Klarheit wünschen, in den Mittelpunkt unseres Bewußtseins rücken.

Das zweite ist, daß wir uns der Gegenwart des Inneren Helfers lebendig bewußt sind, uns diesem Bewußtsein selbstvergessen hingeben in wartendem Lauschen, in das hinein die Antwort von innen ertönt.

Das dritte ist, daß wir das Wirken Gottes in uns lebendig fühlen und uns gewiß sind: *„Du, mein Innerer Helfer, leitest mich und hilfst mir, die rechte Entscheidung zu treffen!“*

Das vierte ist, daß wir im Schweigen verharren, bis die Stimme der Stille uns bewußt wird, die Gewißheit des allein möglichen Auswegs in uns aufflammt, der Weg zur Überwindung unserer Schwierigkeiten sich uns offenbart.

Das fünfte ist, daß wir den empfangenen Rat sofort getreulich ausführen, uns der gestellten Aufgabe widmen mit allem, was wir sind und haben. Dann werden wir genau das empfangen, um das wir gebeten haben.

Die Antwort aus dem Schweigen

Je positiver und aktiver unsere Haltung erwartenden Lauschens ist, desto klarer ist die Antwort, desto mächtiger sind die entfesselten und weiterwirkenden Kräfte.

Immer wird uns die Antwort *sofort:* sie wird ausgesprochen im gleichen Augenblick, in dem die Frage unser Innerstes berührt. Bei der seelischen Unwachheit der meisten bedarf es aber bei manchen einer gewissen Zeit, bis die Antwort ihnen *bewußt* wird, bis sie des inneren Rates gewiß werden: manchmal blitzt die Erkenntnis in ihnen auf an der Schwelle zwischen Stille und Alltag, in anderen Fällen in den Träumen der nächsten Nacht oder beim Erwachen am kommenden Morgen, zuweilen erst in dem Augenblick, wo die Entscheidung fällig wird. Immer aber wird uns die Antwort bewußt, wenn wir sie brauchen.

Dem seelisch Unerwachten mag es manchmal scheinen, als wäre die Antwort von innen ausgeblieben. Er irrt: die Antwort ertönt immerfort aus seinem Innern, bis er sie hört; aber die Empfangsbereitschaft seines Herzens reicht noch nicht aus.

In solchen Fällen gilt es nicht zu grübeln, sondern zu *handeln, als ob* man um den rechten Weg wüßte. Im entscheidenden Augenblick stellt sich dann mit Sicherheit das Gefühl des Rechten ein. Ungenügende Empfangsbereitschaft überwinden wir nur durch erhöhtes Vertrauen: wir dürfen weder zweifeln noch ungeduldig werden. Denn Ungeduld und Zweifel trüben unser Inneres und machen einen klaren Empfang unmöglich. Jede Anspannung bedeutet Unterbrechung oder Störung des inneren Kontakts und Empfangs.

Erzwingen läßt sich der innere Rat nicht; er tönt von selbst als Folge vertrauender Bejahung und schweigenden Gelassenseins in unser wartendes Lauschen hinein.

Es ist nicht einmal nötig, daß wir den Weg übersehen, den unser Innerer Helfer uns weist; es genügt, daß er ihn sieht und daß wir ihm vertrauen und seiner Hilfe gewiß sind.

Haben wir die Antwort der inneren Führung vernommen, kehren wir aus der Stille zurück. Wir wissen nun ohne Zweifel und Zwiespalt, was zu tun ist, und geben diesem Wissen die Form eines festen Entschlusses – am besten noch an der Schwelle zwischen Stille und Alltag. Die aus der Stille geborenen Entschlüsse sind erfahrungsgemäß von weit größerer Entschiedenheit und Erfolgskraft als die im Trubel des Alltags gefaßten.

Sofort nach dem Entschluß gehen wir daran, das Erkannte in *Tat* umzusetzen, wobei wir immer wieder beglückt das gleiche erkennen: „Mein Innerer Helfer hat wieder recht." Aus dieser Erkenntnis entspringt immer flammender die Bejahung:

> *„Wie bisher, so werde ich auch in Zukunft meinem Inneren Helfer folgen, denn er leitet mich und wirkt mein Wohl um so offenbarer, je restloser ich ihm vertraue. Mag kommen, was will! – mein Innerer Helfer bewirkt, daß selbst das, was mir bedrohlich scheint, meinem Besten dient!"*

DEIN GEWISSEN SEI DEIN BERATER!

Die Hilfe der inneren Führung ist von jedem erwirkbar, ihr Rat von jedem zu seinem Segen befolgbar. Er muß nur alle Sorgen und Fragen in der Stille vor seinen Inneren Helfer tragen, ihn um Hilfe bitten und der inneren Stimme folgen.

Keiner hat Grund zum Verzweifeln; jeder kann seiner Sorgen enthoben werden. Denn jedem wird Hilfe von innen nach dem Maße seines Vertrauens. Kein Problem ist unlösbar, wenn wir die Aufforderung des Lebenslehrers Christus wörtlich nehmen: *„Trachtet zuerst nach dem Reiche Gottes in Euch; dann wird Euch alles übrige von selbst zufallen."*

Tausendfache Erfahrung hat die Wahrheit dieses Wortes erwiesen. Jedes Leben wird glückreich, das der inneren Führung unterstellt wird. Der vom Geist in ihm Geleitete geht stets den rechten Weg.

Doch nicht nur unsere äußeren Sorgen und Nöte löst der Innere Helfer – auch den tieferen, bis auf den Grund unserer Seele hinabgesunkenen Selbstbelastungen und Selbstvergiftungen rückt er an die Wurzel. So finden wir beim In-die-Stille-Gehen oft nicht nur *Lösungen,* sondern auch *Erlösungen* von geheimsten inneren Nöten, über die wir mit keinem reden konnten.

Uns der inneren Führung unterstellen heißt aber in keinem Fall die Hände in den Schoß legen. Nur das *Sorgen* haben wir aufgegeben, nicht das *Wirken.* Im Gegenteil: von der Sorgsucht befreit, wirken wir nur umso dynamischer, positiver und erfolggewisser. Denen, die im Geiste der inneren Führung wirken, die ihrem Gewissen folgen, müssen alle Dinge zum Besten dienen.

Keine Angst vor dem Schicksal hat, wer den Inneren Helfer am Werke weiß. Er sorgt nicht mehr für den andern Tag, weil er gewiß ist, daß, wie er heute von innen her behütet ward, er auch fernerhin unter der Obhut der höchsten Macht steht: unter dem Schutz Gottes in ihm, der von Anfang an seinen Weg bestimmt und dessen Ziel sein Selbst-Erwachen ist.

Darauf kommt es hier an: unser Gewissen zu unserem ersten Vertrauten zu machen. Dieses *Gewissen,* das uns davor bewahrt, dem Verführerischen der Macht zu erliegen und uns anvertraute Führerschaft zu mißbrauchen, ist kein bloßes Gefühl, sondern ein zielgewisses Bewußtsein des Rechten. Es ist die Gesamtheit des inneren Wissens um Recht und Unrecht; es ist die Stimme des Lebens selbst, die in uns ertönt.

So ist alle Weisheit in uns, deren wir bedürfen, um uns recht zu entscheiden. Wir müssen uns nur nach innen wenden, damit in uns aus Einsicht und Einssicht jene Voraussicht entspringt, die der des Nur-Verstandes weit überlegen ist.

Mit der inneren Führung verbunden, von der Gewißheit unseres Gewissens geleitet, eignet uns ein zunehmendes Feingefühl für die kommenden Dinge wie für das Wollen anderer Menschen. Im gleichen Maße wächst in uns die Kraft der Übersicht über die Zusammenhänge des Daseins:

Wir erkennen, wie der Geist des Lebens in uns und durch uns wirkt und wie unser Leben, wenn wir uns in einschränkungslosem Vertrauen auf sein Wollen umstellen, im gleichen Maße reicher, glücklicher und größer wird, wie sich in unserem Schicksal alles zum Besten wendet und jede Gefahr gerade die Kräfte wachruft, die die Not in Segen wenden.

Wenn wir mit dem Inneren Helfer eins sind, brauchen wir uns wegen unserer Entscheidungen nicht mehr zu sorgen und bei unserem Wirken nicht mehr um das Gelingen zu bekümmern. Wir sorgen nurmehr dafür, daß wir das, was wir tun, so gut wie möglich machen, dem Inneren Helfer die Verantwortung für das Gelingen überlassend. Denn das einzige, was die Fülle des Guten daran hinderte, in unserem Leben unaufhörlich offenbar zu werden, war unser Mangel an wirklichem, hingebendem Vertrauen auf den Gott in uns.

Versuchen wir es darum auch immer aufs neue: geben wir uns ganz diesem restlosen kindlichen Vertrauen hin. Dann wird unsere Seele fähig, die Stimme der Stille zu vernehmen und zu hören, was der Innere Helfer ihr rät. Dann hat sie den letzten Rest ihrer Last von sich geworfen und wird nicht länger von der Bürde negativen Denkens zu Boden gedrückt. Die Gewißheit des Sorgenenthobenseins macht sie frei und froh und willig, hinfort alles der großen Kraft in ihr zu überlassen.

Das ist es, was die ‚Lebensschule' von uns fordert, wenn wir den Weg zur Freiheit gehen wollen: daß wir jeden Augenblick jeden Tages alles, was wir tun, im Bewußtsein der Gegenwart unseres Inneren Helfers tun, uns ihm ohne Einschränkung hingeben, der inneren Führung folgen, wie ein Kind seinem Vater folgt, vertrauend, daß alles, was der Vater will, gut ist, und keinen Augenblick vergessen, daß der Gott in uns uns leitet und unser Leben in ein Leben der Fülle verwandelt.

44. WOCHE:

RICHTIGE MENSCHENFÜHRUNG

„Gar leicht gehorcht man einem edlen Herrn, der überzeugt, indem er uns gebietet.“ Goethe

Wir verstehen unter ‚Führerschaft‘ die Fähigkeit rechter Menschenführung. Führer ist jeder, der in inneren oder äußeren Angelegenheiten andere Menschen bewußt oder unbewußt in ihrem Denken und Tun zum Guten bestimmt und lenkt. Dabei ist hier nicht von geistigem oder politischem Führertum die Rede, sondern lediglich vom Lebens- und Wirtschaftsführertum, zu dessen Entfaltung die ‚Lebensschule‘ anleitet.

Der Lebensschüler ist als Erfolgsmensch in allem, was er tut, führend: was er in die Hand nimmt, macht er von selbst besser als jeder andere. Daß er eine Arbeit vollkommener, rascher, erfolgreicher, dynamischer verrichtet als andere, beweist seine Führer-Qualitäten, die ihn früher oder später auf den seinen Leistungen gemäßen Platz stellen. Er wird von selbst – je nach seinem Beruf – ein führender Kaufmann, ein fähiger Schriftsteller, ein großer Anwalt, ein anerkannter Könner, ein gesuchter Vorarbeiter, ein überragender Spezialist auf seinem Gebiet.

Dynamische Naturen, die zielbewußter, rascher, geschickter, vollendeter arbeiten als andere, werden immer gesucht. Menschen, die eine Sache besser verstehen und durchführen als andere, stehen immer Führerposten offen. Wer Geschäfte schneller, wirkungsvoller, erfolgreicher als andere durchzuführen vermag, steigt leicht empor. Wer es versteht, durch Wort und Schrift andere zu gewinnen, zu beeinflussen, zu überzeugen, schreitet von Stufe zu Stufe zu höchsten Stellungen. Wer andere anzuleiten und zu führen weiß, rückt von selbst in den Mittelpunkt. Während andere ihre Stellungen verlieren, gelangt er an die Spitze.

Wer einmal im Aufstieg begriffen ist, hat den Weg zur Führerschaft beschritten und wird um so rascher aufrücken, je mehr er sich neben seinen besseren Leistungen seiner sonnenhaften Mittelpunkts- und Führerstellung lebendig bewußt wird und sie täglich neu bejaht. Diese Bejahung macht ihn in steigendem Maße fähig, seine Ideale zu verwirklichen und die Wirklichkeit zu idealisieren.

Ein weiteres Kennzeichen echter Führerschaft ist das *Verbundensein mit der inneren Führung.* Wer seiner inneren Führung nicht bewußt, also ohne klare Selbstführung von innen her ist, der ist trotz aller Führer-Ansprüche führerlos. Der echte Führer weiß um die Stimme der Stille und folgt der inneren Führung. Als von Innen Geführter verfügt er über die Sicherheit, deren er bedarf, um andere recht zu leiten.

Ein nach seinem Gewissen orientierter Mensch vermag nicht nur mit unbeirrbarer Sicherheit seinen eigenen Weg zu bestimmen, sondern auch anderen ein zuverlässiger Führer zu sein. Der beste Führer ist der, in dem die innere Führung, die ‚Kraft von oben', am lebendigsten am Werke ist. Wir erkennen ihn daran, daß er täglich in die Stille geht.

Ein drittes Merkmal rechter Führerschaft ist das felsenfeste Selbstvertrauen. Ein rechter Führer ist sich bewußt, daß es für ihn als Zentrum kosmischer Kraft kein Hindernis gibt, das nicht durch mutigen Einsatz zu Fall gebracht werden kann. Er ist von seiner inneren Kraft und wachsenden Leistung überzeugt und darum immer Optimist, der aus allem, was kommt, das Rechte zu machen weiß. Er vertraut seinem Schicksal, denn er weiß sich von innen her gelenkt und behütet, solange er seiner Aufgabe vorbehaltlos dient. Aus der Gewißheit des inneren Halts schöpft er uneingeschränkten Wagemut; er weiß, daß alles, was ihm begegnet, zu seinem Besten dienen muß. Er hat einen unerschütterlichen Glauben an den Sieg seiner Idee, seines Unternehmens. Dieser Glaube, der Berge von Schwierigkeiten versetzt, erweckt auch den Siegglauben seiner Mitarbeiter: seine Überzeugung von der Richtigkeit seines Wollens und Tuns wirkt auf die anderen ansteckend, erhebt und stärkt sie und reißt sie mit.

Der rechte Führer ist Herr seiner selbst und nur von sich selber abhängig. Er ist sich selber treu, besitzt Selbstdisziplin – und zwingt im gleichen Maße andere zur Disziplin. Er beherrscht sich selbst – und meistert im gleichen Grade den Willen anderer. Er weiß, daß von der inneren Geschlossenheit seines Willens der Grad der Gleichwilligkeit seiner Mitarbeiter bestimmt wird.

Er weiß, daß der Ausgang jedes Wirtschaftskampfes nicht zuerst von technischen, sondern von psychodynamischen Bedingungen bestimmt wird, von seiner positiven Seelenhaltung und der inneren Gleichgestimmtheit seiner Mitarbeiter. Er sorgt darum für die höchste seelisch-geistige Vervollkommnung seiner selbst und seiner Mitarbeiter:

Er gewöhnt sie wie sich selbst, Gefahren gelassen entgegenzutreten und sie aus innerer Ruhe und Überlegenheit heraus zu besiegen. Er weiß, daß die Kraft in ihm stärker ist als jede äußere Gefahr und Not. Er hat den festen Punkt in sich entdeckt, von dem aus der Mensch das Schicksal meistert. Er weiß um seine innere Einheit und Unabhängigkeit und behütet sie vor Fremdgedanken der Schwäche und des Unterliegens. Er läßt sich in keinem Augenblick von seiner Umwelt bestimmen, sondern bejaht sich selbst als die Achse des Schicksals seiner Umwelt, um die sich alles dreht. Indem er seinen Mitarbeitern Beispiele höchster Entschlossenheit, Zuversicht und Tapferkeit gibt, weckt er die gleichen Seelenkräfte in den Herzen der anderen.

Zeigt er dagegen Wankelmut und Unentschlossenheit, dann verstärkt er die Existenzangst und Zielunsicherheit der ihm Anvertrauten und bereitet der Anarchie den Weg. So hängt alles davon ab, daß er sich auf sich selbst besinnt und der Umwelt das Vorbild eines Seelen- und Schicksals-Schmiedes bietet, der in sich selber ruht und von seinem innersten Selbst her die Dinge seines Lebens ordnet.

Der rechte Führer *weiß*, daß er fähig ist, andere erfolgreich ans Ziel zu führen. Sein Überlegenheitsbewußtsein ist nicht die Überheblichkeit des innerlich Schwachen, sondern entspringt dem Bewußtsein seiner inneren Kraft, dem Gewißsein seiner bisherigen Leistungen und dem Glauben an die Güte und den Sieg seiner Sache.

Er herrscht nicht durch physische, sondern durch geistige Kraft. Denn die geistige Kraft verhält sich zur physischen Kraft nicht, wie Napoleon I. einmal betonte, nur wie 3 zu 1, sondern wie 10 zu 1.

Im Lebenskampf entscheidet die Fähigkeit blitzschnellen Einsatzes der seelisch-geistigen Kräfte. Diese Fähigkeit setzt innere Überlegenheit voraus: um den Sieg davonzutragen, muß man die größere

Ruhe und Gelassenheit beweisen, das festere Mut- und Kraftbewußtsein, die stärkeren Nerven, den längeren Atem, die entschiedenere Opferwilligkeit, die bessere Selbstzucht, die unerschütterliche Besonnenheit, das moralische Übergewicht, das einschränkungslose Gottvertrauen.

So entscheidet über den Sieg die größere Zahl positiver seelischer Automatismen oder Erfolgsgewohnheiten, die sich der Einzelne durch seine Selbst- und Lebensschulung angeeignet hat. Mit ihrer Hilfe überragt er seine Mitarbeiter durch größere Leistungen, rascheres Auffassungsvermögen, klarere Urteilskraft, nachhaltigere Begeisterungsfähigkeit, zielbewußtere Initiative, umfassendere Voraussicht und Übersicht, gründlichere Erfahrung, ausdauernde Energie, bessere Sach- und Menschenkenntnis, zähere Geduld und unbewegte Ruhe und Sachlichkeit angesichts von Gefahren und Schwierigkeiten.

Er beweist in allen Entscheidungen und Entschlüssen eine ruhige Hand und klaren Kopf, gesunde Nerven und ein tapferes Herz. Er hat sich gewöhnt, alle Dinge, die kleinsten wie die wichtigsten, vom höchsten Standpunkt zu betrachten, alles Geschehen im Lichte der Ewigkeit zu sehen, und gewahrt darum in jeder Lage aus seiner hohen inneren Überlegenheit heraus die rechten Wege zum Erfolg.

Ein anderes Kennzeichen rechten Führertums ist der *Mut zur Verantwortung* – jener moralische Mut, ohne den der physische Mut zur bloßen Mutwilligkeit herabsinkt. Er fühlt sich nur seinem eigenen Gewissen und dem Gott in ihm verantwortlich; bevor er befiehlt, läßt er den ‚Inneren Führer' entscheiden – den einzigen, den er über sich anerkennt. Er weiß, daß die Macht, die er mißbraucht, sich gegen ihn kehrt und ihn umbringt, während sie den, der sie im Dienste des Höchsten entfesselt, aufwärts führt.

Sein Verantwortungsbewußtsein begründet und verstärkt seine Erfolgssicherheit: er befiehlt, weil er weiß, daß der Weg, den er zeigt, der richtige ist. Dazu kommt, daß sich sein Mut zur Verantwortung mit der Entschlossenheit paart. Er weiß, daß das Hinauszögern, Versäumen oder Unterlassen notwendiger Maßnahmen verhängnisvoller ist als ein Fehlgriff in der Wahl der Mittel. Er trifft darum lieber einmal eine falsche Anordnung, als gar nichts zu veranlassen.

Bei alledem sorgt er für die *Konzentration seiner Kräfte.* Er weiß, daß sich in der Beschränkung auf das Notwendige der wirkliche Meister des Lebens zeigt. Er nimmt sich *eines* zur Zeit vor und setzt sich und seine Gefolgschaft stets nur in Richtung auf *ein* Ziel in Bewegung. So erweist er sich als Meister der Kräftesammlung: statt sich in untergeordneten Arbeiten zu verzetteln oder sich mit Dingen abzugeben, die ihn nichts angehen, konzentriert er sich auf sich selbst und seine Aufgabe, der er sich solange ausschließlich widmet, bis sein Ziel erreicht ist.

Er versteht es, sich Mitarbeiter zu erziehen, deren beste Kräfte er durch das Vertrauen weckt, das er ihnen schenkt. Er hält ständig Ausschau nach tüchtigen Fachleuten, die gewandt und fähig sind, immer Größeres zu leisten und seine Kräfte für wichtigere Dinge frei zu machen. Im Rahmen rechter Zielsetzung sorgt er dafür, daß jeder sich des Umfangs seiner Funktionen und seiner Verantwortung bewußt ist und ohne Eifersüchteleien, Kompetenz-Streitigkeiten und Reibereien unbeirrt in Richtung auf das vom Leiter gesteckte eindeutige Ziel hin schöpferisch wirkt.

So ist der echte Führer ein Weiser, in dem der Geist des Lebens machtvoll tätig ward: ein Strombett für die Fülle des Unendlichen, ein Bringer neuer Werte und ein Künder jenes Lebens, das immer höher führt.

DER WEG ZUR FÜHRERSCHAFT

Jeder kann andern Führer sein – er muß nur seine schlummernden oder halberweckten Führereigenschaften auf dem Gebiet, das er beherrscht, voll entfalten. Und wie? Indem er alle Charakter-Merkmale, die in ihrer Vereinigung das Wesen rechten Führertums ausmachen, durch ständige Bejahung und Übung zu offenbaren sucht und durch die Tat zu herrschenden Kräften seiner Seele macht.

In dem Augenblick, in dem wir mit der Herausgestaltung der Wesensmerkmale rechter Führerschaft beginnen, sind wir bereits auf dem Wege zum Führertum. Ihre Ergänzung findet diese Selbsterziehung durch die bewußte Weckung der inneren Führung an Hand der Anleitung der vorigen LW.

Bei dieser Schulung darf ein entscheidendes Moment keinen Augenblick außer acht gelassen werden: *das Verhältnis des Führers zu seinen Mitarbeitern.*

Um Massen zu erziehen, müssen zuerst die Führer erzogen werden. Denn jede Gemeinschaft, jedes Unternehmen, jedes Werk erhält seine Bedeutung, seinen beherrschenden Geist von seinem Leiter her. Von ihm hängt es ab, ob die Mitarbeiter bloß den Rädern oder gar den Bremsen an einem Wagen gleichen oder feurigen Rossen, die nach dem Willen des Wagenlenkers vorwärtsstürmen.

Schwierigkeiten, die sich einem Führer in den Weg stellen, haben ihre Wurzeln in ihm selbst. Sein falsches Denken und Handeln findet sofort Echo bei seinen Mitarbeitern: jeder von ihnen wird, infolge eines ihm unbewußten Nachahmungstriebes, nach und nach ein Kleinbild des Führers. So sind nicht sie schuld, wenn ein Unternehmen zurückgeht, sondern der Führer. Darum beginnt er mit der notwendigen Umstellung bei sich selbst.

Für diese Umstellung wie für die Erziehung zum Führertum gelten folgende Richtlinien:

Das erste ist die Besinnung auf die *Goldene Regel:*

> *„Sei selbst so, wie Du Deine Mitarbeiter wünschest, und tue andern das zuvor, was Du von ihnen getan sehen möchtest!"*

Wenn ein rechter Führer ‚ich' sagt, meint er das Unternehmen, den Gemeinschaftswillen, der durch ihn zum Ausdruck kommt: nicht seine Ichheit, sondern die Gesamtheit der Mitarbeiter, deren Spitze er bildet, spricht durch ihn. Infolgedessen ist er die vollkommenste Verkörperung der Idee der *gegenseitigen Hilfe:* er ist erster Diener des Werkes und leuchtendes Vorbild aller. Er zeigt, daß es ihm einzig um die Idee, das Werk, die Aufgabe geht. Darum steht er mit seinen Mitarbeitern in engster seelischer Verbindung: ihr Ziel ist sein Ziel, ihre Not seine Not, ihr Glück sein Glück. Diesem Bewußtsein inneren Einsseins gibt er durch sein kameradschaftliches Verhalten Ausdruck.

Der Wirtschaftsführer muß allen Versuchen zum Trotz, die Geld und Verbindungen mit sich bringen, der einfache, klar und gerecht denkende Kamerad seiner Mitarbeiter bleiben. Solange er das tut, bleibt er auch mit seiner inneren Führung in Verbindung, während dieser erfolgbringende Kontakt verloren geht, wenn er dem Trachten nach wirtschaftlicher Vormacht, den Lockungen der Trust- und Monopolbestrebungen verfällt.

Bleibt er der ein-fache, innerlich geeinte, mit seinen Mitarbeitern verbundene Mensch, ist er immer in der Lage, für sein Unternehmen richtig zu disponieren und zugleich das Wohl seiner Mitarbeiter zu fördern. Steht er mit ihnen in sympathischem Kontakt, wachsen ihm von selbst auch die günstigen Verbindungen mit der Verbraucherschaft zu. So ist der rechte Wirtschaftsführer ein *sozialer Regulator* und damit einer der wichtigsten Faktoren im Volke, dessen Prosperität von seiner Gesinnung, seinem Handeln mit bestimmt wird.

Wie sich selbst, so erzieht der Führer auch seine Mitarbeiter zu wirtschaftlichem Sportgeist und ritterlicher Gesinnung: er lehrt sie das rechte Denken und Handeln und schafft dadurch eine Gemeinschaft, in der jeder für alle und alle wie ein Mann im rechten Augenblick denken und handeln. Er ist eine Verkörperung des Idealismus, den er in seiner Gefolgschaft wecken will. Er verlangt von sich selbst das Höchste und ist jederzeit bereit, seinen Aufgabenkreis zu erweitern und das Maß seiner Verantwortlichkeit zu erhöhen. Er befiehlt nicht, *er lebt vor, was er fordert,* weil er weiß, daß nicht das Wort, sondern die Tat, das Vorbild Nachfolge findet. Wenn *er* auf dem Posten ist, sind es auch die andern. Wenn *er* sich rasch entscheidet und entschlossen handelt, folgen die andern bald seinem Beispiel.

Das UB der einzelnen Mitarbeiter richtet sich nach der inneren und äußeren Haltung des Leiters und gleicht sich ihr an. Fühlt ihr UB, wie ihm die Arbeit Freude macht, wie er zum Herrn seines Schicksals wird, hallt in ihrem Wachbewußtsein bald als Echo von innen die frohe Bejahung wider:

> *„Es ist ein Genuß, mit einem solchen dynamischen Menschen zusammenzuwirken; er weckt auch in mir neue Schaffenskraft und größere Leistungsfähigkeit. Es macht mir Freude, es ihm gleichzutun!"*

*

Um diese Gesinnungserneuerung bei den einzelnen Mitarbeitern zu erreichen, gilt es, die vierfache Kunst rechter Menschen-Erkenntnis, -Behandlung, -Beeinflussung und -Gewinnung zu meistern. Man muß fähig sein, *die* Menschen anzuziehen, die die zu erfüllenden Aufgaben am vollkommensten meistern, muß seine Mitarbeiter zu seinen Freunden machen und mit jedem gut auszukommen wissen. Wer sich mit Mitarbeitern herumzankt, beweist Mangel an jener Überlegenheit, die einen Meinungsstreit unmöglich macht.

Der rechte Führer weiß andere zielbewußt zu leiten und ihr Wollen zu organisieren. Er weiß die Idealbilder dessen, das er verwirklicht wünscht, so plastisch und eindringlich auf das UB der anderen zu übertragen, daß dort keine anderen Bilder herrschend werden können.

Wenn einer 50 Mitarbeitern einen Befehl erteilt, kann der einzelne diesen auf 20 und mehr Weisen mehr oder minder getreu befolgen. Hier statt zusammen 1000 und mehr Möglichkeiten nur *einen* Weg der Ausführung offen zu lassen, ist Führertum!

Um das zu erreichen, gilt es lebendige Bilder dessen, was werden soll, ins UB der anderen einzusenken, damit sie in der gleichen Richtung zu wollen und zu wirken beginnen wie der Leiter selbst. Bilden diese gefühlsgeladenen Idealbilder des Erfolgs zugleich die geistgranitene Grundlage seiner Worte und Handlungen, reißt er andere mit, weil sie ihn nun innerlich verstehen. Das ist unerläßlich, weil sonst in ihren Herzen wachsendes Gegenwollen wach wird: wenn Menschen, ohne zu erkennen, warum, sich einem noch so edlen Willen unterwerfen müssen, wenn von ihnen Disziplin verlangt wird, ohne daß ihnen der Zweck derselben zum Bewußtsein gebracht ist, fehlt nicht nur ihre innere Anteilnahme, sondern aus dem Gefühl des Gezwungenseins entspringt Gegen-Wille, Auflehnung, die zum offenen Widerstand werden kann.

Solcher Gegen-Wille wird auch durch unpsychologische Behandlung von Mitarbeitern entfesselt, z. B. bei Verletzungen ihres Gerechtigkeitsgefühls. Der seelenkundige Führer berücksichtigt das: er sieht wohl die Fehler und Schwächen der Einzelnen, aber auch ihre lichten und wertvollen Seiten. Und *diese* betont er, um sie zu steigern. Er setzt keinen herab, insbesondere nicht in Gegenwart anderer. Er verurteilt nicht, sondern *berät,* zeigt bessere Wege und ermuntert, rückt Stärken und latente Talente, entfaltbare Fähigkeiten in den Vordergrund.

Der Mensch wird nichts leichter als das, wofür er sich gehalten fühlt. Wenn man einem Mitarbeiter zum Bewußtsein bringt, daß man sich über diese und jene Eigenschaft, die man bei ihm beobachtet hat, freut, fördert man deren Entfaltung in ungeahntem Maße. Jedes anerkennende Wort über Eigenschaften des andern wirkt auf dessen UB wie ein Selbstbefehl.

Der rechte Führer spricht auch zu Außenstehenden nur Bestes über seine Mitarbeiter. Er betont stets das Positive, dankt, anerkennt, lobt und sieht, daß er dadurch das Gute weckt oder ermuntert.

Um den Wagemut und die Verantwortungsfreudigkeit jedes Einzelnen wach zu halten, unterläßt er jegliche Bevormundung. Je unselbständiger Mitarbeiter werden, desto rascher sinkt ihre Schaffenslust, Zielstrebigkeit und Leistungsfähigkeit; je mehr Möglichkeiten der Selbstentfaltung und Selbst-Bewährung ihnen gegeben werden, desto selbständiger, verantwortungsbewußter, erfolgreicher wird ihr ganzes Denken und Handeln.

Nur freie Mitschaffer sind in entscheidenden Augenblicken nützliche Helfer. Sklaven benutzen die erste Gelegenheit, um davon zu laufen oder ihren Haß an ihrem Herrn auszulassen.

Der rechte Führer erzieht sich Mitarbeiter, die in seinem Geiste wirken. Im Verhältnis zu der Freiheit, die er dem Letzten wie dem Ersten einräumt, macht er andererseits jeden Einzelnen für sein Tun persönlich verantwortlich. Dadurch gibt er jedem das Gefühl seines Wertes und seiner Notwendigkeit und spornt ihn an, nun erst recht sein Bestes zu geben. An seinem eigenen Denken und Leben zeigt er, wie fest einer im Leben hinstehen muß, wenn er sich durchsetzen und sein Ziel erreichen will:

> *Wie er sich selbst gefunden hat und gelassen in sich selbst ruht, so zeigt er auch dem letzten Mitarbeiter den Weg zum eigenen Selbst und damit zu wachsender Kraft. Wie er zur Selbst-Führung gefunden hat, so unterweist er jeden einzelnen, sein eigener Führer zu sein, indem er seiner inneren Führung folgt.*
>
> *Damit aber vollendet er sein Führertum — er macht die Gefährten von sich frei, gibt seine Führer-Aufgaben an sie ab und läßt sie erkennen, daß Führer sein heißt: Führer bilden!*

45. WOCHE:

ERFOLGS-GESETZE

„Die gleichen Ursachen rufen, unter den gleichen Bedingungen, immer die gleichen Wirkungen hervor."

Kausalitätsgesetz des Erfolgs

Wie der rechte Führer seiner inneren Führung folgt, so folgen wir den Lebens- und Erfolgsgesetzen, um das Glück zu meistern. Mit der Bewußtmachung dieser Gesetzmäßigkeiten tun wir den letzten und wichtigsten Schritt zur Lebensmeisterung, ergreifen aufs neue den Hammer, um unser Schicksalsschmiede-Meisterstück zu vollenden.

Der Lebensschüler ist sich bewußt, daß seine Fortschritte und Erfolge nicht von äußeren Dingen oder Zufälligkeiten abhängen, sondern von seinem Verhalten gegenüber den Erfolgsgesetzmäßigkeiten. *Erfolg ist das, was erfolgt, wenn er richtig denkt und handelt.*

Alles im Leben untersteht Gesetzen; jedes Ding, jedes Geschehen ist Mittelglied kleinerer oder größerer Kausalzusammenhänge und kann von der geistigen Seite, von der Ursachenwelt her bestimmt werden.

Im Laufe der Selbstschulung haben wir erkannt, daß der am glücklichsten und erfolgreichsten ist, der dem inneren Streben nach Vervollkommnung am willigsten dient und die Einheit von innerer Harmonie (Enharmonie) und Harmonie mit der Umwelt (Ep'harmonie) anstrebt. Wer das tut, gelangt zugleich schrittweise zur Harmonie mit dem Unendlichen (Panharmonie) und zur Entfaltung der Fülle des Lebens. Er erlangt das Vermögen, bei kleinstem Kraftaufwand auf dem Wege des geringsten Widerstandes seine Ziele zu erreichen, seine Ideale zu verwirklichen. –

Aus der Physikstunde wissen wir, daß *Arbeit das Produkt von Kraft und Weg* ist. Aus diesem Grundsatz leiten wir das erste Erfolgsgesetz ab:

Erfolg ist das Produkt von Einstellung und Arbeit.

Einstellung allein macht es nicht – ein entsprechendes Maß an Leistung muß stets hinzukommen – und wäre es nur die Entfaltung der Fähigkeit, andere Wesen zu beeinflussen.

Arbeit allein macht es ebensowenig – mancher hat sein Leben lang schwer gearbeitet und es doch zu nichts gebracht.

Beides muß Hand in Hand gehen, wenn der Erfolg unser sein soll. Und noch eines müssen wir dabei beachten: die Goldene Regel, die unser Denken und Wirken zum Rechten leitet.

Wir kommen so immer wieder auf das Wesentliche zurück und erkennen zugleich, daß jeder Schritt, den wir bisher getan haben, notwendig war, damit wir hellfühlig werden für die Gesetzmäßigkeiten des Schicksals.

DAS GESETZ DER ANZIEHUNG

Das Gesetz der Anziehung ist ein allgültiges Naturgesetz: im Reich der Atome und Elektronen offenbart es sich als Affinität, im Kosmos als Gravitation, im Bereich des Lebendigen als Magnetismus, Sympathie und Antipathie.

Nach *Newton* haben alle Körper im Raum das Bestreben, sich gegenseitig anzuziehen, sich in ihren Bewegungen wechselseitig zu beeinflussen. Das gleiche Gesetz wirkt im Reich der Seelen und Gedanken; die Gravitationskraft der Sonnen und Planeten ist nur ein anderer Aspekt der Anziehungskraft, die die von uns bejahten Dinge auf unseren Weg führt.

Wie beispielsweise die von der Sonne auf einen Planeten ausgeübte Anziehungskraft im direkten Verhältnis zu seiner Masse und im umgekehrten Verhältnis zum Quadrat seines Abstandes von der Sonne steht, so steht die Anziehungskraft unseres Denkens in einem bestimmten Verhältnis zur Bildhaftigkeit und Gefühlsbetontheit unserer Gedankenkonzentration und, wenn das Objekt unserer Gedanken ein lebendiges Wesen ist, in einem entsprechenden Verhältnis zu dessen Mit- oder Gegendenken.

Wir lernten in früheren LW bereits das Gravitationsgesetz der Gedanken kennen:

Gleiches zieht Gleiches an und wird durch Gleiches verstärkt.
Ungleiches stößt einander ab.
Unsere innersten Überzeugungen, Neigungen und Gewohnheiten und unsere innere Haltung ziehen das entsprechende äußere Geschick herbei und bringen es zur Auslösung.

Das Gesetz der Anziehung bewirkt, daß wir mit den Wesen, Dingen und Verhältnissen in Verbindung kommen, die unserem vorwiegenden Denken und Fühlen entsprechen. Jedes Wesen zieht das seinem seelischen Kraftfeld Gemäße an. Und diese Anziehung ist gegenseitig: alle wirken auf alle. Wir leben alle in einem Kosmos seelisch-dinglicher Affinitäten.

Was sich gleich ist oder gleichrichtet, wird nach dem Gesetz der Anziehung einander zugeführt. Hier gibt es keinen ‚*Zufall*': uns *fällt zu,* was uns *verwandt* ist, während uns fern bleibt, was uns ungemäß ist.

Schon Denken heißt anziehen, noch mehr bewußtes Denken, noch mehr das rechte Vorstellen, noch mehr das gefühlsbetonte überzeugte Bejahen, und am meisten das *dynamische innere Bauen,* dessen Praxis uns in der nächsten LW beschäftigen wird.

Mit jedem Gedanken, der in uns lebendig wird, üben wir eine anziehende Wirkung aus auf die diesem Gedanken entsprechenden äußeren Wirklichkeiten, wobei die Geschwindigkeit der Anziehung mit der Gefühlsbetontheit unserer Gedanken – sei es positive Überzeugtheit oder negative Furcht – wächst.

Nichts kommt zu uns, was nicht zuvor von unserem Innersten ausgestrahlt und herbeigerufen wurde. Jeder Gedanke, der von uns in den Äther hinauseilt, kehrt mit entsprechenden Kräften und Keimen kommender Dinge beladen zurück.

Wir können anziehen, was wir wollen. Aber wir können uns den Folgen unseres Denkens nicht entziehen.

Machen wir uns die Wirkung der Gedanken am Beispiel der Gase klar: Die einzelnen Partikelchen eines Gases haben das Bestreben, sich möglichst weit voneinander zu entfernen. Daher kommt es, daß Gase stets den ihnen zur Verfügung stehenden Raum ausfüllen und auf die Wände des umschließenden Gefäßes einen bestimmten Druck ausüben.

Bei den Gedanken ist diese Tendenz nicht geringer: Jeder Gedanke spaltet sich gewissermaßen in unzählige Gedanken-Moleküle, deren jedes ein Spiegelbild des ursprünglichen Gedankens ist und in eine der tausend möglichen Richtungen davonstrebt.

Im Gegensatz zu den meisten Gasen werden aber die Gedanken durch keine Wände festgehalten: sie bleiben nicht im Zimmer des

Denkers, sondern eilen nach allen Seiten hinaus, um in möglichst vielen gleichgestimmten Seelen ein mehr oder minder lebendiges Echo zu erwecken. Diese Ausdehnung geschieht mit einer Geschwindigkeit, die die des Lichtes offenbar übertrifft; auch größte Entfernungen schrumpfen hier zu einem Nichts zusammen.

Während sich ungleichnamige elektrische Körper anziehen, gleichnamige einander abstoßen, ist es bei den Gedanken umgekehrt: hier stoßen ungleichnamige einander ab und schwächen einander, während gleichartige einander anziehen und verstärken, wobei ein Gedanke so lange um das Angezogene wächst, als er im Mittelpunkt des Bewußtseins eines lebendigen Wesens festgehalten wird.

Wie die magnetische Kraft eines Eisenstabes durch wiederholtes Magnetisieren immer neu erzeugt und erhöht wird, so fördert gefühlsbetonte Konzentration auf einen Gedanken seinen anziehenden Einfluß auf ihm gemäße Wesen, Dinge, Umstände und Geschicke.

Unser Gedankenkraftfeld ist ein Schicksalskatalysator: es bringt zur Auslösung, was unserem Wesen gemäß ist, und läßt unberührt, was unserem Charakter fremd ist. Wenn wir seine Kraft in den Dienst der Vervollkommnung unserer selbst und unseres Lebens stellen, halten wir Mißerfolge fern. Wie nun ziehen wir Gutes *bewußt* herbei und halten Übel aus Seele, Leib und Leben fern? Wir tun es, indem wir in unserem Unbewußten die feste Überzeugung des Kommens alles Guten verankern, lebendige Idealbilder des Gewünschten in uns schaffen und unser ganzes Denken und Wollen, Neigungen und Gewohnheiten, Haltung und Verhalten auf das Da-Sein und Wirklich-Sein dieser Ideale abstimmen. Denn es sind unsere unbewußten Überzeugungen, Gewohnheiten und Haltungen, von denen die Bedingungen und Umstände unseres Lebens bestimmt werden.

Um das Gesetz der Anziehung in Richtung auf unsere Vervollkommnung hin in Tätigkeit zu setzen, halten wir uns von negativen Gedanken, Gewohnheiten und Haltungen frei. Denn solange wir negativen Gewohnheiten, etwa der Haltung der Furcht oder Sorge, zuneigen, lassen sich Fehlschläge nicht ausschalten. Genau betrachtet, ist jedes Wesen um uns Spiegel eines Teils unseres Charakters im Guten oder im Bösen je nach unserer Einstellung zu ihm. Wenn wir durch bestimmte negative Gedanken den oder jenen Menschen in unseren Lebenskreis hineingezogen haben, werden wir ihn nur wieder los, wenn wir unser Denken ändern.

Man kann den Charakter eines Menschen an den Wesen erkennen, von denen er umgeben ist. Jeder zieht die Wesen an, die seinen Denkgewohnheiten entsprechen – und nicht nur Wesen, sondern auch Dinge, Umstände, Lebensbedingungen und Schicksale, die gewissermaßen Entsprechungen einzelner Züge seiner Persönlichkeit sind.

Haben wir durch falsche Denkgewohnheiten unerfreuliche Wesen, Dinge oder Bedingungen herangezogen, nützt es nichts, daß wir davonlaufen. Denn wir würden anderswo binnen kurzem ähnliche Verhältnisse vorfinden – weil wir sie immer wieder heranziehen, solange wir nicht unser Denken, unsere geistige Haltung grundlegend ändern.

Unsere äußeren Verhältnisse zeigen also untrüglich, wie weit wir unserer selbst und unserer inneren Kraft bewußt sind. Ziehen wir aus dieser Erkenntnis die Konsequenzen, dann laufen wir nicht mehr davon, sondern beginnen bewußt erfreuliche Dinge und Wesen anzuziehen und uns dadurch von allem Unguten zu entfernen.

Wir werden durch rechte Erfolgsbejahung, bildlich gesprochen, zum Meer, zu dem die Ströme des Erfolgs von selbst ihre Wege lenken. Die gleiche Kraft, die das Wasser von den Bergen talabwärts zieht, wirkt in uns und führt die Dinge herbei, die unserem innersten Denken entsprechen.

Warum also unserer inneren Erfolgskraft Felsblöcke feigen Zweifels in den Weg legen? Sie wird sie zwar im Lauf der Zeit überwinden – aber wir haben es leichter, wenn wir ihr den Weg durch Vertrauen ebnen. Lernen wir, jedes vermeintliche Hindernis als einen verkappten Helfer anzusehen und als Erfolgsträger willkommen zu heißen, dann wird es sich in das verwandeln, als das wir es bejahen. Denn in Wirklichkeit gibt es nur eine Macht: die des Guten. Bejahen wir die lichte Seite der Dinge, verschwindet alles Dunkle von selbst aus unserem Leben.

Erkennen wir, daß dem, was uns unsere äußeren Sinne von den Lebensbedingungen berichten – von scheinbar unübersteigbaren

Hindernissen und haltgebietenden Unmöglichkeiten –, nur ein sehr niedriger Wahrheitsgrad zukommt. *Gewißheit ist nur im Innern,* außer uns ist alles Schein.

Wir sehen die Sonne auf- und untergehen und wissen, daß das Täuschung ist. Wir sehen die Schienen einer Eisenbahn in der Ferne zusammenlaufen und wissen, daß sie nie zusammenkommen. Um solchen Irrtümern zu entgehen, läßt der Weise den Wahrheitssinn seines inneren Führers entscheiden.

Den scheinbar in der Ferne zusammenfließenden Eisenbahnschienen gleicht unser Erfolgsweg: nur scheinbar führt er in die Weglosigkeit. Wenn wir mutig voranschreiten, zeigt sich, daß er nie zu Ende ist, sondern immer weiter geht und immer höher führt. Wir lächeln nun ob dieser Angst vor vermeintlichen Schwierigkeiten. Und indem wir über sie lächeln, lösen wir sie auf.

Wir erkennen, daß wir nicht einmal gegen die Schwierigkeiten anzugehen brauchen. *Wegsehen ist die beste Verneinung. Und das heißt hinsehen auf das Positive und Gute, dessen Entfaltung wir wünschen.* Wie wir die Kälte vertreiben, wenn wir ein Feuer anzünden, so vertreiben wir Übel und Schwierigkeiten, wenn wir das Gute bejahen.

Erkennen und bejahen wir, daß die Sonne immer dort scheint, wo wir sind, daß dort, wo wir stehen, immer die Sammelstätte der Glücksfälle und Erfolge ist, daß dort, wo wir wandern, immer das Gute hinströmt, um uns den Weg zu erleichtern!

Warum ist das so? Weil wir selbst eine Sonne des Guten sind. Wir leben in einem Ozean magnetischer Kräfte: mit jedem Bissen Brot, jedem Schluck Wasser, jedem Quentchen Luft, das wir zu uns nehmen, nehmen wir göttliche Kraft auf, die unsere Anziehungskraft steigert, so weit wir dieses Wachstum unserer Kraft *bejahen.*

Praktisch heißt das:

Wir bringen das Gesetz der Anziehung zum Wirken, wenn wir genau wissen, was wir wünschen, dann ein lebendiges Idealbild des Ersehnten in uns erzeugen, dieses Idealbild mit unserer ganzen Erwartungs-, Wunsch- und Glaubenskraft erfüllen, uns beharrlich und ausdauernd auf die Verwirklichung des Ideals konzentrieren und seine Erfüllung wahrhaft wollen. Wir geben dem Ideal da-

durch die nötige magnetische Kraft, die es die entsprechenden Dinge, Wesen und Bedingungen um so eher herbeiziehen oder aus geistiger in sinnliche Wirklichkeit verwandeln läßt, je restloser wir uns selbst, unser Bewußtsein und Unterbewußtsein mit der Überzeugung der Wirklichkeit des von uns Bejahten erfüllen.

Wir schaffen durch diese Bejahung einen lebendigen Kontakt zwischen uns und dem, was wir wünschen, ziehen in steigendem Maße der Verwirklichung unseres Ideals dienliche Menschen, Dinge, Zufälle, Gelegenheiten und Umstände herbei. Dieser Vorgang der Anziehung geht mit der Exaktheit eines astronomischen Ereignisses vor sich.

Wir hindern diesen Entwicklungsprozeß jedoch, wenn wir am Kommen der Fülle zweifeln, uns Sorgen hingeben, Fehlschläge fürchten oder einer Notwendigkeit feige ausweichen. Wir müssen erkennen und bejahen, daß wir von unserem Ursprung her dazu bestimmt sind, alle Reichtümer der Erde und alle Umstände unseres Lebens zu beherrschen. Wir müssen uns als Magneten des Glücks erkennen, uns als Sonne fühlen, handeln, als ob das, was wir andern geben, empfehlen oder anbieten, etwas Einmaliges sei, das Einzige seiner Art in der ganzen Welt, so daß für den andern nichts anderes in Frage kommen kann als das von uns Aufgezeigte.

Durch diese Einstellung der Überlegenheit dessen, was wir wollen, gegenüber allem andern in der Welt setzen wir jene anziehende Kraft unseres Innern in Tätigkeit, die das von uns Bejahte herbeiführt.

ANZIEHUNG DES REICHTUMS

„Ich möchte vor allem lernen, wie man Geld herbeizieht. Denn was ich im Augenblick nötig brauche, ist die und die Summe! Und da weiß ich eben nicht, ob das ‚Gesetz der Anziehung' auch die Möglichkeit der Heranholung von Geld mit einschließt", wendet ein Skeptiker ein.

Gemach, lieber Freund! Auch Ihnen wird geholfen. Ihre Frage beweist, daß Sie dem bisher Gesagten nicht volle Aufmerksamkeit schenkten. Sonst würden Sie bereits erkannt haben, daß das Gesetz der Anziehung auf materielle Dinge genau so anwendbar ist wie auf geistige Güter.

Wer Geld will, kann es erlangen, in jeder Menge. Er muß nur achtgeben, daß es ihn auch glücklicher macht! Im Eifer seines Geldstrebens vergißt der Mensch leicht, *warum* er eigentlich Geld anzieht. Und wenn er es erlangt hat, vergißt er nur zu oft, es in den Dienst des Glücklichmachens und Glücklichseins zu stellen.

Jeder kann das gleiche ‚Wunder' erfahren wie der bekannte Waisenhaus-Müller, der durch bloßes Vertrauen zum Gesetz der Anziehung im Laufe der Jahre Millionen herbeizog, um heimatlosen Waisenkindern eine Pflegestatt zu geben. Wie Müller jeden Pfennig der von Tag zu Tag größer werdenden Beträge, die er brauchte, um sein Waisenhaus zu unterhalten, sich täglich ‚erbetet' hat, so können wir durch vertrauende Bejahung der inneren Hilfe das herbeiziehen, was wir benötigen.

Jedem Zweifler sei gesagt, daß Menschen, die sich mit der göttlichen Fülle eins wissen, noch ganz andere Aufgaben als diese gemeistert haben.

Natürlich genügt es hier keinesfalls, dem inneren Führer zu vertrauen und im übrigen die Hände in den Schoß zu legen. Damit die bejahten Mittel in Bewegung kommen, herbeieilen und unserem Unternehmen zufließen, müssen wir uns rühren, die Augen offenhalten und die infolge unserer unaufhörlichen Bejahung des Erfolgs auf uns zukommenden Erfolgsgelegenheiten entschlossen und geschickt ergreifen, müssen von früh bis spät auf der Wacht und tätig sein, alle geistigen, rechnerischen, propagandistischen, erfinderischen, fabrikatorischen, organisatorischen und kaufmännischen Fähigkeiten entfalten und wirken lassen.

Der rechte Lebensschüler stellt sich bei alledem nicht auf *Geld* ein, sondern auf die *Fülle des Lebens*. Er weiß, daß diese Fülle sich in Gestalt von Geld materialisiert, wenn er Geld braucht, aber weit häufiger in anderen Verkörperungen – je nachdem, was seinem inneren und äußeren Fortschritt am dienlichsten ist.

Wenn ihm *Geld* zuströmt, betrachtet er es als bloßes *Mittel,* als nützlichen Diener – nie als seinen Herrn, dem er sich beugt. Er bejaht sich als Kanal des Göttlichen, durch den die Fülle hindurchströmt, um in möglichst vieler Leben möglichst viel Freude und

Glück hineinzutragen. Aber ob viel oder wenig durch ihn hindurchströmt — er selbst wandelt sich nicht, sondern bleibt sich selber gleich.

„Zu märchenhaft, um wahr zu sein!" — mag der unentwegte Skeptiker entgegnen — „Ich bin noch nicht ganz überzeugt".

Sie werden — so antworten wir unserem Freunde — bald überzeugt sein, wenn Sie das hier Gesagte praktisch erproben. Was durch keine Beweisführungen die Überzeugungsgewalt des Selbsterlebten erlangt, wird Ihnen von selbst einleuchten, wenn Sie nach den hier aufgezeigten Regeln *handeln.* Dann werden Ihre Erfolge Ihnen bald ‚märchenhaft' vorkommen, und Sie werden einsehen, daß selbst in *Märchen* ein Wahrheitskern steckt.

Sie kennen wohl aus ‚Tausend und einer Nacht' die Geschichte von Aladdin und seiner Wunderlampe. *Sie* sind Aladdin: Sie haben die gleiche Fähigkeit wie er, alles herbeizurufen, was Sie in Ihrem Leben gern verwirklicht sähen:

Als Aladdin die von ihm gefundene Lampe rieb, damit sie blank werde, erschien ein Geist und fragte ihn nach seinen Befehlen. Wir müssen in gleicher Weise die *Lampe des Vertrauens* blank reiben, damit der Geist in uns, unser ‚Innerer Helfer' unsere Wünsche ihrer Erfüllung zuführt.

Unser Vertrauen setzt die anziehenden Kräfte unseres Innern in Bewegung: jedes Partikelchen unseres Unbewußten und bis zu einem gewissen Grad auch des Gemeinsamen Unbewußten wird zu schöpferischer Aktivität aufgerufen und hilft mit, das Ersehnte heranzuziehen. Ist die Kraft in uns durch rechtes Denken, Danken und Vertrauen mobilisiert, ruht sie nicht, ehe nicht das von uns Bejahte aus der geistigen in die stoffliche Wirklichkeit herabgezogen ist.

Unser Vertrauen entfesselt die Materialisationskräfte unserer Seele! Es bewirkt, daß unser Wunschgedanke zum Ansatzpunkt der Kristallisation des ersehnten Erfolges wird. Je größer unser Vertrauen zum inneren Helfer in Gedanke, Wort und Tat, desto vollkommener geschieht die Anziehung oder Verwirklichung des Gewünschten.

Unser ganzes Denken und Fühlen muß von liebendem Vertrauen zum inneren Helfer erfüllt sein. Und mit ihm muß der Glaube an das Kommen des Ersehnten sich verbünden. Beides ist gleich wichtig:

Ist die Liebe das schöpferische Prinzip des Universums, so ist der Glaube die wichtigste anziehende Kraft des Alls. „Wenn Ihr bittet, so *glaubet,* daß Ihr's empfangen werdet, und Ihr werdet's erhalten!" – dies Christus-Wort ist nur ein anderer Ausdruck für die gleiche gesetzmäßige Tatsache, daß wir, wenn wir felsenfestes Vertrauen zur inneren Führung haben, immer das anziehen, was wir benötigen, so daß wir uns um nichts mehr zu sorgen brauchen.

Gleich wichtig ist, daß wir uns in Richtung auf unser Ideal hin *bewegen,* also unermüdlich *zielstrebig* tätig sind. Durch jede Bewegung bringen wir ein entsprechendes Teilchen der Allkraft zur Auslösung, das bewirkt, daß die Geistkeime der von uns bejahten Dinge in unserem Bewußtsein Wohnung nehmen und von dort her ihrer Verwirklichung entgegenreifen.

Unsere Erfolge werden um so sichtbarer, je mehr wir uns bei jeder bewußten Betätigung des Gesetzes der Anziehung der *Gegenwart der Allfülle* lebendig bewußt sind. Wir werden fähig, selbst aus einem unfruchtbar scheinenden Boden Reichtümer hervorzuzaubern. Wir vermögen Hemmungen und Hindernisse auszuschalten, die anderen unüberwindlich vorkommen. Wir können das, weil wir wissen, daß die allvermögende Kraft in uns die Dinge herbeizieht und daß uns diese Erfolgsführung von innen umso spürbarer zuteil wird, je vertrauensvoller wir sie bejahen und je *dankbarer* wir diese Hilfe annehmen.

Durch *Dankbarkeit* steigern wir die anziehende Kraft unseres Innern. Wir werden sie aber nicht nur in Gedanken bezeugen, sondern auch in Worten und Taten – und nicht nur gegenüber dem Göttlichen in uns und über uns, sondern auch gegenüber seinen Offenbarungen: gegenüber jedem Wesen, durch das uns das Gute zugeleitet wird.

Tun wir das, dann erkennen wir, daß das Sehnen des Menschen nach der Fülle des Guten nur die andere Seite ist des gleichen Strebens Gottes nach der Offenbarung der Schätze seines Reiches in uns und durch uns.

Die Tatsache der Gegenwart der inneren Hilfe macht also das eigene Tun keineswegs überflüssig: wir müssen das Unsere tun, wie unser innerer Helfer das Seine tut, also jede Gelegenheit, die sich uns bietet, ergreifen und nützen. Nur wenig nützt uns die Hilfe von innen, wenn wir keinen entschlossenen Gebrauch von ihr machen. Recht gesehen, ist jede Gelegenheit, die sich uns bietet, eine Probe unseres Vertrauens und muß als solche freudig wahrgenommen werden.

Unser Vertrauen zum inneren Helfer äußert sich praktisch auch in unserer zunehmenden *Hilfsbereitschaft.* Der Erfolg stellt sich rascher ein, wenn wir andern zum Erfolg verhelfen. Indem wir andere bei der Erfüllung ihrer Wünsche unterstützen, erhöhen wir unsere eigene Anziehungskraft auf alles Gute.

DAS GESETZ DES WACHSTUMS

Mit dem Gesetz der Anziehung hängt aufs engste das Gesetz des Wachstums zusammen, das kurz besagt: *Wir wachsen um das, was wir liebend bejahen.*

Was wir beharrlich bejahen, worauf wir unser gefühlsbetontes Denken und Wollen konzentrieren, das beginnt allmählich zu keimen und aus dem Reich des Unsichtbaren in den Bereich des äußerlich Sichtbaren und sinnlich Greifbaren hinauszuwachsen.

Jeder Gedanke fügt zu unserem Lebensbau einen Baustein hinzu und bestimmt zugleich dessen Richtung. Jede Überzeugung, der wir in uns Raum geben, jede Haltung, die wir innerlich oder äußerlich einnehmen, jede Gewohnheit, der wir uns hingeben, beginnt zu wachsen und sich zu entsprechenden körperlichen oder Lebens-Bedingungen, Dingen oder Umständen zu verdichten.

Was einmal in den Mutterboden der Seele eingesenkt ist, keimt und wächst, blüht und trägt Frucht. Je häufiger wir uns darauf besinnen, desto tiefer wurzelt es in uns und desto höher wächst es äußerlich sichtbar empor.

Nichts geschieht in unserem Leben, das nicht zuerst in unserem Denken geschieht: hier ist die Keimstätte dessen, was uns im Leben zu-wächst und zu-fällt. Wir haben es in der Hand, aus unseren Lebensbedingungen eine Kristallisation des Idealbildes der Fülle zu machen. –

Ein bekanntes Gleichnis verweist uns auf die Lilien des Feldes, die sich nicht sorgen und dennoch leben und gedeihen.

Wie die Blumen sich von innen her behütet fühlen, so sollen auch wir der göttlichen Führung, der Kraft in uns vertrauen. Wie die Blumen *unbewußt* aus Erde, Luft und Wasser das anziehen, was sie zum Dasein brauchen, so sollen wir *bewußt* aus Innenwelt und Umwelt das bejahend heranziehen, was wir zu unserem Wachstum benötigen. Aus der rechten Befolgung des Gesetzes des Wachstums gewinnen wir alsdann zwei wertvolle Erkenntnisse:

1. *daß jedes bewußte, vertrauende Schöpfen aus der Fülle der Natur keine Verringerung, sondern eine Zunahme der Fülle und des Kraftzustroms zur Folge hat,*

2. *daß jede Inanspruchnahme seelischer Kräfte nicht deren Minderung, sondern ihr weiteres Wachstum bewirkt.*

Die meisten erwarten nicht genug vom Leben und empfangen infolgedessen auch wenig. Je mehr sie dagegen vom Schicksal erwarten und ihrem inneren Helfer zutrauen, desto größer wird die Fülle.

Gewöhnen wir uns darum, stets das Höchstmaß zu erwarten, um das Höchste zu empfangen. Es ist falsch, zu befürchten, wir könnten zu viel verlangen. Wir handeln im Gegenteil im Sinne des Gesetzes der Fülle, wenn wir das erwarten, was wir brauchen, mag es noch so viel sein.

Wer dieses gläubige Vertrauen auf die innere Kraft und Hilfe entfesselt, der schafft die nötigen Wachstums- und Verwirklichungs-Bedingungen für seine Ideale. Gleiches meint das Christus-Wort: „Wer *hat*, dem wird gegeben."

Wer der inneren Fülle gewiß ist, dem wird die äußere Fülle gegeben. Wer Sorgen hat, dem wächst das Gefürchtete zu. Wer Mißtrauen hat, zieht die an, die sein Mißtrauen rechtfertigen. Wer aber Liebe hat, dem wird Liebe gegeben. Wer Glauben hat, dem wächst aus allem der Reichtum des Lebens zu.

MAGIE DES ERFOLGES

Um immer und überall sicher zu gehen, können wir nichts Besseres tun, als unserem inneren Helfer zu vertrauen, der weiter sieht als unsere äußeren Augen, der am Anfang jedes Weges schon um das Ende weiß und uns mit sicherem Instinkt berät und weist. Mit jener Zielsicherheit, die die Zugvögel immer wieder ihre Heimat finden läßt, leitet er uns durch die Irrwege des Lebens dorthin, wohin unser Herz sich sehnt.

Damit ist aufgezeigt, was die Erfolgreichen und Erfolgarmen scheidet: Die meisten machen sich zwar Bilder dessen, was sie sein oder haben möchten – aber sie wagen es nicht, kühn mit der Verwirklichung ihrer Ideale zu beginnen: sie fürchten das Gelächter der Umwelt, fremden Gegenwillen, scheuen Hindernisse und geben ihr Vorhaben auf, bevor sie richtig begannen.

Anders der erfolgbewußte Tatmensch: er vertraut der inneren Führung und setzt seine Ideale mutig in Tat um. Er bejaht seine Kraft – und entfesselt sie dadurch. Er erwartet den Erfolg als selbstverständlich – und erringt ihn.

Auf diesen göttlichen Wagemut kommt es an. Gott wagt auch in einem fort das Höchste: welch übermächtiger Wagemut gehört dazu, das Schicksal aller Wesen und Welten bis in die fernsten Fernen des Alls in Händen zu tragen. Wir als Kinder der Gottheit dürfen Gleiches wagen und unser Geschick kühn nach unserem inneren Willen schmieden!

Das und nichts sonst ist es, was die ‚Magie des Erfolges' ausmacht und den Erfolgreichen aus der Masse heraushebt: der Mut, das zu tun, was er zu tun wünscht!

Während die andern über die Schwierigkeiten einer Aufgabe reden, geht er hin und handelt – und löst die Aufgabe. Während die andern den Kopf verlieren, hält er ihn hoch und zwingt das Geschick. Er erfüllt sein Bewußtsein mit dem Idealbild des Gewollten und bewegt sich zugleich willentlich in Richtung seines Zieles, tut also bewußt und unbewußt, was der Verwirklichung seines Ideals dient, und wagt das, was ihn am raschesten voranbringt.

Wenn wir das Leben der großen Erfolgreichen überblicken und das ihnen Gemeinsame herausschälen, gehört zu dem für alle Charakteristischen in erster Linie der jedem von ihnen eigene Wagemut: *der Mut der freien Tat.*

Sie haben den Mut, ihre Ideale gegen Kleinglauben und Gegenwollen zu verfolgen, und machen so das unmöglich Scheinende möglich.

Sie haben erkannt, daß ihnen ein innerer Helfer zur Seite steht, der die gläubig bejahten Dinge aus dem Reich der geistigen Wirklichkeit in die sinnliche Welt der Gewirktheit hinüberzieht.

Sie haben erkannt, daß alles, was werden soll, schon in ihnen ist und in die äußere Welt hinausgebildet werden kann – kraft des schöpferischen Verwirklichungsvermögens, das ihnen genau so eigen ist wie der Gottheit. –

Haben wir eingesehen, daß *aller Reichtum in uns ist* und darauf wartet, durch gläubige Bejahung auch nach außen hin verwirklicht zu werden, dann werden wir unser Schicksal nicht mehr auf Bankguthaben, Beziehungen und Versicherungen aufbauen, sondern auf der Kraft in uns.

Wir wissen dann, daß unsere Bank *in uns* ist, daß es also nicht das Wichtigste und der Sinn des Lebens ist, Geld anzuhäufen, da wir, wenn wir der göttlichen Bank vertrauen, jederzeit so viel abheben können, als wir brauchen. Die Reichtümer, die wir in uns haben, kann uns niemand stehlen. Äußere Güter dagegen sind zwiefach verderblich: sie verderben auf Grund ihrer Vergänglichkeit und verderben den mit, der sein Herz an sie hängt.

Den Reichtum, den wir durch Bejahung herbeiziehen, ziehen wir keineswegs aus dem Nichts, sondern heben ihn gewissermaßen von der göttlichen Bank ab, wobei wir uns wegen der Höhe der Entnahmen keine Sorgen machen. Denn so viel wir dort auch abziehen und zu uns herziehen – es bleibt ein winziger Bruchteil von dem, worüber wir als Kinder der Gottheit frei verfügen können.

Wie wenige aber ziehen von der göttlichen Bank so viel ab, wie sie brauchen. Die meisten gehen an ihr vorüber und vergessen, daß sie hier nicht nur Einleger sind, sondern zugleich Aktionäre, also ein doppeltes Recht haben, über die Mittel der göttlichen Bank zu verfügen.

Jede vertrauensvolle Bejahung unseres Reichtums ist eine Zahlungsanweisung an die innere Bank. Die bejahte Fülle beginnt uns im gleichen Augenblick zuzufließen – zuweilen erst tropfenweise, dann in immer mächtigerem Strom – manchmal bis auf den Pfennig genau zu der Stunde, da wir das gläubig Erwartete brauchen.

Wie dies im einzelnen vor sich geht, wollen wir uns in der kommenden LW klar machen.

46. WOCHE:

RECHTER IDEAL-REALISMUS

„Das Ideal ist nicht über den Dingen, sondern in den Dingen. Es ist kein Leckerbissen, sondern tägliches Brot. Daraus ergibt sich für mich die Folgerung, daß die Idealität aus den Dingen des täglichen Lebens herauswachsen muß." Paul de Lagarde

Den meisten scheint eine unüberwindliche Kluft zu gähnen zwischen dem Ideal und dem, was sie ‚Wirklichkeit' nennen, und es scheint ihnen ein unnützes Unterfangen, diese Kluft zu überbrücken.

Dennoch ist eine weitgehende Verschmelzung von Ideal und Wirklichkeit möglich, wenn wir die unsichtbaren Schöpferkräfte der Seele bewußt in den Dienst der Verwirklichung unserer Wünsche zu stellen gelernt haben.

Der wirkliche Idealist ist kein Phantast, der seine Ideen nicht mit den realen Gegebenheiten des Lebens in Verbindung zu bringen weiß, sondern ein Realist: er geht von dem eigentlich Wirkenden aus und sucht mittels der von ihm erkannten Gesetze des Lebens bewußt die äußere Wirklichkeit der inneren gleichzurichten. Sein Ideal-Realismus bleibt nicht an den Begleiterscheinungen des Daseins hängen, sondern erfaßt und gestaltet das Wesentliche.

Real-idealistisches Wollen ist also kein wirklichkeitsfernes Spiel der Phantasie, sondern ein von der Macht des Geistes über den Stoff überzeugtes Denken und Wollen in Richtung möglicher Vervollkommnung des Lebens. Für diesen Real-Idealismus bringen gelehrte Theoretiker und beschränkte Materialisten naturgemäß wenig Verständnis auf. Die einen unterlassen die Übertragung ihrer Ideen auf das reale Leben, die andern reden von Utopien, um am Ende zu erleben, daß die an die Möglichkeit des Unmöglichen Glaubenden recht hatten.

Real-Idealisten waren es, die bewirkten, daß die vom beschränkten Nur-Verstand gesetzten Grenzen des Erkennens und Könnens von Zeitalter zu Zeitalter übersprungen wurden und laufend erweitert werden mußten. Sie beweisen, daß *Kant* recht hat, wenn er der fortschreitenden Evolution des Menschengeistes keine Grenzen gesetzt wissen will:

„Welches der höchste Grad sein mag, bei dem die Menschheit stehen bleiben müsse, wie groß also die Kluft, die zwischen der Idee und ihrer Verwirklichung notwendig übrig bleibt, sein möge, das kann und soll niemand bestimmen, weil es Freiheit ist, welche jede angegebenen Grenzen übersteigt."

Wir haben in der Grundlektion der 1. LW gelernt, daß alle Zukunft heute schon keimhaft in uns schlummert und darauf wartet, aus uns erweckt und in lebendige Gegenwart verwandelt zu werden. Wir wollen jetzt darüber hinaus erkennen, daß auch der Schwächste der Anlage nach nicht weniger Kräfte, Fähigkeiten und Möglichkeiten in sich birgt als der Größte und Tüchtigste, der je über diesen Planeten schritt, daß *jeder* dem Höchsten ebenbürtig ist, weil die eine göttliche Allkraft in uns allen tätig ist soweit, als wir uns auf uns selbst und unser Können besinnen, zur Selbstführung unseres Lebens erwachen und des inneren Halts gewiß sind.

Höchste Wertung unserer selbst fordert das Leben von uns: wir müssen erkennen, daß es nichts gibt, was der Mensch nicht vermöchte, kein Problem, das der Mensch nicht eines Tages löst, kein Ideal, das nicht eines Tages Realität sein wird. Wir müssen erkennen, daß, da unsere Kraft Teil der Allkraft ist, unsere Entfaltungsmöglichkeiten unendlich sind, daß es für uns darum nur ein unentwegtes Vorwärtsschreiten gibt!

Wir müssen erkennen, daß wir immer so hoch zu steigen vermögen, wie unsere Ideale sich erheben, und daß es darum gilt, unser Idealisierungsvermögen bewußt zu entfalten und durch ständige Übung diese höchste Kraft unserer Seele immer vollkommener zu ertüchtigen. Den praktischen Weg hierzu wollen wir jetzt gehen.

DYNAMIK DER IDEAL-VERWIRKLICHUNG

Jeder hat schon erfahren, wie Wünsche, die er lange Zeit in sich trug, aber über wichtigeren Dingen aus den Augen verlor, eines Tages plötzlich in Erfüllung gingen. Diese Verwirklichung einstigen Sehnens geschieht nicht von ungefähr: sie ist Auswirkung des Gesetzes der Ideal-Verwirklichung.

Bei den meisten ist diese Entwicklung der Ideale oder inneren Wirklichkeiten zu sinnlichen Greifbarkeiten eine vielerlei Zufällen unterworfene und zumeist durch falsches Denken gestörte. Aufgabe des Lebensschülers ist es, diesen Prozeß zu einem bewußten, genau überwachten und reibungslosen zu gestalten. Er muß lebendige geistige Bilder dessen, was werden soll, in sich schaffen und in der Stille durch geistiges Bauen die schöpferischen Kräfte des Lebens in seine Idealbilder einströmen lassen, bis sie lebendig werden und sich einkörpern.

Dieses *geistige Bauen* ist vor allem ein innerer Seh- und Gestaltungsprozeß. Wir projizieren plastische innere Sehbilder dessen, was werden soll, so lange mittels der inneren Kraft in die Sinnenwirklichkeit hinaus, bis sie allen sichtbar werden.

In einer früheren LW wurde der Vorgang rechten Vorstellens mit den Vorgängen beim Filmen verglichen. Wir wollen jetzt die Vorgänge beim Filmen als Gleichnisse der Prozesse beim geistigen Bauen auswerten und dabei die für die Praxis des inneren Bauens geltenden *Regeln* aufzeigen.

Beim *Filmen* werden äußere Vorgänge auf den Film gebannt, mit Hilfe eines Projektionsapparats auf die Leinwand geworfen und allen sichtbar gemacht. Beim *Bauen* werden innere Vorgänge, lebendige Ideale, in das Blickfeld des geistigen Bewußtseins gebannt, mit Hilfe ständiger Bejahung in die Sinnenwelt hinausprojiziert und schließlich für alle sichtbar.

Gehen wir hier vom Einzelnen zum Besonderen:

1. Wie der Kameramann die Wirkungsweise seines Apparats kennen muß, um gute Bilder zu erzielen, so muß der Lebensschüler mit den beim inneren Bauen wirkenden Gesetzen vertraut sein, soll die äußere Wirklichkeit der inneren gleich werden.

2. Wie der Photograph die technischen Notwendigkeiten des Filmens beherrscht, so müssen wir als Seelenschmiede alle Faktoren inneren Filmens und Gestaltens kennen.

3. Wie der erfahrene Lichtbildner von der Trefflichkeit seiner Aufnahmen aufgrund seiner Fachkenntnisse von vornherein überzeugt ist, so müssen wir vom Erfolg unseres inneren Bauens auf Grund unserer Erfahrungen mit dem rechten Denken überzeugt sein.

4. Wie der Kameramann schon bei der Aufnahme weiß, daß das Bild auf den Filmstreifen gebannt ist, auch bevor er es sieht, so müssen wir uns bewußt sein, daß das von uns bejahte Ideal schon im Augenblick der Bejahung innere Wirklichkeit ist, auch wenn es äußerlich noch nicht in Erscheinung getreten ist.

5. Wie der Photofreund seinen Apparat so einstellt, daß die Bilder möglichst scharf und klar werden, so machen wir unsere inneren Erfolgsbilder zielklar und eindeutig umrissen, indem wir sie mit Wunschkraft laden. Unsere Wunschbilder müssen absolut bestimmt sein, sonst würde es unscharfe Idealbilder und infolgedessen unvollkommene Übertragungen aus der inneren in die äußere Wirklichkeit geben.

6. Wie schlechte Aufnahmen den Zuschauern keine klaren Vorstellungen dessen vermitteln, was der Kameramann eigentlich festhalten wollte, so erfahren unvollendete und unbestimmte Idealbilder eine unzureichende Verdichtung und Verdinglichung – das innere Bauen bleibt fruchtlos: die Verwirklichung unterbleibt.

7. Wie der Kameramann des Lichtes bedarf, um gute Bilder zu erhalten, so bedürfen wir des inneren Lichts gleichmäßigen Vertrauens zum inneren Helfer, um vollkommene Verwirklichungen unserer Ideale zu erzielen. Wie nur die Dinge ein gutes Lichtbild geben, die vom Licht umflossen sind, so gelangen auch nur die gläubig bejahten Idealbilder zu materieller Aus-Bildung. Nur was von unserem Vertrauen *belichtet* und vom inneren Auge *gesichtet* wird, wird beim geistigen Bauen so weit *verdichtet,* daß es auch äußerlich sicht- und greifbar wird.

8. Wie der Photograph bei unzureichenden Lichtverhältnissen länger belichtet, so belichten wir bei ungenügender innerer Anteilnahme das Idealbild in der Stille möglichst lange, versuchen so viel wie möglich inneres Licht auf das Bild zu werfen, damit es so plastisch wie möglich heraustritt. Je mehr Licht darauf fällt, desto klarer erkennen wir, welche Dinge mit unserem Ideal zusammenhängen, welche Wesen und Umstände ihm gemäß und förderlich sind. Ein beständiger Strom gefühlsbetonten Erfolgdenkens muß das Idealbild bis zu seiner Einkörperung umfluten und erhellen. Von dieser Gefühlsbetontheit der Erfolg-Konzentration hängt die Vollkommenheit der Ideal-Verwirklichung ab. Die innere Ideal-

belichtung kann so lebendig sein, daß das Ideal sich auch im Unbewußten anderer Wesen widerspiegelt, was zur Folge hat, daß diese zur Verdichtung des innerlich Geschauten zu ihrem Teil bewußt oder unbewußt beitragen.

9. Wie beim Filmen das Objekt im Bilde festgehalten und für alle dauernd sichtbar gemacht wird, so wird beim inneren Bauen das gedankliche Objekt so lange bewußt festgehalten, bis es sich zu einem äußerlich dauernd sichtbaren Ding gestaltet.

10. Wie die *Linse* der Kamera genau auf die Dinge oder Geschehnisse gerichtet wird, deren Bild festgehalten werden soll, so richten wir unser inneres Auge konzentriert auf das Idealbild dessen, was werden soll.

11. Wie der Filmapparat einen *Dunkelraum* hat, damit die lichtempfindliche Schicht des Filmstreifens nur von den vom Kameramann gewollten Lichtstrahlen berührt wird, so schalten wir uns, bei geschlossenen Augen, von äußeren Störungen ab, indem wir uns in einen ruhigen Schweige-Raum zurückziehen, in dem Sinnenlicht und Sinnenlärm wenig oder gar nicht an uns herankommen.

12. Wie der Dunkelraum der Kamera nur für einen Augenblick durch den Auslöser den Lichtstrahlen des gewünschten Bildes geöffnet wird, sonst aber verschlossen bleibt, so halten wir unseren Schweige-Raum und unser Inneres von fremden Gedankenschwingungen frei: wir lassen Fremde nie in unseren Schweigeraum eintreten, Angehörige selten. Haben wir keinen eigenen Schweigeraum, nehmen wir das geistige Bauen nachts vor, während wir im Bett liegen und alles um uns dunkel ist.

13. Wie die lichtempfindliche Schicht des Filmstreifens das Bild willig empfängt und getreulich einfängt, so fängt der bildempfindliche Mittelpunkt unseres Bewußtseins das Ideal-Bild willig ein und hält es getreulich fest. Den chemischen Veränderungen, die die in den Dunkelraum der Kamera hereingelassenen Lichtstrahlen in der lichtempfindlichen Schicht des Filmstreifens hervorrufen, entsprechen die psychochemischen Wandlungen, die die Konzentration auf das Ideal-Bild in unserem Bewußtsein auslöst und die dahin führen, daß das Ideal-Bild in unserem Bewußtsein eine dem Urbild entsprechende Gestalt annimmt.

14. Wie die feinstempfindliche Bromsilber-Schicht sich im Au-

genblick der Belichtung umschichtet und das einmal aufgenommene Bild festhält, so ist unser aufnahmewilliges Bewußtsein bis zur Besinnung auf das Ideal-Bild passiv, vom Augenblick der Bewußtwerdung des Ideals an aktiv: es wird zum lebendigen Spiegelbild des Ideals. Das eigentliche innere Bauen beginnt.

15. Wie die Moleküle der lichtempfindlichen Schicht in der Sekunde der Belichtung sich je nach den auf sie einwirkenden Lichtstrahlen umbauen und mit unbestechlicher Genauigkeit das äußere Bild wiedergeben, einerlei ob es gut oder schlecht war, so nimmt unser Bewußtsein jedes Gedankenbild getreulich auf und strebt nach seiner Verwirklichung, einerlei, ob der Gedanke positiv ist oder negativ. Wir müssen folglich darauf achten, daß nur positive und vollkommene Bilder den Filmstreifen unseres inneren Bildempfängers berühren. Denn was wir einmal aufgenommen haben, das verdichtet, kristallisiert sich und wächst in die äußere Wirklichkeit hinaus.

16. Wie der Photograph das Entwickeln des belichteten Films in seiner Dunkelkammer vornimmt, so ziehen wir uns zum inneren Ausbauen des vom Bewußtsein aufgenommenen Idealbildes in die Dunkelkammer der Stille zurück, in der wir das Idealbild entwickeln, lebendig machen, zum Strahlen bringen und seiner schrittweisen Sichtbarmachung zuführen.

17. Wie die Dunkelkammer finster ist, damit nicht nachträglich fremdes Licht auf den Film kommt, so muß unser Inneres gänzlich zur Stille werden und nach außen hin vollkommen abgeblendet sein, damit nicht fremde Gedanken die Reinheit und Einheitlichkeit des bewußtgemachten Idealbildes stören. In dieser Stille findet die eigentliche Transmutation des bisherigen ‚Negativs' unseres Idealbildes in ein ‚positives', aktives Geistbild statt, das nach seiner Verwirklichung strebt und durch beharrliche Besinnung darauf zunehmende Strahl- und Durchsetzungskraft empfängt.

18. Wie beim Entwickeln des Films der Neubau der Moleküle der lichtempfindlichen Schicht fixiert wird, so tritt beim geistigen Bauen in der Stille das Idealbild für das innere Auge immer sichtbarer hervor. Es beginnt sich vom ‚Ideal' zum ‚Real' zu entwickeln, sich zu verdichten, sich mit immer mehr Atomen und Molekülen anzureichern. Das Ideal steht jetzt auf der Grenze zwischen innerer

Wirklichkeit und äußerer Verwirklichung: es beginnt zur herrschenden Macht in unserem UB und zugleich im Gemeinsamen Unbewußten zu werden. Das Gemeinsame Unbewußte ist gewissermaßen die Lösung, in der das Idealbild sich entwickelt und aus der es die Kraft und den Stoff zu seiner positiven Verwirklichung schöpft.

19. Wie der Photofreund eine Reihe Mittel anwendet, um das aufgenommene Bild festzuhalten und sein positives Gegenstück für jeden jederzeit sichtbar zu machen, so haben wir in uns eine Reihe Mittel, ein einmal lebendig gemachtes Idealbild festzuhalten und aus der inneren in die äußere Wirklichkeit hinauszubauen.

20. Wie der Photograph den fertigen Film für die Vervielfältigung vorbereitet, ihn vorführungsfähig macht, so führen wir das innerlich Gebaute durch fortschreitende Bejahung und äußeres Tun, als ob es schon realisiert sei, seiner sichtbaren Verwirklichung in der Außenwelt entgegen: wir machen das Ideal schöpferisch, magnetisch, dynamisch, tatauslösend, erheben es zu einem Teil unserer selbst, zu einem treibenden Element in unserem Inneren – bis es zu einem Bestandteil unserer äußeren Lebensbedingungen geworden ist und sich für alle sichtbar *verwirklicht* hat. –

Geistiges Bauen

Geistiges Bauen heißt nicht nur, das innerlich geschaute Ideal durch wiederholte Bejahung in der Stille immer erfolgträchtiger zu machen, sondern darüber hinaus, das Ideal im Geiste ständig weiter auszubauen und uns bewußt zu sein, daß die Wirklichkeit mit den innerlich bejahten Verbesserungen und Vervollkommnungen Schritt hält, daß unser Ideal sich zusehends kristallisiert und realisiert.

Hierzu ist nötig, daß wir dem Ideal eine festumrissene Geist-Form geben, die in keinem Punkte unbestimmt und verschwommen ist. Nur was in uns vollkommen gestaltet ist, nimmt Leben an.

Nächst der Vollkommenheit des Ideal-Bildes kommt es auf seine Lebendigkeit an: es muß sich bewegen und wachsen wie ein lebendes Wesen, soll es uns zu erfolgreichem Handeln leiten.

Bei der Konzentration auf das Ideal-Bild halten wir es darum nicht starr im Mittelpunkt des Bewußtseins fest, sondern umkreisen es, bauen es ständig aus, bringen es mit möglichst vielen Gedanken und Dingen in Verbindung, die auf seine schließliche Verwirklichung Bezug haben, halten also unsere Gedanken auf dieses Ziel hin in lebendiger Bewegung und ergreifen zugleich alle Möglichkeiten, die uns die Ideal-Verwirklichung in der Außenwelt erleichtern.

Geistiges Bauen ist also ein bewußtes, lebendiges Vervollkommnen eines Ideals, durch das wir bewirken, daß es dynamisch wird, zu strahlen, zu wachsen, von innen her auf die äußere Wirklichkeit Einfluß zu nehmen beginnt und uns zu zielgemäßen Handlungen veranlaßt.

Diese Ideal-Vervollkommnung erfolgt in der Stille. Durch das geistige Bauen in der Stille legen wir den Grund zu positiven seelischen Automatismen: wir erhöhen unsere Neigung, unwillkürlich das Zweckmäßigste zu tun; wir steigern unsere Empfänglichkeit für den Einstrom der Fülle des Geistes. Aber nicht nur *unser Tun* wird durch diese Besinnung auf ein Ideal-Bild fortschreitender Vollkommenheit zunehmend von innen her bestimmt, auch *andere Wesen* werden dadurch unserem Wollen gleichgerichtet: bald strebt der Verwirklichungsdrang unserer lebendig gewordenen Ideale auch durch andere nach Betätigung.

Durch das geistige Bauen erlangen die Ideal-Bilder des Kommenden solche Wirkstärke, daß etwaige Hindernisse von innen her untergraben werden. Es kommt uns dann zuweilen vor, als stellten sich alle Umstände von selber um. Und so ist es: die äußeren Gegebenheiten wandeln sich umso offenbarer, je mehr der Ideal-Verdichtungsprozeß fortschreitet, je konzentrierter, konkreter, körperlicher unsere Ideale werden.

Die Beschleunigung der Ideal-Einkörperung fördern wir dadurch, daß wir uns vollkommene Bilder nicht nur des zu Verwirklichenden, sondern auch aller Umstände, Dinge und Wesen machen, die mit dem Ideal in Zusammenhang stehen. Allmählich verschmilzt das Idealbild, an dem wir beständig innerlich bauen, mit unserem äußeren Wesen: nach dem inneren Bilde bilden sich unsere Gedanken, Neigungen und Gewohnheiten, Gebärden, Gesten, Haltungen und Handlungen um. Wir sind ganz auf die werdende Vollkommenheit eingestellt. Dadurch schaffen wir sie und entfesseln zugleich größeres Selbstvertrauen und lebendigeren Wagemut.

Diese Ideal-Besinnung und -Bejahung sollte so oft wie möglich erfolgen. Um so leichter wird es, äußere Hindernisse durch rechtes Verhalten und Handeln zu überwinden, Schwierigkeiten aus dem Wege zu räumen, andere Menschen für unser Wollen zu gewinnen. Wir erleben schon sehr bald die Wahrheit der LS-Regel:

> *Indem wir unsere innere Haltung zu diesen und jenen Wesen, Dingen und Verhältnissen ändern, ändern wir unser Verhalten zu ihnen und ihr Verhalten zu uns. Das geistige Bauen ist ein Umbauen aller äußeren Bedingungen von innen her. Es macht unser Verhalten erfolganziehender: wir bekommen das, was man eine ‚glückliche Hand' nennt. Das heißt: unserem rechten Denken und Planen entsprechen unsere Handlungen. Und dem rechten Tun entspricht der wachsende Erfolg. Unser Einfluß auf die Umwelt nimmt zu: bald streben wir nicht mehr allein unserem Ziele zu, andere schalten sich uns gleich, werden uns Helfer, Partner und Förderer.*

Ein Ideal, das in uns lebendig geworden ist, bringt das Gesetz der Anziehung zur Auslösung: gleiche oder ähnliche Gedanken in andern werden angesprochen, sich uns zuwenden und uns förderliches Tun auslösen; uns verwandte Wesen kreuzen unseren Weg; Dinge, die der Verwirklichung unseres Ideals förderlich sind, geraten in den Strom unseres Wollens.

Mit anderen Worten: das lebendig gewordene Idealbild löst eine wachsende Zahl seelischer und Schicksals-Automatismen aus, die seiner Verwirklichung dienen. Nicht nur nehmen wir unwillkürlich die rechten Handlungen vor, auch andere Wesen werden instinktiv zu unserem Ideal günstigen Handlungen veranlaßt.

Das Gesetz der Anziehung bringt uns stufenweise mit solchen Menschen, Dingen und Umständen in Berührung, die unserem Streben günstig sind. Das Kraftfeld unseres Ideals wächst: immer mehr Dinge, Bedingungen und Wesen werden von ihm umgewandelt und helfen ihm, aus dem unsichtbaren Sein in das sichtbare Hier und Jetzt hinüberzutreten.

*

Die eine Seite des geistigen Bauens ist die Ideal-Besinnung. Die andere Seite ist die beharrliche *Ideal-Bejahung.*

Je inbrünstiger und glaubenserfüllter unsere Bejahung ist, desto anziehender wird die magische Macht des Ideals und desto unwiderstehlicher die Tendenz jedes mit dem Idealbild gefühlsmäßig verknüpften Erfolgsgedankens und jeder Willensstrebung, das innere Bild in die äußere Wirklichkeit hinauszubilden.

Rechte Wirklichkeits-Bejahung ist völliges Durchdrungensein von der Gewißheit, daß das Bejahte sich realisiert – innerlich und, der Anlage nach, auch schon äußerlich. Die Erfolgskraft der Bejahung wächst mit ihrer Beharrlichkeit, wie die der Ideal-Besinnung mit der Gefühlsbetontheit zunimmt.

Bei der Bejahung kommt es darauf an, die Wirklichkeit des Ideals mit allen Sinnen zu fühlen, uns in das Dasein des innerlich Erbauten hineinzuleben. Wir müssen die Freude fühlen, die uns angesichts der Wirklichkeit unseres Ideals durchlodert, den Genuß empfinden, den die Erfüllung unseres Wunsches uns bereitet, bei Tag und Nacht von unserem Ideal träumen, uns darauf konzentrieren, es ständig im Bewußtsein festhalten und stets so handeln, als sei es schon Wirklichkeit!

Wir müssen uns mit dem Ideal identifizieren, es in uns tragen und austragen wie die Mutter ihr froh erwartetes Kind. Was wir denken und tun, muß auf das Ideal Bezug haben; alle Dinge unseres beruflichen und privaten Lebens müssen damit verknüpft und unser Handeln muß darauf abgestimmt sein.

Wir handeln richtig, wenn wir uns schon jetzt als Besitzer des Bejahten fühlen und dieses Besitzgefühl beharrlich nähren und steigern, bis uns das Bewußtsein der Wirklichkeit des Gewünschten zur Selbstverständlichkeit geworden ist. Diese Haltung ist es, die die Ideal-Einkörperung beschleunigt. Je mehr wir uns bewußt in der von uns bejahten Situation sehen und uns so verhalten, als ob die gewünschten Umstände schon Wirklichkeit seien, je mehr wir also nicht nur in Gedanken, sondern auch in der Tat in dem als Wirklichkeit bejahten neuen Zustand *leben*, desto rascher gleicht sich die Umwelt dem Wollen unserer Innenwelt an.

*

Neben der Ideal-Besinnung und Ideal-Bejahung hat das geistige Bauen noch eine dritte Seite: das *gläubige Vertrauen.*

Wir werden häufiger in der Stille unseren inneren Führer um Unterstützung bitten und die Hilfe von innen vertrauend bejahen in der Gewißheit, daß die Verwirklichung unseres Ideals unserer Selbstverwirklichung dient. Wir werden in dem, was wir erstreben, Mittel zum Guten sehen, zur allgemeinen Glückmehrung – und vertrauen darum darauf, daß sie von unserem Inneren Helfer bejaht und ihrer Verwirklichung zugeführt werden.

Tun wir das, dann quillt als Folge gläubigen Vertrauens, daß die Verwirklichung unseres Ideals von innen her gesichert ist und unser Innerer Helfer daran mitwirkt, ein Gefühl unendlicher Ruhe und Sicherheit in uns auf.

Wir wissen, daß wir die Kraft in uns durch unser Vertrauen mobilisieren und vor nichts zurückzuschrecken brauchen, weil die Kraft in uns stets stärker ist als das, was sich uns in den Weg stellt.

Wir erleben, daß, wenn wir in dieser Gewißheit mutig weiterschreiten, jedes Hindernis zurückweicht. Wir können uns die Feigheit der Widerstände, die sich uns entgegenstellen, nicht groß genug vorstellen. Die Schwäche eines Widerstandes wächst in dem Maße, in dem wir uns auf unsere innere Kraft besinnen und der Weisheit des inneren Helfers vertrauen.

Erst vertrauen, dann schauen! fordert eine alte Mystiker-Regel. Kein geistiges Bauen und keine Verwirklichung nach außen ohne Vertrauen. Ist das Vertrauen da, findet unser Wunsch Erfüllung, mögen sich auch unübersteigbar scheinende Mauern zwischen dem Idealbild und seiner Verwirklichung auftürmen.

Gläubiges Vertrauen bedeutet, daß wir uns über den Weg, auf dem unser Innerer Helfer das Ideal seiner Verwirklichung zuführt, keine Sorgen machen. Ob die bejahte Fülle in Gestalt eines geschäftlichen Aufschwungs kommt, als Geschenk oder sonstwie – entscheidend ist, daß wir auf die Verwirklichung unseres Ideals und die Hilfe von Innen unerschütterlich bauen.

Manchmal kommt der Erfolg durch ganz andere Kanäle zu uns, als wir annahmen. Wir quälen uns darum nicht mit Fragen nach dem Wie und Wodurch der Erfolg-Verwirklichung, sondern bejahen auf der einen Seite die Ideal-Einkörperung und tun auf der anderen Seite, was in unserer Kraft steht, sie von außen her zu erleichtern, entsprechend unserer Grundhaltung:

„Mein Innerer Helfer wirkt mein Wohl, und gleichermaßen tue ich alles, was meinem Ideal den Weg in die äußere Wirklichkeit erleichtert – in dankbarem Vertrauen auf die Hilfe von innen!“

*

Das *Zusammenwirken mit dem inneren Helfer* besteht also nicht nur in der gefühlsbetonten Ideal-Besinnung, der beharrlichen Ideal-Bejahung und dem gläubigen Vertrauen auf die Hilfe von innen, sondern zugleich in unserer wachsamen *Mitarbeit.*

Manchmal kommt beim geistigen Bauen schon bald der Augenblick, da es schärfer darauf zu achten gilt, ob sich nicht schon erste Anzeichen der beginnenden Verwirklichung unseres Ideals zeigen, ob die umwandelnde Macht unseres Ideals nicht bereits sichtbar auf Wesen, Dinge und Umstände unserer Umwelt Einfluß zu nehmen begonnen hat.

Wir werden von da ab noch bewußter als vorher alles tun, was möglich ist, um die Verwirklichung unseres Ideals von außen her zu erleichtern. Es bleibt also keine Zeit, die Hände in den Schoß zu legen. –

„Ja, aber ...“ – mag ein Träumer einwenden –, „vorher wurde doch von den Lilien des Feldes gesprochen, die sich nicht sorgen und dennoch gedeihen. Wenn die Kraft in mir alles macht, brauche ich doch nichts mehr hinzuzufügen. Wenn ich Vertrauen habe und Gott mein Helfer ist, kommt das Glück doch auch zu mir, wenn ich nichts tue.“

Diese Frage wurde schon beantwortet. Wie steht es denn mit den Lilien? Sie wenden ihre Blätter vertrauensvoll dem Lichte zu und atmen die Fülle der Kraft in sich ein; sie leisten dabei aber zugleich eine Arbeit, die heute noch kein Biochemiker nachahmen kann. In ihren grünen Blättern verwandeln sie Sonnenlicht, Wasser und Kohlenstoff in Nahrung und Lebenskraft.

Für die Lilien ist Leben und Schaffen eins. Genau so muß für uns Leben und Tätigkeit eins sein. Philosophen haben Leben treffend als ‚Bewegung‘ definiert, Physiker Bewegung als Kraftaustausch erwiesen. So ist Leben immerwährendes Geben und Empfangen von Kraft. Da nun Leben und Tätigsein eins ist und alle Kraft von innen kommt, ist unser Tätigsein zugleich lebendigster Ausdruck unseres Vertrauens auf die Kraft in uns, Nichtstun Ausdruck mangelnden Vertrauens.

Wenn wir die Hilfe der Inneren Führung angerufen haben, entfällt damit nicht die Notwendigkeit schöpferischen Mitwirkens, vielmehr werden wir jetzt mit doppelter Kraft und Freude auf die Verwirklichung unserer Ideale hinstreben, mit gesteigerter Wachsamkeit auf alle Gelegenheiten achten, uns unserem Ziel zu nähern, jeden Menschen, der zu uns kommt, unter diesem Gesichtswinkel ansehen und prüfen. Wir werden hellhörig für jedes Wort und allen Dingen aufmerksamer entgegentreten, uns bei allem, was wir hören, sehen, lesen, fragen: Was hat es mir über die Verwirklichung meines Ideals zu sagen?

Wir werden diese Verwirklichung bei alledem mit der sorgenfreien Gelassenheit des Weisen erwarten, der sich bewußt ist, daß sein Innerer Helfer den für die Offenbarung und Sicherung des verwirklichten Ideals günstigsten, rechten Augenblick wählt.

Wir sind nicht überrascht, wenn uns Menschen begegnen, die von uns Dienste fordern, die die Verwirklichung unseres Ideals einschließen, wenn wir in das Schicksal anderer Wesen hineingerissen werden, die uns bisher fern standen und uns nun Helfer werden, wie wir ihnen Helfer werden, oder wenn sonstige Ereignisse eintreten, die zur Erfüllung unseres Wunsches beitragen.

Solche Erfahrungen, die wir als Folgen rechten geistigen Bauens zunehmend machen, bestärken uns in der Überzeugung, daß, wenn einmal in den Tiefen unserer Seele das *‚Es werde!‘* gesprochen ist, das Schöpferwort auf dem Wege über das Gemeinsame Unbewußte in allen gleichgestimmten Seelen widerhallt und bewirkt, daß die Ideal-Verwirklichung nicht bloß durch *uns,* sondern auch durch *Andere* erfolgt.

Wir spähen darum auch in der Umwelt nach Anzeichen aus, die uns die beginnende äußere Verwirklichung unseres Ideals künden. Manchmal enthalten die nichtigsten Dinge Schicksalswinke: Hinweise auf mögliche Wunscherfüllungen oder Hilfsmittel zu rascher Verwirklichung, Andeutungen kürzerer Wege zum Ziel. Ein Wort eines Fremden, ein paar Zeilen einer ‚zufällig‘ aufgeschlagenen Zeitung oder eines Buches oder andere unbedeutend scheinende Erlebnisse können wichtige Aufschlüsse für uns enthalten.

Je näher unser Ideal seiner Verwirklichung kommt, desto weiter dehnt sich sein Strahlungsbereich aus, desto beziehungsreicher werden alle Dinge, mit denen wir zusammenkommen, desto lebendiger erfahren wir, daß alles Geschehen Führung von innen ist – Wegweisung für den, der sich willig leiten läßt.

Es kommt uns vor, als häuften sich die günstigen Zufälle, als ordneten sich die Dinge neu, um zu ihrem Teil mitzuhelfen, daß wir unser Ziel erreichen:

Vielleicht kommt ein Mensch zu uns, den wir seit Jahren nicht sahen, und macht uns ein Anerbieten, dessen Annahme teilweise Erfüllung unseres Wunsches bedeutet –

oder die Umstände unseres Lebens verschieben sich so, daß, während wir eben noch im Tale einen Weg nach oben suchten, wir uns auf der Höhe des Lebens sehen –

oder erweist sich einer, zu dem uns in dieser Zeit eine Zuneigung erfaßt, als derjenige, der uns die Erfüllung unseres Sehnens ermöglicht –

oder werden uns Vorschläge unterbreitet, eine Stellung angeboten, die die Verwirklichung unseres Ideals mit einschließen –

oder ein Mensch, von dem wir es am wenigsten erwarten, bietet uns seine Hilfe an –

oder ein längst vergessener Schuldner deckt seine Schulden ab in der Höhe des Betrages, den wir gerade brauchen –

oder wir entdecken plötzlich einen bequemen Durchgang, wo wir bisher nur unübersteigbare Felswände sahen ...

All das ist in keiner Weise wunderbar, sondern Folge rechten geistigen Bauens, mit dem wir neue Kausalzusammenhänge schufen und die schicksalsmäßigen Voraussetzungen erbauten für die Verwirklichung eben dessen, was wir ersehnten.

Mag unser Ideal ein geistiges oder materielles Gut sein, ein charakterlicher Fortschritt, die Entfaltung gewisser Fähigkeiten, die Erlangung eines bestimmten Vermögens, die Möglichmachung einer großen Reise, der Bau eines eigenen Heims, die Durchführung eines wissenschaftlichen oder wirtschaftlichen Unternehmens – immer werden wir das Ersehnte erreichen, wenn wir auf die gezeigte Weise unser Leben idealisieren, die Verwirklichung unserer Ideale beharrlich vertrauend bejahen und zugleich unser Bestes geben, um das Beste zu empfangen.

DIE ERFÜLLUNG ALLER WÜNSCHE DURCH DIE KRAFT IN UNS

In der Nähe des Zieles werden die Kreise der Erfolgsschulung immer enger: wir stoßen infolgedessen immer häufiger auf die im Mittelpunkt unseres Wesens wirkende Macht, auf die wir zu Beginn der Lebensschulung den Blick richteten: *die Kraft in uns.* Sie ist es, die es uns möglich macht, unsere Wünsche ihrer Erfüllung zuzuführen und aus den unendlichen Quellen der Fülle das zu schöpfen, was wir brauchen.

Wie eine elektrische Birne leuchtet, wenn sie mit dem Strom Kontakt hat, so haben wir dauernden Erfolg nur, wenn wir mit der inneren Kraft in Kontakt sind und uns ihrem Einstrom und Wirken willig und vertrauend öffnen.

Glück und Erfolg kommen nicht *zu* uns – von außen her –, sondern *durch* uns – nämlich von innen her. Entscheidend ist darum unsere vertrauensvolle Einwärtswendung. Wir müssen lichtwärts sehen, um auf die Sonnenseite des Lebens zu gelangen, das Göttlich-Gute bejahen, um es zur Entfaltung zu bringen, Fülle sehen, um sie überall zu erwecken, und die Kraft in uns lebendig fühlen, damit sie alles erneuert.

Je mehr wir von ihr erwarten, um andern geben zu können, desto mehr empfangen wir. Wie ein Kaufmann die Tür seines Geschäfts offen hält, damit die Kunden und mit ihnen der Erfolg zu ihm hereinkommen können, so müssen wir die Pforten der Seele offen halten, damit die Fülle Einlaß findet und sich durch uns in unserem Leben offenbaren kann.

Wie der Landmann den Boden lockert, damit die Wurzeln der jungen Saat leichter und tiefer ins Erdreich eindringen können, so müssen wir uns innerlich lockern, damit die Kraft in uns uns durchdringen kann. Diese innere Willigkeit machen wir uns zur Gewohnheit: es muß uns zur ersten Natur werden, bei allem, was wir tun, zuerst der Hilfe von innen zu gedenken und ihr den Vortritt zu lassen.

Wir erleichtern der Kraft in uns die Erfüllung unserer Wünsche dadurch, daß wir die Fülle des Lebens froh als unser Eigentum bejahen und keinerlei Stimmungen und Gewohnheiten in uns Raum geben, die auf Negativitäten, Ängste und Sorgen hinauslaufen. Geschieht etwas, was unserem Erfolgshoffen scheinbar zuwiderläuft, lassen wir uns dadurch nicht beirren, sondern üben uns, durch das Hindernis hindurch oder darüber hinweg auf unser Ziel zu sehen und zu bejahen, daß auch die Dinge, die uns in den Weg treten, unserer Vollendung dienen.

Die Bejahung unseres Reichseins müssen wir uns zur Gewohnheit machen, das innere Jasagen zum Reichtum des Lebens in einen seelischen Automatismus verwandeln, der bis in unsere Träume hinein kein Gegen-Denken und -Fühlen mehr aufkommen läßt. Eine Hilfe bei der Schaffung dieses Erfolgsautomatismus ist wiederum das *Tun als ob:* Wir sehen und benehmen uns, reden und handeln, *als ob die* Fülle des Lebens schon unser wäre. Wir bewirken dadurch zugleich eine raschere Änderung der Einstellung der Umwelt zu uns. Ein Schicksalsrädchen greift ins andere, und schließlich ist der ganze Erfolgsdynamismus des Schicksals in Bewegung, um uns Reichtum zuzuführen.

*

Der Weise folgt seinem Inneren Helfer mit dem gleichen Vertrauen und der gleichen Sicherheit, mit der sich das Wasser im Gebirge den kürzesten Weg in die Tiefe sucht.

Wie das Wasser sich nicht mit den Widerständen auseinandersetzt, sondern um sie herumfließt, so quält der Weise sich nicht mit Sorgen, sondern schreitet im Vertrauen auf seinen inneren Helfer unentwegt weiter in der Gewißheit: es wird alles gut!

Wie das talwärts eilende Wasser schließlich auch das größte Hindernis unterspült, zu Fall bringt, mit sich reißt und allmählich auflöst, so räumt das beharrliche Vertrauen des Weisen zu seiner inneren Kraft jedes Hindernis im Laufe der Zeit aus dem Wege.

Wie ein Gebirgsfluß sich, mag auch ein ganzer Berg zusammenstürzen und das Flußbett unwegsam machen, im gleichen Augenblick daran macht, sich unter den neuen Verhältnissen den leichtesten Weg ins Tal zu bahnen, so verfolgt der Weise, wenn das Schicksal ihm etwas nimmt, mit gleich unbeirrbarem Vertrauen weiter sein Ziel.

Tun wir es ihm gleich, dann wird der Sieg unser. Denken wir immer daran, daß das Meer, zu dem die Kraft in uns uns leitet, der Ozean der Fülle der Gottheit ist – daß wir also nichts Besseres tun können, als der inneren Führung zu folgen.

Bejahen wir immer wieder, daß wir zum Glück bestimmt sind. Es ist notwendig, nicht nur vom *Glück der Pflichterfüllung* zu reden, sondern ebenso laut von der *Pflicht* zu sprechen, die *Fülle des Glücks* als unser Eigentum zu ergreifen!

Erkennen wir, daß alles, was wir sein oder haben möchten, der Anlage nach in uns schlummert und von uns aus dem geistigen ins sinnliche Leben gerufen werden kann. Unsere Schöpferkraft stammt aus Gott und ist mächtig wie er, denn die Gottheit kann auch in ihrem kleinsten Teile nicht schwächer sein als in ihrem Ganzen, soweit dieser kleinste Teil, zu sich selbst erwacht, seine Einheit mit dem Ganzen vollzogen hat.

Aber nicht nur *in uns*, auch *um uns* wartet der Reichtum des unendlichen Geistes des Lebens darauf, daß wir ihn sichtbar machen. Nur die seelisch Blinden sagen: „Wir sehen ihn nicht, folglich existiert er nicht."

Es gibt viele Dinge, die da sind, ohne äußerlich sichtbar zu sein. Zu diesen Dingen gehören die Geistgerüste der Schätze, die wir ersehnen. Um sie mit dem körperlichen Auge zu erblicken, müssen wir sie zuerst mit den inneren Augen sehen, die Fülle des Lebens in uns anerkennen und einsehen, daß, wie ein Samenkorn bereits den ganzen Baum vollständig in sich birgt – potentiell, unentwickelt –, das Ideal als innere Wirklichkeit die ganze äußere Wirklichkeit bereits in sich enthält – nur un-entwickelt, noch der Heraus-Wickelung ins Sinnliche harrend.

Dieser Herauswickelung dient die Kraft in uns: sie hält die Atome des Geistgerüstes unseres Wunschbildes zusammen, läßt es sich mit immer mehr Atomen und Molekülen anreichern, bis das zuerst nur innerlich Sichtbare auch äußerlich faßbar wird.

Dieses Wachstum der inneren Dinge nach außen geht umso rascher vor sich, je größer unser Vertrauen zum Realisationsvermögen unserer inneren Kraft ist, je lebendiger uns bewußt ist, daß der Geist mächtiger ist als die Materie und auch den groben Stoff, der ja nur scheinbar so grob, tot und unbeweglich ist, von innen her umzuwandeln vermag.

In Wirklichkeit besteht die scheinbar starre und schwerbewegliche Materie aus Zentillionen kreisender Atomwelten, die den gleichen Gesetzen unterstehen wie die ätherischen Reiche der Seele und daher genau so vom Zentralreich des Geistes aus bestimmt werden können. Bei näherer Betrachtung löst sich alle Materie in leeren Raum auf, in dem nichts als Protonen, Neutronen, Elektronen und andere Elementarteilchen umherschwirren. Und sind diese das Letzte? Nein – nach neueren Forschungen sind sie *Kraftballungen.* In Wirklichkeit gibt es keinen Stoff, sondern nur *Kraft* in verschiedenen Manifestationsformen.

Eine der mächtigsten Offenbarungen dieser All-Kraft ist die *Kraft in uns.* Durch sie haben wir die Möglichkeit, auf die übrigen Manifestationen der Allkraft – Gedanken, Ideale, geistige wie grobstoffliche Dinge, Umstände und Schicksale – umwandelnd einzuwirken. Der Unterschied zwischen einem lebendigen Ideal als geistiger Wirklichkeit und seinem materiellen Abbild, der sinnlich-dinglichen Wirklichkeit, ist nur ein Gradunterschied der Dichte. Jeder geformte Gegenstand ist ein verdichteter Gedanke Gottes oder eines Geistwesens. Alle Materie ist kristallisierte Kraft, deren ‚Kristalle' wir durch inneres Bauen zur Lösung und Neugestaltung bringen können.

Was immer in materieller Form besteht, war einmal nur in geistiger Form vorhanden. Und was immer in stofflicher Gestalt erscheinen wird, ist im ewigen Jetzt als Geistgestalt gegenwärtig. Jedes Ding existiert zumindest in seiner geistigen Form.

Ob die Dinge in ihrem ewigen Kreislauf auf der geistigen Seite der Welt weilen oder sich gerade materialisiert haben – im Innersten bleiben sie, was sie sind: Ideen. Aber aller Idee wohnt das Verlangen inne, auch körperliche Wirklichkeit zu werden, das Streben nach Verdichtung, nach Verdinglichung. Mit diesem Verdinglichungsstreben der Ideen korrespondiert die Transmutationskraft unserer Seele: wir haben die Fähigkeit, das Verdichtungsstreben der in unserem Bewußtsein lebendiggewordenen Ideale zu entfesseln, zu erhöhen, zu unterstützen.

Im Wort ‚*Dichter*' findet das Bewußtsein dieser Fähigkeit noch ihren sprachlichen Ausdruck: ein Dichter ist eigentlich ein Mensch, der imstande ist, Gedanken, Ideale so zu verdichten, zu kondensieren, zu komprimieren, daß sie für jeden sicht- und faßbar werden. In diesem Sinne soll der Lebensschüler ein Gedanken-Verdichter, ein Ideal-Verdinglicher sein: er soll das Bestreben der Gedanken, sich aus einem geistigen zu einem sinnlichen Ding zu verdichten, sich mit immer mehr Atomen anzureichern, planmäßig unterstützen, in dieses Streben System und Ordnung bringen und die Verdichtungskraft seiner Seele in den Dienst erfolgreicher Lebensführung stellen.

Wir müssen uns darin üben, durch geistiges Bauen unseren Idealen zuerst einen mentalen und schließlich einen materiellen Körper zu geben. Wir müssen uns dabei bewußt sein, daß das Geistgerüst dessen, was wir als Wirklichkeit bejahen, aus den gleichen Kraft-Quanten besteht wie das spätere materielle Abbild, müssen fühlen, wie die ursprüngliche Feinheit des ätherischen Ideal-Bildes mit jeder überzeugten Bejahung an Dichtigkeit, Stofflichkeit und Festigkeit gewinnt, immer konzentrierter, vitaler, materieller wird, sich immer spürbarer materialisiert, vergegenständlicht.

Indem wir diesen Verstofflichungsprozeß mit unserem ganzen Denken und Fühlen miterleben, beschleunigen wir die Einkörperung des Ideals. Mit der zunehmenden Gefühlsbetontheit der Bejahung erhöht sich die Anziehungskraft des Idealbildes auf ihm gemäße Gedanken, Stoffe und Mittel, die seine Verwirklichung fördern und bewirken, daß das Ideal dingliches Gesicht und Gewicht bekommt.

Je mehr wir uns beim geistigen Bauen der Körperhaftigkeit des Idealbildes bewußt werden, desto selbstverständlicher strebt es nach seiner weiteren Verdichtung und Verstofflichung, beginnt Handlungen auszulösen, uns und anderen Wesen vom Reich des Gemeinsamen Unbewußten her bestimmte Tat-Impulse zu vermitteln und die Dinge der Umwelt sich sichtbar anzugleichen.

Von diesem Augenblick an wird uns die paradox klingende Erkenntnis bewußt, *daß etwas idealisieren heißt: es positiv materialisieren.* Wir werden uns bewußt, daß unser Ideal unmittelbar vor der Verwirklichung steht, weil alle Fülle in uns ist und nur darauf wartet, von uns bewußt ‚geäußert', das heißt durch rechtes geistiges Bauen aus innerem auch zu unserem äußeren Eigentum zu werden.

47. WOCHE:

BERUF ALS BERUFUNG

> „Diese Toren, die nicht sehen, daß es eigentlich auf den Platz gar nicht ankommt, und daß der, der den ersten hat, selten die erste Rolle spielt! Wie mancher König wird durch seinen Minister, wie mancher Minister durch seinen Sekretär regiert! Und wer ist denn der Erste? Der, dünkt mich, der die andern übersieht und ihre Kräfte zur Ausführung seiner Pläne anspannt." Goethe

Am raschesten tritt der Erfolg im Berufsleben in Erscheinung – umso mehr, wenn wir *unseren Beruf idealisieren und unsere beruflichen Ideale bewußt ihrer Verwirklichung zuführen.*

Die meisten haben eine falsche, erfolghindernde Einstellung zum Beruf: ihr Beruf ist ihnen Mittel zu möglichst bequemem Gelderwerb. In Wirklichkeit ist als *‚Beruf'* nur die Tätigkeit anzusprechen, die als *Berufung* empfunden wird, die Selbst-Verwirklichung fördert, der Allgemeinheit nützt und daneben dem Erwerbszweck dient. Der Beruf ist nicht zuerst etwas, *wovon,* sondern *wofür* man lebt.

Man kann aus seinem Beruf wenig und viel machen, kann in ihm untergehen oder sich entfalten, ihn zum Sprungbrett zu höheren Stellungen machen. Es gibt keinen Beruf, in dem man die geweckten Seelenkräfte nicht mit Erfolg in den Dienst des Aufstiegs stellen könnte. Man muß sich nur rühren, sich hohe Ziele setzen und schaffen, als ob man bereits auf dem nächsthöheren Posten stünde und schon Anwärter sei auf die höchste Stellung, die in diesem Beruf möglich ist – um die Kräfte in Bewegung zu setzen, die früher oder später zu der bejahten Stellung verhelfen.

Wie rasch ist mancher über seine Mitbewerber und Vorgesetzten hinausgewachsen und an die Spitze gelangt – weil er sich im Geiste an der Spitze sah. Sie können Gleiches erreichen, wenn Sie das bisher Gelernte und die folgenden psychodynamischen Verhaltungsmaßregeln beachten, die Ihnen die Möglichkeit geben, sich auch unter schwierigsten Umständen durchzusetzen.

Es irrt, wer meint, es gehöre ein „besonderes Talent" dazu, in seinem Beruf neue Wege zu gehen oder Außergewöhnliches zu leisten. Es gehört nichts dazu als die sinngemäße Anwendung des in der LS Gelernten. Wo ihre Regeln beachtet werden, gibt es keine beruflichen Depressionen, keine verpfuschten Existenzen, sondern nur wachsende Berufsfreudigkeit, -Leistungen und -Erfolge.

Wo immer Erfolgsmenschen emporsteigen, haben sie sich auf ihre eigenen Füße gestellt in der Erkenntnis, daß ihr Erfolg kein Geschenk irgendwelcher Gönner oder Götter, der günstigen Verhältnisse oder des Zufalls ist, sondern von ihrer eigenen Leistung abhängt. Sie haben ihr schlummerndes Selbstvertrauen entfesselt und neue Energien in sich erweckt, die sie befähigten, über den Horizont der Mitbewerber hinauszusehen, Erfolgsmöglichkeiten lange vor den andern zu erkennen und auszuwerten.

Gleich ihnen weiß der Lebensschüler, daß *er selbst* seines Schicksals Schmied ist. Wenn er sich für eine höhere Aufgabe bereitet hat und nach verantwortungsvolleren Aufgaben verlangt, setzt er Kräfte in Bewegung und bringt Ursachenreihen zur Auslösung, die ihn am Ende auf den Posten stellen, den er auszufüllen imstande ist. Er darf nur nicht Widerständen weichen, muß Mut entwickeln, an sich glauben, seine Kräfte spielen lassen, sein Wissen ständig mehren, seinen Willen immer auf das höchste Ziel gerichtet halten, innerlich unabhängig bleiben, der Hilfe von innen vertrauen und alles tun, was seinem Aufstieg dient.

Wer sich so einstellt und verhält, kommt dreimal so rasch voran wie die, die aus mangelnder Einsicht gegen den Strom schwimmen, und doppelt so rasch wie die, die sich instinktiv vom Strom des Glücks treiben lassen.

Weiter wird der Lebensschüler seine berufliche Erfolgsicherheit dadurch erhöhen, daß er bewußt einen sympathischen Konnex schafft zu allen, mit denen er zu tun hat – einerlei, ob sie unter, neben oder über ihm stehen –, so daß jeder ihm zum Helfer wird. Er bejaht den Wert produktiver Zusammenarbeit nach dem Partnerschafts-Grundsatz gegenseitiger Hilfe, weil er weiß, daß die vereinten Kräfte zweier oder mehrerer sich nicht bloß summieren, sondern potenzieren. Nur von Förderern umgeben ist, wer sich zu allen bejahend einstellt und zugleich seiner sonnenhaften Stellung bewußt bleibt.

Um diese Stellung zu sichern, achtet er darauf, daß er die Erwartungen, die die Umwelt über ihn hegt, nicht nur erfüllt, sondern übertrifft. Er wird sich in die Menschen um ihn hineinversetzen, zu erfühlen suchen, was sie von ihm erwarten und auf ihre Bedürfnisse eingehen, um Wege zu deren Befriedigung aufzuzeigen und neue Erfolgs-Ideen zu vermitteln.

Er wird ihnen zeigen, daß er sich viel zutraut und *noch mehr kann.* Viele Könner sind schlechte Propagandisten ihrer Leistungen. Sie verstehen nicht, etwas aus sich zu machen, während demgegenüber oft die, die weniger können, sich aufzublasen verstehen, bis jeder sie für groß hält. Können allein genügt nicht, man muß sich auch durchsetzen, sonst wird man von betriebsamen und für vorteilhafte ‚Aufmachung' besorgten Nichtskönnern verdrängt.

Der Lebensschüler sorgt darum bewußt dafür, daß die Umwelt nie den Eindruck gewinnt, als ob er den ihm gestellten Aufgaben nicht gewachsen sei. Er zeigt stets die gelassene Überlegenheit des seiner selbst und seines Könnens sicheren Fachmanns. Er zeigt sich seines Wertes bewußt – in Aussehen, Benehmen, Gebärden und Handlungen –, dadurch seiner Umwelt das gleiche Wertgefühl vermittelnd und ihre Achtung erringend.

Wer meint, es sei ihm nicht gegeben, viel aus *sich* zu machen, der suche aus seiner *Sache* oder seiner Arbeit etwas Besonderes zu machen, sie zur wichtigsten Angelegenheit zu erheben, sie in den Mittelpunkt der Welt zu rücken. Dadurch rückt er zugleich sich selbst als ihren Anwalt und Mittler in den Mittelpunkt und verbündet sich dem Erfolg.

*

Erfolgentscheidend ist neben der rechten Einstellung zur Berufstätigkeit die Erkenntnis, daß *jede Arbeit wertvoll für das Ganze,* die Tätigkeit des letzten Hilfsarbeiters für die Gesamtheit genau so unentbehrlich und wichtig ist wie die des Präsidenten der größten Gesellschaft, daß es nicht auf die Stellung, sondern auf den Grad der Werkhingabe ankommt.

Es muß durchaus nicht so sein, daß Angehörige der freien Berufe sich im Durchschnitt glücklicher fühlen als etwa die Gruppe der Angestellten. Es hängt von jedem selbst ab, wieviel Glück er aus seiner beruflichen Tätigkeit schöpft. Jeder Beruf hat seinen ethischen Wert, in jedem Beruf hat jeder die Möglichkeit, das, was er tut, zum Besten zu machen, das auf diesem Gebiet möglich ist, die Dienste, die er andern leistet, bewußt zu idealisieren, die Erfolge, die er aus seiner Arbeit ziehen möchte, als selbstverständlich zu bejahen, und die guten Ideen, die ihm bei rechter Einstellung kommen, als Sprungbrett zum Aufstieg zu besseren Stellungen zu benutzen.

Es gilt also, *unsere Berufsarbeit zu idealisieren,* unseren Beruf als Verpflichtung zu werten, unser Bestes zu geben, ihn mit einem neuen Sinn und Inhalt zu erfüllen und ihn herauszuheben aus dem Stumpfsinn gedankenlosen Alltagstrotts. Wir werden ein möglichst vollkommenes Idealbild aller Umstände unseres Berufs in uns lebendig machen, dieses Bild durch geistiges Bauen weiter vollenden und auf die äußere Wirklichkeit übertragen – in der Gewißheit unseres Einsseins mit der Fülle des Lebens.

Praktisches Ergebnis solcher inneren Revolutionierung des beruflichen Denkens ist unsere Wandlung aus einem Arbeitssklaven zu einem Meister unseres Berufs. Diese Hingabe an den Beruf soll aber nicht übertrieben werden. Auch das Beste schlägt, wenn übertrieben, in sein Gegenteil um. Hingabe an den Beruf muß freudig-freiwillig erfolgen! Der Beruf darf nicht versklaven, die Arbeit nicht zur Fessel werden, soll nicht die Fähigkeit schöpferischen Wirkens versickern. Bei aller Hingabe an unsere Berufsarbeit müssen wir Zeit finden für uns selbst und für die, die uns nahe stehen – wenn wir nicht eines Tages mit dem Gefühl der eigenen Schuld vor den Trümmern unseres Glückes stehen wollen.

Der Erfolgreiche geht in seinem Beruf auf, aber nie unter. So hoch auch der Posten sein mag, den er bekleidet, stets fühlt er sich ihm überlegen. Gleich ihm müssen wir jederzeit imstande bleiben, uns auf uns selbst zu besinnen und zurückzuziehen, uns über unseren Pflichtenkreis hinaus zu wahrhaftem Menschsein zu erheben. Um unseren Beruf zu meistern, müssen wir täglich wenigstens einmal uns gänzlich von ihm frei machen. Je vollkommener wir in den Stunden der Entspannung oder Erholung alle Notwendigkeiten und Sorgen des Berufes vergessen, als ob sie nicht existierten, desto größer wird unsere Erfolgskraft.

MACHE DEINEN BERUF ZU DEINER BERUFUNG!

Jeder kann werden, wozu er sich berufen und befähigt fühlt. Jeder kann in seinem Fach ein Künstler, ein Vollendeter sein – was durchaus nicht heißt, daß nun jeder Schriftsteller ein Goethe, jeder Erfinder ein Edison, jeder Philosoph ein Plato, jeder Kaufmann ein Ford sei. Wohl aber kann jeder ‚der rechte Mann am rechten Platz' sein und sich davor bewahren, Beruf und Erwerb zu verwechseln.

Nicht *der* Beruf ist der uns gemäßeste, in dem wir am raschesten zu Geld kommen, sondern der, der unserem Wesen und unseren Anlagen gemäß ist und uns als Stufe auf dem Wege zur Selbstverwirklichung dient. Den Beruf nur als Geldquelle ansehen heißt ihn herabziehen, entwürdigen, zum Gegenteil jeder Berufung erniedrigen. Der Beruf soll Ausdruck des Wesens dessen sein, der ihn ausübt, das Geldverdienen selbstverständliche Begleiterscheinung rechten Wirkens bleiben, nie aber Selbstzweck werden und Ziel seines Tuns.

„Wir wollen uns segnen, wenn wir wissen, wo unsere Pflicht ist" – mit diesem Wort weist *Nietzsche* auf die Schwierigkeit hin, den rechten Beruf zu finden, in dem sich unsere Pflichten mit unseren Wünschen, Neigungen, Kräften und Fähigkeiten decken, in dem wir die in uns angelegten Möglichkeiten voll zu entfalten und der Welt aus dem Reichtum unseres Wesens immer mehr und Besseres zu geben vermögen.

„Glücklich der, der seinen Beruf erkannt hat; er verlange nach keinem anderen Glück!" meint auch *Carlyle.* In der Tat erscheint es umso schwerer, den Beruf zu finden, der zugleich Berufung ist, als bei der Berufswahl alle möglichen äußeren Umstände störend

eingreifen: Wünsche der Eltern, der Rat von Erziehern, die Gewohnheit, den von den Vorvätern ererbten Beruf fortzusetzen, oder irgendwelche flüchtigen Neigungen.

Dennoch kann bei jedem Beruf und Berufung eins sein!

Jeder kann seinen Beruf zur Berufung machen, ein harmonisches Verhältnis zwischen seiner Persönlichkeit und seinem Aufgabenkreis herbeiführen, ja, erreichen, daß sich sein berufliches Wunschbild, seine Eignung und sein Tätigkeitsfeld decken, daß seine Arbeit ihm zu einer unerschöpflichen Quelle des Glücks und Erfolgs wird.

Um zur Klarheit über den rechten Beruf zu gelangen, ist Selbstprüfung und Erkenntnis der vorhandenen Anlagen, Kräfte und Fähigkeiten erforderlich, weiter die Kenntnis der in Frage kommenden Berufe und ihrer Anforderungen an den Menschen, die Ermittlung der Tiefe der Neigung zu den einzelnen Berufskreisen und des Grades der Übereinstimmung der *Neigungen* mit den *Eignungen*. –

Nichts hemmt die Kräfte mehr als ein falscher Beruf – es sei denn die *falsche Einstellung zu dem Beruf*, den man ausübt. Ein Beruf, mit dem wir innerlich nicht übereinstimmen, versagt uns seine Schätze und Erfolgsgelegenheiten. Bei jeder Unzufriedenheit mit dem Beruf müssen wir prüfen, ob sie mangelnder Übereinstimmung unseres inneren Lebensrhythmus mit unserer Tätigkeit entspringt, der Arbeitsunlust, der Trägheit oder Verstimmungen über dies und jenes, ob also ein Berufswechsel oder nur ein Wechsel der Einstellung zum Beruf erforderlich ist.

In vielen Fällen liegt die Ursache unserer Unzufriedenheit nicht in den Berufs- und Arbeitsbedingungen, sondern in uns selbst. In diesem Falle würde ein neuer Beruf uns wenig nützen, wenn wir der Gleiche bleiben . . .

Es genügt also keineswegs, daß wir uns bei der Selbstprüfung fragen: *„Was kann ich und was möchte ich?*, um dann den Blick auf einen neuen Beruf zu richten. Vielmehr müssen wir uns weiter fragen: „Besteht etwa die Möglichkeit, mein Wollen und Können in meinem jetzigen Beruf zu vollerer Auswirkung zu bringen? Wenn ja, auf welche Art könnte das geschehen? Wenn nicht, welcher Beruf käme dann für mich in Frage? Welche Aufstiegsmöglichkeiten bietet dieser Beruf? Was muß ich tun, um hier die beste Stellung zu erlangen?"

Haben wir eingesehen, daß es für uns gilt, uns zu einer anderen Einstellung unserem Beruf gegenüber durchzuringen, werden wir mutig daran gehen, die erforderliche innere Übereinstimmung mit unserem Beruf herbeizuführen, wobei wir bedenken, daß man sich leichter mit dem Beruf aussöhnt, als sich auf einen neuen Beruf umzustellen. In diesem Falle gleicht der Beruf einem schlecht sitzenden Anzug, bei dem der Schneider – die rechte Einstellung – für guten Sitz sorgt.

Stellen wir dagegen fest, daß unser Schaffensmut weiter absinkt, je mehr wir uns bemühen, mit unserem Beruf in Kontakt zu kommen, haben wir erkannt, daß unser derzeitiger Beruf unserem Wesen und Können zuwiderläuft, dann werden wir das Wagnis des *Umsattelns* auf uns nehmen.

Lieber rechtzeitig umsatteln, bevor unsere Arbeitsunsicherheit so groß ist, daß sie der Umwelt bewußt wird und zu Zusammenstößen mit Vorgesetzten und Mitarbeitern führt. Lieber umsatteln, als unschöpferisch werden! Berufswechsel ist in keiner Weise unehrenhaft, wenn er sich als notwendig oder günstig erweist. Es kommt hier nicht auf das Was, sondern das *Wie* an. Viele sind durch mehrere Berufe hindurchgegangen, bis die Wünschelrute ihrer Neigung, die bisher nur zögernd erzitterte, kräftig ausschlug und anzeigte, daß sie an der richtigen, für ihre Selbstverwirklichung ergiebigsten Stelle stehen.

Je mehr wir das tun können, was wir lieben, desto mehr nimmt unser Erfolgsvermögen zu. Aber bis wir herausgefunden haben, wo unsere Berufung liegt, wollen wir *das lieben, was wir tun,* und unseren Posten so vollkommen wie möglich ausfüllen. Denn auch unser derzeitiger Beruf bedeutet für uns eine Aufgabe. Sie zu lösen, ist der sicherste Weg, über die augenblickliche Lage hinwegzukommen und für bessere Lebensbedingungen reif zu werden.

Um Erfolg zu haben, muß man dort anfangen, wo man steht, nicht dort, wo man gern stehen möchte! Das Glück ist an keinen Beruf gebunden: es hängt allein von der Art ab, wie einer seinen Beruf erfüllt. Es gibt keinen Platz, an dem ein Mensch nicht Größtes zu leisten vermag – wenn er nur will! Und es gibt keine Lage, aus der ein Mensch, der vorwärts will, sich nicht erheben könnte, um auf dem Wege über unbedeutende Tätigkeiten allmählich zur ersehnten Stellung aufzusteigen.

Wenn er sich rührt, dabei häufig in die Stille geht, um den Ruf der inneren Führung zu vernehmen, und wenn er keinen Gedanken der Hoffnungslosigkeit in sich Raum gibt, kein mißmutiges Gesicht macht, kein Wort des Zweifels oder der Verzweiflung spricht, sondern in seinem Denken, Reden, Benehmen und Handeln bewußt Selbstvertrauen und Erfolgssicherheit zum Ausdruck bringt, überträgt sich seine Erfolgsgesinnung bald auf andere Menschen und macht sie geneigt, es mit ihm zu versuchen.

Überall sind Möglichkeiten zum Vorwärtskommen. Überall werden tüchtige Leute gebraucht und gesucht. Wir müssen nur die Augen aufmachen und die Fühler ausstrecken, um aus unserer jetzigen Stellung oder Stellungslosigkeit in den ersehnten Beruf hinüberzuwechseln.

Manche haben eine unbegründete *Angst vor dem Umsatteln.* Diese Angst ist eine Folge mangelnder Entscheidungsbereitschaft und wird durch Befragen der inneren Stimme überwunden, die den Menschen am sichersten berät und führt. Wenn wir den Beruf gefunden haben, der unserer inneren Berufung entspricht, und wenn dann Mut und beharrliche Zielstrebigkeit ebenso groß sind wie unsere Begeisterung für den neuen Beruf, wird die Umstellung für uns den Anfang eines neuen Lebens bedeuten.

Wenn wir uns vom Inneren Helfer Rat holen, vermeiden wir, daß wir beim Berufswechsel vom Regen in die Traufe kommen. Der Blick des Inneren Helfers ist nicht getrübt durch Suggestionen unserer Angehörigen und Freunde, durch verzerrte Vorstellungen über die Annehmlichkeiten der einzelnen Berufe, durch Hemmungen, die uns gegen diesen und jenen Beruf voreingenommen machen; er schielt auch nicht auf den Sicherheitsgrad des Berufes, da ja die wirkliche Sicherheit nicht in der Berufsart, sondern in der Leistung liegt. Unser Innerer Helfer urteilt nach unseren Eignungen und Berufungen.

Darum treffen wir die letzte Entscheidung über den Berufswechsel in der Stille: Nachdem wir in die Stille eingetreten sind, rücken wir die Bilder unseres jetzigen Berufs und des von uns ersehnten in das Blickfeld des Bewußtseins und prüfen unser inneres Verhältnis zu beiden. Wir mobilisieren die schlummernden Kräfte der Seele, indem wir uns alsdann der Beantwortung der Frage widmen: „Was tue ich in meinem neuen Beruf, wenn ich dieser oder jener Situation gegenüberstehe?“ Wir stellen uns in Gedanken auf alle vorkommenden Möglichkeiten ein und bewältigen kommende Hindernisse schon im voraus im Geiste, dadurch die Kräfte bereitstellend, die uns die materiellen Schattenbilder dieser Hindernisse nachher leichter überwinden lassen.

Indem wir uns so innerlich auf unseren neuen Beruf umstellen, rufen wir die zur Meisterung dieses Berufes erforderlichen Kräfte und Fähigkeiten unseres Innern wach, deren Entfaltung und Offenbarung wir durch vertrauende Bejahung weiter fördern. Wir züchten dadurch neue Erfolgsgewohnheiten, die uns im neuen Beruf rasch größere Erfolge erringen lassen.

Wir werden aber nicht nur den neuen Beruf idealisieren, sondern auch das Umsatteln selbst: wir errichten ein lebendiges Idealbild des reibungslosen *Übergangs* von unserem jetzigen Beruf zu dem von uns gewünschten, bauen ihn in allen Einzelheiten geistig vor. Umso glatter geht der äußere Übergang vonstatten. Diese innere Umstellung kann nicht früh genug erfolgen, denn umso angenehmer geht der äußere Wechsel vor sich. Und je früher Beruf und Berufung sich decken, desto rascher vollzieht sich wiederum der Aufstieg.

Stellen sich beim Übergang noch Hindernisse in den Weg, werden wir sie als Erfolgsgelegenheiten bejahen und auswerten, indem wir das Beste aus ihnen machen. Umso rascher verwandeln sich die Hindernisse in Stufen, über die hinweg wir höher steigen.

Bei der Umstellung müssen wir jedoch darauf achten, daß wir den Beruf, in dem wir gegenwärtig noch tätig sind, keinen Augenblick vernachlässigen, sondern noch mehr als bisher das Höchste leisten.

Die beharrliche schaffensfreudige Hingabe an die Aufgaben des gegenwärtigen Berufs ist das sicherste Mittel, den ersehnten besseren Beruf zu erlangen. Durch treue Pflichterfüllung legen wir Keime für den zukünftigen Erfolg. Die Energie, mit der wir uns unseren gegenwärtigen Aufgaben widmen, erfüllt die Ideale unseres zukünftigen Berufs mit Leben und Verwirklichungskraft.

Wir geben unseren gegenwärtigen Beruf naturgemäß erst auf, wenn der sichere Übergang gewährleistet ist. Man gießt kein abgestandenes Wasser weg, solange kein frisches zur Verfügung steht. Wir werden aber alle Freizeit nützen, um uns auf den neuen Beruf umzuschulen.

AUSSÖHNUNG MIT DEM BERUF

Die Erfahrung lehrt, daß es in der Mehrzahl der Fälle, in denen sich ein Mensch nicht mehr in seinem Beruf wohl fühlt, nötig und möglich ist, den Beruf wieder lieben zu lernen, durch neue Einstellung zu ihm Neues und Schöneres aus ihm herauszuholen.

Wir vermögen selbst einen Beruf, den wir nur ungern ausüben, zu unserer Berufung zu machen und dadurch das Höchste aus ihm zu schöpfen: inneres Wachstum und äußeren Erfolg. Mit jedem Beruf kann man sich anfreunden, aus jeder Tätigkeit eine Fülle von Freuden ziehen, jede Arbeit läßt sich lustbetont und erfolgträchtig machen. Denn der Erfolg hängt nicht von den Umständen ab, sondern von der Einstellung.

Wie machen wir unseren Beruf zur Berufung? Indem wir unseren Stand mit Verstand erfüllen, ihn durch rechte Bejahung sinnvoll und wesentlich machen und in einen Quell des Erfolgs verwandeln. Auch der unbedeutendste Beruf wird durch den Geist, der ihn belebt, geadelt!

Wir besinnen uns in der Stille, warum der Beruf, den wir ausüben, notwendig ist, und erfüllen uns mit neuer Berufsfreudigkeit, indem wir den Blick beharrlich auf das Gute in unserem Beruf richten und uns entschließen, das Beste aus ihm zu machen und nicht mehr gegen Notwendigkeiten anzukämpfen, die wir durch Nichtwiderstehen viel leichter überwinden und hinter uns bringen.

Wir bejahen unsere Leistungszunahme und empfinden unsere Arbeit in wachsendem Maße als interessant und leicht, sie dadurch leichter machend. Wir geben uns häufiger den Selbstbefehl:

> *„Ich liebe meinen Beruf. Er interessiert mich täglich mehr. Meine Arbeit wird mir immer leichter. Ich habe in meinem Beruf von Tag zu Tag in jeder Hinsicht mehr Erfolg!“*

Wir spüren den Ursachen der Berufsmüdigkeit nach und setzen uns dann die Aufgabe, alle positiven Kräfte, die uns fehlen, durch beharrliche Bejahung zu wecken und durch mutige Betätigung zu steigern, wobei wir stets der Fülle der Kraft in uns gedenken. Besinnen wir uns auf unsere Innenkraft, dann wird uns bewußt, daß wir über eine unbegrenzte Anzahl Fähigkeiten verfügen und jede gewünschte Eigenschaft aus uns entwickeln können. Wir müssen nur die entsprechenden Entwicklungsreize auf unsere Seele einwirken lassen – und die schlummernde Kraft wird tätig.

Solche Entwicklungsreize können wir bewußt auswählen, können uns Notwendigkeiten hingeben, Schwierigkeiten aussuchen, um die entsprechenden Gegenkräfte aus uns wachzurufen. Gewiß erfordert das zuweilen Mut; aber wer nichts wagt, kann nicht erwarten, daß ihm Vorteile zufallen; wer seine Fähigkeiten nicht kühn aus dem Schlummer reißt, kann nicht verlangen, daß sie sich regen und entfalten.

Wer wahrhaft will, der macht seinen Beruf zu seiner Berufung oder zum Auslöser größerer Berufung: entweder erlangt er in seinem Beruf so große Erfolge, daß er als Meister seines Faches anerkannt wird und in seiner Tätigkeit Glück und Zufriedenheit findet, oder er wird vom Schicksal auf einen anderen Platz berufen, der seinem Können und Sehnen gemäß ist.

Der Lebensschüler hat bei der Aussöhnung mit dem Beruf den Vorteil der Erkenntnis, daß sein Beruf für ihn das derzeitig notwendige Mittel zu höchsten Zwecken ist, und daß sein Lebensziel vollkommener Selbstverwirklichung umso näher rückt, je freudiger er seine Pflicht erfüllt und je bewußter er sein Bestes gibt.

Der hält alles aus, der alles als Übergang erkennt – der weiß, daß er morgen nicht mehr dort zu stehen braucht, wo er heute steht, weil Leben heißt: sich ständig höherwandeln.

Wir bleiben immer nur so lange in einer Lage, als wir sie nicht meistern. Überwinden wir sie in hingebender Pflichterfüllung, wandelt sich unser Geschick von selbst, höheren Zielen entgegen. Immer aber ist unsere gegenwärtige Stellung die diesem Augenblick gemäßeste: sonst stünden wir nicht dort.

Wie unser Heute das Ergebnis unseres bisherigen Denkens, Redens und Handelns ist, so ist unser besseres Morgen das Produkt aus unserem bisherigen Streben und unserem heutigen Denken, Reden und Tun. Mag also unsere Tätigkeit im Augenblick sein, wie sie will – am Ende stehen wir als Meister des Erfolges dort, wo wir sein wollen!

Diese Erkenntnis ist es, die uns aus jeder negativen oder indifferenten Einstellung unserem Beruf gegenüber herausreißt und uns alle Dinge und Bedingungen unseres Berufes in einem neuen, schöneren Lichte sehen läßt. Sie ist zugleich der Weg, auf dem wir am sichersten zu beruflichen Erfolgen gelangen.

Wie das werdende Kücken eines Tages die Eischale sprengt und in das neue Leben hinaustritt, so sprengen wir – als Folge zukunftsbewußter Pflichterfüllung – eines Tages die Schale unseres gegenwärtigen Berufs und wechseln zu jener Tätigkeit hinüber, die wir als unsere Berufung ahnten und erkannten. Diese allem Lebendigen eigene Wandlung nach oben wird für uns am segensreichsten, wenn wir unseren Beruf ebenso pflichtbewußt und erfolgbereit wie übergangsfreudig als Mittel zu höheren Zwecken bejahen und bei aller Hingabe an unser Werk für neue Möglichkeiten und Notwendigkeiten jederzeit aufgeschlossen bleiben.

48. WOCHE:

RECHTE EINSTELLUNG ZUM GELD

> „Reichtum ist für die guten und hochgesinnten Menschen und für die, die den rechten Gebrauch davon zu machen wissen, ein Gut, für die schlechten und unverständigen aber ein Übel. Und so ist es auch mit allen anderen Dingen: sie sind für die Menschen notwendig das, was diese gemäß ihrem Charakter daraus machen."
>
> Prodikos.

Geld an sich macht nicht glücklich – dennoch kann es Träger wachsenden Glücks sein. Wer gelernt hat, aus allem das Beste zu machen, wandelt auch das Geld zum Segenbringer. Wer gelernt hat, von allem unabhängig zu sein, macht auch das Geld zu seinem Diener.

Nur Toren erheben das Geld zum Götzen und stellen es an den ersten Platz, der Gott gebührt. Der Weise hat erkannt, daß Geld an sich keine Macht ist, daß sein Wert ihm vom Menschen gegeben und durch rechtes Denken neu bemessen wird. Er weiß, daß die ‚Macht des Geldes' bejahen die eigene Ohnmacht bekräftigen heißt. Und er erkennt, daß die Besitzgier des Menschen aus dem willigen Diener Geld einen erbarmungslosen Tyrannen macht.

So liegt der Schlüssel zum Glück nicht im Geld, sondern im Menschen selbst. Nicht der Erwerb und Besitz des Geldes entscheidet, sondern die Einstellung. Alles andere ist sekundärer Natur.

Nichts erreicht, wer zuerst dem Außen nachjagt und darüber das Innere vergißt. Wer aber zuerst dem Inneren zustrebt, der erlangt das eine *und* das andere! –

„So ist Reichtum kein Verbrechen?" ertönt eine Gegenfrage. – Keineswegs; denn nur der falsche Gebrauch des Besitzes macht ihn zum Leidquell.

Jede Kraft und jedes Ding ist an sich *neutral.* Erst der Mensch gibt ihnen ihren Wert und wandelt sie in Segen oder Unheil – durch sein Denken. Alles Außen ist des Innern Spiegelbild. Nicht in den Dingen liegen Glück und Leid, sondern in der rechten oder falschen Einstellung zu den Dingen. So ist auch das Geld weder gut noch böse; erst unsere Einstellung macht es dazu. Nicht das Geld, nur die *Geld-Sucht* ist ein Übel.

Besitzer sein ist gut und förderlich. *Besessen* sein aber ist eine Gefahr und ein Übel. Arm oder reich sein ist kein Fluch; erst die Furcht vor dem einen und die Gier nach dem andern macht sie dazu.

Reichtum wird aus Lust zur Last, wenn der Besitz uns hat, statt wir ihn. Sonst aber kann Geld ein Helfer für alle sein. Dazu aber müssen wir es als unseren Diener bejahen, ohne es um seiner selbst willen zu lieben. Denn wo die Geldliebe anfängt, hört das Glück auf. Wo Geldliebe die Nächstenliebe verdrängt, erhebt das Unheil sein Haupt! Wer dem Gelde anhängt, wird stumpf für die Schätze des Geistes und taub für die innere Stimme, so daß seine innere Führung der Mittel des Leides bedarf, um ihn auf den rechten Weg zurückzulenken: Angst vor der Zukunft kriecht an ihm hoch, Enttäuschungen und Verluste peinigen sein Herz . . .

Wir aber wollen lernen, reich *und* glücklich zugleich zu sein und das Geld zu unserem Helfer zu machen.

Denn dadurch, daß man das Geld schlecht macht oder verdammt, wie es manche Sekten tun, werden die Übel nicht aus der Welt geschafft. Götzen, die man stürzen will, muß man bei ihrer Wurzel packen. Und diese liegt im Herzen des Menschen. Hier, bei der *Einstellung zum Geld,* beginnt die Erneuerung, die allen die Tore aufschließt zur Fülle des Lebens.

DAS GELD NUR MITTEL, NICHT SELBSTZWECK

Ichsucht und Besitz-Besessenheit sind Ausdruck der Mangelversklavtheit des Denkens: wer Geld und Gut um ihrer selbst willen liebt und sucht, ist als Besitz-Besessener so arm wir der unvermögende Besitz-Ergierende. Wer das Geldverdienen zum Selbstzweck erniedrigt, legt Keime zum Erlangen *und* zum Verlust. Er verhaftet sich den Hemmungen der Geldgier: der Besitzabhängigkeit, dem Neide und Beneidetwerden, der Verlustangst und Unzufriedenheit. Glücklich wird er erst, wenn er sich auf seine innere Freiheit und Geld-Überlegenheit besinnt, alles Äußere als Diener des Innern erkennt.

Für den Lebensschüler ist Geld nie Selbstzweck, sondern bloßes Mittel zu höchsten Zwecken, Helfer zum Werk der Selbst- und Schicksalsvollendung. Er erkennt, daß das Geld eine Schöpfung des Menschen und ihm zu dienen bestimmt ist.

Der Anfänger erleichtert sich den Übergang zu dieser neuen Einstellung dadurch, daß er sich nicht mehr mit der Ausschließlichkeit auf Geld und Gelderwerb einstellt wie bisher, sondern sich immer bewußter auf den Gott in ihm als die Kraft besinnt, die das Kommen des Reichtums regelt. Er erkenne: Gott ohne Geld ist gleich allmächtig wie immer. Aber alles Geld ohne Gott ist weniger als ein Sandkorn.

Mit anderen Worten: Gott sei das erste in seinem Leben, nicht das Geld. Dann erfährt er, daß alles andere —auch das Geld — von selbst zu ihm kommt.

Aus dieser Neubesinnung erfließt die rechte Bejahung des Geldes. Die meisten geben gern zu, daß das Geld nicht des Glückes Inhalt sei, sehen aber desungeachtet ängstlich darauf, daß ihnen nichts entgeht. Diese Angst macht sie innerlich verschlossen gegen die

Fülle des Geistes und den Reichtum des Lebens und raubt ihnen die Ruhe des Herzens, ohne die der Mensch nicht seines Lebens Herr wird.

Ihnen ungleich, sorgt der Lebensschüler für rechte Distanz zum Geld, um es weder zu wichtig zu nehmen, noch seine Hilfe zu entbehren. Er weiß, daß alle Fülle in ihm ist, das Geld nur äußerer Ausdruck des *inneren Reichtums.* Diese Erkenntnis bewahrt ihn davor, den Gelderwerb zum Primären zu machen, das Geld als Selbstzweck zu bejahen.

Denn das Geld gehört nicht zu den Zwecken, sondern zu den Mitteln des Lebens.

Solange der Mensch Sklave des Habenwollens ist und das Geld höher wertet als die Güter des Geistes, als den Geist des Guten, bleibt die Fülle ihm fern. Jeder Gedanke der Ichsucht und jede lieblose Tat, die das Glück anderer Wesen schmälert, mindert sein Vermögen, aus der Fülle des Lebens zu schöpfen. Jeder Gedanke und jede Tat der Du-Sucht, der Liebe, mehrt dieses Vermögen und wirkt anziehend auf den Reichtum der Welt. Wer dieses Gesetz des Gebens und Empfangens erkannt hat, gelangt zur Gelassenheit gegenüber dem Geld.

Er erkennt allen nur-irdischen Besitz als Wahn; denn was kann er länger halten als einen Erden-Augenblick. Läßt er den äußeren, strömt der innere, der wahre Reichtum ihm zu. Indem er das Geistige für das Irdische eintauscht, gewinnt er mit der geistigen zugleich die irdische Fülle in schönerer Gestalt.

Indem wir Gott dienen, wird das Geld unser Diener! Die meisten dienen dem Geld – und wundern sich über die weltweite Not. Sie richten hundertmal mehr Gedanken auf das Geld als auf ihren Inneren Helfer – und wollen dann des Glückes Meister sein. Sie opfern dem goldenen Kalbe ihre Kraft, ihre Ehre, ihre Liebe, ihre Freunde und sich selbst – und entsetzen sich, wenn sie in trostleerer Wüste erwachen.

Vor dieser Selbsttäuschung will uns das Wort des Lebenslehrers Christus warnen: „Was hülfe es dem Menschen, wenn er die ganze Welt gewönne, und nähme doch Schaden an seiner Seele." Was nützt uns aller Reichtum der Welt, wenn das wirkliche Glück und die Fähigkeit, seiner froh zu sein, uns fehlt.

Wenn wir hundertmal mehr Gedanken auf den inneren Helfer richten als auf Hilfe durch Geld, kommt das Glück von selbst. Dem Inneren Helfer folgend, wenden wir uns vom dunklen Pol der Geld-Sucht, Unruhe und Ungewißheit zum lichten Pol der Gott-Unmittelbarkeit und der Fülle des Lebens.

Wenn wir das Geld weder verfluchen noch bei seinem Einströmen in unser Leben in Ekstase geraten, wenn wir gleich gelassen bleiben, ob es kommt oder geht, und in ihm nur einen Ausdruck der unausschöpfbaren Fülle Gottes sehen, sind nicht mehr wir es, sondern der Gott in uns ist es, der sich des Geldes als Mittel bedient, es heiligt und bewirkt, daß es uns Segen bringt in wachsender Fülle. –

Wer an nichts hängt, besitzt alles. Und verliert nichts, wenn ihm alles entgleitet. Wer aufgibt, gewinnt. Wer aber haben will, der wird verlieren.

Nur der Gelassene ist der wirkliche Meister der Fülle. Indem er alles läßt, wird ihm alles überlassen – zur Mehrung, zur Beglükkung der Wesen.

Obwohl er weiß, daß er jeden Augenblick abberufen und nichts mit sich nehmen kann, lebt er doch im ewigen Jetzt der Wirklichkeit – gelassen-überlegener Herr des Geldes. Nicht seine Gier, sein göttlicher Wille lenkt den Strom der Fülle durch des Lebens dürstend Land.

Seine Gelassenheit gleicht der des römischen Weisen Seneca: er war so reich wie der Kaiser, aber er verbrachte den größten Teil seiner Zeit in einer kleinen Hütte seines Gartens, um sich daran zu erinnern, wie wenig der Mensch zum Leben braucht, wie elend der Sklave seines Besitzes ist und wie glücklich der Weise, der Geld und Reichtum als Lehen der Gottheit wertet und nützt und jederzeit bereit ist, beides in die Hände des Ewigen zurückzulegen.

Er vermag zum Reichtum wie zum Mangel in gleicher Weise zu sprechen: „*Mein Wohlsein hängt von mir selbst ab, nicht von euch. Weder bin ich ein Narr des einen noch fürchte ich das andere. Denn ich stehe über euch und gebe mir selbst mein Glück!*“

Armut ist wie Beriberi eine Mangel-Krankheit, die durch die Zufuhr der Vitamine rechter Füllebejahung überwunden wird.

Die meisten großen Erfolgsmenschen stiegen aus ärmsten Verhältnissen empor, weil sie sich nicht, wie ihre Umwelt, dem Armutgedanken hingaben, sondern den Schwächewahn abschüttelten, ihre innere Kraft und ihr Glück zäh bejahten und so den Erfolg meisterten.

Einer der Reichsten, der sich nach einer armseligen Jugend aus eigener Kraft emporgerungen hat, sagte kürzlich über die Armut: „Es ist ein Unfug, die Armut als eine Art Heil zu predigen. Armut ist weder Segen, noch Tugend, noch auch unabänderliche Tatsache, sondern beim Einzelnen die Folge von Denkfehlern und in Bezug auf die Gesamtheit eine Krankheitserscheinung der Gesellschaft, die heilbar ist wie jede andere Erkrankung des sozialen Organismus – nicht durch Spekulation und Gewaltkuren, sondern durch Arbeit und Erneuerung der Gesinnung. Der Arbeitswille in der Welt und das berechtigte Bedürfnis nach menschenwürdigem Dasein werden sich gegen alle Irrlehren und Organisationsmängel im Kleinen und Großen durchsetzen."

Weil es dem Einzelnen an rechter Erfolgsgesinnung, an vertrauensvoller Bejahung der Fülle fehlt, ist so wenig Glück in der Welt. Den meisten fehlt die not-wendende Gesinnung des Glücklich- und Reichseins; sie sind noch Knechte von Schwäche- und Furchtgedanken. Würden sie ihre Energien statt auf Mängel auf die Bejahung ihrer Wünsche richten – sie wären längst aus dem Elend heraus!

Denn es liegt beim Menschen selbst, ob er arm oder reich ist. Statt im Angesicht von Schwierigkeiten zu verzagen und zu versagen, muß er sich die Gesinnung des Erfolges anerziehen und das Idealbild seines Glücks solange gläubig in sich tragen, bis es Wirklichkeit geworden ist.

Wir bleiben ohne Geld, wenn wir unsere Mittellosigkeit in Gedanken bestätigen, den Mangel und das Morgen fürchten. Denn was wir fürchten, kommt über uns. Die Fülle kann sich nicht offenbaren, solange wir an Armut glauben und von Not reden, solange wir unser Mühen um Erfolg für vergeblich halten, mit dem Schicksal hadern oder unser Denken auf die ‚Ungunst der Zeiten', die schlechte wirtschaftliche Lage oder andere negative Vorstellungen gerichtet halten. Vorwärts kommt nur, wer sich aus allen Negationen herauslöst und seine innere Kraft bejaht und nützt.

Damit ist der Weg der Freiwerdung von Geldsorgen gewiesen: was nottut, weil es die Not wendet, ist die *Änderung der Einstellung zum Geld:* Wie die Kraft in uns unerschöpflich ist, so auch der Reichtum des Lebens. Wer der Fülle des Lebens vertraut, bringt den Einstrom des Reichtums zur Auslösung. Die Summe, die er ausgibt oder einnehmen will, ist dabei ohne Belang – entscheidend ist die geistige Haltung.

Wer klagt, sein Geld sei knapp, bewirkt, daß ihm das, was er hat, leichter durch die Finger gleitet. Wer erklärt, er habe nie genug Geld, der löst auf dem Wege über das eigene und das gemeinsame Unbewußte die Schicksalautomatismen aus, die sein Wort in Wahrheit verwandeln. Jeder Gedanke, jedes Wort, jede Gebärde des Nichthabens entfernt uns vom Haben und macht den Mangel zu unserem täglichen Gast.

Wenn wir hingegen unser letztes Geld ausgeben mit dem Bewußtsein, daß wir im Grunde nur einen kleinsten Teil unseres Allvermögens hingegeben haben und daß es für uns unmöglich ist, mittellos zu werden, dann geht kein Pfennig von uns, ohne Tausend seiner Brüder zu uns herzurufen.

Das ängstliche Klammern am Geld – aus Furcht, es könnte nichts mehr kommen – ist es, das die Quellen der Fülle zum Versiegen bringt. Wer aber gibt, wie seine innere Stimme es ihm gebietet, frei und im Vertrauen auf den Inneren Helfer, der ruft die Fülle in sein Leben und sieht sich bald in Bedingungen versetzt, die es ihm ermöglichen, andern immer mehr und besser zu helfen.

Jede Geldausgabe sei darum begleitet von dem Gedanken, daß wir tausendmal mehr Geld hinter uns haben, daß, wo eine Mark geht, bald tausend kommen. Blicken wir in unsere Geldbörse mit dem Bewußtsein, daß sie voll ist, und bejahen wir unseren Reichtum, gleich, ob er sich schon äußerlich manifestiert hat oder nicht, dann bringen wir das Gesetz des Wachstums zur Auslösung.

Jeder sichtbare Reichtum war zuerst im Unsichtbaren. Nur was geistige Wirklichkeit angenommen hat, vermag auch sinnliche Wirklichkeit zu werden. Je lebendiger das Idealbild des Vermögens, das wir wünschen, in uns wird, desto sicherer verdichtet es sich zu äußerer Wirklichkeit.

Erst muß der Gedanke des Reichseins in unserem Denken, Reden und Benehmen so gewohnheitsbestimmend geworden sein, daß die Überzeugung unseres Reichseins auch im Bewußtsein unserer Umgebung aufflammt, erst müssen wir mit unserem Sein und Tun dokumentieren, daß wir zu allem, was wir wollen, auch die nötigen Mittel haben, dann fließen uns die benötigten Mittel von selbst zu.

„Ja, aber ..." – mag eine furchtsame Hausfrau einwenden – „... damit wird ja der *Gedanke vorsorglichen Sparens* als falsche Einstellung abgelehnt!"

Keineswegs – nur müssen wir zwei Dinge auseinanderhalten: Fürsorgliche Sparsamkeit und angstverkrampfte Sparsucht. *Sparsamkeit* ist nutzmehrend und kennzeichnet den erfolgreichen Wirtschaftler; *Spar-Sucht* hingegen ist schädlich und Zeichen von Ich-Sucht und Geiz. Auch hier ist die Einstellung entscheidend:

Wer Geld spart in der Meinung, daß Geld das Wichtigste im Leben sei, oder um des Anhäufens willen, der schadet sich und nützt keinem. Was würden wir sagen, wenn unsere Kinder von jeder Mahlzeit einiges auf die Seite legen würden – aus Angst, daß wir ihnen vielleicht einmal nichts zu essen geben? Sparen als Selbstzweck ist nichts anderes: es ist ein Mißtrauensvotum gegenüber der unendlichen Kraft und Liebe Gottes in uns, durch das wir selbst den Zustrom der Fülle schmälern.

Sparen heißt: sich künftige Sorgen ersparen. Wer aber spart aus Furcht vor kommender Not, der ruft gerade das herbei, was er sich ersparen wollte ... Wer für trübe Tage spart, glaubt an trübe Tage und beschwört ihr Kommen herauf. Wer aus Angst vor Mangel spart, nährt seine kommende Armut.

Wer dem Geld mehr vertraut als seinem Inneren Helfer, also mehr an die Möglichkeit des Armwerdens glaubt als an die Unerschöpflichkeit der Fülle, der löst durch sein ängstliches Denken und sparsüchtiges Handeln Schicksalsautomatismen aus, die früher oder später seiner Angst recht geben.

Jeder Pfennig, ‚zurückgelegt für schlechte Tage', gleicht einer tauben Nuß: sowie man daran geht, sie zu genießen, ist die Enttäuschung unvermeidlich. Es braucht nicht einmal eine Inflation oder Währungsreform zu kommen. Am günstigsten ist es noch, wenn sich das Unglück der ‚schlechten Tage' und das ersparte Vermögen gerade aufheben.

Gefeit ist nur, wer ohne Furcht in der Fülle lebt und ihre Dauer bejaht.

Eine Mark, die wir sparten, kann eine Mark sein, die wir verdienten, aber auch eine aus Sparsucht verpaßte Gelegenheit, das Hundertfache zu verdienen. Wer sein Geld um des Sparens willen anhäuft, läßt den Segen, der in ihm liegt, großenteils ungenutzt und verliert ihn; wer aber sein Geld ausgibt, arbeiten und zirkulieren läßt, entfesselt den Segen, der in ihm wohnt, und bringt ihn nicht nur im Leben anderer, sondern auch im eigenen Leben zur Offenbarung. Wer aus dieser Einstellung Strom und Umlauf des Geldes fördert, nimmt an der Fülle teil. Die tägliche Bejahung dieser Fülle ist das beste Sparen; wir erreichen dadurch, daß wir immer so viel haben, wie wir brauchen.

Lassen wir das Geld kreisen, wie wir unser Blut zirkulieren lassen. Was würde aus der Zelle werden, die den Blutstrom ängstlich zurückhält, um nicht umzukommen? Sie würde an der Stauung zugrunde gehen. Was wird aus dem Menschen, der das Blut der Wirtschaft, das Geld, ichsüchtig und notfürchtig zurückhält. Er erstickt daran – zuerst seelisch und dann physisch.

Das Geld muß fließen. Je mehr Taschen es füllt und je voller es sie füllt, desto besser für alle. Wie die Zelle aus dem durchströmenden Blut Kraft zieht und Nährstoff, so ziehen wir aus dem Geld, das durch unsere Hände geht, das an Gewinn, was unsichtbar in ihm wohnt, wenn wir das Geld im rechten Geist ausgeben und beim Hingeben bewußt Platz machen für stärkeren Nachstrom.

Das mag wie ‚finanzwirtschaftliche Metaphysik' anmuten, ist aber in Wirklichkeit nichts als eine einfache Darlegung der Lebens- und Erfolgs-Gesetzmäßigkeiten.

Das Einnehmen und Ausgeben des Geldes entspricht dem Ein- und Ausatmen. Wir lernten, daß die Hauptsache beim Atmen das tiefe Ausatmen sei, weil dann das tiefe Atemholen von selber folge. Bei der Geldmehrung ist es nicht anders: *wir müssen das Geld mit positiver Einstellung ausgeben, um neues Geld einnehmen zu können.*

Wir können die beiden miteinander verglichenen Vorgänge auch zusammenlegen: geben wir das Geld freudig aus, während wir tief ausatmen, und geben wir uns beim Einatmen dem Gefühl hin, daß dem Atemstrom gleich der Strom des Geldes nachfließt.

Wer nicht ausatmet, erstickt schließlich. Wer sich fürchtet, sein Geld auszugeben, nimmt immer weniger ein. Geld macht nur so weit glücklich, als es recht verwandt wird: im Dienste der Selbstverwirklichung, des Lebens und der Gesamtheit. Zur Bejahung der Fülle muß die Betätigung der Fülle hinzukommen, die darin besteht, daß wir andern helfen, als ob wir aus einer unerschöpflichen Fülle geben.

Je mehr unser Geld andere fördert, desto mehr besitzen wir es. Je mehr wir in diesem Geiste ausgeben, desto mehr strömt zu uns zurück. Je mehr wir dienen, desto mehr wird uns gedient.

Wir können unser Geld auch mehren, indem wir wöchentlich oder monatlich einen bestimmten Teil unseres Einkommens freudig einem edlen Zwecke opfern. Erfahrungsgemäß empfängt der, der so handelt, umso sicherer das Mehrfache dessen, was er gab, zurück, je weniger er darnach ausschaut.

Indem wir ideale Bestrebungen fördern, gelangen wir selbst in innigere Verbindung mit dem Reich der Ideen, des Geistes, und nehmen vollkommener als bisher an der Fülle des Lebens teil. *Immer ist der Schlüssel zum Haben das Geben.*

Geist und Geld

Weil trotz dieser und ähnlicher Erfahrungen viele Menschen noch am *negativen Geld-Denken* kranken, seien einige weitere grundsätzliche und zugleich hilfreiche Einsichten angefügt:

Was ist denn *Geld?*

Exoterisch – von außen her gesehen – ist es, als Dienstleistungs-Tauschmittel, ein *Symbol; esoterisch* – von innen her gesehen – ist es ein *Schicksalsträger*. Das sei kurz erläutert.

Geld ist immer *Entgelt* für Dienstleistungen oder Güter. Es erleichtert das Geben und Nehmen, den lebensnotwendigen Arbeits-

und Güteraustausch, hilft Zeit und Raum überwinden, bildet sozusagen das Blut im Wirtschaftsorganismus.

Geld – als Papiergeld oder als bloßer Überweisungswert – ist gewissermaßen ein *Symbol* der entsprechenden Leistungen oder materiellen Güter. Als solches ist es neutral, also weder gut noch böse. Dazu machen es erst die *Gedanken,* die wir mit ihm verknüpfen, und der dadurch bedingte rechte Gebrauch oder Mißbrauch des Geldes.

So gesehen, sind Geldgier und Geldverdammung gleich ungeistig und unweise, weil sie ein bloßes Symbol zum Prellbock der Ichsucht oder zum Sündenbock eigenen Falschdenkens machen. Beide Haltungen machen den Menschen unfrei und unfähig zu souveräner Lebensmeisterung: *entweder* wertet er das Geld als Mittel, zu noch mehr Geld zu kommen, trachtet aus Sicherungssucht oder Machtstreben danach, Erfolge zu haben, statt danach, selbst ein Erfolg zu sein, *oder* betrachtet er, von einem pseudogeistigen Standpunkt aus, das Geld als tabu, als etwas, wovon man nicht spricht, weil damit komplexhaftes Unerlöstes im eigenen Innern berührt wird, vor dessen Aufhellung man zurückscheut . . .

Wer sein eigener Herr und frei ist, steht über dem Geld. Ihm eignet Dostojewskijs Einstellung, daß „Geld so viel heißt wie geprägte Willensfreiheit". Ihm ist es Symbol der Freiheit des Menschengeistes über die Materie, ihre Güter und Bedingungen, Symbol auch *gespeicherter Energie,* die guten, segenbringenden Zwecken dienstbar gemacht werden kann und sollte. –

Darüber hinaus gibt es auch noch eine *esoterische* Sicht:

Wenn der Volksmund vom ‚Fluch, der am Gelde hängt', spricht, äußert sich darin ein feines Gespür für den Charakter des Geldes als *Schicksalsträger* und für den dem Geld anhaftenden vorwiegend negativen emotionalen ‚Gedankenbelag' (der jedoch durch positives Denken neutralisiert werden kann).

Wenn ein sensitiver Mensch einen Geldschein in die Hand nimmt, spürt er mehr oder minder deutlich die ihm anhaftende psychodynamische Ladung, den zumeist negativen mentalen Niederschlag unzähliger daran gebundener Sorgen und Befürchtungen, von Neid, Gier, Habsucht – aber auch die positiven Rückstrahlungen liebevoller, wohlwollender, fürsorgender, hilfsbereiter Gedanken, die einem Geldschein als ‚psychische Energiequanten' anhaften, die sich denen, durch deren Hände der Geldschein geht, entsprechend ihrer eigenen jeweiligen Gestimmtheit und Gedankenhaltung unmerklich im Sinne einer Kraft-Steigerung oder -Minderung mitteilen.

Es ist also nicht einerlei, mit welcher *Gesinnung und Stimmung* wir Geld annehmen und ausgeben. Denn je nachdem verwandeln wir es in einen unsichtbaren Träger negativer Empfindungen und Erfahrungen oder positiver Impulse und Segnungen. Das letztere nennt man: Geld *bewußt* annehmen und hingeben als Symbol bejahter Beglückungen, Segnungen und Förderungen. Wer so handelt, erlebt, wie mit dem Gelde zusammenhängende Widerstände, an denen andere zerbrechen, vor ihm zurückweichen und hilfreichen Glücksfällen Platz machen.

Es ist weniger das *Geld,* sondern die jeder Münze und jedem Geldschein wie jedem Gegenstand und Besitztum anhaftende *mentale Ladung* positiver oder negativer Gedanken und Gefühle, die beim Geldannehmen und -ausgeben auf die vorwiegenden Tendenzen und Verhaltensweisen eines Menschen wie Katalysatoren steigernd oder hemmend einwirken.

Auch von da her ergibt sich die Notwendigkeit der Gewinnung einer neuen *positiven Einstellung zum Geld,* damit es zu einem Symbol der Macht des Geistes über die Materie und zu einem wirklichen Segenbringer wird.

Gerade Geistesmenschen haben hier oft eine irreale und lebenswidrige Einstellung, wenn sie in Geist und Geld zwei entgegengesetzte Mächte sehen. Sie setzen damit die Macht des Geldes der des Geistes gleich, unterschätzen also den Geist, der doch die materielle Welt mit allen Gütern schuf und beherrscht. Sie sagen mit Simrock: „Wo Geld ist, ist der Teufel, wo keins ist, ist er zweimal", und machen das Geld zum Sündenbock für einen nicht überwundenen Geld- und Machtkomplex im eigenen Innern, möchten das Geld aus der Welt schaffen.

In Wirklichkeit kann aber keiner sich aus dem sozialen und wirtschaftlichen Zusammenhang mit der Umwelt herauslösen. Jeder ist Glied einer Gemeinschaft und steht mit seinesgleichen in ständigem geistigen und materiellen Austausch, für den auch das Geld nur Mittel und Symbol ist. Er lebt richtig, lebens- und geistgemäß, wenn er Geld und Güter als *Diener des Geistes* wertet und benutzt. Das kann er um so vollkommener, je freier er innerlich ist, je mehr er aus dem Geiste lebt, sich nicht als *Besitzer* von irgend etwas, sondern nur als *Treuhänder* geistgeborener Güter, Werte und Kräfte bejaht und wie ein guter Verwalter das Bestmögliche für alle daraus macht.

Eben dies meinte *Luther,* als er in seiner derben Art schrieb: „Gott will nicht, daß man nicht Gut und Geld haben und empfangen solle, oder daß man, wie etliche Narren unter den Philosophen und sonderbare Heilige unter den Christen gelehrt haben, das, was man hat, wegwerfen solle."

Wer die irdischen Güter einschließlich des Geldes als Schöpfungen und Mittel des Geistes wertet, demonstriert damit seine innere Freiheit und Überlegenheit. Er lächelt über das Gelddenken der Unfreien, weil er weiß, daß der *Geist* das Primäre und alles andere Mittel und Werkzeug ist. Je lebendiger ihm aufgeht, daß alle Fülle aus geistigen Quellen kommt, als desto unabhängiger erfährt er sich von materiellen Dingen und Bedingungen.

Rechte Geld-Bemeisterung

Wie jeder so viel Luft einatmen kann, wie er will, so kann jeder so viel Geld haben, wie er braucht. Wie die meisten aber erst lernen müssen, *bewußt* zu atmen, so müssen sie erst lernen, *Meister des Geldes* zu werden, der eingeatmeten Fülle die Kraft zum Aufbau ihres Glückes zu entziehen und die Fülle dann bewußt wieder auszuatmen, damit sie auch anderen Wesen diene.

Wie werden wir nun praktisch des Geldes Meister?

Wir weihen alles Geld dem Willen Gottes in uns und fühlen bei jedem Pfennig, den wir hingeben, daß unser Innerer Helfer ihn vervielfacht, daß wir Magneten der Fülle sind. Wir stellen alles Geld, das durch unsere Hände geht, bewußt und freudig in den Dienst des Guten und sehen in jedem Gewinn und Erfolg eine Manifestation der Fülle Gottes in uns.

Wir sehen unser Geld mit den Augen Gottes in uns an — als Garanten der Fülle, dem das Bestreben innewohnt, immer mehr zu werden. Wir fühlen dieses Mehrwerden des Geldes und überlassen alles Sorgen dem Gott in uns. Wir sehen in allem, was wir hingeben, einen Bringer größerer Fülle: wir säen die Saat des Guten aus und ernten zu seiner Zeit die Fülle des Guten im Übermaß.

Wenn wir das Wachstum der Dinge, deren wir bedürfen, gläubig vertrauend bejahen und unserem Inneren Helfer im voraus für das Werden dieser Dinge *danken*, sprießt die äußere Wirklichkeit aus der bejahten inneren Wirklichkeit in zunehmender Fülle hervor. *Danken heißt das vermehren, wofür wir danken.* Die Dankbarkeit gehört zu jenen Kräften, die alles vervielfachen, was in ihren Anziehungsbereich gerät. –

Unsere Bestimmung ist es, glücklich zu werden, und unsere Aufgabe, darnach zu streben. Wir dürfen gewiß sein, daß ,alles, was der Vater hat, auch uns gehört', daß Gott der Geist der Fülle ist und daß denen, die nicht zuerst das Geld, sondern ,Gott lieben, alle Dinge zum Besten dienen' – auch das Geld. Nur darf unsere Einstellung bei der Bejahung der Fülle nicht egoistisch sein, weil die Ichsucht den Zustrom der Fülle verhindert. Unsere Besinnung muß vielmehr etwa diese sein:

> *„Aller Reichtum, alle Fülle der Natur gehört dem Geist des Lebens. Wie alle andern Dinge, so ist auch das Geld nur Mittel zum Austausch und Sinnbild der unendlichen Schätze des Daseins. Beim Geben wie beim Empfangen reiche ich die Reichtümer des Lebens weiter.*
>
> *Alles Geld, auch das meine, wandert und wächst, während es umläuft, zum Segen aller. Ich lasse das Geld darum kreisen, damit es Glück und Segen bringe allen, die es empfangen und geben.*
>
> *Ich schöpfe aus der Fülle des Lebens, die ohne Ende ist."*

Durch diese Besinnung schaffen wir in uns die richtige Einstellung zum Geld und legen den Grund zu wachsendem Wohlstand. Wie Jesus scheinbar aus dem Nichts die Fülle schöpfte, so sollen auch wir durch rechte Bejahung unser Leben reich und vollkommen machen. Was er brauchte, das war da. Genau so ist das, was wir brauchen, zu unserer Verfügung, wenn wir es mit der gleichen Selbstverständlichkeit bejahen, mit der Jesus die ,Fülle des Vaters' bejahte. Wir erfahren dann das Wirken des Gesetzes des Wachstums, wie es der Waisenhaus-Müller erfuhr:

Der ‚Waisenvater‘ Georg Müller – ein Deutscher, der von 1835 bis 1898 in England lebte – hat die Mittel zu seinen Waisenhäusern in Bristol nur durch die Kraft des Gebetes, durch gläubige Bejahung, herbeigeschafft. Dabei betrug die Gesamtsumme, die er im Laufe von 6 Jahrzehnten für die Unterbringung, Verpflegung und Erziehung von Waisenkindern und für andere wohltätige Zwecke ausgegeben hat, über 30 Millionen Mark.

Bemerkenswert war seine Beharrlichkeit im Bejahen der Hilfe von oben: vor jeder Entscheidung ging er in die Stille und überzeugte sich, ob er auf dem rechten Wege sei. Dann richtete er seine ganze Hingabe auf Gott und unterbreitete Gott im Gebete seine Bitte – im Bewußtsein, daß Gott, der die Fülle ist, ihm genau das geben würde, um das er bat. Er ließ sich in dieser Überzeugung auch durch das scheinbare Hinauszögern des Kommens der erbetenen Mittel bis zur letzten Minute nicht beirren, sondern wiederholte sein Gebet um Hilfe so lange, bis die zuversichtlich erwartete Hilfe eintrat.

Immer wieder hat er darauf hingewiesen, daß das, was er von Gott empfangen habe, ein Vorrecht aller sei, daß jeder andere ebenso viel von der Fülle des Lebens empfangen würde, wenn er es ebenso gläubig bejahen und das Empfangene ebenso willig in den Dienst des Guten stellen würde.

Diese inbrünstig-vertrauensvolle Hingabe an den Willen Gottes in ihm befähigte ihn, an die Stelle des anfänglich von ihm gemieteten Hauses, in dem er 30 Waisenkinder aufzunehmen vermochte, ein großes Gebäude zu setzen, dem bald ein zweites, drittes und dann noch zwei weitere folgten, in denen 300, dann 700, dann 1150 und schließlich 2050 Waisenkinder eine Heimat fanden.

Niemand, der sich nur auf äußere Hilfe verläßt, hätte es gewagt, ein solches Unternehmen ohne einen Pfennig Geld mit der Gelassenheit in die Wege zu leiten, wie Müller es tat! Denn das erste große Gebäude kostete nicht weniger als 300 000 Mark, das zweite über 400 000, das dritte mehr als 460 000, und die beiden letzten zusammen eine Summe von 2 300 000 Mark. Dazu kamen die jährlichen Unterhaltskosten für die Waisenkinder von über 500 000 Mark, von den Ausgaben für ihre Gesunderhaltung und dem übrigen Geldbedarf ganz abgesehen.

Dieses Riesenwerk, das auf nichts aufgebaut ist als auf dem absoluten Vertrauen zur Hilfe Gottes, steht heute noch auf Ashley-Down und wird nach wie vor durch die Kraft des Gebets gehalten – ein leuchtendes Mahnzeichen für alle, die noch gefesselt sind von der sinnlosen Angst vor dem Morgen, die noch nicht erkannt haben, daß, wo gleich großes Vertrauen in der Seele eines Menschen aufflammt, auch gleich große Wirkungen und Erfüllungen eintreten.

Je mehr wir es dem Waisenhaus-Müller gleich tun und innerlich in der Fülle leben, desto offenbarer wird der Einstrom des Reichtums in unser Leben. Machen wir Gott zum Mittelpunkt und Kraftquell unseres Lebens, dann kommt alles übrige von selbst – auch das Geld.

DAS GESETZ DES OPFERS

Wer nicht am Ziele scheitern will, der lerne, Reichtum nicht nur anzuziehen, sondern ihn auch für alle segenbringend anzuwenden: er bereite sich nicht nur innerlich auf den Empfang wachsenden Reichtums vor, sondern erfülle sich zugleich mit der Gesinnung der Dienstwilligkeit und gegenseitigen Hilfe.

Denn wir sind Kanäle, bei denen der Zufluß sich nach dem Abfluß richtet und für die die Erfolgsregel gilt: „Wenn Du nehmen willst, so *gib*!"

Wer die rechte Einstellung zum Geld gewonnen hat, betrachtet sein Leben als notwendenden Teil des Gesamtlebens und weiß mit absoluter Gewißheit, daß die beste Rücksichtnahme gegen sich selbst die Rücksicht auf das Wohl anderer ist. „Man lebt nur vom Lebenlassen."

„Die gewöhnliche Annahme, daß der Mensch von Natur selbstsüchtig sei und auch das Kind mit dieser Selbstsucht geboren werde, gründet sich auf eine sehr oberflächliche Beobachtung und ist durchaus falsch." Dieses Fichte-Wort findet seine Bestätigung durch die Feststellung, daß neben ausgesprochenen Materialisten besonders Psychopathen und Geisteskranke sich durch übermäßigen *Egoismus* auszeichnen, *altruistische Gesinnung* hingegen nicht nur Zeichen größerer Sinnenklarheit und Gesundheit ist, sondern auch Kennzeichen größerer seelischer Reife.

Wir haben scheinbar zwei Möglichkeiten, den Reichtum des Lebens zu nutzen: im Dienste unserer eigenen Person oder im Dienste der Gesamtheit. Aber im Grunde besteht nur eine Möglichkeit; denn auf dem einen Wege wird der Reichtum immer weniger, auf dem andern immer größer. Reichtum, der der Ichsucht dient, bleibt unfruchtbar und ohne Segen. Aus einem einfachen Grunde:

Selbstsucht ist Selbst-Abschließung von den Kräfteströmen des All-Selbstes. Je mehr die Ichsucht besitzt, desto verhängnisvoller wird ihre Besessenheit, innere Unfreiheit, Armseligkeit und Not. *Selbstsucht ist Selbst-Beschränkung:* sie macht uns zu einem innerlich Einsamen, von der Allharmonie Ausgeschlossenen, vom Reichtum des Lebens Abgeschnürten. Sie verengert und verstopft die Kanäle, durch die Fülle in unser Leben einströmt, und läßt uns erstarren. Diese Erstarrung wiederum führt zur Auslösung des Gesetzes des Ausgleichs: Enttäuschung, Verlust, Leid und Elend kommen über uns.

Selbstsucht fällt am Ende über sich selbst. Wo einer sich durch Schädigung anderer zu nützen dachte, hallt ihm eines Tages das Wort ins Ohr: Hüte Dich vor den Tränen der Schwachen! Was er andern zu rauben glaubte, nahm er sich selbst. Denn je größer die Ichsucht und Lieblosigkeit gegen andere, desto heftiger wird die innere Gegenwehr von der Ebene des Gemeinsamen Unbewußten her und desto häufiger erfolgt die Auslösung negativer seelischer oder Schicksalsautomatismen bis zum Augenblick des Erwachens der Einsicht.

Selbstsucht ist Selbst-Entfremdung: je größer die Ichsucht, desto schwerer wird der Mensch mit sich und dem Leben fertig, desto weiter ist er von seinem höheren Selbst entfernt. Er ist nicht mehr Herr seiner selbst, und auch der Umwelt wird er nicht mehr Herr. Wer sich selbst fremd ist, ist andern noch fremder, während der Altruist die andern versteht und im gleichen Maße von ihnen verstanden wird. Er hat sich selbst und ist von Selbstsucht frei.

Mit andern Worten: Ichsucht führt immer zur Ich-Schwächung, Ich-Stärkung wird nur durch Dusucht erreicht, durch Wohlwollen und Hingabe. Wir finden uns selbst nur, wenn wir uns von der

Selbstsucht lösen. Wir nehmen an der Fülle des Lebens so weit teil, als wir von uns selbst absehen. Je vollkommener wir uns hingeben, desto größer wird unser Glückvermögen und unsere Erfolgträchtigkeit.

Bloße Erkenntnis der Schädlichkeit der Selbstsucht genügt aber nicht. Not-wendend ist hier allein die alles Denken, Fühlen, Wollen und Tun bestimmende entschlossene Umstellung auf selbstlose Hingabe, die alles dem Inneren Helfer überläßt und den andern liebt wie sich selbst. Die Lösung der Ich-Verkrampftheit liegt im tätigen Gutsein und Guttun, im gemeinnützigen Wirken, im selbstlosen Opfer. Das ist es, was die Lebenserfahrung aller Zeiten lehrt: nur Selbstlosigkeit macht aufgeschlossen für die Zufuhr neuer Fülle von innen und außen.

Selbstlosigkeit erntet immer das Vielfache dessen, was sie sät. Sich innerlich reich wissend, schenkt sie aus dem Bewußtsein der Fülle, die kein Ende hat. Hingebende Entfaltung der Selbstlosigkeit löst alle ichsüchtigen Verkrampfungen und Hemmungen unserer Seele und zugleich die entsprechenden wirtschaftlichen Hemmungen und Schwierigkeiten.

Selbstlosigkeit ist ein Heilmittel für alle Seelen- und Schicksals-Beschwerden, die in der Selbstentfremdung wurzeln. Indem wir uns hin-geben und andern helfen, geben wir unserem wirklichen Selbst vollkommener Ausdruck, bis wir zur Selbst-Verwirklichung reif werden.

Über allem Eigennutz und Eigenwollen steht die den großen Weltenlehrern ebenso wie den großen Lebensmeistern eigene Gesinnung unbegrenzten Wohlwollens, die zum Gutsein und Guttun führt und Schicksalsautomatismen auslöst, die den Wohlwollenden mit der Fülle in Verbindung bringen.

Es gibt nur eine ‚Sünde': die ichsüchtige Sonderung und Herauslösung aus dem Lebenszusammenhang des Ganzen; und eines, das entsühnt: liebend eingestellt sein auf fremdes Wohl und Wollen. Indem wir andern helfen, erheben wir uns selbst ins Reich der Fülle.

Je lebendiger diese Gesinnung unbegrenzten Wohlwollens in uns aufflammt, desto mehr Kräfte werden in uns wach. Das ist die Antwort des Geistes des Lebens auf unsere innere Wandlung. Je williger wir zu einem Brunnen der Fülle für andere werden, desto reicher wird die Fülle, aus der wiederum wir schöpfen. Je bewußter wir uns als Ausgabestellen göttlicher All-Fülle erkennen und unser ganzes Denken und Tun unter das Gesetz der Güte stellen, desto sichtbarer wird unser Gutsein ein Ausdruck unseres inneren Reichseins und findet seine Auswirkung im äußeren Reichsein.

49. WOCHE:

ENTFALTUNG SCHLUMMERNDER KRÄFTE

> „Das menschliche Wissen gleicht einer Kugel, die unaufhörlich wächst.-In dem Maße, wie ihr Umfang zunimmt, wächst die Zahl ihrer Berührungspunkte mit dem Unbekannten.“ Pascal

Je höher wir auf einen Berg hinaufgelangen, desto weiter dehnt sich ringsum der Blick. Je lebendiger wir unsere bisher geweckten Kräfte entfalten und nützen, desto mehr neue Energien werden in uns wach.

Nicht nur ist, wie Novalis sagt, „jede neu zur Besinnung gebrachte Eigenschaft unseres Geistes im eigentlichsten Sinne eine neuentdeckte Welt“, sie ist ein Führer ins geheimnisreiche, noch unerforschte Innenland und zugleich ein Künder der Unerschöpflichkeit unserer inneren Kräfte und der Grenzenlosigkeit unserer Entfaltungsmöglichkeiten.

Wir erkennen angesichts jeder neu in uns erwachenden Fähigkeit, daß wir erst am Anfang stehen, daß nur die ersten Schritte getan sind, daß das Bergwerk unserer Seele nur obenhin angebohrt ist.

Glaube niemand, seine Möglichkeiten seien erschöpft!

Jede Ebbe ist Bote kommender Flut, jede Erschöpfung Künder erwachender Schöpfung, jede innere Leere das neue Flußbett eines starken, aber im alten Flußbett verschlammten Stromes: bald fließen die inneren Kräfte lebendiger denn vorher.

Eine der Kräfte, deren fortschreitendes Erwachen uns im Laufe der Lebensschulung immer lebendiger bewußt wird, ist die der *Intuition und Inspiration:* Die geistige Erhebung des Lebensschülers hat zur Folge, daß er stufenweise zu lichteren Reichen des Gedankens hinaufsteigt, für höherführende Seelenbotschaften empfänglich, größerer Leistungen fähig wird, zur geistigen Schau, zu unmittelbarer Erfassung des Wesens der Dinge und Zusammenhänge heranreift.

So wach, wie unser Verstand für die Gegebenheiten des äußeren Lebens ist, so wach wird unsere Intuition durch rechte Selbstschulung des inneren Lebens. Unsere Aufgabe auf dieser Stufe aber ist beider Vereinigung in der *Meditation* – im Dienste der Entfesselung neuer Kräfte und ‚latenter Talente'.

Der Verstand kann Zweifeln verfallen, weil ihm letzte Gewißheit fehlt. Die Intuition ist ohne Zweifel, weil sie Gewißheit ist: sie weiß – und weiß, daß sie weiß. Darum müssen beide zusammenwirken, damit der Mensch zur Vollkommenheit findet.

Die erweckte Intuition erschließt Wissen, das dem Verstand ewig verborgen bliebe. Es kommt nur darauf an, daß der Verstand sich des von innen aufströmenden Wissens bewußt und willig bedient: sowie er Fragen stellt, regt sie sich und inspiriert ihn, schenkt ihm Weisheiten, die er bislang suchte, ohne sie zu finden.

Wo Verstand und Intuition eins sind, erwacht eine Vielzahl neuer Kräfte. Dieses Vermögen der Entfaltung neuer Kräfte und Fähigkeiten ergibt sich aus der Tatsache der Gegenwart der Kraft in uns, deren Möglichkeiten wir als unerschöpflich erkennen, wenn wir mit dieser Kraft, mit diesem Geist in uns geeint sind.

Sind wir in Harmonie mit der inneren Kraft, sind wir auch im Einklang mit den Gesetzen des Lebens: unser Denken und Tun fügt sich harmonisch in das Ganze ein und wird zum Bestimmer der drei Reiche des Seins: des Reiches der Materie, der Formen, der sichtbaren Dinge – des Reiches der Kräfte, der geistigen und materiellen Energien, die die sichtbaren Dinge in Bewegung und Wandlung erhalten – des Reiches des Lebens, des inneren Seins und Wollens der Wesen und Dinge: des Reiches des Geistes.

Wir erkennen die Gesetze, die diese drei Reiche beherrschen, und wissen sowohl, wie die Dinge und Kräfte wirken, als auch, wozu sie tätig sind. Wir erleben unsere innere Kraft als Teil der bewegenden Energie, die hinter allem Geschehen steht.

Im griechischen Wort ‚*Energie*' kommt das eigentliche Wesen der Kraft noch zum Ausdruck: das, was *innerlich wirkt*. Alle Kraft ist

Innen-Kraft, die innerhalb der Wesen und Dinge wirkt und sich als Wirkung, als Bewegung, als Geschehen äußert, ohne je selbst sichtbar zu werden.

Mit dieser Innenkraft eins sein heißt zum bewußten Ursacher seines Schicksals werden. Es heißt zugleich im Rhythmus des inneren Groß-Lebens schwingen, das alle Wesen in der Tiefe ihrer Seele durchpulst, und mit der Umwelt in Harmonie sein. Das aber heißt vollkommen leben – in Harmonie mit dem Ganzen, mit dem Geist des Lebens, im Einklang mit dem Ewigen.

Mit der Innenkraft geeint, erheben wir uns über den Wandel der Dinge.

Es berührt uns nicht mehr, daß unser äußeres Leben ein Film ist, der immerfort abläuft und nie zurückgedreht werden kann. Denn wir sind jetzt nicht mehr bloßer Teil dieses Films, sondern zugleich sein gelassener Betrachter. Mag er bringen was er will – uns erschüttert es nicht; denn wir hängen nicht mehr von den Erscheinungen ab, nun wir das *Sein* ergriffen haben.

Wir halten den Ablauf des Films auch nicht auf, indem wir einzelnen Szenen übermäßige Beachtung schenken und darob unser ewiges Selbst vergessen. Wir streiten nicht mehr, ob die Zeit vorübergeht, während wir stille stehen, oder ob wir dahinwandern, während die Zeit stillesteht – sondern wenden uns vom Umkreis zum Mittelpunkt aller Kraft und Ruhe.

Wir sind nicht länger bloßes Glied in der unendlichen Kette des Lebens, die immerfort abrollt, sondern erkennen uns als die Kette und als die Kraft, die ihre Abwicklung regelt.

Wir erkennen und bejahen die Kraft in uns als die tragende Kraft aller Bewegung, aller Dinge, alles Lebens. Wir ziehen uns gelassen aus allem, was wir bisher trieben und erstrebten, heraus und senken uns willig ein in das Göttliche in uns, damit es in unserem Leben tätig werde.

In Harmonie mit der Innenkraft sein heißt allen äußeren Mächten überlegen sein: immer sind wir stärker als jede Macht, die sich von außen her gegen uns wendet; immer strömt uns von innen her so viel Energie zu, als wir benötigen, um fremden Widerstand zu brechen; immer verfügen wir über mehr Seelen-Energie-Einheiten als alles, was sich gegen uns richtet.

Nur wenn unser Selbstvertrauen nachläßt und die Furcht uns ergreift, verringert sich der Zustrom neuer Kraft von innen, so daß wir dem Mißerfolg verfallen. Aber diese Gefahr ist behoben, nun wir erkannten, daß jeder Gegner und jeder Widerstand schwächer ist als das Maß an Kraft, das von innen her in uns aufströmt als unser Anteil an der Unermeßlichkeit der Allkraft.

Natürliches Ergebnis bewußter Einung mit der inneren Kraft ist die fortschreitende Steigerung der Wachheit und Produktivität auf allen Gebieten. Das ist eine wichtige Erkenntnis, deren Konsequenzen dem Lebensschüler nach und nach aufgehen. Er erkennt: Wie die Seele den Körper durchdringt, so der Geist des Lebens das All. Und dieser Geist des Lebens bin ich selbst. Das All-Selbst ist in mir als Ich-Selbst gegenwärtig, die All-Kraft als Innenkraft immer bereit, mir zu helfen. Das ganze All ist eine Einheit, durch die der eine Blutstrom der Gott-Kraft pulst und aller Herzen schlagen läßt. Diese All-Innenkraft ist meine letzte Wirklichkeit, mein innerstes Sein.

So weiß ich mit aller Gewißheit: Sommer und Winter mögen in unendlicher Zahl über die Erde gehen, Zeitalter und Völker mögen kommen und verwehen – die Kraft in mir bleibt unberührt vom Wechsel der Formen. Und mit ihr bleibe ich – der All-Eine! Denn ich bin die Wirklichkeit – nicht ein Traum im Traum. Ich bin die Wahrheit – nicht ein Trug im Trug. Ich bin das Eine in allem! Ich bin!

METHODE DER MEDITATION

Unter den Mitteln, die Harmonie mit der inneren Kraft auszubauen, ist die Meditation das vollkommenste, das wir kennen.

Meditation heißt wörtlich: Nachdenken, Nachsinnen, seelische Selbstschau, geistige Erhebung, Erkennung des Wesens der Dinge. Dieses Erkennen in der Meditation hat nichts mit verstandesmäßiger Überlegung und Schlußfolgerung zu tun, sondern ist intuitives Erkennen aus Einssein: ein Erfassen der ‚Idee', des ‚An sich', der inneren Wirklichkeit der Dinge – Erleuchtetwerden vom inneren Licht.

Meditation ist weiter Entdunkelung des Unbewußten: durch die innere Erhellung, die aus der Meditation resultiert, wird die Gedankenfinsternis, die vorher in den Tiefen des Unbewußten herrschte, allmählich behoben. Bewußtsein und Unbewußtes werden miteinander verbunden, unterbewußte Hemmungen werden in bewußter Selbst-Analyse und -Synthese erhellt, Spannungen gelöst, Strebungen geläutert; an Verdrängungen und Unerlöstheiten werden die lösenden und heilenden Kräfte der Tiefe herangeführt. Die Meditation ist das Endglied unserer Praxis der Meisterung des Unbewußten.

In gewissem Sinne entspricht die Meditation dem Gebet, nur daß die Meditation konfessionell neutral und ungebunden ist und bloßes Mittel bleibt, nicht zum Selbstzweck wird. Sie ist schweigendes Gebet, willentliches und wesentliches Sich-Erfüllen-Lassen vom Strom des Lebens, geistige Versenkung, bei der wir uns vom persönlichen Denken und Wollen abwenden und dem Gott in uns hingeben, zum Bewußtsein unserer *Gotteskindschaft* erwachen und aus diesem Gewißsein heraus zur Ruhe finden und zur Fülle.

Über die *Praxis der Meditation* sei hier nur gesagt, was der Lebensschüler im Dienste fortschreitender Selbst-Verwirklichung zu wissen benötigt:

Der Meditation geht die Konzentration mit ihren Stufen der körperlichen und gedanklichen Entspannung, der Stille, des Schweigens und der Sammlung voraus. Die Entspannung sei zugleich bewußte Überlassung an die innere Kraft. Lassen ist kein Negativ- und Passiv-Werden, sondern bewußtes, positives Überlassen aller Lasten an den Inneren Helfer. In dieser die Meditation einleitenden Entspannung erkennen wir mit zunehmender Klarheit, wieviele Gehemmtheiten auf innere Spannungen zurückgehen und mit deren Lösung weichen und verschwinden. Wir spüren, wie der an Entspannung Gewöhnte Nervenkraft spart, mehr leistet und schöpferischer wird.

Entspannung und gelassene Hingabe an den Inneren Helfer führt zur Kraft-Unmittelbarkeit: Der Zustrom der inneren Kraft wird durch keine Verkrampftheiten und Gehemmtheiten mehr unterbrochen, in falsche Bahnen gelenkt oder zum Versiegen gebracht; sie kann frei fließen und sich ungestört entfalten.

Hier liegt der Grund, warum Ich-Verkrampfte nach sogenannten „Bekehrungen“ in religiösen Gemeinschaften oft leichter mit dem Leben fertig werden. Diese Wandlung hat ihren Ursprung nicht in der jeweiligen konfessionellen Seite der ‚Bekehrung‘ oder der ‚Wiedergeburt‘, sondern allein in der damit einhergehenden Entspannung und Hingabe an die innere Führung.

Wir erreichen gleiches in der Meditation, in der wir den Erfolg unseres Mühens dem ‚Inneren Helfer‘ überlassen. Diese Hingabe unseres Vertrauens entkrampft uns, macht uns gelassen, überlegen und fähig, auch größte Hindernisse zu meistern. Wir vermögen die Dinge und Zusammenhänge objektiver zu überschauen, unbekümmerter und erfolgsicherer zu disponieren und zu handeln. –

Auch über die der Entspannung folgende *Stille* ist hier nur wenig hinzuzufügen: Sie ist völliges Hingegebensein an die unbewegte Stillheit des Innen-Alls, Hinausgehobensein über das Getriebe und Getriebensein der äußeren Welt. Von ihr gilt das Wort Jakob Böhme's: „Wenn Du nur einen Augenblick stillehalten könntest in Deinem Wollen und Denken, so würde Gott in Dir wollen und denken und Du würdest sein Wort in Deinem Herzen vernehmen.“

In der Stille quellen neue Kräfte aus Urgründen in uns empor – Boten des Stromes göttlichen Lebens in den Tiefen der Seele, Spender unerschöpflicher Fülle. In diese innere Stillheit lassen wir uns gänzlich entsinken. Der Mensch, sagt Meister Eckehart, „kann dem Gott in ihm nichts Lieberes bieten als die innere Stille Gott verlangt nichts, als daß man ihm ein gestilltes Herz gebe; dann übt er solche Wirkungen in der Seele aus, daß keine Kreatur da heranreichen oder einen Einblick gewinnen kann. Rechte Stille bewirkt, daß der Geist so unbeweglich stille stehe gegenüber allen Geschikken, wie ein starker Fels einem leisen Windhauch gegenüber unbeweglich steht. Diese innere Ruhe und Abgeschiedenheit bringt den Menschen in die größte Gleichheit mit Gott. Die Seele soll in Gott so befestigt und gefestigt sein, daß sich ihr nichts mehr einzudrükken vermag, nicht Hoffnung noch Furcht, nicht Freude noch Jammer, nicht Liebe noch Leid, noch irgend etwas, was sie außer sich zu bringen vermöchte.“ –

Dieser inneren Stillheit folgt die eigentliche

Meditation,

bei der wir 3 Stufen unterscheiden:

1. *Betrachtung:* Der Gegenstand der Meditation wird ins Zentrum der Stille gerückt und in allen Teilen angeschaut, wie wir etwa einen materiellen Gegenstand von allen Seiten prüfend betrachten. Diese Betrachtung ist vollkommen, wenn uns keine ablenkenden fremden Gedankenbilder zum Bewußtsein kommen. Wir gelangen alsdann zu jener vollkommenen „Erkenntnis der Wahrheit, die von Irrtum frei ist."

Diese Betrachtung ist inneres Bauen bis zur Vollendung und zugleich aktives Wirkenlassen der Intuition; ein Schöpfen aus den Quellen göttlichen Weistums. Beides wird umso fruchttragender, je positiver unsere Haltung ist, je mehr wir unser Nach-innen-Lauschen durch gläubiges Vertrauen magnetisch machen.

Kein egoistischer Gedanke darf während der Betrachtung in uns Eingang finden. Unser Denken und Fühlen muß auf Liebe und Fülle abgestimmt sein: umso schöpferischer tritt die innere Kraft in Tätigkeit.

2. *Verschmelzung:* Die Betrachtung führt zuerst zu lebendiger Vergegenwärtigung des Gedachten; aus dieser erwächst zunehmende Vertiefung in das Wesen des Meditationsgegenstandes und schließlich die Verschmelzung des Bewußtseins des Meditierenden mit dem inneren Wesen des Betrachteten. In diesem Zustand gilt es einige Augenblicke zu verharren, bis das Bewußtsein völligen Einsseins mit dem Meditationsgegenstand erwacht ist.

Diese Einswerdung ist das eigentliche Merkmal der Meditation. Es ist keine Zweiheit mehr da von Bewußtsein und Bewußtseinsobjekt, sondern beide sind eins: das Betrachtete ist in den Betrachter eingegangen und der Betrachter in das Objekt seiner Betrachtung. Das zu einem Teil seiner Seele Gewordene wird zum Mitbestimmer seines ferneren Schicksals.

3. *Verwirklichung:* Dem Bewußtwerden der Einheit von Betrachter und Betrachtetem folgt die innere Bejahung: *„Das Gestaltete möge wie innerlich so auch äußerlich Wirklichkeit werden, sich in meinem Leben auswirken!"* oder die erneute gelassene Hingabe des ganzen Seins an den Inneren Helfer: *„Dein Wille geschehe!"*

In beiden Fällen wird uns das Werden des in der Meditation Bejahten fortschreitend bewußter. Diese Wirklichkeitsbewußtheit ist ein weiteres Kennzeichen der Meditation: sie ist ein Reicherwerden des Lebens um das innerlich Gestaltete und Herbeigerufene, Hinauswachsen über die eigene Begrenztheit – hinein in jenes Leben, das immer höher führt. –

Hierauf folgt die Rückkehr aus der Meditation in den Alltag. Fühlen wir uns während oder nach dieser Rückkehr zu positiven Worten oder Taten gedrängt, werden wir unverzüglich handeln, um den Reichtum an neuen positiven Schicksalsbeziehungen segenbringend auszuwerten.

So ist die Meditation geistiges Bauen und zugleich Einswerdung mit dem vollendeten Ideal dessen, was wir ersehnen. Wir vermögen so beispielsweise unseren Charakter zu wandeln, indem wir von jedem erwünschten Zug ein Idealbild in der Meditation lebendig machen und solange als Wesenszug unseres Selbstes bejahen, bis er an die Stelle des bisherigen Charakterfehlers getreten ist.

Hier wie auch sonst wird die Meditation zum Mittler dessen, was wir bejahen. Wir bringen das, worüber wir meditieren, in unserem Wesen und Leben zur Entfaltung. Wir werden dabei nicht um das, was Wirklichkeit werden soll, bitten, sondern dafür *danken* wie für etwas, was wir soeben empfingen. Jeder Gedanke des Dankes ist eine Meditation über Fülle. Wir werden uns etwa besinnen:

> *„Ich danke Dir, Geist des Lebens, daß Du mich aus den Quellen der Fülle schöpfen läßt und mir alles gibst, dessen ich bedarf!*
> *Ich danke Dir, daß Deine Liebe über mich wacht und mein Leben mit Harmonie erfüllt!*
> *Ich danke Dir, daß Du meinen Weg erleuchtest und bewirkst, daß mir immer das Beste begegnet!*
> *Ich danke Dir, daß Du mir Gesundheit, Kraft und Vollkommenheit gibst, Leben, Weisheit und aller Wünsche Erfüllung."*

Was immer uns fehlt – bejahen wir es in der Meditation als unser Eigen! Wir bringen dadurch die entsprechenden Schicksals-Automatismen zur Auslösung. Zugleich lernen wir alle Dinge mit den Augen Gottes in uns zu sehen und durch die Hüllen des Scheins zu den Tiefen des Seins hinabzudringen. Wir erfahren, daß die Seele des Ganzen in uns wohnt. In der Hingabe an dieses Bewußtsein verschmilzt unser Wissen manchmal für Augenblicke mit der göttlichen Weisheit und wird zur All-Gewißheit. Fragen, die bislang unlösbar schienen, lösen sich dann von innen her, aus Wegunsicherheit wird Zielklarheit.

Im Letzten dient die Meditation der fortschreitenden Erwekkung des Bewußtseins unseres Einsseins mit der inneren Kraft: das ewige Selbst und das vergängliche Ich schwingen zusammen. Wir fühlen die Wandlung unseres Körpers während der Meditation, spüren sein Durchleuchtetsein vom inneren Licht, die Verwesentlichung unseres Lebens und die Wandlung aller Umstände und Bedingungen zum Guten.

Aus dieser Erkenntnis wiederum erwächst zunehmende innere Gleichrichtung unseres Wollens mit dem der Gottheit. Diese Gelassenheit in Gott ist es, die die göttliche Fülle in unserem Leben zur Entfaltung bringt und uns erkennen läßt, daß, wer Gott hat, alles hat:

> *„Gott in mir ist mein Leben. Gott in mir ist meine Kraft.*
> *Gott in mir ist mein Helfer. Gott in mir ist meine Weisheit.*
> *Gott in mir ist mein Schutz. Gott in mir ist meine Fülle!"*

In höchster Vollendung erreichen wir dies aber nur, wenn wir *unser ganzes ferneres Leben zu einer ununterbrochenen Meditation* gestalten.*) Damit erfüllen wir die sonst unerfüllbar scheinende Forderung des Lebenslehrers Christus: „Betet ohn' Unterlaß!" Denn unser ganzes Denken und Tun wird dann zu einer geschlossenen Kette rechten Denkens und Handelns, die unser Leben sichtbar harmonisiert, lichtet, verwesentlicht.

*) Dazu werden weitere Anleitungen im 3. Band, auf der *Oberstufe* der Lebensschule *(„Selbstverwirklichung und innere Führung")*, gegeben, ferner in dem weiteren Lebensbuch *„Der Weg zur Vollendung"*, in dem die Praxis der Meditation und die Dynamik der Kontemplation allseitig dargelegt wird. (Drei-Eichen-Verlag)

50. WOCHE:

SELBST-VERWIRKLICHUNG

„Dem ringe nach! Es kann mit rechter Kraftanwendung
der Mensch auf jeder Stuf' erreichen die Vollendung!“ Rückert

Beim seelisch unerwachten Alltagsmenschen herrscht in der Regel ständiger Kleinkrieg zwischen Oberbewußtsein und UB. Bei den wenigstens besteht Übereinstimmung zwischen wachbewußtem Wollen und innerer Führung.

Gegen die Übel und Leiden, die aus dieser inneren Uneinheit und Vielspältigkeit herrühren, hilft nur grundlegende Besinnung auf die innere Einheit: Selbst-Besinnung, Selbst-Prüfung, Selbst-Reinigung und *Selbst-Verwirklichung.* Dieser Weg führt zur inneren Einheit und Freiheit.

Diese innere Einung bezeichnet Meister *Eckehart* als höchstes Ziel: „Der Mensch muß sich innerlich sammeln und in den tiefsten Grund seiner Seele einkehren, um alles Ungöttliche hinauszutreiben. Die Seele hat sich im Innern zerteilt und zerstreut mit ihren Kräften; dadurch ist sie umso schwächer geworden in ihrer äußerlichen Tätigkeit; denn jede geteilte Kraft ist unvollkommen. Darum, wenn sie kräftig im Innern wirken will, muß sie alle ihre Kräfte heimrufen und aus der Zerstreuung in den Dingen zum innerlichen Wirken sammeln, um die eine ungeschaffene ewige Wahrheit zu erkennen.“

Nur in solcher bewußten Nach-innen-Wendung finden wir zur inneren Einheit und werden stark und fähig, Disharmonien unseres Lebens in Harmonien zu wandeln.

Jede Wendung nach innen, jede Verbindung mit den tieferen Schichten unseres Wesens führt nicht nur zur Erweiterung unseres Bewußtseins, sondern zugleich zur Bereicherung unseres Lebens. Je tiefer wir in uns eindringen, desto weiter dehnt sich der Umkreis unseres Bewußtseins, desto sicherer bringen wir Hemmungen und Unerlöstheiten zur Bewußtwerdung, zur Lösung und – im Maße unseres Erwachens zu uns selbst – zur Auflösung. Wir erweitern unser Bewußtsein um immer tiefere Schichten unseres Seins und schließlich des All-Seins.

Der Weg der Selbstverwirklichung führt auf keiner Stufe zu Passivität, sondern über Aktivität und Schöpfertum zu zunehmender Bewußtheit. Wir erwachen immer vollkommener zu uns selbst. Wir erkennen jetzt erst, wie tief wir bisher schliefen und wie wenig wir von dem wahren ‚Leben, das immer höher führt', wußten.

Dieser Weg ins Unbetretene bildet die letzte Etappe unserer Selbstverwirklichungsarbeit. Indem wir uns bewußt aus letzten Gebundenheiten und Unerlöstheiten lösen, werden wir in Wahrheit wir selbst und können mit vollerer Berechtigung als bisher sagen: *„Ich bin!"* Aus diesem Vollbewußtsein des ‚Ich bin' erfließt das Vermögen, unser Schicksal zu bejahen, unser Glück zu meistern und aus der Fülle zu leben.

Frucht der Selbstverwirklichung ist das Wachwerden des bisher schlummernden *Glückssinns der Seele.* Wir lernen unser *eigenes* Leben zu leben – und das heißt glücklich sein. Wir sehen, daß unser Glück von uns selbst abhängt, daß das Himmelreich in uns ist und daß wir durch das Reich Gottes in uns eins sind mit dem Unendlichen Geist des Lebens.

DAS GEHEIMNIS DES GLÜCKS

Manche halten ihr Leben lang Ausschau nach dem Glück – und finden es nicht, weil sie in falsche Richtungen blicken: nach außen, statt in ihre eigene Seele.

Andere gibt es, die das Glück vom Himmel erwarten – manchmal, weil ihnen die Trauben des Erdenglücks zu hoch oder zu sauer scheinen. Wie erstaunt mögen sie sein, wenn sie auf der anderen Seite der Welt gewahren, daß man, um das Glück des Reiches Gottes zu genießen, es schon auf Erden gefunden haben muß.

Was wir nicht in der Gegenwart gläubig ergreifen, bleibt uns auch in der Zukunft fern. Die Gegenwart ist der wichtigste Teil der Zukunft, ihr Anfang! Wie will der das weniger Wichtige halten, der das Wichtigste fahren läßt.

Der Lebensschüler schöpft sein Glück aus der Gegenwart. Er bejaht das *Jetzt* der Fülle und ruft sie dort, wo er steht, aus sich in die Erscheinung. Er ist sich dabei der Bedeutungslosigkeit der

Dinge und Umstände der Umwelt für das Maß seiner Glückseligkeit bewußt.

Die Wahngebundenen jagen nach dem Besitz des Glücks – und sehen nicht, daß es seit Ewigkeit zu ihrem Selbstbesitz gehört. Sie sind unglücklich, weil sie die Augen gegen sich selbst verschlossen halten. Erst wenn sie in die Stille gehen, erfahren sie, daß Glück nicht von außen kommt, sondern in ihnen seinen Sitz hat und in jedem Umfange aus ihnen selbst entwickelt und von ihnen selbst verwirklicht werden kann. Mit Aristoteles erkennen sie, daß *Glück eine Funktion der Seele* ist – ein Zustand innerer Einheit, der jedem zugänglich ist. Glück ist etwas Geistiges und wohnt im Bewußtsein. Wird diese entscheidende Tatsache einmal von allen erkannt, wird sich das Glück auf diesem Planeten so weit verbreiten, wie heute das Leid.

So ist der kürzeste Weg zum Glück der sicherste – der Weg ins eigene Innere. Je mehr wir zu uns selbst erwachen, desto höher erheben wir uns über die Dinge und bestimmen unser Glück selbst. Dann werden wir nicht mehr verzweifelt fragen: „Was habe ich verbrochen, daß ich in dieses Leben hineingeboren wurde?“, brauchen nicht mehr, vom Hauch der Hoffnungslosigkeit durchschauert, dem Pessimisten zuzustimmen: „Das einzig Annehmliche am Leben ist sein Ende – der Tod.“

Wir werden nicht mehr auf die Verleumder des Glücks hören – denn zu uns selbst erwacht, haben wir gelernt, uns aus Not und Elend zu erheben zu den Gefilden göttlicher Leidunberührbarkeit. Unsere Augen, noch feucht von den Tränen der Verzweiflung, haben zum Lächeln leidüberlegenen All-Verstehens und zur Bejahung der Güte gefunden, erblicken hinter den Felsblöcken des Kummers das sonnenbeschienene Land der Fülle und Freude.

Wenn wir uns selbst gefunden haben, gewahren wir, wohin wir sehen, verborgene Quellen des Glücks und erfahren, daß alles, was uns berührt, schlummernde Glückskräfte in uns zum Erwachen ruft. Wir gewahren, daß die Welt in ihrer Tiefe voller Harmonien ist; was uns vorher fehlte, war nur das musikalische Ohr und die Willigkeit der Hingabe an das Gute und Lichte des Lebens.

Das Geheimnis des Glücks besteht in der Erkenntnis, daß alles Geschehen mehr oder minder unoffenbarte Harmonie ist, die sich uns offenbart, wenn wir uns dem Zug der All-Harmonisierung willig gleichrichten. Die Fülle des Glücks quillt aus der Erfüllung des Harmoniewillens des unendlichen Geistes des Lebens.

Das Glück gehört zum Leben wie das Licht zur Sonne. Nicht nur sind, wie die Stoiker lehrten, Glück und Wahrheit identisch, vielmehr sind Glück und wahres Selbstsein eins. *Selbstverwirklichung ist zu sich selbst erwachende Glückseligkeit.*

Marden überträgt diese Erkenntnis auf die Ebene des Alltagslebens, wenn er die Zaungäste des Glücks ermutigt: „Du trägst etwas in Dir, das allem, was Dich unterkriegen möchte, mehr als gewachsen ist: eine Kraft aus Gott, die allen Mangel und jedes Hindernis beseitigen kann. Es ist ein Stück Allmacht in Dir, etwas, das größer ist als jedes Schicksal. Es ist ein Gott in Dir! Behaupte Deine Göttlichkeit! Alle Macht ist Dein, denn Du befindest Dich an der Quelle der Fülle!

Wenn Du den Lebenslauf der meisten Menschen, die im Leben Glück gehabt haben, prüfst, findest Du, daß sie nicht ans ‚Glück', sondern an sich selbst glaubten und nie darauf warteten, daß ihnen das ‚Glück' über den Weg laufen werde. Sie redeten nie von mangelndem Glück oder davon, daß sie von andern zurückgehalten würden. Wer den richtigen Trieb in sich fühlt, steigt empor, und nichts und niemand kann ihn zurückhalten."

Gewöhnen wir uns, täglich von früh bis spät in allem das Gute und Lichte zu erspähen, uns für den steten Einstrom der Fülle des Glücks offen zu halten, an jedem Tage etwas zu finden, über das wir uns freuen und mitfreuen. Wir erkennen dann bald, wieviele Quellen des Glücks verborgen in unserem Leben sprudelten und wie auch die dunkelsten Dinge ihre lichte Seite nach außen kehren, wenn wir sie bejahen. Und werden bei wachsender Glücksfähigkeit zugleich immer gelassener werden. Was die Mäßigkeit für den Feinschmecker, das ist die Gelassenheit für den Glückbewußten —: Gierlosigkeit.

Aus dieser Gierlosigkeit entspringt eine andere Erkenntnis: daß keiner glücklich sein kann, ohne zugleich andere zu beglücken. Anders gesagt: Andere glücklich machen heißt das eigene Glück mehren!

Auf dem Wege der Selbstverwirklichung nähern wir uns mit jedem Schritt den tiefsten Quellen des Lebenserfolgs. Im gleichen Maße wird uns der Sinn des neuen Lebens, dem wir seit Beginn unserer Lebensschulung zustreben, immer gegenwärtiger: *es ist das Leben, das immer höher führt.*

„Sorge nicht um das, was kommen mag" – mahnt Schleiermacher den Welt-Umfangenen –, „weine nicht um das, was vergeht; aber sorge, Dich nicht selbst zu verlieren, und weine, wenn du dahintreibst im Strome der Zeit, ohne den Himmel in Dir zu tragen." Erkenne – so ergänzen wir diese Mahnung nach der positiven Seite –, daß der Himmel, den Dein Herz ersehnt, nicht ein ferner Ort außer Dir ist, sondern ein innerer Zustand Deiner Seele, der von keinen Lehrern und Meistern, Systemen und Bekenntnissen abhängt, sondern allein von Deiner rechten Einwärtswendung.

Das Reich Gottes ist uns näher als jedes Ding der Welt – niemand kann es uns noch näher bringen. Es ist *in uns* und wird uns bewußt, sowie wir in der Stille in uns selbst hineinschreiten bis dorthin, wo Gott und Ich sich berühren. – „Das Himmelreich ist in Dir!" ist auch die Verheißung des Lebenslehrers Christus. Als er gefragt wurde, wann denn das von ihm gepriesene ‚Reich Gottes' komme, war seine Antwort: „Das Reich Gottes kommt nicht mit äußerlichen Gebärden. Man wird auch nicht sagen: ‚siehe, hier ist es!' oder ‚dort'! Denn wisset: das Reich Gottes ist inwendig in Euch!"

Aber nur so weit, als wir zur Selbstverwirklichung erwachen, als unser *Selbst* lebendig wird, nehmen wir bewußt teil an den Schätzen des Reiches Gottes in uns, erkennen uns als Bewohner dieses Reiches und als Erben der Fülle des Glücks.

Wie konnte Jesus von uns fordern, „vollkommen zu sein, wie Gott vollkommen ist", wenn nicht aus der Gewißheit des zu sich selbst Erwachten, daß die Kraft zu dieser Vervollkommnung im Menschen ist, daß der Mensch göttlichen Geistes ist: ein gefesselter Riese, ein werdender Gott, der im Maße seiner Selbstverwirklichung zu seiner inneren Freiheit und Macht erwacht.

Jesus wußte, daß der Mensch einen Gottesfunken in sich trägt und daß es von ihm selber abhängt, wann und wie er diesen Funken zur Flamme entfacht und zum alles Vergängliche verzehrenden Feuer.

Er wußte, daß der Mensch als Mikrokosmos ein Spiegelbild des Groß-Alls ist – ausgestattet mit allen Kräften und Möglichkeiten des Makrokosmos gemäß dem hermetischen Grundsatz: *„Wie oben, so unten; wie innen, so außen; wie im Großen, so im Kleinen und Kleinsten."*

Gleiches Wissen erwacht in uns, wenn wir in die Stille gehen. Größeres als alles, was uns das Leben schenkte, finden wir, wenn wir in unser Inneres hineinschreiten: die Weisheit des Alls, die über alle Menschenweisheit erhaben ist. Dabei ist die Gottesweisheit, die uns in der Selbstversenkung bewußt wird, nur ein winziger, dem begrenzten Fassungsvermögen unserer derzeitigen Verkörperung angemessener Bruchteil. Wir würden erblinden und verstummen, würden unsere Augen nur ein wenig mehr von der unendlichen Licht- und Weisheitsfülle der Gottheit schauen, als wir auf unserer heutigen Reifestufe zu ertragen fähig sind.

Wir sehen von den Wundern, die uns umgeben, nur den kleinsten Teil. Unendlich mehr gewahrt der zu sich selbst Erwachte. Und er wiederum weiß, daß sein Geist erst einen winzigen Teil der All-Fülle umfaßt. *Dennoch ist alles Leben darauf angelegt, auf den höheren und höchsten Stufen seiner Selbstverwirklichung mehr und mehr die ganze Fülle der Gottheit zu umfassen und in sich aufzunehmen.* Darüber wird auf der anschließenden *Oberstufe* der LS noch Wesentliches zu sagen sein.

Durch diese unendliche Evolution alles Gottgeborenen wird Schritt um Schritt sichtbar empor-geleitet und -geläutert, wer sich gelassen einwärtswendet und der Stimme des Lebens horcht und gehorcht. Wenn wir uns bewußt dem Gott in uns vereinen, werden wir die unendliche Steigerungsfähigkeit der Macht unseres seelischen Kraftfeldes praktisch erweisen. Ja, die Allkraft erwartet sogar von uns, daß wir sie in unserem täglichen Denken und Leben bewußt betätigen, offenbaren und durch uns wirken lassen.

Wie wir in die Sonne hinaustreten, damit ihre Strahlen uns beleben, so wollen wir in der Stille die Strahlen der inneren Sonne auf uns belebend einwirken lassen und uns ihren Segnungen öffnen.

Umso sichtbarer wird unsere Seele zum Sammelpunkt der All-Kraft, die unerschöpflich ist und uns befähigt, das Glück, das wir in uns wissen, auch um uns zu verwirklichen und zu unserem Teile die Erde dem Himmel zu nähern.

IN HARMONIE MIT DEM UNENDLICHEN

Es gibt eine Stätte in unserem Seeleninnersten, wo Ich und All *eins* sind: es ist die Sphäre des All- und Gottbewußtseins, mit der wir im Absoluten wurzeln.

Hat der Mensch die Möglichkeit der Erfahrung dieses Absoluten? Ja. Und auf welche Weise? Durch absolute Hingabe seiner selbst an das Unendliche. Es ist Tatsache und berührt das letzte Geheimnis der überlegenen Macht der Größten, die über diese Erde gingen, daß das Unendliche sich so weit dem Menschen zuneigt und ihn mit seiner Kraft erfüllt, als der Mensch sich dem Unendlichen vertrauend hingibt. „Genau in dem Maße, als wir uns der Einheit mit dem unendlichen Leben bewußt werden und uns diesem göttlichen Strom erschließen, machen wir in uns die Eigenschaften und Kräfte des Unendlichen lebendig und werden zu Kanälen, durch die die unendliche Weisheit und Macht wirken kann", sagt *Trine* mit Recht.

Um diese Einung zu einer bewußten zu machen, müssen wir sie Tag für Tag bejahen, uns in Stille und Meditation wieder und wieder nach innen wenden: wir geben uns, wenn alles in uns stille geworden ist, dem Geist des Lebens in uns hin, erfüllen uns mit dem Gefühl seines Daseins in jeder Zelle, in jedem Teile unseres Leibes und unserer Seele. Wir lassen unser inneres und äußeres Leben von seiner Kraft durchpulsen und erneuern und kehren in den Alltag zurück mit dem Bewußtsein, abermals inniger mit den Kraftquellen des Alls verbunden und fähiger als vorher zu sein, alles Zeitliche im Lichte der Ewigkeit zu durchschauen und zu meistern. –

In solchen Meditationen erhöhen wir die Eigenschwingung unserer Seele zu solcher Frequenz, daß sie sich der Schwingung des Geistes des Lebens angleicht. Wir erhöhen damit zugleich das Anziehungsvermögen unseres Seelen-Kraftfeldes auf alles gut und glücklich Machende. Schon die bewußte Betätigung eines Bruchteils der als Folge dieser Selbst-Besinnung in uns einströmenden Kräfte führt zu Leistungssteigerungen, die uns auf die Ebene des *Genialen* hinaufheben, wie wir auf der abschließenden *Oberstufe der LS* erkennen werden.

Aber nicht nur in der Meditation wollen wir uns dem Unendlichen einen, sondern in allem, was wir tagsüber denken und tun, wollen wir dem Bewußtsein unseres Einsseins mit dem Ewigen lebendig Ausdruck geben. Wir wollen uns immer wieder erinnern, daß der Geist in uns ein Strahl des All-Geistes ist, wollen bei allem Tun den Ewigen in uns wirken lassen und uns von seiner Liebe und Allgüte getragen und behütet fühlen. Wir werden in grenzenlosem Vertrauen unser ganzes Leben unter seinen Willen stellen und gewiß sein, daß er alles zum Besten lenkt und in Quellen des Glücks und der Fülle verwandelt.

Wir fühlen in den Tiefen unseres Seins das heiße Sehnen unseres Selbstes, des Ewigen in uns, nach seiner kosmischen Quelle. Wir fühlen, daß unsere Weltenwanderfahrt ein Heimzug des Gottes in uns ist zum Göttlichen über uns. Und spüren, daß diesem Zug unseres Innern nach dem Unendlichen ein gleich starkes Verlangen des Unendlichen nach uns antwortet. Das eine Sehnen ist das Echo des andern. Indem wir so den Unendlichen zum Mittelpunkt unseres Lebens machen, bewirken wir, daß das, was wir als unser Schicksal schaffen, sich genau zu dem entwickelt, was die Gottheit als höchstes Ideal in uns und unser Leben eingebettet hat. Wir werden zu Wirkern des Willens der Gottheit. Das aber ist unser größter Erfolg.

Von diesem Augenblick an ist jenes absolute Vertrauen zum Unendlichen in uns erwacht, das den Quellgrund unseres Selbst-Vertrauens bildet. Wir wissen nun um die Unvergänglichkeit unseres inneren Glücks mit der Sicherheit des Erwachten. Dieses Bewußtsein unserer Glückwürdigkeit ist es, das uns „alles übrige von selber zufallen“ läßt. Allen großen Geistern der Menschheit war dieser unerschütterliche Glaube an den Allgeist des Guten eigen, sie alle strebten nach lebendiger Verbindung mit ihm – und viele von ihnen sind zum *Kosmischen Bewußtsein* erwacht und haben die Tore geöffnet zu den Schatzkammern unendlicher Fülle.

Wir nennen das Bewußtsein der Harmonie mit dem Unendlichen

‚Kosmisches Bewußtsein', weil unser Bewußtsein auf dieser Höchststufe seelischer Wachheit und geistiger Reife das Leben des Alls umspannt. Vor diesem Erwachen zum ‚Kosmischen Bewußtsein' wurden uns zuweilen vielleicht Einblicke in das Innere der Welt geschenkt – gleich einem raschen Blick durch eine sich öffnende und sofort wieder schließende Tür auf besonnte Sphären. Ganz anders aber kommt das eigentliche Kosmische Erwachen über uns: es bricht mit einer Fülle der Seinsgewißheits-Seligkeit über uns herein, die kein Ende nimmt – wie das Leben eines Blindgeborenen, der auf der Höhe seines Daseins sehend wird, voll Licht und Freude ist.

Der Eingang in dieses Leben ist unsere Heimkehr aus der Vereinzelung der Persönlichkeit in die Seligkeit der All-Eins-Bewußtheit – von manchen, in denen dieses neue Bewußtsein erwachte, auch schlicht das ‚Einheits-Erleben' genannt: das Erfahren letzter Wirklichkeit, das Einswerden mit dem Reichtum der Gottheit.

Vielen Großen der Menschheit ist dieses Bewußtsein geworden – und immer in ähnlichen Formen, woraus erhellt, daß es in jeder Seele in gleicher Weise angelegt ist. Jeder kann zu diesem Kosmischen Bewußtsein erwachen und in ihm Erlösung finden von aller Gebundenheit und Not. Denn es schlummert im innersten Kern unseres Wesens und erwacht umso sicherer, je rückhaltloser wir unser ganzes Vertrauen dem Ewigen in uns schenken.

Wir erfahren und wissen dann mit absoluter Gewißheit, daß hinter unserem Sein und unserer Kraft die All-Kraft steht, die letzte Ursache alles Geschehens, daß in uns der unendliche Geist des Guten als Kraft der Ordnung lebt, alle Fäden unseres Schicksals sinnvoll zusammenfaßt und uns nach dem Gesetz des Ausgleichs genau das zuweist, was uns zukommt und unserer Selbstverwirklichung dient.

In diesem All-Eins-Erkennen fühlen und wissen wir mit sonnengleicher Helle, daß aller Wesen und aller Dinge Innerstes in uns ist, daß wir eins sind mit dem Herzen der Natur wie mit den Reichen des Geistes, daß alle Reiche des Lebens vom Geist der Gottheit durchpulst sind, daß wir eins sind mit der Fülle und dem Reichtum der Gottheit, ein Tropfen im Ozean des Lebens und zugleich der Ozean selbst, der Geist des Lebens, und daß die *Liebe* das große Gesetz alles Seins ist und die *Vollkommenheit* aller Entwicklung Ziel – und daß wir diese Vollkommenheit in uns tragen.

51. WOCHE:

RECHTE LEBENSFÜHRUNG

„Diese plumpe Welt aus einfachen Elementen zusammenzusetzen und sie jahraus, jahrein in den Strahlen der Sonne rollen zu lassen, hätte Gott sicher wenig Spaß gemacht, wenn er nicht den Plan gehabt hätte, sich auf dieser materiellen Unterlage eine Pflanzschule für eine Welt von Geistern zu gründen. So ist er nun fortwährend in den höheren Naturen wirksam, um die geringeren heranzuziehen."

Goethe

Natürliche Frucht und Folge rechter Selbstverwirklichung ist die neue Lebensführung, die alles zu Quellen der Fülle des Guten macht. Sie bedeutet Ordnung und Führung des Lebens von *innen* her, Neubestimmung aller äußeren Dinge von der geistigen Seite der Welt her. Sie ist ein Wirken im Sinne des Gesetzes des Ausgleichs, dessen zwei Aspekte wir uns in dieser Woche bewußt machen wollen, das *Gesetz des Gebens und Empfangens* und das *Gesetz der Fülle.*

Das *Gesetz des Ausgleichs* besagt, daß wir für das, was wir erlangen, zuvor den Preis bezahlen müssen, der im rechten Denken und Handeln und im Dienst am Ganzen besteht.

Dies Gesetz wirkt immerfort und im ganzen All, ob wir uns der Auswirkung unseres Denkens, Redens und Tuns bewußt sind oder nicht. Denn es wirkt von der Ebene des Gemeinsamen Unbewußten aus und darum von innen und außen zugleich.

Wir können es auch das *Gesetz der Harmonie* nennen; denn es führt alles Wirken aller Wesen und alles Geschehen im All zur Harmonie zurück – einerlei, ob wir diese Ausgleichung im Einzelfalle als lust- oder leidvoll empfinden. Wäre dies Gesetz nicht, dann wäre der Kosmos längst ein Chaos.

Einfach und leicht zu verstehen ist die Forderung des Gesetzes des Ausgleichs: sei gerecht, und Dir wird Gerechtigkeit widerfahren. Sei ehrlich, und Du wirst überall der Ehrlichkeit begegnen. Lebe nach der ‚Goldenen Regel', und Du wirst ihre Segnungen erfahren. Wer allen mit Liebe begegnet, dem wird das Dasein zu einer Symphonie der Freude und Mitfreude.

Rechtes Denken und Tun wandeln auch das übelste ‚Karma' um;

es gibt nichts Böses, das nicht durch ein größeres Gutes gelöst und gelöscht werden könnte. Es gilt nur, im Gutsein und Guttun zu beharren, bis die innere Wandlung auch äußerlich sichtbare Früchte trägt. Wir berühren damit den ersten Aspekt des Gesetzes des Ausgleichs, das allgütige Gesetz des Gebens und Empfangens.

DAS GESETZ DES GEBENS UND EMPFANGENS

Wer nur ein Weniges gibt, hat wenig zu erwarten, und was er zurückhält, läuft Gefahr, zu versumpfen und zu verfaulen. Ein Strom, der nicht mehr fließt, wird trübe und verschlammt. Was sind wir anderes als Ströme, die von der Gott-Quelle her an immer neuen Lebensufern entlang eilen, bis sie in höchster Selbstverwirklichung einmünden in das Urmeer der Gottheit!

Wie der Strom ahnt, daß er selbst das Meer, Wolke und Regen, Welle und Bach ist, so wollen wir erkennen, daß wir selbst das Leben sind, das Nächste und das Fernste, daß wir alles, was wir ‚andern' geben, immer *uns selber* geben, und selbst um das ärmer werden, was wir anderen vorenthalten – da die Fülle sofort andere Kanäle sucht, um sich zu offenbaren. Je mehr wir aber liebend geben, desto mehr weitet sich das Gefäß unserer Seele, desto mächtiger rauscht in uns und fließt durch uns der Strom des Lebens in unser eigenes und in das Leben der Umwelt.

Wie der Strom zum Meer wird, so müssen wir uns wandeln, um zu sein. Um zu ernten, müssen wir säen, und geben, um zu empfangen. *Nicht durch Behalten werden wir reicher, sondern durch Weitergeben.* Glücklich der Verständige, dem dieser Hinweis genügt. Und glücklich der, der gelernt hat, von dem, was er besitzt, den edelsten Gebrauch zu machen. Indem er das, was er hat, zur Saat des Guten macht, wird er Teilhaber größerer Ernten. Das ist der Sinn des Wortes: „*Wer hat, dem wird gegeben.*" Wer sein Bestes gibt, dem gibt die Welt ihr Bestes. Und wer sich ganz gibt, wird der Reichste: denn alles wird sein.–

Erfolglose begehen den Fehler, zu viel über das Erlangen nachzudenken und zu wenig über das Geben. Widerspricht diese Feststellung der bisherigen Forderung der Besinnung auf die Fülle? Keineswegs; denn das Empfangen ist nur die eine Seite des Gesetzes, dessen *Ganzes* wir ins Auge fassen müssen:

Wenn wir unsere Aufmerksamkeit nur auf die eine, negative Seite dieses Gesetzes richten, kommen wir nicht voran, weil alle Kraftäußerung aus Ichsucht sich selbst am Ende aufhebt. Geben und Empfangen sind zwei Seiten des gleichen Vorgangs; eines besteht nicht ohne das andere, wie Aus- und Einatmen erst zusammen den Vorgang des Atmens bilden. Das heißt: Kein Empfangen ohne Geben!

Wer den Erfolg bejaht und sich dadurch *nach innen öffnet,* aber auf der andern Seite den Mangelgedanken nicht dadurch vernichtet, daß er freudig gibt, sich also *nach außen verschließt,* der bringt die Fülle nicht zum Strömen. Der Aufstrom der Fülle muß durch Geben ausgelöst werden. *Freudiges Geben ruft den Reichtum aus dem Unsichtbaren ins Sichtbare.*

Wenn wir das, was wir haben, nicht nur besitzen, sondern nützen, wird unser Eigentum immer größer. Machen wir uns zum Mittler der Fülle, zum Glied einer endlosen Kette immerwährenden Gebens und Empfangens, dann nimmt der Zustrom der Fülle nicht ab – es sei denn, daß Ichsucht und Eigennutz von uns Besitz ergreifen und uns als Glied der Kette isolieren und herauslösen. Jeder Gedanke der Ichsucht schließt uns um einiges vom Umlauf der Fülle aus. Darum war Jesus souveräner Meister der Fülle, weil er jeder Ichsucht bar war. Gleichermaßen ist für den Lebensschüler das Geben kein Ärmerwerden um das, was er gibt, sondern Reicherwerden um des Nächsten Glück und Offenwerden für den Empfang neuer Fülle. Geben ist ihm nicht Vermindern, sondern Vermehren.

Das ist ein Grundgesetz der göttlichen Mathematik: *wir schenken uns nicht arm, sondern reich.* Die Größe des Füllezustroms wird bestimmt durch die Größe der Liebe des Gebenden. Das teuerste Geschenk, ohne Liebe gegeben, bleibt ungewertet, das geringste wird groß durch die Liebe, deren Licht auch die dunkelsten Seelen erhellt. Zehntausende Sekunden hat der Tag – jede kann zu einer Festsekunde schenkender Liebe werden!

Was immer wir geben, das kehrt vervielfacht zu uns zurück –

aus des Beschenkten Seele oder aus einer der Millionen anderen Quellen der Gottheit. –

Aller Fortschritt besteht in einem ununterbrochenen Geben und Nehmen aller. Der schreitet am raschesten voran, der dieser Regel am willigsten folgt – nicht an sich, sondern an andere denkend. Der verfügt über den größten Reichtum, der nichts für sich sucht, sondern selbstlos alle Dinge als Mittel zum Glücklichmachen anderer wertet und nützt. Durch Beachtung dieses Gesetzes können wir jede Sorge überwinden – finanzielle wie berufliche, innere und äußere. Das bedeutet:

Wirst Du mit einem Problem nicht fertig, dann gehe hin und hilf einem andern, seine Sorgen loszuwerden. Du erkennst dann plötzlich den Weg zur Überwindung auch Deiner eigenen Not oder findest sie durch die Entwicklung der Dinge gelöst.

Eine Abart dieser *Selbsthilfe durch gegenseitige Hilfe* ist die Gepflogenheit, sich von der eigenen Sorge zu distanzieren und dann an sie heranzugehen, als ob sie die Sorge eines andern sei. Wir finden die Lösung dann leichter. Bekanntlich berät jeder andere leichter und besser als sich selbst. Warum? Weil er, wenn er andern hilft, etwas gibt. Geben ist leichter als Nehmen. Und wer gibt, empfängt leichter.

Es gilt also, um eine Not zu wenden, in den Zustand des Gebens statt des Nehmens einzutreten. Dieser Zustand führt am sichersten zum Erfolg. Warum gehen manche Wünsche gerade dann in Erfüllung, wenn uns wenig oder nichts mehr an ihnen gelegen ist? Aus dem gleichen Grunde: wir waren bisher allzu sehr auf das Nehmen eingestellt, in Selbstsucht verkrampft. Nun wir aber unsern Wunsch lassen und gelassen werden, kann der angebahnte Erfolg zur Auslösung kommen: der einstige Wunsch geht nun in Erfüllung.

Durch unsere Wunschbejahung zogen wir das Ersehnte herbei. Aber es konnte nicht über die Schwelle der Wirklichkeit treten, weil wir die letzte Bedingung nicht erfüllten: die Öffnung unserer selbst durch rechtes Geben. Erst als wir dem Gesetz des Gebens und Empfangens Genüge taten, konnte die Wunscherfüllung eintreten. Wir lernen daraus: Stellen wir das Geben vor das Empfangen, dann wird unser ganzes Leben ein einziger Erfolg.

Aber Geben und ‚Geben' ist zweierlei. Wir müssen richtig geben.

Richtig geben heißt aus vollem Herzen geben – freudig, freiwillig, in liebender Gesinnung. Es kommt nicht darauf an, wieviel, sondern wie wir geben. Die Einstellung bestimmt die Auswirkung.

Richtig geben heißt im Vertrauen auf die göttliche Fülle geben. Geben ohne Vertrauen ist wenig, Vertrauen ohne Geben genügt nicht; aber *vertrauendes Geben* bringt die Fülle zur Entfaltung. Wir müssen der Quelle gleichen, die sich fortwährend alles dessen begibt, was sie besitzt, und die doch immer wieder von innen her mit neuer Fülle gespeist wird. So werden wir, wenn wir gottvertrauend geben, den Nachstrom der Fülle als selbstverständlich bejahen und empfangen.

Richtig geben heißt vorbehaltlos geben – einerlei, auf welchem Gebiet des Lebens wir geben. Wir mehren unsere Weisheit nicht rascher, als wenn wir andere unterweisen und ihnen unser Bestes geben. Halten wir dagegen unsere Erkenntnisse zurück, versiegt der Zustrom neuer Inspirationen. Die meisten denken nicht daran, Erfolgserkenntnisse, die sie erlangten, auch andern zugute kommen zu lassen – und wundern sich dann, wenn ihr Weg wieder abwärts führt. Möge das Beispiel der ‚Lebensschule' sie zur Besinnung rufen: *je mehr wir aus dem Reichtum unseres Erkennens schenken, desto unübersehbarer wird die Fülle neuer Einsichten.*

Richtig geben heißt: Quell und Verteiler göttlichen Reichtums sein. Das Gefäß unserer Seele ist auf der einen Seite durch ein *Saugrohr* mit dem All-Gefäß der Gottfülle verbunden, auf der anderen Seite durch ein *Spenderohr* mit der Umwelt. Jeder weiß aus der Physikstunde: wenn einmal der Zustrom einer Flüssigkeit aus einem Gefäß mittels Saugrohr zum Fließen gebracht ist, strömt die Flüssigkeit von selbst weiter. Das Ansaugen ist das Guttun, die Hilfsbereitschaft gegen andere. Tun wir das unsere, um andere zu beglücken, brauchen wir uns um unser Glück nicht mehr zu sorgen. Wir wissen und besinnen uns dann:

> *„Ich folge dem Gesetz des Gebens und Empfangens in allem Denken, Reden und Tun und verbinde mich dadurch der ewigen Fülle des Lebens. Umsonst gebe ich und umsonst empfange ich den Reichtum des Lebens. Immer macht mich reicher, was ich andern liebend reiche."*

Falsch aber ist es, zu geben, wenn dadurch das Vermögen zur Selbsthilfe beim andern gemindert wird. Geben heißt keineswegs, dem, der bittet, bedenkenlos Geld zu schenken oder zu leihen und jeden zu stützen und zu unterstützen, der sich auf einen lehnt. Auch hier gilt es, *der inneren Führung zu folgen und sie um Weisheit beim Geben zu bitten, damit das, was wir tun, dem andern Segen bringe.*

Oft hilft man einem andern mehr, wenn man ihm Arbeit gibt statt Geld oder indem man ihm den Weg zur rechten Selbst- und Schicksalsmeisterung aus eigener Kraft erschließt, wenn man einen Verzweifelten aufrichtet und ihm neuen Glauben an das Gute, neues Vertrauen zum Leben einflößt.

Alle Hilfe soll dazu führen, daß der andere sich gleich uns auf den Reichtum seines Innern zu besinnen lernt, daß er nicht mehr darauf wartet, daß das Glück zu ihm komme, sondern sorgt, daß es *durch ihn* in sein Leben einströmt. Wir leisten dem andern schlechten Dienst, wenn wir ihn gewöhnen, sich auf fremde Füße zu stellen statt auf seine eigenen. Er muß lernen, sich selbst zu helfen, selbst seines Lebens Meister zu werden.

Darum: wer gibt, gebe so, daß das Selbstvertrauen des andern keine Minderung, sondern Mehrung, sein Lebensmut und sein Kraftglaube Stärkung und Steigerung erfährt.

RECHTES OPFERN

Geben ist ein Opfer, dessen Segnungen im Maße seiner Freudigkeit und Freiwilligkeit wachsen. Wenn jeder gelernt hat, freudig zu geben, werden viele Leidquellen auf Erden versiegen und Streit und Not ein Ende nehmen. Stellen wir unser Leben unter das Gesetz des Opfers, dann wird unser Dasein eine Quelle des Segens für das Ganze wie für uns selbst. Jedes Opfer ist ein Geben eines Teiles der Fülle, die wir bisher empfingen, und eines geringeren Teiles der Fülle, die wir in Zukunft empfangen.

Rechtes Opfern ist der Schlüssel zu den Schatzkammern der Fülle. Wer aus der Fülle leben will, muß aus seiner eigenen Fülle geben. Niemand ist zu arm, um zu geben. Wer freudig gibt, wird immer Mittel zum Geben haben. Denn rechtes Opfern macht den

Menschen zu einem Vakuum, einem Leerraum, in den nach dem Gesetz des Ausgleichs neue Fülle und neue Kräfte im Übermaß nachströmen.

Wer im Opfer eine Mühe sieht, hat das Wesen der Fülle noch nicht erfaßt. Der Teil, den er opfert, ist ein Einsatz, der das Vielfache einbringt. Aus der Hingabe erwächst ein Gewinn, der stetig zunimmt: er opfert wertvolle Saat, vertraut sie dem Boden des Göttlichen an und darf gewiß sein, daß er zu seiner Zeit das Vielfache dessen erntet, was er freudig gab.

Ob wir viel oder wenig geben, ist von geringer Bedeutung — entscheidend ist die Gesinnung, in der wir geben: die Freudigkeit unserer Anteilnahme am Umlauf der Fülle. Daß wir materielle Dinge geben, ist nicht viel — wichtiger ist, daß wir zugleich unsere hingebende Liebe schenken, unser Wohlwollen, unsere Mitfreude, unsere Hilfsbereitschaft und unser All-Vertrauen.

Indem wir in dieser Gesinnung opfern, stellen wir unser inneres und äußeres Wohl unter den Schutz des Geistes des Lebens und machen es von äußeren Bedingungen unabhängig. Darüber hinaus macht das Opfer uns frei vom Haften an Vergänglichem, erzieht uns zum Lassen und Gelassenwerden — und damit zum Höchsten, was wir als Seelen- und Schicksals-Schmiede gewinnen können.

Dies ist keine Sonntagspredigt, sondern nüchterne Feststellung eines Gesetzes, dessen Richtigkeit tausendfach erprobt ist. Wir berühren damit die praktische Seite des Opfergesetzes:

Es ist eine uralte Erfahrung des Menschengeschlechtes, daß der Mensch umso mehr empfängt, je mehr er gibt. Schon früh erkannte man, daß es denen am besten ging, die einen Teil ihres Besitzes oder Einkommens freiwillig dem Wohl des Ganzen opferten oder in den Dienst eines Ideals stellten, also gewissermaßen einen Teil dessen, was sie von Gott empfangen hatten, dem Göttlichen zurückgaben, damit es auch andern Segen bringe.

Einen Rest dieser Erfolgsgepflogenheit finden wir im ‚Zehnten', wie er heute noch in manchen religiösen Gemeinschaften üblich ist und von Lebensschülern mit Gewinn praktiziert wird. Diese Abgabe eines Zehntels des Einkommens an die Gemeinschaft ist für diese wie für den Geber aber nur so weit segenbringend, als sie freudig-freiwillig ohne Hinblick auf irgendwelchen Gewinn geschieht. Sowie sie als Last empfunden wird, bleibt sie fruchtlos oder verwandelt sich in Unsegen – für den Empfänger wie für den Geber.

Es ist von größtem Wert, daß wir uns die Gewohnheit der Hingabe eines Teils unseres Einkommens für höchste Ideale wieder anerziehen. Das Opfer des Zehnten ist ein ebenso einfaches wie weittragendes Erfolgsmittel. Es bedeutet, daß wir ein Zehntel unseres Gewinns oder Einkommens dem Guten weihen – also von vornherein von unserem Einkommen abzweigen und ohne Belohnungssucht einem idealen Zwecke zuführen.

Wer denkt, er könne unmöglich einen Teil seines Einkommens opfern, hat das Gesetz des Gebens und Empfangens noch nicht begriffen: die Hingabe des Opfers entspricht dem Einsenken der Saat in den Boden; die Freudigkeit der Hilfsbereitschaft entspricht der Pflege des Ackerbodens und der Fernhaltung des Unkrauts. Indessen tut der Geist des Lebens das Seine: er nährt die Saat, gibt ihr Sonne und Regen und läßt sie wachsen – bis zur Ernte.

Der vorausblickende Kaufmann, der in stillen Zeiten mehr wirbt als in guten, wirft nur scheinbar Geld weg – bald beweist der steigende Umsatz die Richtigkeit seines Opfers. Genau so legen wir den Grund zu größeren Erfolgen, wenn wir einen Teil unseres Einkommens dem Göttlichen als der Quelle unserer Erfolge widmen. Wir geben dadurch den übrigen neun Zehnteln erhöhte Erfolgskraft.

Es ist mit dem Opfer unseres Besitzes wie mit dem unserer Zeit:

Wenn wir einen Teil unserer Zeit dem Göttlichen weihen, indem wir in die Stille gehen und der inneren Stimme lauschen, mag dies dem Materialisten als Zeitverlust erscheinen. Der Lebensschüler weiß und beweist, daß *die* Stunden, die er in Harmonie mit dem Unendlichen zubringt, die fruchtbarsten seines Lebens sind, aus denen wachsende Fülle fließt, in denen seine besten Gedanken geboren werden, neue Erfolge keimen und die Tiefe des Reichtums der Gottheit sich ihm auftut.

Wenn wir einen Teil unserer Zeit dem Göttlichen widmen, geht uns in den übrigen Stunden alles leichter, rascher, erfolgreicher von der Hand: wir leisten in weniger Zeit das Vielfache dessen, was andere selbst unter Hinzunahme von Überstunden nicht zuwegebringen. So löst jedes Opfer größere Fülle aus und macht uns die Sinn-Erfüllung unseres Lebens leichter.

Unser Opfer macht den Geist des Lebens zum Teilhaber unseres Tuns und uns selbst zu Mitarbeitern der ewigen Liebe. Wir führen die ‚Dividende', den Gewinnanteil der Gottheit an unserem Tun, richtiger: am gemeinsamen Wirken, göttlichen Zwecken zu, Werken der gegenseitigen Förderung und Hilfe, und setzen dadurch das Gesetz des Ausgleichs in Tätigkeit, so daß das vielfache Gute zu uns zurückkehrt, – einerlei ob unser Opfer nun religiösen oder sozialen Zwecken dient, einer der Vervollkommnung des Menschen dienenden Bestrebung, die den Einzelnen edler und stärker, gesunder und glücklicher machen will, den Bestrebungen des Tierschutzes, einer Wohlfahrtseinrichtung oder einem besonderen Hilfswerk.

Indem wir solche Bestrebungen unterstützen, fördern wir das allgemeine Wohl, mehren das Glück aller und empfangen von der Ebene des Gemeinsamen Unbewußten her, aus dem Reich der Fülle, wachsenden Segen. Wenn wir es uns zur selbstverständlichen Gewohnheit machen, ein Zehntel unseres Einkommens dem Göttlichen zu opfern, strömt schließlich ein solcher Reichtum in unser Leben ein, daß wir von einem Bruchteil unseres Einkommens zu leben vermögen.

Auf mannigfachste Weise wirkt sich das Gesetz des Ausgleichs aus: als geschäftliche oder berufliche Förderung, als gesellschaftlicher Gewinn oder in Gestalt neuer Freundschaften, als Glücksfall oder als Erfolgsgelegenheit. Doch nicht nur materieller Segen strömt in unser Leben ein – weit größerer Gewinn wird uns zuteil: mehr Liebe und Glück, Gesundheit und Harmonie, mehr Kräfte und Talente, Zufriedenheit und Erfolgsicherheit, die selbst den Kenner der Lebensgesetzmäßigkeiten in frohes Erstaunen versetzt.

Wir geben kein Geheimnis preis, wenn wir darauf hinweisen, daß viele der Reichsten dieser Gepflogenheit freiwilligen Opfers – schon von der Zeit her, da sie noch arm waren! – das stete Wachsen ihres Vermögens zuschreiben. Indem sie dem allgemeinen Wohl dienten, bewirkten sie das eigene Wohlergehen. Noch jeder, der dieses Gesetz befolgte, hat das stete Wachstum seines Glückes und Reichtums bestätigt. Mancher Geschäftsmann, der einen Teil seines Gewinns edlen Zwecken opferte, die mit seinem Geschäft nichts zu tun hatten, hat zugegeben, daß dieses Opfer die beste Geldanlage seines Unternehmens war – da sie den Aufstieg seines Geschäfts einleitete, förderte und sicherte.

Noch jeder schritt durch das Tor des Opfers ins Reich der Fülle.

DAS GESETZ DER FÜLLE

Die andere Seite des Gesetzes des Ausgleichs ist das *Gesetz der Fülle,* dessen Wirken sich über alle Reiche des Lebens erstreckt. Wer es in seinem ganzen Umfang erfaßt, hat das letzte Geheimnis des Erfolgs erschlossen. Er kennt keinen Mangel mehr, denn er sieht, wie in allem der Geist der Fülle wirkt, dem Mangel fremd ist.

Überall ist Fülle. Überall wartet der Überfluß des Lebens darauf, sich zu manifestieren. Wir müssen ihn nur bejahen, uns seinem Einstrom willig öffnen, den Gedanken der Fülle unaufhörlich in uns nähren. Mögen die Bilder, die uns unsere Sinne vermitteln, den inneren Bildern der Fülle widersprechen, die äußeren Verhältnisse noch so schwierig erscheinen – durch die Bejahung der Fülle erheben wir uns über sie und wandeln sie um.

Je größeres wir vom Leben erwarten, desto höheres schaffen wir, desto mehr Erfolgsquellen bringen wir in uns zum Sprudeln. Wir müssen nur darauf achten, daß wir das Kommen der Fülle nicht in Gedanken auf die eine oder andere Möglichkeit beschränken – etwa auf einen bestimmten geschäftlichen Gewinn. Vielmehr müssen wir uns stets *allseitig für die Fülle offen halten* und uns bewußt bleiben, daß sie, einmal geweckt, durch zahllose Kanäle in unser Leben einströmt.

Die Fülle verkörpert sich durchaus nicht immer in Bankguthaben. Wer das nicht begreift, bleibt bei allem Gewinn so arm wie der Millionär Vanderbilt, dessen letztes Wort auf dem Totenbette lautete: „Wie arm und dürftig ist mein Leben." Verwechseln wir nie eine der tausend Verkörperungen der Fülle mit der Fülle selbst!

Durch rechte All-Fülle-Besinnung bereiten wir ihr den Weg, sich in unserem Leben zu manifestieren. Indem wir überall Fülle sehen, rufen wir sie überall in Erscheinung. Diese Erkenntnis hat aber nur so weit Wert, als wir sie in unserem täglichen Dasein und Beruf betätigen und unser ganzes ferneres Leben bewußt zu einer einzigen Bejahung und Offenbarung der inneren Fülle machen. –

Wir haben hier eine *praktische Philosophie und Religion,* in der nicht ein Bekenntnis im Vordergrund steht, sondern die *Tat,* in der nur eine Bedingung des Glücks herausgestellt wird: Die ‚Goldene Regel', die auf dieser Stufe lautet: Um der Fülle teilhaftig zu werden, mußt Du Dich zuvor dem Reiche Gottes in Dir übergeben!

Der beste Kenner und Lehrer der Praxis der Fülle war Jesus, wie seine Forderung beweist: „Trachtet am ersten nach dem Reiche Gottes, so wird Euch alles übrige zufallen." Das heißt: Sucht nicht zuerst die materiellen, sondern die geistigen Werte, erkennt den Himmel in Euch, damit Ihr ihn auch um Euch verwirklichen könnt!

Diese Gesinnung des *‚Erst das Innere, Göttliche, dann das Äußere, Vergängliche!'* darf uns auch dann nicht verlassen, wenn wir erfolgreich geworden sind. Denn sie allein hält den Zustrom der Fülle offen. Wir bedürfen der Einwärtsgerichtetheit unseres Gemütes nicht nur, um etwas zu gewinnen, sondern auch und erst recht, um es zu erhalten, zu mehren und fruchtbar zu machen.

An dieser zweiten Klippe scheitern mehr Menschen als an der ersten. Wir wollen uns darum nochmals auf die Notwendigkeit steter *Dankbarkeit* dem Göttlichen gegenüber besinnen und zugleich des besten Weges gedenken, dieser Dankbarkeit durch die Tat Ausdruck zu geben: des Weges der *gegenseitigen Hilfe.* Das ist das Erste und Letzte, was wir in der ‚Lebensschule' lernen – und es ist zugleich das Höchste.

Wir wollen uns oft in der Stille dankbar besinnen, daß wir Kinder des Geistes des Lebens sind und bestimmt, seine Fülle in unserem Leben zu offenbaren:

> *„Du, Geist des Lebens, der Du in den Tiefen meines Herzens wohnst – ich danke Dir für die Fülle, die Du mir spendest! Ich weiß, daß alles, was ich habe, Dein Geschenk ist, und weiß, daß Du mir unvergleichlich Größeres gewährst, wenn ich Dir vertraue.*
>
> *Dank Dir lebe ich in der Fülle – alles, was ich denke, will und tue, dient der Offenbarung der Fülle. Ich heiße alles willkommen, was mir begegnet, als Offenbarung der Fülle des Guten, und gebe, was ich empfange, freudig weiter!"*

Durch solche Besinnung und Bejahung werden wir fähig, den Reichtum der Gottheit aus dem Geistigen ins Irdische zu übertragen. Die innere Fülle ist geistiger Art. Aber aller Geist drängt nach Verkörperung. So will die Fülle des Lebens durch uns verwirklicht und weitergereicht werden. Tun wir das, dann bringen wir ihre Quellen zum Fließen. Und aus ihnen schöpfend und schenkend, erkennen wir beseligt, daß sie unausschöpfbar sind ...

Wir hören auf zu wünschen, weil alles unser ist. Das ist die Erkenntnis, die wir uns am Ende des Jahresplans zu eigen machen wollen: alles, was wir wünschen, ist in uns – und wird durch uns zu greifbarer Wirklichkeit. So ist die höchste Forderung Christi: „Seid vollkommen, wie Gott vollkommen ist!" bereits in uns erfüllt. Wir müssen nur die innere Fülle nach außen tragen, müssen uns als Quellen der göttlichen All-Fülle erkennen – als Spender göttlichen Reichtums – als Verwalter und Mehrer aller Freuden und Güter des Lebens.

52. WOCHE:

GEGENSEITIGE HILFE

„Wer zum Egoisten erzogen wird, den setzt man in eine Welt voller Feinde. Wer Altruist ist, der mag oft mißbraucht werden, aber er lebt in einer Welt von Freunden, er lebt auch für andere, und andere haben einen Vorteil davon, ihn zu erhalten."

Rosegger

Die Krönung rechter Lebensführung bildet die Entfaltung der Gesinnung gegenseitiger Hilfe. Sie ist der lebendigste Ausdruck des erwachten Bewußtseins der Fülle.

Das Leben ist Kampf – aber es ist nicht nur Kampf. Neben das von Darwin in den Vordergrund gerückte Gesetz des Kampfes aller gegen alle tritt das weiterreichende *Gesetz der gegenseitigen Hilfe*, das schon Keßler als allgültiges Naturgesetz aufzeigte. Er wies nach, daß der für den Lebenskampf Geeignetste nicht der Ichsüchtige, der Schlaueste und Stärkste ist, sondern der am meisten vom Geist der Partnerschaft und Hilfsbereitschaft Erfüllte. Gegenseitige Hilfe sei das zweckmäßigste Mittel, dem Einzelnen die größte

Sicherheit und den besten Lebensschutz zu gewährleisten — was sogar die Tiere wüßten.

In der Tat offenbart sich der Partnerschaftsgedanke, die Idee der *Symbiose,* der Lebens*gemeinschaft,* nicht erst beim Menschen, sondern, wie Kropotkin dargetan hat, schon im Tier- und Pflanzenreich als Prinzip sieghaften Lebens. Auch Darwin konnte diese Tatsache nicht verkennen: in seiner „Abstammung des Menschen" gibt er zu, daß die zum Überleben Tauglichsten weder die körperlich Kräftigsten noch die Listigsten seien, sondern die, die sich so zu verbinden und zu verbünden wußten, daß sie sich gegenseitig unterstützten. „Die Gemeinschaft, die die größte Zahl aufs beste miteinander harmonisierender Mitglieder umschloß, gedieh am besten." Im ganzen Tierreich wird gegenseitige Hilfe geübt: die Tiere haben längst erkannt, daß „der in der Welt nicht voll lebt, der nur für sich lebt." Das Tierleben bietet eine Fülle von Beispielen für die Vorteile der gegenseitigen Hilfe gegenüber der Ichsucht des Einzelgängers. Unnötig, Beispiele anzuführen.

Bei den Menschen ist es ähnlich: Jeder wirkliche und dauernde Fortschritt seit Beginn der menschlichen Zivilisation und Kultur war die Wirkung des großen Gedankens der Bruderschaft aller Schaffenden. Tatsächlich sind wir geschaffen, uns gegenseitig zu helfen. Keiner kann sich von der Verbindung mit andern dauernd lösen, ohne einzuschrumpfen. Jeder nimmt zu an Größe und Kraft im Maße der Beziehungen, die ihn an die Menschheit knüpfen.

Je mehr wir andern helfen, je inniger wir unser Leben mit dem anderer verbinden, desto größer ist unser Wachstum und Gedeihen, desto mehr Liebe und Kraft ernten wir, während der kaltherzige Egoist, der die Gemeinschaft mit andern flieht, nur die Seligkeit des Nehmens kennt und die viel größere des Gebens von sich weist, die Grenzen seiner Kraft und seines Könnens immer enger steckt und sich seiner Reichtümer beraubt. Die Selbstsucht ist immer der Tod dessen, der sich zu ihrem Sklaven macht.

Wenn wir einmal zu der Erkenntnis erwacht sind, daß wir mit unseren Nächsten eine *innere Einheit* bilden, können wir nicht umhin, sie zu lieben wie uns selbst, weil sie genau so wie wir mit dem Unendlichen eins sind. Auf dem Boden einer solchen Erkenntnis kann die Ichsucht nicht gedeihen. Wenn ich in meinem Nächsten mein eigenes Selbst erfahre, kann ich nicht gegen ihn lieblos sein. Es wird eine Zeit kommen, da jeder in seinem Nächsten sich selbst erblickt und weiß, daß, was immer dem Nächsten schadet, auch seinem eigenen Wohl nachteilig ist, und daß sein Wohlergehen von dem allgemeinen Wohl nicht zu trennen ist.

Der Lebensschüler weiß, daß sein Gewissen im Gemeinsamen Unbewußten wurzelt und im Letzten im all-gemeinsamen Göttlichen, daß das Gemeinsame Unbewußte alles Lebendige eint. Jeder Einzelne ist biologisch und seelisch mit dem Gesamtleben untrennbar verbunden und für sein Wohl mitverantwortlich.

Der Lebensschüler weiß, warum gegenseitige Hilfe die beste Selbsthilfe ist, Altruismus der zweckmäßigste Egoismus. Der soziale Trieb ist jeder Seele eingeboren und ist so alt wie das Leben; er ist eines der Mittel der Natur zur ständigen gemeinsamen Höherentwicklung der Wesen. So bedarf unsere Verpflichtung der Gesamtheit gegenüber keiner Begründung; durch die Wandlung der Ich-Sucht in Du- und Wir-Sucht gibt der Einzelne sich nicht auf, sondern erweitert sein Sein um das der anderen. Indem er den Zwecken der Gemeinschaft dient, dient er der eigenen Vervollkommnung und Selbstverwirklichung.

Abermals kommt es hier auf das rechte Denken an – und das heißt: für die andern *mitdenken,* nicht vom Ich, sondern vom Wir aus denken. Ohne Altruismus ist harmonische und ungestörte Selbstentfaltung nicht möglich. Wo einer dem andern hilft, ist beiden geholfen, da gegenseitige Hilfe zu keiner bloßen Addition der Kräfte führt, sondern zu ihrer Multiplikation, so daß jeder vielfachen Nutzen von ihr hat. Grundhaltung sei dabei die der ‚Goldenen Regel', die hier wie folgt lautet:

> *„Wie Du wünschest, daß Dir geholfen werde, so hilf anderen zuvor!"*

Wer gegen die Gesamtheit handelt, handelt letztlich gegen sich selbst: er schnürt sich vom Kraftzustrom aus der Gemeinschaft und vom kollektiven Unbewußten ab und geht schließlich an seelischer Schwindsucht zugrunde. Der Seelenschaden, der dem an Ichsucht Erkrankten anhaftet, zwingt den Geist des Lebens zu entsprechenden Operationen, die vom Ich als Hindernisse, Krankheiten, Leiden empfunden werden und erst aufhören, wenn es lernt, sein Streben auf das Wohl der andern wie auf das eigene Wohl zu richten.

Die Erfahrung lehrt, daß nicht der die größte Aussicht auf Erfolg hat, der *alles für sich* erstrebt, sondern der, der *sich für alle* einsetzt. Hingabe an die Ziele der Gemeinschaft ist das vollkommenste Mittel, die eigenen Ideale zu verwirklichen. Wer dem Ganzen dient, mehrt seine Kraft um die des Ganzen.

Rechte gegenseitige Hilfe ist eine solche, die bei der Dienstleistung nicht danach ausschaut, was sie für ihre Mühe empfängt, sondern die gibt um der Hilfsbedürftigkeit der andern willen, die der inneren Stimme folgt: „Edel sei der Mensch, hilfreich und gut! Denn das allein unterscheidet ihn von allen Wesen, die wir kennen."

Jede Religion läuft im Letzten auf eine Predigt der gegenseitigen Hilfe hinaus. Ohne diese bleibt sie wertlos. „Größere Liebe hat keiner, denn der sein Leben läßt für seine Brüder." Gegenseitige Hilfe ist die höchste Offenbarung des Gutseins, dies wieder ist die Quelle des Glücklichseins und entspringt seinerseits aus dem Herzgrunde der Gottheit.

Jeder Mensch ist eine biologische Einheit von Millionen Zellwesen, die zum gemeinsamen Besten zusammenwirken. Gleichermaßen ist die Volks- wie die Menschheitsgemeinschaft eine biologische Einheit von Millionen Menschenwesen. Als solche müssen wir sie erkennen und einsehen, daß, was der Einzelne für alle tut, ihm im Übermaß zurückgegeben wird. Ichsüchtige Zellen, die sich vom Ganzen sondern und erhalten lassen, werden ausgemerzt und vernichtet: sie werden krank, krebsig, faulig und vom Lebensstrom abgeschnürt, vom Organismus vernichtet und ausgeschieden.

Wohl dem, in dem die erlösende und ich-erweiternde Gesinnung des Altruismus von selbst erwacht! Er erkennt die Gemeinschaft als einen Schicksalsbund gegenseitiger Hilfe und Förderung, die ganze Menschheit als eine gewaltige Lebens-, Willens- und Erfolgs-Gemeinschaft mit den gleichen Aufgaben wie der Einzelne: die Selbstverwirklichung zu erreichen. Sie erreicht das, indem sie dem Einzelnen dabei hilft, während der Einzelne die Gegenpflicht hat, der Gemeinschaft hierbei zu helfen.

Und wie kann das geschehen? Indem er ein lebendiges Idealbild der Gemeinschaft in sich errichtet, das zu vervollkommnen und zu verwirklichen er sich zur Aufgabe macht. Je mehr er an diesem höchsten Ideal baut, desto vollkommener gestaltet sich die Gemeinschaft, desto zahlreichere Glücksquellen brechen in ihr auf, desto gewaltiger und glückreicher wird die Zukunft der Menschheit.

Wer durch die ‚Lebensschule' hindurchgegangen ist, ist reif zur Verwirklichung der gegenseitigen Hilfe innerhalb der Gemeinschaft, in der er lebt. Er weiß: *Halb so schwer ist doppelt so leicht!* Die mit der Gemeinschaft geteilten Sorgen sind nur halb so schwer zu tragen und mit vereinter Kraft doppelt so leicht zu meistern. So mindert die Gemeinschaft die Not und mehrt aller Glück.

Darum strebt der Lebensschüler heraus aus der Vereinzelung, wissend, „daß ein Weiser nicht sich, daß er dem Ganzen lebt." In diesem Streben erwacht er zu der Erkenntnis, daß das Glück des Einzelnen und das der Gesamtheit identisch ist. Er weiß, daß man durch falsches Denken, unpsychologisches Vorgehen, durch bewußt oder unbewußt negative Massenbeeinflussung ein ganzes Volk seelisch niederdrücken, unfrei machen und an seiner Selbstentfaltung hindern, ja zum Zusammenbruch führen kann, wie man auf der andern Seite durch rechte Anwendung dieser Mittel ein Volk von innen her positiv umstimmen, seine Aktivität entfesseln, seine guten Kräfte zu höchster Entfaltung bringen kann.

Wie der Erfolg des Einzelnen, so wird auch der Aufstieg einer Mehrheit, einer Gemeinschaft, eines Volkes, ja der ganzen Menschheit durch Beachtung der hier aufgezeigten Gesetzmäßigkeiten gesichert. Was die ‚Lebensschule' im *Einzelnen* an Kraft und Selbstvertrauen erweckt, kann im Großen bei *allen* entfaltet werden. Wie der erfolgstrebige Mensch eine innere Einheit ist, so bildet eine Gemeinschaft, die ihr Schicksal meistern will, eine zielbewußte aktive Einheit.

Aufgabe des Lebensschülers, der seine inneren Kräfte entfesselt hat, ist es, zur Verwirklichung dieses Hochzieles mit beizutragen, indem er dem Erfolgsgeist, der ihn beseelt, auch bei andern zum Durchbruch und Sieg verhilft! Er wandle sich zur Kraftzentrale, aus der die Menschen um ihn neue Energien, neuen Lebensglauben und Mut zum Aufstieg schöpfen können! Indem er sich so zum vollwertigen Gliede des Ganzen macht, betritt er von selbst den Weg, der ihn an die Spitze der Gemeinschaft führt. Der vollkommenste

Diener des Ganzen wird von selbst der den Weg der Gemeinschaft Bestimmende; das Schicksal der Gemeinschaft rückt ihn dorthin, wo seine Kräfte dem Ganzen am vollkommensten nützen.

Deine Angelegenheit, Freund und Weggefährte, wurde hier verhandelt! Sieh nicht auf andere. *Auf Dich kommt es an!*

BESCHLUSS

Wir sind am Ende des Jahresplanes der „Neuen Lebensschule" und haben damit einen Teil der Erkenntnisse und Erfolgsmethoden Tausender innerlich und äußerlich vorangeschrittener Menschen zu unserem bewußten Eigentum gemacht.

Wie der junge Adler, flügge geworden, von seinen Eltern aus dem Nest gewiesen wird, um mutig den ersten Flug zu wagen, wie dieser erste Flug ihm die beglückende Gewißheit verleiht, *aus eigener Kraft fliegen zu können,* und wie aus den unsicheren ersten Flugversuchen bald sicherer Höhenflug wird – so ist aus dem Lebensschüler ein werdender Lebensmeister geworden, der, mit allen Waffen versehen, um den Lebenskampf siegreich zu bestehen, nun sich gewöhnen muß, seine Kräfte mutig zu gebrauchen, um zu erkennen, daß er sich nun aus eigener Kraft zu immer größeren Höhen aufzuschwingen vermag und zugleich andern Helfer, Lehrer und Förderer sein kann.

Es hängt nun allein von ihm ab, ob er, das Gelernte recht betätigend, sein Leben zu einem Meisterwerk macht! Hat er nach den Lehren der LS sein Leben von Grund auf erneuert, reißt ihn der Strom des *neuen Lebens, das immer höher führt,* bald von dem Ufer, an dem er bisher wohnte, hinweg zu neuen, schöneren Küsten – aus dem Traumland vager Hoffnungen in das Lichtreich einer größeren Wirklichkeit und Vollkommenheit.

Diese Wandlung vollzieht sich um so rascher und sichtbarer, je vollkommener wir bei unserem Aufstieg die Goldene Regel rechten Lebens befolgen und den Segen, den wir aus der Lebensschule schöpften, auch anderen zukommen lassen, damit auch diese ihr Leben neu gestalten. So machen wir uns zu Gliedern einer goldenen Kette, die vom Niedersten bis zum Höchsten hinaufführt.

Vergessen wir dabei nicht, daß wir mit allem, was wir bisher erreicht haben, nur den ersten großen Schritt getan haben in das Leben, das immer höher führt. Unsere Aufgabe ist jetzt, auf dem als recht erkannten Weg weiterzuschreiten – Jahr um Jahr –, bis die Fülle des Lebens unser ist und unser ganzes Sein und Dasein in Harmonie ist mit dem Ganzen, mit dem Unendlichen.

Die Fülle des Lebens ist unendlich. Ein Weniges von ihr wurde hier vermittelt. Tausendmal mehr schlummert in Ihnen, Freund und Wegbruder! Möge das hier Vermittelte Sie ermutigen, in Ihre eigenen Tiefen hinabzusteigen, um immer herrlichere Schätze aus den Schächten Ihrer Seele ans Tageslicht zu fördern, immer mehr des inneren Reichtums äußerlich zu verwirklichen und in Segen für alle zu wandeln. Abschließende Anleitungen hierzu werden Ihnen auf der *Oberstufe* der LS, im *3. Band der Neuen Lebensschule* vermittelt.

Wir stehen im Aufgang gewaltigen Neuerkennens:

Wir haben, Columbus gleich, die Küste eines neuen Reichs gefunden, von dem wir erkennen, daß es Schätze birgt, deren Größe wir noch nicht überschauen, weil wir nicht wissen, wie weit sich das neue Land jenseits des Horizonts erstreckt.

Wir befinden uns in derselben Lage wie Kepler, als er 1611 das astronomische Fernrohr erfand, oder wie Jansen, als er, zwanzig Jahre vorher, das erste Mikroskop schuf ... Wir wissen: ein neuer Lebenskreis hat sich aufgetan, jenseits dessen sich immer lichtere Lebenssphären dehnen, denen gegenüber das Erdendasein der meisten ein trübes Dämmerland ist.

Das erste Blatt des Buches unseres *Neuen Lebens, das immer höher führt,* ist aufgeschlagen. Wir schreiten im Lesen fort, um immer erlesener zu werden. Was die kommenden Seiten unseres Lebensbuches uns künden, uns bringen – von uns selbst hängt es ab. Denn indem wir handeln, füllt sich unser Lebensbuch Seite um Seite mit neuer Schrift. Jeder Gedanke ist ein Buchstabe, jede Tat ein Wort.

Mögen die kommenden Blätter unseres Lebensbuches beglückende Kündung wachsenden Segens sein!

EINE LETZTE ERFOLGSANREGUNG

Wenn die ‚Lebensschule' in Ihnen neue Kräfte weckte, Ihnen wertvolle Dienste leistete, Ihnen den Weg zu besonderen Erfolgen ebnete, danken Sie es nicht dem Verfasser, sondern Ihrem Inneren Helfer, der Sie höher führte!

Wenn Sie Ihrer Freude Ausdruck geben wollen, tun Sie es dadurch, daß Sie dem Verfasser über den Verlag darüber – anderen zu Nutz und Frommen – berichten und, darüber hinaus, Ihrerseits *andere* glücklich machen helfen.

Reichen Sie die ‚Lebensschule' weiter oder machen Sie sie denen, die Ihrem Herzen nahe stehen, zum Geschenk – in Erkenntnis der Wahrheit, daß die Freude, die wir andern geben, vervielfacht zu uns zurückkehrt als Segnung mannigfacher Art.

Sie dienen damit denen, die Sie mit der ‚Lebensschule' beglücken, und machen sie zu reicheren und vollkommeneren Menschen.

Sie dienen damit uns, indem Sie uns helfen, den Lehren rechter Selbst- und Lebensschulung zum Wohle aller weitere Verbreitung zu verschaffen.

Sie dienen dem Ganzen, da jede Bereicherung des Einzelnen sich als Mehrung des Wohls der Gesamtheit auswirkt.

Sie dienen sich selbst, da alles, was Sie andern schenken, Ihre eigene Glückskraft und Ihren Reichtum mehrt. Denn keiner kann andern helfen, ohne zugleich sich selbst zu helfen.

Inhaltsübersicht

II. BAND

III. BAND: Oberstufe

Selbstverwirklichung und innere Führung